高等职业教育辅助教材

供高职护理专业使用

护理专业课程知识点达标测试标准

主　编　蒋淑昆　李　娜　杨明莹
副主编　字绍芬　王　莉　钱俊刚
　　　　刘小艳　周　璇　崔永峰
编　者　（以姓氏笔画为序）
　　　　马礼绒　马丽亚　尹　培　王　莉
　　　　王斯捷　字绍芬　李　娜　李多琼
　　　　杨明莹　李典双　李晓霞　申海雁
　　　　杞成金　何　敏　张　丽　张苏媛
　　　　张　玲　张慧家　金玲芬　钱俊刚
　　　　高云徽　高梦婷　陶冬艳　唐丽芳
　　　　唐　瑜　郭丽娜　黄　江　蒋淑昆
　　　　韩亚莎　粟　萱　蔡天富　蔡　娟
　　　　潘兴美

科学出版社

北　京

· 版权所有　侵权必究 ·

举报电话：010-64030229；010-64034315；13501151303（打假办）

内 容 简 介

本教材是供全国高等职业院校护理专业使用的实用辅助教材，依据高职护理专业人才培养方案，秉承昆明卫生职业学院"贴近临床、贴近基层、贴近资质考试"的办学理念，在深入总结该层次学生学习、复习习惯和历年护士资格考试命题规律后精心编写而成。包括《护理学导论》《基础护理学》《内科护理学》《外科护理学》《妇产科护理学》《儿科护理学》《急危重症护理学》7门专业主干学科。每门学科都按照教材的章节，以不同题型的形式将知识点，尤其是重难点呈现无遗。

本教材适合高职护理专业学生使用。

图书在版编目（CIP）数据

护理专业课程知识点达标测试标准 / 蒋淑昆，李娜，杨明莹. —北京：科学出版社，2015.12
高等职业教育辅助教材
ISBN 978-7-03-046602-0

Ⅰ. 护⋯　Ⅱ. ①蒋⋯　②李⋯　③杨⋯　Ⅲ. 护理学–高等职业教育–教材参考资料　Ⅳ. R47

中国版本图书馆 CIP 数据核字（2015）第 289085 号

责任编辑：许贵强 / 责任校对：胡小洁
责任印制：赵　博 / 封面设计：范璧合

科学出版社 出版
北京东黄城根北街 16 号
邮政编码：100717
http://www.sciencep.com
三河市书文印刷有限公司 印刷
科学出版社发行　各地新华书店经销
*
2015 年 12 月第　一　版　　开本：787×1092　1/16
2018 年 1 月第四次印刷　　印张：14 1/4
字数：353 000
定价：39.80 元
（如有印装质量问题，我社负责调换）

昆明卫生职业学院护理专业学科类

评审委员会名单

主 任 委 员　龙正昌
副主任委员　朱秀珍　龙雨霏　李开金
委　　　员　(按姓氏笔画排序)
　　　　　　李江川　李跃平　陈举国　张　磊
　　　　　　王　玲　张晓刚　张群智　邵成民
　　　　　　虎志辉　赵　春　徐立兴　唐月华
　　　　　　普丽芬

前　言

　　以服务为宗旨，以就业为导向，推进教育教学改革，提高教学质量是职业教育的宗旨，着力培养学生职业道德、职业技能和就业创业能力是职业教育人才培养的精髓。对于医学类高等职业教育，关乎着人们的健康和生命。龙正昌理事长高瞻远瞩，提出了学生谋道、谋智、谋生的人才培养战略和"贴近临床、贴近资质考试、贴近基层"的创新教学模式。

　　质量建设要讲标准，讲措施，要一步一个脚印把教育教学质量抓上去。昆明卫生职业学院护理学院专门组织专家、教师，编写了《护理专业课程知识点达标测试标准》，旨在通过在校的学习，夯实理论基础；推动护理专业与医疗行业的对接，专业课程与职业标准的对接，教学过程与临床过程的对接，学历证书与执业资质对接，职业教育与终身教育对接；培养学生临床思维能力、分析问题能力和解决问题的能力。

　　三年来，昆明卫生职业学院对全国高等医学职业教育护理专业课程的教学计划和教学大纲进行了调研、规划、组织编写、论证等工作；机考在昆明卫生职业学院已经成功运行了两年，该标准的电子版为机考提供了丰富的题库，节约了人力、物力和时间，是一本实用的优质教材。

　　本教材积累了教师们多年的教学经验，为了保证教材的质量，使教材更能满足护理、助产专业教学和护士执业资格考试的要求，编者进行了反复修改，由于时间紧，任务重，教材中难免存在不足之处，恳请广大教师、同学提出宝贵意见。

编委会
2015 年 1 月

目　　录

第一篇　护理学导论	1
第一章　绪论	1
第二章　健康与疾病	3
第三章　护士与患者	4
第四章　护理支持性理论	6
第五章　护理理论与模式	8
第六章　评判性思维与临床护理决策	10
第七章　护理程序	11
第八章　护理安全与防护	13

第二篇　基础护理学 …… 15
- 第一章　绪论 …… 15
- 第二章　环境 …… 15
- 第三章　入院与出院患者的护理 …… 17
- 第四章　舒适与安全 …… 19
- 第五章　医院感染的预防与控制 …… 21
- 第六章　患者的清洁卫生 …… 23
- 第七章　休息与活动 …… 24
- 第八章　生命体征的观察与护理 …… 25
- 第九章　冷热疗法 …… 28
- 第十章　饮食与营养 …… 29
- 第十一章　排泄 …… 32
- 第十二章　药物疗法与过敏试验法 …… 35
- 第十三章　静脉输液与输血 …… 38
- 第十四章　标本的采集 …… 42
- 第十五章　病情观察及危重患者的抢救和护理 …… 43
- 第十六章　临终护理 …… 45
- 第十七章　医疗和护理文件记录 …… 47

第三篇　内科护理学 …… 49
- 第一章　绪论 …… 49
- 第二章　呼吸系统疾病患者的护理 …… 49
- 第三章　循环系统疾病患者的护理 …… 55
- 第四章　消化系统疾病患者的护理 …… 61
- 第五章　泌尿系统疾病患者的护理 …… 63
- 第六章　血液系统疾病患者的护理 …… 65
- 第七章　内分泌与代谢性疾病患者的护理 …… 69
- 第八章　风湿性疾病患者的护理 …… 72
- 第九章　神经系统疾病患者的护理 …… 76

第四篇　外科护理学 …… 81
- 第一章　水、电解质及酸碱平衡失调患者的护理 …… 81
- 第二章　外科休克患者的护理 …… 82
- 第三章　麻醉患者的护理 …… 83
- 第四章　手术前后患者的护理 …… 85
- 第五章　手术室护理工作 …… 85
- 第六章　外科感染患者的护理 …… 89
- 第七章　损伤患者的护理 …… 92
- 第八章　肿瘤患者的护理 …… 95
- 第九章　颅脑疾病患者的护理 …… 96
- 第十章　颈部疾病患者的护理 …… 99
- 第十一章　胸部疾病患者的护理 …… 101
- 第十二章　乳房疾病患者的护理 …… 103
- 第十三章　化脓性腹膜炎患者的护理 …… 105
- 第十四章　腹部损伤患者的护理 …… 107
- 第十五章　腹外疝患者的护理 …… 108

第十六章 胃十二指肠疾病患者的护理 …………………………… 109	第四章 产褥期母婴的护理…………… 144
第十七章 急性阑尾炎患者的护理·· 111	第五章 高危妊娠的管理…………… 146
第十八章 肠梗阻患者的护理 ……… 112	第六章 异常妊娠妇女的护理 …… 147
第十九章 结、直肠和肛管疾病患者的护理 …………………… 113	第七章 妊娠期特有疾病妇女的护理 …………………………… 150
第二十章 原发性肝癌患者的护理 114	第八章 妊娠合并症妇女的护理…… 153
第二十一章 门静脉高压患者的护理 …………………………… 115	第九章 异常分娩妇女的护理……… 156
第二十二章 胆道疾病患者的护理 116	第十章 分娩期并发症妇女的护理 …………………………… 159
第二十三章 胰腺疾病患者的护理… 119	
第二十四章 急腹症患者的护理…… 121	第十一章 产褥期并发症妇女的护理 …………………………… 161
第二十五章 周围血管疾病患者的护理 …………………………… 122	第十二章 妇科疾病患者护理计划制订 …………………………… 165
第二十六章 泌尿系统损伤患者的护理 …………………………… 124	第十三章 女性生殖系统炎症患者护理 …………………………… 165
第二十七章 尿石症患者的护理…… 125	第十四章 妇科手术患者的围术期护理 …………………………… 168
第二十八章 泌尿、男性生殖系统结核患者的护理 …………… 127	第十五章 女性生殖系统肿瘤患者的护理 …………………………… 168
第二十九章 泌尿、男性生殖系统肿瘤患者的护理 …………… 127	第十六章 女性生殖系统创伤性疾病患者的护理 …………… 169
第三十章 良性前列腺增生症患者的护理 …………………………… 128	第十七章 妊娠滋养细胞疾病患者的护理 …………………………… 170
第三十一章 骨折患者的护理 ……… 129	第十八章 女性生殖内分泌疾病患者的护理 …………………………… 170
第三十二章 关节脱位患者的护理 132	
第三十三章 骨与关节感染患者的护理 …………………………… 133	第十九章 子宫内膜异位症与子宫腺肌病患者的护理……… 171
第三十四章 常见骨肿瘤患者的护理 …………………………… 134	第二十章 不孕症妇女的护理……… 173
	第二十一章 计划生育妇女的护理· 174
第三十五章 颈肩痛与腰腿痛患者的护理 …………………………… 135	第二十二章 妇产科护理操作技术 177
第五篇 妇产科护理学…………………… 138	**第六篇 儿科护理学**…………………… 179
第一章 女性生殖系统解剖与生理·· 138	第一章 绪论…………………………… 179
第二章 妊娠期妇女的护理………… 139	第二章 生长发育……………………… 180
第三章 分娩期妇女的护理………… 142	第三章 儿童保健……………………… 181
	第四章 住院儿童的护理…………… 182

第五章 儿科护理技术……………182
第六章 营养与营养障碍疾病患儿
　　　的护理………………184
第七章 新生儿与新生儿疾病患儿
　　　的护理………………186
第八章 消化系统疾病患儿的护理…190
第九章 呼吸系统疾病患儿的护理…192
第十章 循环系统疾病患儿的护理…193
第十一章 泌尿系统疾病患儿的
　　　　护理………………194
第十二章 血液系统疾病患儿的
　　　　护理………………195
第十三章 神经系统疾病患儿的
　　　　护理………………197
第十四章 内分泌系统疾病患儿的
　　　　护理………………198
第十五章 免疫缺陷病和结缔组织
　　　　病患儿的护理…………199
第十六章 遗传性疾病患儿的
　　　　护理………………200
第十七章 感染性疾病患儿的
　　　　护理………………200

第七篇　急危重症护理学……………202
第一章 绪论……………………202
第二章 院前急救………………202
第三章 急诊科的管理…………204
第四章 重症医学科……………207
第五章 现场急救技术…………209
第六章 创伤……………………212
第七章 休克……………………214
第八章 急性中毒………………214
第九章 中暑、淹溺、电击伤与毒
　　　蛇咬伤………………215
第十章 脏器功能衰竭…………216
第十一章 常用急救技术及护理……217

题型简介

一、填空题
在空白处填上正确的文字、得数、编号或图形

二、单项选择题
题干下有五个备选答案 ABCDE，只能选择其中最佳的一个备选答案

三、多项选择题
题干下有五个备选答案 ABCDE，每题可有两项或多项正确，多选或少选均不得分

四、判断题
判断下列是非题，正确的打"√"，错误的打"×"

五、案例分析题
案例描述题下有大于 2 题共用的题干，每题仅一个最佳答案

第一篇 护理学导论

第一章 绪 论

一、填空题

1. 人类早期护理主要是"家庭式"的医护合一的照顾方式和_____。

   答案：宗教护理

2. 中世纪护理的发展主要受到_____和_____两方面的影响。

   答案：宗教；战争

3. 护士最高荣誉奖是_____，每2年颁发一次。

   答案：南丁格尔奖

4. _____是世界各国自治的护士代表组织的国际护士群众团体。

   答案：国际护士会

5. 护理学概念演变过程可以概括为三个阶段：以疾病为中心阶段，以_____为中心的阶段，以人的健康为中心的阶段。

   答案：患者

6. 南丁格尔认为护理是一门_____，需要有组织性，实务性及科学为基础。

   答案：艺术

二、判断题

1. 护理学的任务是促进健康、预防疾病、恢复健康、减轻痛苦。（ ）
2. 1888年美国约翰逊女士在我国广州省开办了我国第一所护士学校。（ ）
3. 1860年，南丁格尔在英国圣托马斯医院创办了世界上第一所护士学校。（ ）
4. 护理是一种帮助性专业。（ ）

序号	1	2	3	4
答案	√	×	√	√

三、单项选择题

1. 被称为护理史上的黑暗时期是指（ ）
   A. 人类早期护理　　B. 中世纪护理
   C. 文艺复兴时期护理　D. 近代护理

2. 近代护理学的创始人是（ ）
   A. 维萨留斯　　　　B. 哈维
   C. 南丁格尔　　　　D. 弗里德尔
   E. 恩格尔

3. 南丁格尔创办了世界上第一所护士学校在哪一年（ ）
   A. 1820　　　　　　B. 1850
   C. 1853　　　　　　D. 1860
   E. 1840

4. 国际护士节是哪一天（ ）
   A. 5.12　　　　　　B. 5.1
   C. 12.5　　　　　　D. 5.10
   E. 12.10

5. 提出生物-心理-社会医学模式的是（ ）
   A. 南丁格尔　　　　B. 恩格尔
   C. 维萨留斯　　　　D. 哈维
   E. 弗里德尔

6. 护理学的理论范畴不包括（ ）
   A. 社会学　　　　　B. 心理学
   C. 教育学　　　　　D. 生物信息学
   E. 美学

7. 在母系氏族社会中，妇女照顾家中伤病者，形成主要的照顾方式是（ ）
   A. 自我保护式　　　B. 家庭式
   C. 宗教式　　　　　D. 社会化服务
   E. 护理社团

8. 国际护士会于1899年成立于（ ）
   A. 法国　　　　　　B. 日本
   C. 中国　　　　　　D. 朝鲜
   E. 英国

9. 南丁格尔出生于哪一年（ ）
   A. 1840　　　　　　B. 1820
   C. 1910　　　　　　D. 1850
   E. 1854

10. 在我国举行了首次护士执业考试的时间（ ）
    A. 1995年5月25日　B. 1996年6月25日
    C. 1999年5月25日　D. 1996月5月25日
    E. 1995年6月25日

11. 清洁护理、用药护理、排泄护理属于（ ）
    A. 基础护理　　　　B. 社区护理
    C. 专科护理　　　　D. 护理管理

E. 护理教育

12. 确立了人是一个整体概念的时期是（ ）
    A. 以疾病为中心的护理阶段
    B. 以患者为中心的护理阶段
    C. 以人的健康为中心的护理阶段
    D. 文艺复兴时期
    E. 宗教改革时期

13. 护理学基本概念的核心是（ ）
    A. 健康   B. 环境
    C. 护理   D. 人
    E. 系统

14. 科学的护理专业诞生于（ ）
    A. 18世纪中叶   B. 19世纪初期
    C. 19世纪中叶   D. 20世纪初期
    E. 20世纪中叶

15. 在克里米亚战争中，由于南丁格尔和她所带领的护士们努力工作使伤员的死亡率从42%降到（ ）
    A. 2.2%   B. 3.3%
    C. 5.0%   D. 6.0%
    E. 10.0%

16. 记载"怒伤肝，喜伤心……"等观点的医学经典著作是（ ）
    A.《备急千金要方》 B.《妇人大全良方》
    C.《黄帝内经》   D.《本草纲目》
    E.《五禽戏》

17. 强调护理是一门专门职业，护士是医生的助手，符合下列护理阶段的特点是（ ）
    A. 以预防保健为中心
    B. 以疾病为中心
    C. 以人的健康为中心
    D. 以患者为中心
    E. 以疾病治疗为中心

18. 将"nurse"一词译为"护士"的护理前辈是（ ）
    A. 南丁格尔   B. 韩德森
    C. 王琇瑛   D. 林菊英
    E. 钟茂芳

19. 以患者为中心，每位患者由一名责任护士负责，对患者实行8小时在岗，24小时负责的护理工作方式为（ ）
    A. 个案护理   B. 小组制护理
    C. 功能护理   D. 责任制护理
    E. 系统整体护理

20. 护理学的基本概念包括（ ）
    A. 预防、系统、环境、护理
    B. 健康、系统、环境、护理
    C. 人、健康、环境、护理
    D. 患者、健康、环境、护理
    E. 人、健康、环境、系统、护理

21. 有关人的概念描述正确的是（ ）
    A. 人是一个闭合系统
    B. 人只受生物学规律控制
    C. 人是由生理和心理两部分组成
    D. 人是护理实践的基础和核心
    E. 护理学研究的对象是住院患者

序号	1	2	3	4	5	6	7	8	9	10	11
答案	C	C	D	A	B	D	B	E	B	E	A
序号	12	13	14	15	16	17	18	19	20	21
答案	B	D	C	A	C	B	E	D	C	D

四、多项选择题

1. 南丁格尔的著作是（ ）
   A. 护理札记   B. 医院札记
   C. 心血运动论   D. 人体结构
   E. 千金要方

2. 专科护理中包括（ ）
   A. 急救护理   B. 康复护理
   C. 老年护理   D. 专科患者护理
   E. 以上都不是

3. 护理工作的方式（ ）
   A. 个案护理   B. 功能制护理
   C. 小组护理   D. 责任制护理
   E. 综合护理

4. 护理学实践范畴是（ ）
   A. 临床护理   B. 专科护理
   C. 社区护理   D. 护理教育
   E. 护理管理

5. 护理的内涵是（ ）
   A. 艺术   B. 服务
   C. 照顾   D. 人道
   E. 帮助

序号	1	2	3	4	5
答案	AB	ABCD	ABCDE	ABCDE	ABE

五、案例分析题

患者王某，男，45岁，因肋骨骨折入院治疗，术后该病区护士为其提供护理。护士黄某是该病区的办公护士，负责处理医嘱，护士刘某是该病区的治疗护士负责打针发药，护士小李是该病区的生活护士,负责晨晚间护理。
1. 根据上述案例,请分析该病区采取的是哪种护理工作方式?
   A. 个案护理 B. 小组制护理
   C. 功能制护理 D. 责任制护理
   E. 综合护理
2. 这种护理工作方式的叙述正确的是( )
   A. 责任明确,能体现个人才能,满足成就感
   B. 分工明确,任务单一,易于组织管理,节省人力
   C. 发挥团队合作精神,维系良好的工作氛围
   D. 护士责任明确,自主性增强,全面掌握患者的情况
   E. 有利于护士为患者实施整体护理
3. 此种护理工作方式缺点叙述正确的是( )
   A. 耗费大量人力
   B. 工作机械重复,护士疲劳厌烦,忽视患者身心整体护理
   C. 个人责任感相对较弱
   D. 对护士能力水平要求过高,护士工作压力和风险明显增高
   E. 对护士的要求高,人力投入过多

序号	1	2	3
答案	C	B	B

(刘小艳 李晓霞)

第二章 健康与疾病

一、填空题

1. 健康是一个复杂、_____、_____且不断变化的概念。
   答案:多维;综合
2. 亚健康状态,现代医学又称为_____或_____。
   答案:次健康;第三状态
3. 二级预防中"三早"是指_____、_____、_____健康问题。
   答案:早发现;早诊断;早治疗
4. 偏离个人、他人和社会的健康期望,客观上不利于健康的一组行为,称为_____。
   答案:危害健康的行为

二、判断题

1. C型行为模式是一种与冠心病密切相关的行为模式。( )
2. A型行为模式是一种与肿瘤发生密切相关的行为模式。( )
3. "喜伤心、怒伤肝、思伤脾、忧伤肺、恐伤肾"很好的总结了心理情绪反应对人体健康的影响。( )
4. 现代健康观的内涵包括:生理健康、心理健康、社会健康、道德健康。( )

序号	1	2	3	4
答案	×	×	√	√

三、单项选择题

1. 在护理学中有关"健康"这一概念的描述,正确的是( )
   A. 健康就是没有疾病或不适
   B. 健康和疾病具有清晰的界限
   C. 健康是一个动态、连续的过程
   D. 人的健康观念受单独某一因素的影响
   E. 健康主要是指机体内部各系统的协调和稳定
2. 关于现代健康观的特点不正确的是( )
   A. 是生物医学模式在健康概念中的体现
   B. 体现了将个体视为心理、生理和社会的完整人的思想
   C. 将健康置于人类自然与社会的大环境中
   D. 将健康看成是一个动态的、不断变化的过程
   E. 将健康与人类生产和创造性活动结合起来
3. 按照护理学的概念,关于"环境"的叙述不正确的是( )
   A. 人的环境包括内环境和外环境
   B. 良好的环境能够促进人的健康
   C. 人的内、外环境是动态和持续变化的
   D. 人需要被动地去适应不断变化的环境
   E. 内、外环境进行着物质和能量的交换
4. 下列影响健康的社会因素不包括( )
   A. 文化教育落后
   B. 医院设施配置不安全
   C. 医疗保障服务体系不完善
   D. 职业危害
   E. 缺乏科学管理
5. WHO指出影响人类健康的因素,社会因素所占比例是( )
   A. 7% B. 8% C. 10%
   D. 20% E. 25%

6. 影响健康的生物因素中不包括（ ）
   A. 种族   B. 年龄
   C. 性别   D. 身高
   E. 遗传结构
7. 影响健康的社会因素不包括（ ）
   A. 文化教育背景   B. 身心交互作用
   C. 社会政治经济   D. 医疗卫生服务系统
   E. 职业环境
8. 以下哪个不是生存质量的判断标准（ ）
   A. 心理状态   B. 年龄
   C. 环境   D. 社会关系
   E. 躯体状态
9. 疾病的一级预防又可称为（ ）
   A. 病因预防   B. 发病学预防
   C. 临床期预防   D. 临床后期预防
   E. 病残预防
10. 疾病三级预防又可称为（ ）
    A. 临床前期预防
    B. 临床后期预防
    C. 病因预防
    D. 发病学预防
    E. 病残预防
11. 疾病二级预防又可称为（ ）
    A. 病因预防   B. 发病学预防
    C. 临床前期预防   D. 临床后期预防
    E. 病残预防
12. 健康促进的基础是（ ）
    A. 减轻痛苦   B. 健康教育
    C. 疾病预防   D. 恢复健康
    E. 维护健康
13. 提高社区民众生活质量的真正力量是（ ）
    A. 他们自己   B. 社区医生
    C. 社区护士   D. 他们家庭成员
    E. 社区其他工作人员

序号	1	2	3	4	5	6	7	8	9	10
答案	C	A	D	E	C	D	B	B	A	E
序号	11	12	13							
答案	C	B	A							

四、多项选择题

1. 外环境包括（ ）
   A. 生态环境   B. 人文社会环境
   C. 治疗性环境   D. 社会性环境
   E. 心理性环境

2. 疾病对个体的影响包括（ ）
   A. 行为和情绪的改变 B. 体像改变
   C. 自我概念改变   D. 自治能力的丧失
   E. 生活方式改变

3. 以下哪些是促进健康的行为（ ）
   A. 合理营养   B. 紧张生活事件
   C. 遵医行为   D. 预警行为
   E. 积极应对生活事件

4. 不良生活方式与哪些疾病有关（ ）
   A. 肥胖   B. 乙肝
   C. 心血管疾病   D. 扁桃体炎
   E. 癌症

序号	1	2	3	4
答案	ABC	ABCDE	ACDE	ACE

五、案例分析题

某孕妇，产前检查一切正常，无不适症状，社区护士要求孕妇定期做产检。

1. 此项内容属于疾病的哪一级预防（ ）
   A. 一级预防   B. 二级预防
   C. 病因预防   D. 临床期预防
   E. 并参预防

2. 此期预防的主要内容是（ ）
   A. 病因预防
   B. 积极治疗
   C. 预防并发症
   D. 早发现、早诊断、早治疗
   E. 恢复健康

序号	1	2
答案	B	D

（刘小艳　李晓霞）

第三章　护士与患者

一、填空题

1. 角色具有多重性、_____性以及行为由个体完成的特征。
   答案：互补

2. 护患关系的三种模式是主动-被动型模式、指导合作型模式和_____。
   答案：共同参与型模式

3. 影响患者角色适应的因素有：_____、医院环境、患者特征、人际关系。

答案：疾病因素
4. 护士的基本素质包括：_____、_____和身心素质。
答案：思想道德素质；专业素质
5. 护患关系建立的过程分为观察熟悉阶段、信任合作阶段和_____。
答案：终止评价阶段

二、判断题

1. 护士素质是指护士在护理工作中应该具备的基本条件和能力。（ ）
2. 护患关系是医疗护理实践中护士与患者之间产生和发展的一种工作性、专业性、帮助性的人际关系。（ ）
3. 护患关系是帮助与被帮助的关系。（ ）
4. 护患关系是多元化的互动关系。（ ）
5. 护患关系的建立第一期是合作信任期。（ ）
6. 角色行为冲突是指患者在适应患者角色过程中，与患病以前原有的各种角色发生心理冲突所引起的行为矛盾。

序号	1	2	3	4	5	6
答案	√	√	√	√	×	√

三、单项选择题

1. 患者康复后不愿意出院，担心发生意外，患者出现的角色适应问题是（ ）
   A. 角色缺如 B. 角色冲突
   C. 角色消退 D. 角色强化
   E. 角色异常
2. 患者没有进入患者角色，不愿承认自己是患者，这是一种心理防御的表现，称之为（ ）
   A. 患者角色行为冲突
   B. 患者角色行为强化
   C. 患者角色行为消退
   D. 患者角色行为缺如
   E. 患者角色行为异常
3. 一位患有心梗的患者住院治疗后已好转，但由于他年迈的母亲突然中风，他毅然离开医院照顾母亲，此患者出现了患者角色适应的哪个问题（ ）
   A. 角色行为缺如 B. 角色行为冲突
   C. 角色行为强化 D. 角色行为消退
   E. 角色行为矛盾
4. 一位母亲因自己生病而无法照顾孩子的生活、学习，造成（ ）
   A. 角色行为缺如 B.角色行为冲突
   C. 角色行为强化 D. 角色行为消退
   E. 角色行为矛盾
5. 护士角色功能不包括（ ）
   A. 护理计划者 B. 健康协调者
   C. 护理管理者 D. 卫生制度改革者
   E. 健康咨询者
6. 一个患肺炎的患者痊愈后不想出院，患者出现的角色适应问题是（ ）
   A. 角色缺如 B. 角色冲突
   C. 角色消退 D. 角色强化
   E. 角色困难
7. 要帮助患者获得某种自护技能，最佳的方法是（ ）
   A. 讲授 B. 讨论
   C. 示范 D. 个别会谈
   E. 参与学习
8. 患者在生病之后担心影响学习与考试，表现为烦躁不安，茫然，悲伤，这种情况属于（ ）
   A. 患者角色缺如 B. 患者角色冲突
   C. 患者角色强化 D. 患者角色消退
   E. 患者角色适应
9. "回答患者疑问，帮助患者寻求解决健康问题的方法"，体现了护士的专业角色是（ ）
   A. 照顾者 B. 教育者
   C. 咨询者 D. 管理者
   E. 研究者
10. "为患者提供直接的护理服务"，体现了护士的专业角色是（ ）
    A. 研究者 B. 照顾者
    C. 教育者 D. 咨询者
    E. 管理者
11. "在社区传授促进健康的知识和方法"，体现了护士的专业角色是（ ）
    A. 研究者 B. 教育者
    C. 照顾者 D. 咨询者
    E. 管理者
12. 适用于对急性病患者护理时的护患关系是（ ）
    A. 共同参与型 B. 指导-合作型
    C. 主动-被动型 D. 统一型
    E. 以上都不是
13. 对于休克、全麻未清醒的患者应用哪一种护患关系（ ）
    A. 共同参与型 B. 指导-合作型
    C. 主动-被动型 D. 统一型

E. 以上都不是
14. 慢性病患者护患关系模式为（ ）
    A. 共同参与型   B. 指导-合作型
    C. 主动-被动型   D. 统一型
    E. 以上都不是
15. 护患关系合作信任期的主要任务是（ ）
    A. 发现护理问题   B. 满足患者的需要
    C. 建立信任感   D. 护患双方相互评价
    E. 双方进一步熟悉
16. 在护患关系的初始期主要的任务是（ ）
    A. 建立信任关系
    B. 尊重患者
    C. 与患者共同协商护理计划
    D. 与患者共同评价护理目标的完成情况
    E. 与患者一起拟定康复计划

序号	1	2	3	4	5	6	7	8	9	10
答案	D	D	D	B	D	D	C	B	C	B
序号	11	12	13	14	15	16				
答案	B	B	C	A	B	A				

四、多项选择题

1. 关于患者角色特征叙述正确的是（ ）
    A. 社会角色职责的免除或部分免除
    B. 对其陷入疾病状态没有责任
    C. 具有恢复健康的义务性和主动性
    D. 配合医护治疗的协作性
    E. 角色行为由个体完成
2. 下列促进患者角色适应的措施正确的是（ ）
    A. 正确评估患者角色适应水平
    B. 创建良好舒适的医院环境
    C. 建立良好的人际关系
    D. 发挥社会支持系统
    E. 指导患者适应角色
3. 下列哪些措施可以指导患者适应角色（ ）
    A. 自我介绍、环境介绍
    B. 及时提供有效的医疗护理信息
    C. 尊重患者
    D. 有效的沟通
    E. 鼓励患者
4. 护患关系的性质是（ ）
    A. 工作关系   B. 专业性人际关系
    C. 治疗关系   D. 帮助与被帮助
    E. 多元化互动关系
5. 护士素质的基本内容包括（ ）
    A. 思想品德素质 B. 科学文化素质
    C. 专业素质   D. 心理素质
    E. 身体素质

序号	1	2	3	4	5
答案	ABCD	ABCDE	ABCDE	ABCDE	ABCDE

五、案例分析题

患者在生病之后担心影响学习与考试，表现为烦躁不安、茫然、悲伤。

1. 这种情况属于（ ）
    A. 患者角色缺如   B. 患者角色冲突
    C. 患者角色强化   D. 患者角色消退
2. 该患者表现主要是（ ）
    A. 逐渐接受患者角色
    B. 不能顺利进入患者角色
    C. 没有进入患者角色
    D. 安于患者角色

序号	1	2
答案	B	B

（刘小艳　李晓霞）

第四章　护理支持性理论

一、填空题

1. 系统是由若干个相互联系、相互作用的_____所组成的具有特定结构和功能的有机整体。
   答案：要素
2. 汉斯·塞利认为 GAS 和 LAS 的反应过程可以分为三个阶段：_____、_____和衰竭期。
   答案：警告期；抵抗期
3. 适应是机体维持内稳态、保证自己能应对压力源以及健康生存的基础，包含生理、心理、_____及技术四个层面的适应。
   答案：社会文化
4. 对压力的第二线防卫是_____。
   答案：自力救助

二、判断题

1. 按照系统的内容和要素将系统分为开放系统和闭合系统。（ ）
2. 护理系统是一个具有决策和反馈功能的系统。

( )
3. 按马斯洛提出的基本需要层次理论其中生理需要处于"金字塔"的最低层。( )
4. 对于压力适应的层次分为4个层次。( )
5. 社会文化适应是指调整个人的行为,使之与各种不同的群体的信念、习俗及规范相协调。( )
6. 医院中常见的压力源是患者自尊的丧失。( )
7. 陌生的环境也是医院中常见的压力源。( )

序号	1	2	3	4	5	6	7
答案	×	√	√	√	√	√	√

三、单项选择题

1. 1937年,第一次提出了"一般系统论"概念的是( )
   A. 弗洛伊德　　　B. 马斯洛
   C. 霍姆斯　　　　D. 拉赫
   E. 贝塔朗菲
2. 按照系统与环境的关系,分为( )
   A. 自然系统和人为系统
   B. 实体系统和概念系统
   C. 开放系统和闭合系统
   D. 动态系统和静态系统
   E. 以上都不是
3. 人类基本需要层次理论是( )
   A. 弗洛伊德　　　B. 马斯洛
   C. 霍姆斯　　　　D. 拉赫
   E. 塞里
4. 患者,女,27岁,因面部烧伤留有瘢痕,不愿见人,此时应考虑其( )
   A. 尊重的需要　　B. 安全需要
   C. 刺激的需要　　D. 自我实现的需要
   E. 爱与归属的需要
5. 护士告诉患者要经常洗手,并执行无菌技术以避免交叉感染,这属于满足患者的( )
   A. 安全需要　　　B. 生理需要
   C. 爱与归属的需要　D. 尊重的需要
   E. 卫生的需要
6. 按照马斯洛的人类基本需要层次论,生理需要满足后,则应满足( )
   A. 安全的需要　　B. 尊重的需要
   C. 刺激的需要　　D. 爱与归属感的需要
   E. 自我实现的需要
7. 护士对患者进行入院介绍、术前教育等,主要是为了满足患者( )
   A. 生理的需要　　B. 安全的需要
   C. 爱与归属的需要　D. 自我实现的需要
   E. 尊重的需要
8. 在马斯洛的基本需要理论当中,缺失了下列哪一层的需要,会让人感到孤独、被抛弃、被拒绝、举目无亲等( )
   A. 安全的需要　　B. 爱与归属的需要
   C. 尊重的需要　　D. 生理的需要
   E. 自我实现的需要
9. 对抗压力源的第一线防卫是( )
   A. 身心防卫
   B. 自力救助
   C. 专业辅助
   D. 自力救助与专业辅助
   E. 以上都不对
10. 对抗压力源的第三防卫是( )
    A. 自然的身心防卫
    B. 自力救助
    C. 专业辅助
    D. 自力救助与专业辅助
    E. 以上都不对
11. 下列哪个不是成长与发展的规律( )
    A. 预测性和顺序性　B. 连续性和阶段性
    C. 平衡性　　　　　D. 个体差异性
    E. 关键期
12. 影响成长与发展的因素不包括( )
    A. 遗传因素　　　B. 孕母状况
    C. 营养　　　　　D. 健康因素
    E. 身高与体重
13. 弗洛伊德认为肛欲期是指( )
    A. 0～1岁　　　　B. 1～3岁
    C. 3～6岁　　　　D. 6～12岁
    E. 12～18岁
14. 皮亚杰认为具体运思期是指( )
    A. 0～2岁　　　　B. 2～7岁
    C. 7～11岁　　　 D. 11～13岁
    E. 12～14岁

序号	1	2	3	4	5	6	7	8	9	10
答案	E	C	B	A	A	A	B	B	A	C
序号	11	12	13	14						
答案	C	E	B	C						

四、多项选择题

1. 符合系统特征的叙述是（　　）
   A. 目的性　　　　B. 相关性
   C. 动态性　　　　D. 层次性
   E. 整体性
2. 下列陈述符合一般系统论和护理的关系是（　　）
   A. 人是一个自然开放的系统
   B. 人是具有主观能动性的系统
   C. 护理是一个复杂结构的系统
   D. 护理是一个开放系统
   E. 护理是一个动态系统
3. 人的基本需要（　　）
   A 生理需要　　　B. 社会需要
   C. 情感需要　　　D. 认知需要
   E. 精神需要
4. 关于需要层次之间的关系正确的是（　　）
   A. 低层次的需要应先满足
   B. 各种层次的需要满足的时间相同
   C. 人的行为是由优势需要决定的
   D. 各层次的需要相互依赖，彼此重叠
   E. 各层需要的层次顺序是固定不变的
5. 住院患者常见的压力源有（　　）
   A. 环境的陌生　　B. 疾病威胁
   C. 医护人员的影响　D. 没有自尊
   E. 知识缺乏

序号	1	2	3	4	5
答案	ABCDE	ABCDE	ABCD	ACD	ABCDE

（刘小艳　李晓霞）

第五章　护理理论与模式

一、填空题

1. 奥瑞姆的自理理论主要分为自理理论、自理缺陷理论、_____。
   答案：护理系统理论
2. 罗伊根据适应模式将护理工作方法分为一级评估、二级评估、护理诊断、制定目标、_____、评价。
   答案：干预
3. 奥瑞姆护理系统分为全补偿系统、_____、

_____。
   答案：部分补偿系统；支持-教育系统
4. 纽曼健康系统模式认为：人是一个不断与环境互动的_____，称为个体系统。
   答案：开放系统
5. 纽曼认为人的三种防御机制_____、_____、弹性防御线。
   答案：抵抗线；正常防御线
6. 莱宁格跨文化理论的重点是"_____"，护理的核心是"_____"。
   答案：文化；文化关怀

二、判断题

1. 部分补偿系统是指护士和患者共同承担患者的自理活动，双方在满足需要方面都起重要作用。（　　）
2. 罗伊适应模式刺激分为主要刺激和相关刺激。（　　）
3. 纽曼将应激源分为2种，即个体内应激源和个体外应激源。（　　）
4. 莱宁格的日出模式的第二层是指文化关怀与健康层。（　　）

序号	1	2	3	4
答案	√	×	×	√

三、单项选择题

1. 不符合奥瑞姆自理理论的叙述是（　　）
   A.自理是有意识的行为
   B.人常常通过本能达到自我照顾
   C.自理力量是个体执行自理活动的能力
   D.在不同时期，人的自理力量是不同的
   E.在不同发展时期，人有不同的自理需求
2. 下列符合奥瑞姆对自理概念的阐述的是（　　）
   A. 自理能力是人天生就具备的
   B. 自理是有目的、有意识的行动
   C. 自理能力具有稳定性，不易受其他因素的影响
   D. 自理就是指进食、沐浴卫生、入厕、更衣、修饰等日常生活活动
   E. 能够自理是值得尊敬的，而无法自理则难以被社会接受
3. 按照奥瑞姆自理理论，属于"发展的自理需求"的是（　　）
   A. 维持活动与休息的平衡
   B. 摄入足够的食物和水

C. 接受丧亲的事实
D. 维持社会交往平衡
E. 有效地执行医嘱
4. 奥瑞姆在自理缺陷理论中阐明了（ ）
   A. 什么是自理
   B. 个体何时需要护理
   C. 人存在哪些自理需求
   D. 如何评价个体的自理能力
   E. 如何护理存在自理缺陷的个体
5. 奥瑞姆自理理论的核心是（ ）
   A. 自理   B. 自理力量
   C. 自理理论   D. 自理缺陷理论
   E. 护理系统理论
6. 奥瑞姆认为护士对患者应采取何种护理系统取决于（ ）
   A. 患者的需要
   B. 患者病情
   C. 患者的自理需求和自理能力
   D. 医嘱
   E. 患者家属的需要
7. 张先生因左下肢骨折入院，护士小王对其评估后按部分补偿系统原则进行护理，护士运用的是（ ）
   A. 人际间关系模式   B. 保健系统模式
   C. 生命过程模式   D. 适应模式
   E. 自理模式
8. 赵先生，67岁，因急性心肌梗死入院，护士对其评估后按全补偿系统原则进行护理，护士运用的是（ ）
   A. 适应模式   B. 自理模式
   C. 生命过程模式   D. 保健系统模式
   E. 人际间关系模式
9. 应用Roy适应模式，对护理学基本概念的阐述欠妥的是（ ）
   A. 人可以是个体、家庭、社区或社会
   B. 人是一个适应系统，具有生物属性和社会属性
   C. 环境中包括主要刺激、相关刺激和固有刺激
   D. 当人能够不断适应时就能保持健康
   E. 护理的目的就是促进人在生理功能上的适应
10. Roy适应模式的重点在于（ ）
    A. 输入   B. 反馈
    C. 适应性   D. 效应者
    E. 控制过程
11. 下列不属于适应方式类型的是（ ）
    A. 生理功能   B. 自我概念
    C. 角色功能   D. 互相依赖
    E. 适应水平
12. 下列有关纽曼健康系统模式中弹性防御线叙述不正确的是（ ）
    A. 受系统5个变量的影响
    B. 弹性防御线是一个虚线圈
    C. 位于个体防御线的最外层
    D. 与个体生长发育无关，是后天获得
    E. 可因失眠等原因迅速将其防御效能削弱
13. 纽曼提出的二级预防的目的在于（ ）
    A. 加强内部抵抗线，保护基本结构
    B. 控制和减少应激源
    C. 加强弹性防御线功能
    D. 帮助患者恢复和重建功能
    E. 维持系统的稳定性
14. 流感高发期，学校组织在校小学生注射流感疫苗，根据纽曼的健康系统模式，学校此行为属于哪一级预防（ ）
    A. 早期预防   B. 次级预防
    C. 一级预防   D. 二级预防
    E. 三级预防
15. 文化关怀特点是（ ）
    A. 层次性与系统性
    B. 统一性与多样性
    C. 自主性与复杂性
    D. 目的性与综合性
    E. 实践性与可行性
16. 莱宁格的日出模式第三层是指（ ）
    A. 世界观和文化社会结构层
    B. 文化关怀与健康层
    C. 护理关怀决策和行为层
    D. 健康系统层
    E. 以上都不是

序号	1	2	3	4	5	6	7	8	9	10
答案	B	B	C	B	D	C	E	B	E	C
序号	11	12	13	14	15	16				
答案	E	D	A	C	B	D				

四、多项选择题

1. Roy适应模式在结构上包括（ ）
   A. 输入   B. 控制过程
   C. 适应方式   D. 输出
   E. 反馈
2. 跨文化护理理论的主要概念有（ ）

A. 护理关怀　　B. 文化
C. 关怀　　　　D. 文化关怀
E. 跨文化护理
3. 跨文化关怀的方式包括(　)
A. 文化关怀保存　　B. 文化关怀调适
C. 文化关怀重建　　D. 文化关怀理解
E. 与文化相匹配的护理关怀

序号	1	2	3
答案	ABCDE	BCDE	ABCE

（刘小艳　李晓霞）

第六章　评判性思维与临床护理决策

一、填空题

1. 评判性思维在护理教学、_____、护理实践、护理科研中应用。
   答案：护理管理
2. 临床护理决策类型有：确定型临床护理决策、风险型临床护理决策、_____。
   答案：不确定型临床护理决策
3. 临床护理决策分为三种：_____、_____、共同决策模式。
   答案：患者决策模式；护士决策模式
4. 影响临床护理决策的因素包括个体因素、环境因素、_____。
   答案：情景因素
5. 循证护理的证据来源主要包括系统评价、实践指南、_____。
   答案：概述性循证资源

二、判断题

1. 评判性思维是一种高级思维方法。(　)
2. 评判性思维是一种反思、推理、判断的过程。(　)
3. 评判性思维的构成包括智力因素、认知技能因素、情感态度因素。(　)
4. 评判性思维能够提高护理质量但不能促进护理学科的发展。(　)
5. 临床护理决策不包括风险型。(　)
6. 评判性思维是一种高级思维方法。(　)

序号	1	2	3	4	5	6
答案	√	√	√	×	×	√

三、单项选择题

1. 评判性思维的核心目的是(　)
   A. 演绎推理　　B. 临床决策
   C. 鉴别诊断　　D. 诊断推理
   E. 质疑反思
2. 不属于护士评判性思维核心认知技能的是(　)
   A. 分析　　　　B. 猜测
   C. 评估　　　　D. 解释
   E. 推论
3. 临床护理决策的步骤不包括(　)
   A. 实施方案　　B. 评价反馈
   C. 选择方案　　D. 明确问题
   E. 分析猜测
4. 下列那一项不属于询证护理的基本要素(　)
   A. 最佳证据　　B. 患者实际愿望
   C. 护士临床技能　D. 护士临床经验
   E. 评判性思维

序号	1	2	3	4
答案	B	B	E	E

四、多项选择题

1. 在评判性思维时，护士应具有以下哪些情感态度特征(　)
   A. 自信负责　　B. 诚实公正
   C. 好奇执着　　D. 谦虚谨慎
   E. 独立创新
2. 关于发展临床护理决策能力的策略正确的是(　)
   A. 发展评判性思维能力
   B. 加强护理程序的运用
   C. 提高循证护理能力
   D. 注重护患关系的建立
   E. 注重人文素质的培养

序号	1	2
答案	ABCDE	ABCE

（刘小艳　李晓霞）

第七章 护理程序

一、填空题

1. 护理程序是由评估、诊断、计划、_____和评价五个相互联系、相互影响的阶段组成。
   答案：实施
2. 护理实施步骤有准备，执行及_____。
   答案：记录
3. PSE三部分陈述公式包括问题，症状或体征及_____。
   答案：原因
4. 评估是一个动态、循环的过程，贯穿于_____各个步骤。
   答案：护理程序
5. 根据资料的来源可以分为_____资料和_____资料。
   答案：主观；客观
6. 护理诊断根据健康问题的性质可以分为_____、潜在的、健康的、_____问题。
   答案：现存的；综合的
7. 护理诊断有四部分组成：名称、定义_____和_____。
   答案：诊断依据；相关因素
8. 护理问题在优先次序上可分为首优问题_____、_____三类。
   答案：中优；次优

二、判断题

1. 护理诊断是关于个人、家庭、社区对现存的或潜在的健康问题以及生命过程问题反应的一种临床判断。（　）
2. 护理诊断中首优是指威胁护理对象的生命，需要立即采取行动予以解决的问题。（　）
3. 护理对象的主观感觉多为客观资料。（　）
4. 健康的护理诊断陈述时用PE的方式来陈述。（　）
5. 一项护理诊断针对一个健康问题，一位患者可以有多个护理诊断。（　）
6. 护理诊断知识缺乏的陈述方式为"知识缺乏：与XX疾病有关"。（　）
7. 护理诊断的排列顺序是一成不变的。（　）
8. 护理目标应该描述的是护士的行为或护士采取的措施。（　）

序号	1	2	3	4	5	6	7	8
答案	√	√	×	×	√	×	×	

三、单项选择题

1. 护理程序的第一步"评估"进行的时间是（　）
   A. 遵医嘱
   B. 从患者入院到出院全过程
   C. 患者出院时
   D. 患者入院及出院时
   E. 患者入院时
2. 资料的最佳来源是（　）
   A. 服务对象　　B. 患者家属
   C. 重要影响的人　D. 医务人员
   E. 医疗护理文献
3. 健康资料的直接来源是（　）
   A. 亲属　　　　B. 患者本人
   C. 心理医师　　D. 保姆
   E. 营养师
4. 对于意识不清、婴幼儿获取资料的重要来源是（　）
   A. 服务对象　　B. 患者家属
   C. 病历记录　　D. 医务人员
   E. 医疗护理文献
5. 记录患者资料时，错误的是（　）
   A. 客观资料的记录尽量使用医学术语
   B. 客观资料应避免护士的主观判断
   C. 主观资料护士不能带自己的判断
   D. 主观资料的记录只能用患者自己的语言
   E. 主观资料主要多为护理对象的主观感觉
6. 属于主观资料的是（　）
   A. 水肿　　　　B. 黄疸
   C. 发绀　　　　D. 乏力
   E. 面色潮红
7. "现存的"护理诊断常用的陈述方式是（　）
   A. PE公式　　　B. SE公式
   C. PSE公式　　 D. PS公式
   E. P一部分
8. 下列属于患者客观资料的是（　）
   A. 面色潮红　　B. 头晕
   C. 多梦　　　　D. 疼痛
   E. 恶心
9. 在护理诊断陈述时常用的字母E表示（　）
   A. 相关因素　　B. 诊断名称
   C. 临床表现　　D. 实验室检查

E. 问题
10. "有……危险的"护理诊断常用的陈述方式是（　）
    A. PSE 公式　　B. SE 公式
    C. PE 公式　　　D. P 一部分
    E. PS 公式
11. 护理诊断的内容是针对（　）
    A. 患者的疾病
    B. 患者疾病现存的病理过程
    C. 患者疾病的病理过程
    D. 患者疾病潜在的病理过程
    E. 患者对疾病的生理，心理和行为反应
12. 以下几项护理诊断中，应列为首优问题的是（　）
    A. 有感染的危险　　B. 清理呼吸道无效
    C. 急性疼痛　　　　D. 体温过高
    E. 腹痛
13. 以下几项护理诊断中，应列为中优问题的是（　）
    A. 气体交换受阻　　B. 体温过高
    C. 输出量减少　　　D. 社交孤立
    E. 疲乏
14. 贯穿于患者住院的全过程的是（　）
    A. 治疗　　　　　　B. 评估
    C. 护理操作　　　　D. 护理评价
    E. 以上都是
15. 需要较长时间能够达到的护理目标称为（　）
    A. 长期目标　　　　B. 短期目标
    C. 及时目标　　　　D. 中期目标
    E. 最终目标
16. 以下关于护理目标的陈述，正确的是（　）
    A. 患者拄拐行走 50 米
    B. 护士帮助患者拄拐行走 50 米
    C. 患者拄拐行走 50 米
    D. 3 日后患者拄拐行走
    E. 3 日后患者拄拐行走 50 米
17. 以下关于确定预期护理目标描述错误的是（　）
    A. 目标应该以服务对象为中心
    B. 一个护理诊断只能有一个预期目标
    C. 目标应是服务对象能力范围之内能达到的
    D. 目标应有具体的检测标准、时间限度
    E. 实现目标需要服务对象的积极配合
18. 关于独立性护理措施错误的是（　）

    A. 帮助患者抬高水肿的肢体
    B. 完成日常生活护理
    C. 皮肤护理
    D. 给药
    E. 健康教育
19. 关于依赖性的护理措施错误的是（　）
    A. 心理支持　　　　B. 遵医嘱给药
    C. 伤口更换敷料　　D. 诊断性检查
    E. 外周静脉置管
20. 临床护理记录方法 PIO 格式中 I 代表的是（　）
    A. 健康问题　　　　B. 客观资料
    C. 主观资料　　　　D. 措施
    E. 结果
21. 对于已经实现的预期目标或者已经解决的问题，应该（　）
    A. 继续　　　　　　B. 停止
    C. 取消　　　　　　D. 修订
    E. 修改

序号	1	2	3	4	5	6	7	8	9	10	11
答案	B	A	B	B	D	D	C	A	A	C	E
序号	12	13	14	15	16	17	18	19	20	21
答案	B	B	D	A	E	B	D	A	D	B

四、多项选择题

1. 护理评估资料的主要内容包括（　）
    A. 一般资料　　　　B. 生活状况
    D. 健康检查　　　　C. 心理社会资料
    E. 自理程度
2. 收集患者身体方面资料的方法有（　）
    A. 观察法　　　　　B. 与患者会谈
    C. 查阅文献资料　　D. 与家属沟通
    E. 体格检查
3. 下列收集的资料中属客观资料的是（　）
    A. 头晕 2 天　　　　B. 上腹胀痛
    C. 胸闷憋气　　　　D. 体温 38℃
    E. 皮肤溃烂
4. 对收集的资料进行整理分类可以依据（　）
    A. 马斯洛的需要层次论
    B. 奥瑞姆自理模式理论
    C. 戈登的 11 种功能性健康形态
    D. NANDA 的人类反应型态分类法 Ⅱ
    E. 罗伊的适应模式
5. 记录资料时应该遵循的原则有（　）

A. 全面　　　　B. 客观
C. 人性化　　　D. 准确
E. 及时
6. 关于实施护理措施前的准备工作正确的是（　）
   A. 重新评估
   B. 记录
   C. 审阅修改、分析
   D. 预测可能的并发症
   E. 组织实施计划的资源

序号	1	2	3	4	5	6
答案	ABCDE	ABCDE	DE	ACD	ABDE	ACDE

五、案例分析题

张某，女，18岁，因患急性心肌炎入院，护士对其进行评估收集资料。
1. 其中主观资料是（　）
   A. 心慌、疲乏、浑身不适
   B. 气促、感觉心慌、心率快
   C. 气促、心动过速、发热
   D. 感觉心慌，发热
   E. 心动过速，发热
2. 根据这一主观资料，患者主要的护理问题是（　）
   A. 活动无耐力　　B. 体温过高
   C. 营养失调　　　D. 体液不足
   E. 呼吸困难

序号	1	2
答案	A	A

（刘小艳　李晓霞）

第八章　护理安全与防护

一、填空题

1. 护理安全包括患者安全、_____安全。
   答案：护士的职业
2. 护理职业风险是指护士在工作过程中可能发生的一切_____。
   答案：不安全事件
3. 物理性职业损伤最常见的是_____。
   答案：锐器伤
4. _____是影响护理职业安全中最常见的职业损伤因素。
   答案：生物因素
5. 为了避免发生锐器伤，注射器在使用后禁止_____回套针帽或者分离污染的注射器与针头。
   答案：双手
6. _____是指护士由于职业关系经常需要搬移重物，当身体负重过大或用力不合理时，所致的肌肉、骨骼或关节的损伤。
   答案：负重伤
7. 艾滋病职业暴露后，若伤者HIV抗体阴性，预防性用药最好在_____小时内进行。
   答案：4
8. 掰开安瓿制剂时应垫_____。
   答案：无菌纱布

二、判断题

1. 为了防止化疗药物溢出，抽取药物的剂量不宜超过容器的3/4。（　）
2. 化疗护士应加强体育锻炼，每隔6个月检查肝功，血常规，免疫功能。（　）
3. 护士在怀孕、哺乳期间可以少量接触化疗药物，对胎儿、乳儿没有影响。（　）

序号	1	2	3
答案	√	√	×

三、单项选择题

1. 关于护理安全的描述不妥的是（　）
   A. 是医院护理质量提高的基础
   B. 有利于保护护士的职业安全
   C. 有利于创造和谐的医疗环境
   D. 可以减少护理差错和护理事故的发生
   E. 主要关注患者的安全
2. 护士发生锐器伤后容易引起血源性传播疾病，其中最为常见、危害最大的是（　）
   A. 梅毒　　　　B. 结核病
   C. 弓形虫病　　D. 肝炎及艾滋病
   E. 肿瘤
3. 医疗废物包装物或容器内盛装医疗废物有效的封口，是指达到容器（　）
   A. 1/3　　　　B. 1/2
   C. 2/3　　　　D. 3/4
   E. 3/5
4. WHO规定病房的理想声音强度不超过（　）
   A. 50dB　　　B. 45dB
   C. 35dB　　　D. 55dB

E. 30dB

5. 下列哪项不属于物理因素引起的护理职业损伤( )
   A. 腰椎间盘突出　　B. 氟化物中毒
   C. 缝合针刺伤　　　D. 慢性腰肌劳损
   E. 下肢静脉曲张

6. 下列哪项不是心理-社会因素造成的护理职业损伤( )
   A. 社会地位低
   B. 担心差错和医患纠纷
   C. 超负荷工作
   D. 病室环境嘈杂
   E. 常常面对患者的痛苦情景

7. 下列护理职业防护措施不妥的是( )
   A. 医疗废物应该分类管理
   B. 养成操作后正确洗手的习惯
   C. 护理人力配备合理
   D. 提高职业防护意识
   E. 盛装医疗废物的容器应装满并严密封口

8. 为了避免生物性损伤,在切断传播途径的防护措施中欠妥的是( )
   A. 戴手套　　　　　B. 洗手
   C. 免疫接种　　　　D. 戴口罩
   E. 穿脱隔离衣

9. 护士在工作过程中不慎被污染的针头刺伤,首先应该采取的措施是( )
   A. 及时上报护士长
   B. 做血清病毒学检查
   C. 肥皂水冲刺伤口
   D. 从伤口的近心端往远心端挤出血液
   E. 消毒液消毒伤口

10. 关于负重伤防护措施中正确的是( )
    A. 可弯腰用力搬起重物
    B. 选用柔软的床垫
    C. 多摄取富含脂类的食物
    D. 工作时穿软底鞋、弹力袜
    E. 可以长期佩戴腰围

序号	1	2	3	4	5	6	7	8	9	10
答案	E	D	D	C	B	A	E	C	D	D

四、多项选择题

1. 以下负重伤防护正确的是( )
   A. 加强身体锻炼
   B. 保持正确的工作姿势
   C. 养成良好的生活习惯
   D. 使用劳动保护用品
   E. 避免过重的工作负荷

2. 护理安全的影响因素有( )
   A. 人员因素　　　　B. 物质因素
   C. 环境因素　　　　D. 诊疗因素
   E. 管理因素

3. 职业损伤危险因素常见的有( )
   A. 生物因素　　　　B. 物理因素
   C. 化学因素　　　　D. 心理社会因素
   E. 个人因素

4. 下列哪些措施能够有效的应对护士心理社会损伤( )
   A. 能换位思考　　　B. 劳逸结合
   C. 减少工作时间　　D. 准确自我评价
   E. 寻求专业帮助

序号	1	2	3	4
答案	ABCDE	ABCDE	ABC	ABDE

五、案例分析题

门诊护士小刘,在给门诊患者抽血时,不慎将针头穿刺到自己手指上,抽血结果显示病人为乙肝大三阳。

1. 小刘被划伤后处理措施错误的是( )
   A. 立即捏住伤口远心端,向近心端挤出血液,禁止进行伤口局部挤压
   B. 用肥皂水反复冲洗伤口
   C. 用乙醇、碘酊消毒伤口
   D. 填写登记表,上报感染科
   E. 必要时注射乙肝疫苗和免疫球蛋白

2. 以下防护措施正确的是( )
   A. 抽血后用双手回套针帽
   B. 传递手术刀时,用手直接拿取
   C. 禁止双手分离注射器和针头
   D. 使用后的针头直接可以丢弃在垃圾筐里面
   E. 可以直接接触医疗垃圾

序号	1	2
答案	A	C

(刘小艳　李晓霞)

第二篇 基础护理学

第一章 绪 论

一、填空题

1. _____被称为现代护理的鼻祖：19 世纪中叶，她创立了科学的护理专业。

   答案：南丁格尔

2. 护理学的变化和发展可概括的分为三个阶段：以_____的护理阶段，以_____的护理阶段，以_____的护理阶段。

   答案：疾病为中心；患者为中心；人的健康为中心

二、单项选择题

1. 世界上第一所正式护士学校创建于（ ）
   - A. 1860 年，美国
   - B. 1854 年，法国
   - C. 1856 年，英国
   - D. 1860 年，英国
   - E. 1890 年，圣多马

2. 近代护理学的形成是从何时开始的（ ）
   - A. 18 世纪末期
   - B. 18 世纪中叶
   - C. 20 世纪初
   - D. 19 世纪中叶
   - E. 19 世纪初期

3. 护士在临床护理工作中对某一护理措施效果进行观察与研究，护士充当的角色是（ ）
   - A. 服务者
   - B. 管理者
   - C. 科学研究者
   - D. 教育者
   - E. 护理者

4. 我国第一所护士学校成立于（ ）
   - A. 1878 年，南京
   - B. 1848 年，上海
   - C. 1835 年，广州
   - D. 1888 年，福州
   - E. 1860 年，北京

5. 护理程序的 5 个基本步骤依次为（ ）
   - A. 评估、诊断、计划、实施、评价
   - B. 计划、诊断、评估、实施、评价
   - C. 评估、计划、诊断、实施、评价
   - D. 诊断、评估、实施、计划、评价
   - E. 评估、计划、诊断、实施、评价

6. 护士获取客观健康资料的主要途径是（ ）
   - A. 患者家属的陈述
   - B. 患者的主管医生提供
   - C. 观察及体检获取
   - D. 患者朋友提供
   - E. 阅读病历及健康记录

序号	1	2	3	4	5	6
答案	D	D	C	D	A	C

（李 娜 马礼绒）

第二章 环 境

一、填空题

1. 人类环境中内环境包括_____环境和_____环境，外环境包括_____环境和_____环境。

   答案：生理；心理；自然；社会

2. 护士应尽可能的为患者创造安静的环境，特别注意"四轻"，即_____轻、_____轻、_____轻和关门轻

   答案：说话；走路；操作

3. 一般室温保持在_____较为适宜，新生儿及老年患者，室温以保持在_____为佳。

   答案：18～22℃；22～24℃

4. WHO 规定的噪声标准，白天病区较理想的强度是_____dB。

   答案：35～45

二、判断题

1. 湿度过低时容易引起口干舌燥，支气管切开患者应适当增加湿度。（ ）

2. 准备麻醉床时，应在麻醉护理盘中准备氧气导管、压舌板、导尿管、开器。（ ）

序号	1	2
答案	√	×

三、单项选择题

1. 护士为患者准备备用床的目的是（ ）
   - A. 便于接受麻醉后尚未清醒的患者
   - B. 供暂离床活动的患者使用
   - C. 预防皮肤并发症的发生
   - D. 保持病室整洁，准备接收新患者

E. 方便患者的治疗和护理
2. 病室湿度过低可导致患者（ ）
   A. 呼吸道黏膜干燥、咽喉痛
   B. 头痛、头晕
   C. 闷热、难受
   D. 多汗、面色潮红
   E. 食欲缺乏
3. 医院病床之间的距离不少于（ ）
   A. 1.5m   B. 1m
   C. 0.5m   D. 3m
   E. 2m
4. 为保证病室安静，采取的护理措施哪一项除外（ ）
   A. 减少探视
   B. 病室桌椅安装橡胶垫
   C. 医护人员进行各种操作时做到"四轻"
   D. 治疗车轴、门轴应经常润滑
   E. 密闭门窗，避免噪声
5. 病室最适宜的温度和湿度是（ ）
   A. 16～18℃，40%～50%
   B. 14～16℃，30%～40%
   C. 22～24℃，60%～70%
   D. 18～22℃，50%～60%
   E. 16～18℃，50%～60%
6. 下列不属于医院社会环境调控范畴的是（ ）
   A. 医院规则   B. 病友关系
   C. 工作态度   D. 人际关系
   E. 病室装饰
7. 下列属于心理环境范畴的是（ ）
   A. 人的教育情况   B. 精神紧张程度
   C. 大气污染程度   D. 医院标识的情况
   E. 人的循环系统功能情况
8. 下列哪种患者需要较高的病室空气湿度（ ）
   A. 急性肺水肿   B. 肾衰竭
   C. 气管切开   D. 心力衰竭
   E. 支气管哮喘
9. 患者休养的适宜环境正确的是（ ）
   A. 儿科病室冬季室温在 22～24℃
   B. 哮喘患者房间可摆放鲜花和绿色植物
   C. 支气管扩张患者病室湿度在 35%
   D. 产妇病室应注意保暖，不能开窗通风，以免产妇着凉
   E. 破伤风患者勿剧烈活动，室内应通风良好、光线充足
10. 铺备用床的目的主要为（ ）
    A. 暂离床患者使用
    B. 预防并发症
    C. 手术前的准备
    D. 准备接受新人
    E. 为使被褥不被血液污染
11. 铺床时移床旁椅至床尾正中离床约为（ ）
    A. 20cm   B. 15cm
    C. 10cm   D. 25cm
    E. 5cm
12. 为了保持病室空气新鲜每天开窗通风时间为（ ）
    A. 2h   B. 4h
    C. 30min   D. 1h
    E. 10min
13. 王先生，55 岁，因脑外伤，在全麻下行开颅探查术。病房护士应为患者准备（ ）
    A. 备用床，床中部和床上部各加一块橡胶中单、中单
    B. 麻醉床，床中部和床上部各加一块橡胶中单、中单
    C. 暂空床，床中部和床上部各加一块橡胶中单、中单
    D. 暂空床，床中部和床尾部各加一块橡皮中单、中单
    E. 麻醉床，床中部和床尾部各加一块橡胶中单、中单
14. 为保持病室安静应（ ）
    A. 工作人员在进行操作时应做到"四轻"
    B. 病室安装隔音罩
    C. 两人交谈的最佳距离是 3 米
    D. 白天病区环境噪音标准在 35～50dB
    E. 室内多种花草、树木、减少噪音
15. 铺床不符合节力原则的是（ ）
    A. 操作时，身体靠近床边
    B. 两腿前后分开
    C. 将用物放在床尾的车上
    D. 按使用顺序摆放用物
    E. 上身保持一定的弯度

序号	1	2	3	4	5	6	7	8	9	10
答案	D	A	B	E	D	E	B	C	A	D
序号	11	12	13	14	15					
答案	B	C	B	A	E					

四、多项选择题

1. 麻醉护理盘内需要准备的物品是（ ）
   - A. 牙垫
   - B. 导尿管
   - C. 张口器
   - D. 输氧导管
   - E. 吸痰管
2. 护士的基本任务包括（ ）
   - A. 减轻痛苦
   - B. 恢复健康
   - C. 抢救生命
   - D. 促进健康
   - E. 预防疾病

序号	1	2
答案	ACDE	ABDE

五、案例分析题

1. 王女士，68 岁，因心肌梗死入院，护士为患者调控医院物理环境，适宜的病室温度应为（ ）
   - A. 20～22℃
   - B. 24～26℃
   - C. 16～18℃
   - D. 22～24℃
   - E. 18～20℃
2. 一位候诊患者，突然血压下降，脉搏加速，烦躁不安，护士应（ ）
   - A. 密切观察病情
   - B. 提前就诊
   - C. 立即送患者透视化验
   - D. 及时送入病室
   - E. 进行急救

（3、4 题共用题干）

患者，男性 57 岁因上呼吸道感染/支气管炎症住院治疗。

3. 若病室湿度过低，患者可出现的表现是（ ）
   - A. 头痛、头晕、眼花
   - B. 呼吸道黏膜干燥、咳嗽
   - C. 血压升高、面色潮红
   - D. 呼吸困难、心跳加快
   - E. 面色苍白、盗汗
4. 若病室温度较高，对患者机体功能影响较小的是（ ）
   - A. 泌尿系统功能
   - B. 呼吸系统功能
   - C. 神经系统功能
   - D. 消化系统功能
   - E. 肌肉张力

序号	1	2	3	4
答案	D	D	B	E

（李　娜　马礼绒）

第三章　入院与出院患者的护理

一、填空题

1. 患者入院的程序包括_____、_____、_____。
   答案：办理入院手续；实施卫生处置；护送患者入病区
2. 根据患者病情的轻重护理级别分为 4 级，即_____、_____、_____、_____。
   答案：特级护理；一级护理；二级护理；三级护理
3. 患者出院的方式有：医生同意出院、患者自动出院、_____、_____。
   答案：转院；患者停止续费

二、判断题

1. 程先生，20 岁，擦玻璃时不慎从楼上跌下，造成严重颅脑损伤，需随时观察、抢救，入院后对此患者的护理应给予特别护理（ ）
2. 护送坐轮椅的患者下坡时为保证患者安全，患者的头及背向后靠（ ）
3. 患者住院期间，病案中排在最前面的是住院病案首页（ ）

序号	1	2	3
答案	√	√	×

三、单项选择题

1. 住院处为患者办理入院手续的主要根据是（ ）
   - A. 公费医疗单
   - B. 转院证明
   - C. 门诊病历
   - D. 住院证
   - E. 单位介绍信
2. 特级护理适用于（ ）
   - A. 肝移植患者
   - B. 昏迷患者
   - C. 择期手术者
   - D. 肾衰竭患者
   - E. 年老体弱
3. 协助患者向平车挪动的顺序为（ ）
   - A. 上身、臀部、下肢
   - B. 臀部、上身、下肢
   - C. 下肢、臀部、上身
   - D. 臀部、下肢、上身
   - E. 上身、下肢、臀部
4. 下列关于患者出院当日的护理项目不正确的

是（ ）
A. 给予卫生指导
B. 停止病区内的治疗
C. 办理出院手续
D. 征求患者意见
E. 铺好暂空床，准备迎接新患者

5. 一级护理患者要求每隔多长时间巡视一次患者（ ）
A. 24h   B. 2h
C. 1h   D. 30～60min
E. 15～30min

6. 二级护理适用下列哪种患者（ ）
A. 高热患者   B. 绝对卧床的患者
C. 大手术后稳定的患者 D. 早产婴
E. 大面积灼伤

7. 患者出院后的护理，下列哪项是错误的（ ）
A. 取消患者一切医嘱和各项记录
B. 出院指导
C. 医疗文件立即送病案室保存
D. 清点物品并处理患者床单位
E. 通知病员在住院处办理手续

8. 住院病员的入院时间、转科时间、出院时间的正确填法为（ ）
A. 蓝钢笔在体温单39～40℃之间相应时间栏内竖写
B. 红钢笔在体温单40～42℃之间相应时间栏内竖写
C. 红钢笔在体温单39～40℃之间相应时间栏内竖写
D. 蓝钢笔在体温单40～42℃之间相应时间栏内竖写
E. 以上都不对

9. 病区护士接待新入院患者时，处理错误的一项是（ ）
A. 通知医生诊视患者
B. 介绍环境消除陌生感
C. 科学的解答问题
D. 满足患者的一切要求
E. 热情接待，迅速安置床位，使患者安心

10. 两人法为患者翻身应注意（ ）
A. 一人托患者的颈肩部，另一人托住患者的臀部和腘窝
B. 一个托患者的颈肩部和腰部，另人一托患者的臀部和腘窝
C. 一人托患者的颈部和背部，另一人托住患者的臀部和腘窝
D. 一人托患者的肩部和背部，另一人托住患者的腰部和臀部
E. 一人托患者的颈肩部和腰部，另一人托住患者的臀部

11. 门诊应首先安排入院的患者是（ ）
A. 晚期胃癌   B. 急性胃肠
C. 衣原体肺炎   D. 急性肾炎
E. 严重颅脑损伤

12. 住院处的护理人员在处理需入院的心力衰竭患者首先应（ ）
A. 介绍医院的规章制度
B. 卫生处置
C. 立即护送患者入病区
D. 了解患者有何护理问题
E. 通知医生做术前准备

13. 为肝炎患者行入院卫生处置时，其衣服的最佳处理方法是（ ）
A. 交患者带入病房存放
B. 包好存放在住院处
C. 消毒后交患者存放
D. 消毒后存放住院处
E. 日光曝晒后交家属带回家

序号	1	2	3	4	5	6	7	8	9	10
答案	D	A	A	E	C	C	A	B	D	B
序号	11	12	13
答案	E	C	D

四、多项选择题

1. 下列属于一级护理的是（ ）
A. 瘫痪患者
B. 高热患者
C. 昏迷患者
D. 病情较重，生活不能自理者
E. 慢性病不宜多活动者

2. 特级护理患者，下列哪项护理内容是对的（ ）
A. 备齐急救药品与用物
B. 制订护理计划，实施护理
C. 严格观察病情，设专人24小时护理
D. 认真做好各项基础护理
E. 给予卫生保健指导

3. 出院方式，以下哪个是正确的（ ）
A. 患者自动出院   B. 医生同意出院

C. 患者停止续费 D. 转院
E. 死亡

序号	1	2	3
答案	ABCD	ABCD	ABCD

五、案例分析题

1. 张女士，26 岁，妊娠 10 个月，急诊检查宫口已开 4cm 需住院，住院处护士首先应（　）
   A. 进行会阴清洗　B. 进行沐浴更衣
   C. 办理入院手续　D. 让产妇步行入病区
   E. 用平车送产房待产

2. 患者黄某，因上消化道出血急诊入院。患者烦躁不安，面色苍白，四肢厥冷，血压 75/45mmHg，脉搏 110 次/min。入院护理的首选步骤是（　）
   A. 热情接待，给患者留下良好印象
   B. 填写各种卡片，做入院指导
   C. 置休克卧位，测体温，脉搏，呼吸，血压，建立静脉通路，通知医生，配合抢救
   D. 准备急救物品，等待医生到来
   E. 询问病史，填写入院护理评估单

3. 患者李某，因糖尿病酮症酸中毒，急诊给予输液吸氧，现准备用平车送病区住院，途中护士应注意（　）
   A. 暂停吸氧，输液继续
   B. 暂停输液，吸氧继续
   C. 继续输液吸氧，避免中断
   D. 留管暂停输液吸氧
   E. 拔管暂停输液吸氧

4. 患者，女性，32 岁。胃溃疡未痊愈，主动要求出院，病区护士应完成的工作不包括（　）
   A. 指导患者办理出院手续
   B. 根据出院医嘱，通知患者和家属
   C. 在出院医嘱上注明"自动出院"
   D. 教会家属静脉输液技术，以便后续治疗
   E. 为患者或家属提供有关出院后健康教育的资料

5. 患者，男性，38 岁。因"消化性溃疡"入院治疗，患者进入病区后，护士初步护理工作哪一项除外（　）
   A. 测量生命体征
   B. 填写住院病历和相关护理表格
   C. 帮助患者解决一切困难
   D. 护理评估
   E. 通知主管医生看患者

6. 患者，男性，65 岁。脑血管意外康复期，护士推轮椅送患者户外活动，正确的方法是（　）
   A. 用毛毯盖住患者腋部以下身体
   B. 上轮椅时，椅背与床头平齐，面向床头
   C. 上、下坡时，使患者面向坡下坐稳
   D. 患者扶着轮椅扶手，身体尽量后靠坐稳
   E. 患者双手置于护士肩部，护士扶住患者腋下坐入轮椅

序号	1	2	3	4	5	6
答案	E	C	C	D	C	D

（李　娜　马礼绒）

第四章　舒适与安全

一、填空题

1. 舒适的四个相关联的因素是_____、_____、_____、_____。
   答案：生理舒适；心理舒适；环境舒适；社会舒适

2. 仰卧位包括_____、_____、_____。
   答案：去枕仰卧位；中凹卧位；屈膝仰卧位

3. 根据卧位的平衡性，卧位可分为_____、_____；根据卧位的自主性可分为_____、_____、_____三种卧位。
   答案：稳定性卧位；不稳定性卧位；主动卧位；被动卧位；被迫卧位

二、判断题

1. 使用约束带时,应注意保持患者肢体处于患者舒适、容易变换的位置。（　）
2. 疼痛是不舒适中最为严重的表现形式。（　）
3. 心力衰竭、呼吸极度困难的患者,患者被迫日夜端坐。（　）
4. 休克患者采取半坐位抬高头胸部有利于气道通畅。（　）

序号	1	2	3	4
答案	×	√	√	×

三、单项选择题

1. 不舒适最严重的形式是（　）
   A. 紧张、焦虑　B. 疼痛
   C. 烦躁不安　D. 不能入睡
   E. 身心负荷过重

2. 人际关系不协调引起不舒适的原因（　　）
   A. 病理因素　　　B. 外界环境因素
   C. 心理因素　　　D. 社会因素
   E. 生理因素
3. 下列哪项不是疼痛的特征（　　）
   A. 疼痛是一种主观感受
   B. 疼痛使人的整体受到侵害
   C. 疼痛使个体防御功能增强
   D. 疼痛是一种不舒适的感觉
   E. 疼痛是一种对身心有危险的警告
4. 下列对疼痛感受的描述错误的是（　　）
   A. 老年人对疼痛敏感性可能会增强
   B. 新生儿不能感受疼痛，而且对疼痛是没有感觉的
   C. 社会文化因素可影响个体对疼痛的认知和评价
   D. 人对疼痛的感受和表达与年龄因素有关
   E. 婴幼儿可用表情、哭声和身体动作等表示疼痛的程度
5. 采用被动卧位的患者是（　　）
   A. 支气管哮喘　　　B. 昏迷患者
   C. 呼吸困难　　　　D. 心力衰竭
   E. 胸膜炎患者
6. 休克患者应采取的体位是（　　）
   A. 平卧头部抬高20°，抬高下肢30°
   B. 平卧头部抬高30°，抬高下肢20°
   C. 头低脚高位
   D. 头高脚低位
   E. 半坐卧位
7. 协助患者更换体位不妥的方法是（　　）
   A. 手术患者应为检查敷料
   B. 牵引患者放松牵引
   C. 带导管者应先将导管安置妥当
   D. 动作轻，不拖拉
   E. 翻身间隔最长不超过4小时
8. 颅脑手术后的患者采取的卧位是（　　）
   A. 平卧位　　　　B. 头高足低位
   C. 头低足高位　　D. 去枕平卧位
   E. 半坐卧位
9. 支气管哮喘急性发作的患者需要采取端坐位，此卧位属于（　　）
   A. 稳定性　　　　B. 被迫卧位
   C. 被动卧位　　　D. 主动卧位
   E. 不稳定性卧位
10. 为患者进行灌肠时，应协助患者采取的卧位是（　　）
    A. 侧卧位
    B. 去枕仰卧位
    C. 俯卧位
    D. 头低足高位
    E. 头高足低位
11. 下列情况患者采取截石位的是（　　）
    A. 阴道灌洗　　　B. 矫正子宫后倾
    C. 下肢水肿　　　D. 灌肠
    E. 脊椎术后
12. 做膀胱镜检查的患者应采取的体位是（　　）
    A. 头低足高位　　B. 去枕仰卧位
    C. 俯卧位　　　　D. 截石位
    E. 膝胸卧位
13. 为胎膜早破的产妇取头低足高位的目的是（　　）
    A. 防止羊水流出　　B. 预防感染
    C. 防止出血过多　　D. 预防脐带脱出
    E. 利于引产
14. 脊髓穿刺术后的患者可因脑压过低引起头痛，其主要机制是（　　）
    A. 脑部缺氧
    B. 脑部血液循环障碍
    C. 脑代谢障碍
    D. 脑压过低牵张颅内静脉窦和脑膜
    E. 血压升高
15. 腰穿后患者去枕平卧的目的是（　　）
    A. 防止昏迷
    B. 防止脑水肿
    C. 有利于脑部血液循环
    D. 预防颅内压降低引起头痛
    E. 减轻头痛、头晕
16. 使用约束带的患者应重点观察（　　）
    A. 约束带是否松开
    B. 体位是否舒适
    C. 局部皮肤颜色及温度
    D. 衬垫是否垫好
    E. 意识是否清楚
17. 患者，女性，33岁，支气管扩张。右侧支气管有炎性分泌物需要引流，护士为患者采取的正确卧位是（　　）
    A. 半卧位　　　　B. 右侧头低足高位
    C. 左侧头高足低位　D. 右侧头高足低位
    E. 左侧头低足高位
18. 患者，男性，57岁，胃癌，胃大部分切除术

后 3 天,护士为患者取半坐卧位,并解释该卧位的主要作用是(　　)

A. 减少静脉回心血量
B. 减少腹部伤口出血
C. 减少腹腔渗出液
D. 减轻肺部淤血
E. 减轻伤口缝合处的张力

序号	1	2	3	4	5	6	7	8	9	10
答案	B	C	C	B	B	A	B	B	B	A
序号	11	12	13	14	15	16	17	18		
答案	A	D	D	D	D	C	E	E		

四、多项选择题

1. 为了减轻患者痛苦,下列描述正确的是(　　)
   A. 端坐位可减轻呼吸困难
   B. 中凹卧位可减轻肺淤血
   C. 俯卧位可减轻腰背部伤口的疼痛
   D. 半坐卧位可减轻腹部手术后切口的疼痛
   E. 去枕仰卧位可预防脊髓腔穿刺后因颅内压减轻所引起的头痛

2. 下列需要去枕仰卧位的患者是(　　)
   A. 脊髓腔穿刺者　　B. 全麻术后未清醒者
   C. 椎管内麻醉　　　D. 呼吸困难者
   E. 昏迷患者

3. 半坐卧位适用的人群是(　　)
   A. 腹部手术后的患者
   B. 某些面部及颈部手术后的患者
   C. 胸、腹、盆腔手术后或有炎症的患者
   D. 疾病恢复期体质虚弱的患者
   E. 心肺疾病引起呼吸困难的患者

序号	1	2	3
答案	ACDE	ABCE	ABCDE

五、案例分析题

1. 某孕妇妊娠 30 周,胎位是臀先露,可用于纠正胎位的卧位(　　)
   A. 截石位　　　B. 头高足低位
   C. 膝胸位　　　D. 头低足高位
   E. 屈膝仰卧位

2. 患者徐某,患肝硬化伴食管-胃底静脉曲张。入院后不久患者主诉腹部不适恶心,继而呕吐大量鲜血,查体;呼吸急促,脉搏细速,血压 60/40mmHg,冷汗此时,护士应立即将患者安置为(　　)

A. 仰卧屈膝位　　B. 侧卧位
C. 中凹卧位　　　D. 平卧位
E. 头低足高位

3. 患者刘先生,昏迷,护士为其采取去枕仰卧位,头偏向一侧。其目的是(　　)
   A. 便于头部固定,避免颈椎骨折
   B. 预防枕骨处压疮的发生
   C. 引流分泌物,保持呼吸道通畅
   D. 利于护士对其进行护理操作
   E. 保持颈部活动灵活

4. 患者,男性,70 岁。慢性阻塞性肺气肿,肺性脑病。护士为其加用床档,并向家属说明该护理的目的是为了满足患者的(　　)
   A. 自尊的需要　　　B. 安全需要
   C. 生理需要　　　　D. 归属与爱的需要
   E. 实现自我价值的需要

序号	1	2	3	4
答案	C	C	C	B

(马礼绒　李　娜)

第五章　医院感染的预防与控制

一、填空题

1. 化学消毒灭菌法有_____、_____、_____。
   答案:浸泡法;擦拭法;喷雾法;熏蒸法

2. 医院感染的类型有_____感染、_____感染。
   答案:外源性;内源性

3. 用物理或化学方法清除或杀灭除芽孢以外的所有病原微生物,使其数量减少到无害程度的过程称为_____。
   答案:消毒

二、判断题

1. 霍乱、鼠疫属于严密隔离。(　　)
2. 无菌包开包后,需在 4 小时内使用。(　　)
3. 无菌容器应定期灭菌,一般有效期为 7 天。(　　)

序号	1	2	3
答案	√	×	√

三、单项选择题

1. 对被特殊感染而无保留价值的物品，最彻底的灭菌方法是（　）
   - A. 熏蒸法
   - B. 光照消毒法
   - C. 燃烧灭菌法
   - D. 煮沸消毒灭菌法
   - E. 高压蒸气灭菌法

2. 保管无菌物品哪项是错误的（　）
   - A. 无菌包必须注明灭菌日期
   - B. 无菌物品与非无菌物品应分别放置
   - C. 已打开的无菌包，必须注明开包时间
   - D. 已打开的无菌包未用完，可在 24h 内有效
   - E. 铺好无菌盘 24 小时有效

3. 取用无菌溶液须检查核对的内容哪项除外（　）
   - A. 瓶口有无裂缝
   - B. 瓶身有无裂缝
   - C. 溶液有无沉淀、混浊、变色
   - D. 瓶签、药名、浓度、有效期
   - E. 倒溶液时，瓶口不可触及无菌容器

4. 铺无菌盘的正确操作方法哪项除外（　）
   - A. 手臂不可跨越无菌区
   - B. 双手抓住无菌巾的两角铺好
   - C. 铺好的无菌盘有效期为 4h
   - D. 铺无菌盘的区域必须清洁干燥
   - E. 铺好无菌盘注明铺盘时间名称

5. 无菌物品应放置在（　）
   - A. 通风处
   - B. 阴凉处
   - C. 方便工作处
   - D. 阳光直射处
   - E. 清洁、干燥、固定处

6. 为传染病员实施护理操作（　）
   - A. 穿好隔离衣后，可随意活动
   - B. 穿好隔离衣后，可随意到病室
   - C. 穿好隔离衣后，可到治疗室取物
   - D. 穿隔离衣前用物计划周全备齐，以省略反复穿脱隔离衣
   - E. 穿好隔离衣后，用避污纸接触病员，脱衣后可不洗手

7. 能消灭物品上一切微生物(含芽孢)的方法是（　）
   - A. 防腐
   - B. 抑菌
   - C. 消毒
   - D. 清洁
   - E. 灭菌

8. 为破伤风患者换药后，污染敷料的正确处理是（　）
   - A. 焚烧
   - B. 煮沸
   - C. 深埋
   - D. 消毒液浸泡
   - E. 环氧乙烷熏蒸

9. 紫外线空气消毒时，有效距离与时间的要求是（　）
   - A. 3 米，不少于 45 分钟
   - B. 1 米，不少于 45 分钟
   - C. 3 米，不少于 30 分钟
   - D. 2 米，不少于 30 分钟
   - E. 1 米，不少于 30 分钟

10. 剪刀和缝针的消毒宜用（　）
    - A. 煮沸
    - B. 燃烧法
    - C. 消毒液浸泡
    - D. 烤箱烘烤
    - E. 高压蒸汽灭菌

序号	1	2	3	4	5	6	7	8	9	10
答案	C	E	A	B	E	D	E	A	D	C

四、多项选择题

1. 用紫外线消毒治疗室的操作方法哪些正确（　）
   - A. 关闭门窗
   - B. 避免人群走动
   - C. 为节约时间可在患者休息时进行
   - D. 被消毒物品不可有任何遮盖
   - E. 用清水擦洗灯管表面的灰尘

2. 预防院内感染的护理措施有哪些（　）
   - A. 进入隔离病房需穿隔离衣
   - B. 合理使用抗生素预防和控制感染
   - C. 根据病情轻重选择恰当的隔离方式
   - D. 坚持洗手和手消毒的制度，防止交叉感染
   - E. 选择恰当的清洁、消毒、灭菌措施，以尽量消除感染源

序号	1	2		
答案	ABD	ABDE		

五、案例分析题

1. 护士准备对出院患者进行床单位整理，不需执行终末消毒的是（　）
   - A. 急性腹膜炎患者床单位
   - B. 中毒性肺炎病员死亡，病员及床单位
   - C. 疟疾病员出院前用过的日常用品
   - D. 流感病员痊愈出院，病员及床单位。
   - E. 伤寒病员并发肠穿孔转外科，病员及床单位。

2. 护理鼠疫患者时，工作人员戴口罩哪项不妥

( )
- A. 应遮住口鼻
- B. 必要时戴两个
- C. 时间短可不用戴口罩
- D. 用后立即取下更换
- E. 将口罩清洁面向内折叠放入口袋内

3. 护理人员在临床工作中感染血源性传染病,最常见的原因是( )
- A. 针刺伤
- B. 侵袭性操作
- C. 给传染病患者擦浴
- D. 接触传染病患者的体液
- E. 为传染病患者的伤口污染换药

4. 患儿,8岁,右下肢外伤、铜绿假单胞菌感染。对其换药后污染敷料,正确的处理是( )
- A. 清洗后,煮沸消毒
- B. 过氧乙酸浸泡后清洗
- C. 丢入污物桶,集中处理
- D. 高压蒸汽灭菌后再清洗
- E. 单独放置,送焚烧炉焚烧

5. 对甲型病毒性肝炎的患者宜采用的隔离方法是( )
- A. 呼吸道隔离
- B. 血液与体液隔离
- C. 昆虫媒介传染隔离
- D. 不需要隔离,注意手卫生
- E. 消化道隔离

6. 采取的隔离措施中,不正确的是( )
- A. 探视患者时须穿隔离衣
- B. 不同病种患者应分室居住
- C. 不同病种患者的食品不能混食
- D. 不同病种的患者间允许借阅书报
- E. 病室应设置蚊帐、灭蝇器等防蚊设备

7. 患者,女性,浸润性肺结核,抗结核治疗后痊愈出院,对其携带的收音机可采用的消毒方法是( )
- A. 日光曝晒
- B. 高压蒸汽灭菌
- C. 电离辐射消毒
- D. 环氧乙烷消毒
- E. 紫外线照射消毒

8. 对浸润性肺结核患者护士应给予的隔离措施是( )
- A. 严密隔离
- B. 一般隔离
- C. 昆虫隔离
- D. 呼吸道隔离
- E. 接触性隔离

序号	1	2	3	4	5	6	7	8
答案	B	C	A	E	E	D	D	D

(马礼绒 李 娜)

第六章 患者的清洁卫生

一、填空题

1. 为预防压疮的发生,护士在工作中应做到七勤,即勤擦洗、_____、_____、_____、勤整理、勤更换和勤交班。

   答案:勤观察;勤翻身;勤按摩

2. 根据压疮的损伤程度,可将压疮分为_____、_____、_____。

   答案:淤血红润期;炎性浸润期;溃疡期

二、判断题

1. 护士在为患者进行床上洗头时,患者突然感到心慌,气短,面色苍白,出冷汗,护士应立即请患者深呼吸,加快操作速度尽快完成洗发。( )

2. 患者入院卧床6周,主诉臀部麻木且有触痛,检查发现局部皮肤用红肿,此皮肤为压疮炎性浸润期。( )

序号	1	2
答案	×	×

三、单项选择题

1. 下列不需要进行特殊口腔护理的患者是( )
- A. 昏迷
- B. 高热
- C. 禁食
- D. 鼻饲
- E. 下肢外伤

2. 为昏迷患者行口腔护理时,不需准备的是( )
- A. 吸水管
- B. 弯盘
- C. 开口器
- D. 棉球
- E. 弯止血钳

3. 发生压疮的最主要原因是( )
- A. 体温升高
- B. 机体营养不良
- C. 局部皮肤潮湿或受排泄物刺激
- D. 急性应激因素
- E. 局部组织长期受压

4. 压疮的好发部位不包括( )
- A. 半坐卧位-足跟

B. 座位-坐骨结节
C. 侧卧位-肩胛部
D. 俯卧位-髂前上棘
E. 仰卧位-骶尾部

序号	1	2	3	4
答案	E	A	E	C

四、多项选择题

1. 护士为患者做口腔护理时应注意（ ）
   A. 夹紧棉球   B. 昏迷患者禁忌漱口
   C. 动作轻柔   D. 先取下义齿
   E. 棉球不可过湿
2. 护士仔细观察一压疮患者皮肤后，认为是压疮的红润期，其典型表现是（ ）
   A. 皮肤没有破损
   B. 皮肤出现大小不等水泡
   C. 局部皮下产生硬结
   D. 局部皮肤出现红肿热痛
   E. 创面有黄色分泌物

序号	1	2
答案	ABCDE	AD

五、案例分析题

程老先生，脑出血卧床6个月。近日护士发现其右侧骶尾部皮肤发红，伴有肿胀、发热，患者主诉疼痛，但皮肤未破损。

1. 此患者右侧骶尾部皮肤表现为压疮的（ ）
   A 浅度溃疡期   B 炎性浸润期
   C. 淤血红润期   D. 深度溃疡期
   E. 坏死溃疡期
2. 该患者目前最重要的护理是（ ）
   A. 避免局部皮肤组织受压
   B. 保持床铺干燥
   C. 加强营养物质摄入
   D. 定时进行局部皮肤按摩
   E. 无菌敷料进行包扎

序号	1	2
答案	C	A

（唐 瑜　高梦婷）

第七章　休息与活动

一、填空题

1. 休息最基本的条件是_____。
   答案：充足的睡眠
2. 睡眠的两个阶段是_____、_____。
   答案：慢波睡眠；快波睡眠

二、判断题

1. 帮助病员入睡的护理措施中，可以给患者喝咖啡。（ ）
2. 住院期间睡眠期受到发作性睡眠影响。（ ）
3. 慢波睡眠可分为四个时相。（ ）
4. 失眠及睡眠过多均属于睡眠障碍。（ ）

序号	1	2	3	4
答案	×	×	√	√

三、单项选择题

1. 下列哪项不是休息的涵义（ ）
   A. 没有焦虑、紧张
   B. 身体各部的放松
   C. 良好心理状态
   D. 紧张
   E. 良好生理状态
2. 缺少休息可产生的身体症状是（ ）
   A. 神经质   B. 注意力下降
   C. 疲倦、劳累   D. 易激动
   E. 闭目养神
3. 满足休息的先决条件（ ）
   A. 充足睡眠   B. 减少紧张
   C. 生理上的舒适   D. 减少焦虑
   E. 心理舒适
4. 卧床休息的主要目的（ ）
   A. 促进放松
   B. 减少焦虑，紧张
   C. 促进运动系统功能恢复
   D. 限制活动，减少体力和精力的消耗
   E. 让患者开心
5. 睡眠是生理活动所必要的过程，睡觉占人生（ ）
   A. 1/2   B. 1/9
   C. 1/4   D. 2/4
   E. 1/3
6. 下列哪项不是睡眠时的生理变化（ ）

A. 呼吸、心率减慢且规则
B. 血压、体温下降
C. 感觉功能暂时减退
D. 肌肉逐渐紧张
E. 精神舒适

7. 下列哪项是 NREM 第三时相的生理表现（　　）
   A. 肌肉松弛、心跳缓慢
   B. 呼吸均匀，脉搏减慢
   C. 全身松弛，呼吸缓慢均匀
   D. 心率、血压、呼吸大幅度波动
   E. 血压、呼吸、脉搏增加

8. 眼肌活跃，眼球迅速转动，易出现梦境，此时期是（　　）
   A. NREM 第一期　　B. NREM 第三期
   C. NREM 第四期　　D. NREM 第五期
   E. NREM 期

9. 成年人平均每晚睡眠时相周期（　　）
   A. 3～5 个　　　　B. 4～6 个
   C. 6～8 个　　　　D. 8～10 个
   E. 9～10 个

10. 睡眠时相同期，把下列哪一期称"入门期"（　　）
    A. NREM 第一时相　　B. NREM 第三时相
    C. NREM 第二时相　　D. NREM 第四时相
    E. REM 期

11. 睡眠状态与年龄无关的是（　　）
    A. 总的睡眠时间随年龄而增长
    B. 睡眠过程中醒来的次数增多
    C. NREM 第一、二时相增加
    D. NREM 第四时相增加
    E. NREM 第四时相降低

12. 随着年龄的增长，青少年的睡眠时间是（　　）
    A. 6～8 小时　　B. 14 小时
    C. 8～9 小时　　D. 6～7 小时
    E. 9～10 小时

序号	1	2	3	4	5	6	7	8	9	10
答案	D	C	A	D	E	D	A	D	B	C

序号	11	12
答案	B	C

四、多项选择题

1. 满足休息的三个条件（　　）
   A. 生理上的舒适
   B. 心理上无紧张和焦虑
   C. 保证基本的睡眠时数
   D. 焦虑加重
   E. 又哭又闹

2. 睡眠的分期（　　）
   A. 快波睡眠　　B. 慢波睡眠
   C. 失眠　　　　D. 睡眠障碍
   E. 呼吸暂停

3. 属于影响患者入睡因素（　　）
   A. 适当通风　　B. 卧位不适
   C. 焦虑　　　　D. 强光、噪声
   E. 空气

序号	1	2	3
答案	ABC	AB	BCDE

五、案例分析题

患者，女，30 岁，住院 8 周，现在病情已经好转。

1. 不是影响睡眠的因素是（　　）
   A. 生理因素　　B. 心里因素
   C. 物理因素　　D. 坏境因素
   E. 病理因素

2. 促进患者休息和睡眠的护理措施错误的是（　　）
   A. 创建良好的休息环境
   B. 满足患者的睡眠习惯
   C. 合理安排护理措施
   D. 随意使用药物
   E. 加强心理护理

序号	1	2
答案	C	D

（唐　瑜　高梦婷）

第八章　生命体征的观察与护理

一、填空题

1. 体温计的检查方法是将全部体温计的水银柱甩至＿＿＿＿以下。

答案：35℃

2. 为使测得的血压更加准确,对密切观察血压的患者应做到四定,即_____、_____、_____、_____。

答案:定时间;定部位;定体位;定血压计

3. 吸气性呼吸困难,有明显的三凹症_____、_____、_____。

答案:胸骨上窝;锁骨上窝;肋间隙

4. 安全用氧,做好四防即_____、_____、_____、_____。

答案:防震;防火;防热;防油

二、判断题

1. 在测量血压的注意事项中,血压未听清时,立即重新注气,再仔细听。( )
2. 代谢性酸中毒患者异常表现为呼吸深大而规则。( )
3. 用成人血压计袖带给幼儿测血压时,其测量的数值偏低。( )
4. 正常人在情绪紧张时,血压暂时表现为收缩压升高,舒张压无变化。( )
5. 在生理情况下,血压升高不见于高温环境下。( )

序号	1	2	3	4	5
答案	×	√	√	√	√

三、单项选择题

1. 在人体散热方式中,散热量占总散热量比例最大的是( )
   A. 蒸发 B. 对流
   C. 传导 D. 辐射
   E. 加热

2. 体温调节中枢位于( )
   A. 小脑蚓部 B. 丘脑下部
   C. 延髓上部 D. 大脑枕叶
   E. 延髓下部

3. 有关体温生理性变化的错误描述是( )
   A. 一昼夜中以清晨 2~6 时最低,下午 2~8 时最高
   B. 儿童体温略高于成人
   C. 女性月经前期和妊娠早期体温略降低
   D. 进食、运动后体温一过性增高
   E. 女性月经前期和妊娠早期体温略升高

4. 关于发热的叙述,下列哪项是正确的( )
   A. 常见的发热类型有 6 种
   B. 发热必须有致热原的参与
   C. 发热使人兴奋
   D. 有畏寒、退热期有出汗发热时散热中枢兴奋,退热时是寒颤中枢兴奋
   E. 体温上升期

5. 引起发热的最常见原因是( )
   A. 恶性肿瘤 B. 物理因素作用
   C. 细菌、毒素感染 D. 化学因素作用
   E. 生理因素作用

6. 发热的指征是( )
   A. 体温超过正常值的 0.3℃
   B. 体温超过正常值的 0.5℃
   C. 体温超过正常值的 1℃
   D. 体温超过正常值的 0.1℃
   E. 体温超过正常值的 0.8℃

7. 口腔体温划分低热的范围( )
   A. 37~37.2℃
   B. 38.5~39℃
   C. 38~38.5℃
   D. 37.5~37.9℃
   E. 体温超过正常值的 0.8℃

8. 感染性发热的疾病是( )
   A. 中暑 B. 恶性肿瘤
   C. 催眠药中毒 D. 昏迷
   E. 败血症

9. 关于测量不同部位的体温,下列叙述错误的是( )
   A. 如患者曾进冷、热食或吸烟,须待口腔恢复原来温度,过 30min 再行口温测量
   B. 口温多用于婴儿和昏迷患者
   C. 心脏病患者不宜测试直肠温度
   D. 腋温易受环境影响,不够准确
   E. 如患者曾进冷、热食或吸烟,须待口腔恢复原来温度,直接测量

10. 测量体温的方法中正确的是( )
    A. 腋下测温表放于腋窝深处 10min
    B. 口腔测温含表于舌下 5min
    C. 将肛表插入肛门测量 5min
    D. 进食后 10 分可测口腔温度
    E. 腋下测温放表于腋窝深处 1 小时

11. 伤寒患者常见的热型是( )
    A. 体温过低 B. 弛张热
    C. 间歇热 D. 不规则热
    E. 稽留热

12. 发热过程体温上升期的特点是( )
    A 散热多于产热

B. 产热大于散热
C. 产热和散热趋于平衡
D. 散热增加而产热在较高水平上趋于正常
E. 产热等于散热

13. 高热患者药物降温后易出现（　　）
   A. 口腔溃疡　　　B. 呼吸衰竭症状
   C. 循环衰竭症状　D. 体温不升
   E. 体温又迅速升高

14. 高热患者退热期提示可能发生虚脱的症状是（　　）
   A. 皮肤苍白、寒战、出汗
   B. 脉细速、四肢湿冷、出汗
   C. 头晕、恶心、无汗
   D. 脉速、面部潮红、出汗
   E. 无汗、恶心、想吐

15. 可选口腔测量体温的患者是（　　）
   A. 呼吸困难者　　B. 口鼻手术者
   C. 大面积烧伤者　D. 昏迷者
   E. 有咽炎者

16. 高热患者宜鼓励其多饮（　　）
   A. 白开水　　　　B. 糖水
   C. 淡盐水　　　　D. 糖盐水
   E. 体温超过正常值的0.8℃

17. 高热患者的观察内容，错误的一项是（　　）
   A. 观察体温变化
   B. 每日4次观察意识状态
   C. 观察脉搏、呼吸、血压
   D. 观察物理降温后效果
   E. 观察患者病情变化

18. 高热患者的护理措施中，首先应做的是（　　）
   A. 口腔护理　　　B. 测量体温
   C. 补充体液　　　D. 降温
   E. 喝水

19. 观察热型的重要临床意义在于（　　）
   A. 有利于护理
   B. 协助诊断和治疗观察
   C. 有无合并症
   D. 判断病情的转归
   E. 对发热患者评价

20. 患者，男性，69岁，脑出血。入院时意识不清，左侧肢体瘫痪。护士为其测量血压、体温，正常的操作是（　　）
   A. 测直肠温度，测上肢血压
   B. 测口腔温度，测上肢血压

C. 测腋下温度，测右上肢血压
D. 测腋下温度，测左下肢血压
E. 测直肠温度，测上肢血压

21. 物理降温半小时后测体温绘制符号是（　　）
   A. 红虚线、红点　　B. 红虚线、红圈
   C. 蓝虚线、红点　　D. 红虚线、蓝圈
   E. 蓝虚线、红圈

22. 乙醇擦浴主要的降温作用是（　　）
   A. 辐射散热　　　B. 传导散热
   C. 对流散热　　　D. 蒸发散热
   E. 气流散热

23. 测量脉搏的首选部位是（　　）
   A. 颞动脉　　　　B. 肱动脉
   C. 桡动脉　　　　D. 颈动脉
   E. 肺动脉

24. 测量脉搏的时间至少需要（　　）
   A. 15s　　　　　　B. 30s
   C. 1min　　　　　D. 2min
   E. 30min

25. 休克患者的脉搏是（　　）
   A. 缓脉　　　　　B. 不规则脉
   C. 细脉　　　　　D. 丝脉
   E. 速脉

26. 当心脏患者出现二联律时，其脉搏表现（　　）
   A. 脉奇脉　　　　B. 间歇脉
   C. 交替脉　　　　D. 细脉
   E. 不规则脉

27. 奇脉的表现特征为（　　）
   A. 脉搏一强一弱交替出现
   B. 脉搏强大有力
   C. 吸气时脉搏明显减弱，甚至消失
   D. 脉搏骤起骤落，急促有力
   E. 脉搏较快

28. 缓慢是指每分钟呼吸少于（　　）
   A. 15次　　　　　B. 12次
   C. 14次　　　　　D. 16次
   E. 10次

29. 潮式呼吸特点是（　　）
   A. 呼吸暂停，呼吸减弱，呼吸增强，反复出
   B. 呼吸减弱，呼吸增强，呼吸暂停，反复出现
   C. 呼吸浅慢，逐渐深快，再变浅变慢，呼吸暂停周而复始
   D. 呼吸深快，呼吸暂停，呼吸浅慢三者交替出现

E. 呼吸加深加快，持续不断
30. 间断呼吸特点是（　）
  A. 呼吸与呼吸暂停现象交替出现
  B. 呼吸深长而规则
  C. 呼吸浅表而不规则
  D. 呼吸加快与呼吸变慢交替出现
  E. 呼吸浅表而规则
31. 测血压时袖带缠得过紧可使（　）
  A. 收缩压偏低　　B. 收缩压偏高
  C. 舒张压偏高　　D. 舒张压偏低
  E. 收缩压等于舒张压

序号	1	2	3	4	5	6	7	8	9	10	11
答案	D	B	C	E	C	B	D	E	B	A	E
序号	12	13	14	15	16	17	18	19	20	21	22
答案	B	A	B	C	D	A	D	B	D	B	D
序号	23	24	25	26	27	28	29	30	31		
答案	C	B	D	B	C	E	C	A	A		

四、多项选择题

1. 为使测得的血压更加准确，对密切观察血压的患者应做到四定（　）
  A. 定时间　　　　B. 定部位
  C. 定护士　　　　D. 定血压计
  E. 定体位
2. 吸氧时间过长、浓度过高，常见的不良反应有（　）
  A. 氧中毒
  B. 呼吸道分泌物干燥
  C. 肺不张
  D. 晶状体纤维组织增生
  E. 呼吸抑制
3. 影响血压的因素有（　）
  A. 每搏输出量
  B. 心率
  C. 外周阻力
  D. 主动脉和大动脉管壁的弹性
  E. 循环血量和血管容积

序号	1	2	3
答案	ABDE	ABCDE	ABCDE

五、案例分析题

某女性，66岁，高血压病史10年，入院血压25/18kPa，经治疗血压稍下降，但时有波动，患者紧张焦虑。

1. 护理中何项不妥（　）
  A. 测得血压偏高时应保持镇静如血压值偏高
  B. 应与其基础血压对照后做解释
  C. 如实告知患者测量结果，使患者提高警惕
  D. 向患者讲解治疗原则，给予保健指导
  E. 如活动患者测量血压应嘱咐患者先休息30分钟
2. 在测量血压的注意事项中，下列哪项是错误的（　）
  A. 打气不可过猛过高
  B. 血压未听清时，立即重新注气，再仔细听
  C. 须密切观察血压者，应尽量做到四定
  D. 听诊器的胸件不可放在袖带下面
  E. 打气时应该用力打高水银柱

序号	1	2
答案	C	B

患者王某，女，60岁，心房纤颤入院，心率110次/分，心音强弱不等，心律不规则，脉率60次/min

1. 护士测脉搏的方法是（　）
  A. 先测心率、脉率，另一人计时
  B. 一人听心率发"始""停"测量口令，另一人测脉搏，同时测量1min
  C. 一人测脉率，另一人报告医生
  D. 一人发口令"始""停"，另一人测脉搏心率
  E. 打气时应该用力打高水银柱
2. 测量脉搏后再测量呼吸，护士的手仍然置于患者脉搏部位是为了（　）
  A. 表示对患者的关心
  B. 测脉搏估计呼吸频率
  C. 转移患者的注意力
  D. 将脉率与呼吸频率对照
  E. 打气时应该用力打高水银柱

序号	1	2
答案	B	C

（高梦婷　唐瑜）

第九章　冷热疗法

一、填空题

1. 用乙醇擦浴时，乙醇的浓度为_____，温度_____。

答案：25%～30%；30℃
2. 冷湿敷多用于_____。
    答案：止血
3. 一般冷疗时间可持续为_____。
    答案：15～20min

二、判断题
1. 热水袋使用完毕，排尽袋内空气，旋紧塞子，保存。（　）
2. 一般湿热敷的持续时间是15～20min。（　）
3. 脑水肿患者头部降温，体温维持在30℃以下。（　）

序号	1	2	3
答案	×	√	×

三、单项选择题
1. 炎症初期用冷的目的是（　）
    A. 血管扩张　　B. 解除疼痛
    C. 促进愈合　　D. 使炎症消散
    E. 散热
2. 炎症后期用热的目的是（　）
    A. 使炎症局限　　B. 解降疼痛
    C. 促进愈合　　D. 消除水肿
    E. 改善血液循环
3. 全身用冷头部置冰袋重要的目的是（　）
    A. 发生寒战
    B. 加强拭浴反应
    C. 使患者舒适
    D. 协助降温，防止头部充血
    E. 冻伤患者
4. 禁用热疗患者是（　）
    A. 早产儿　　B. 妇科患者
    C. 末指循环不良　　D. 胃肠痉挛
    E. 牙周炎早期
5. 鼻出血处理方法中哪一项不妥（　）
    A. 在鼻腔内滴麻黄素
    B. 用冰囊置于鼻根部
    C. 头部放低
    D. 鼻部填塞止血
    E. 可在颈部滴少量冷水

序号	1	2	3	4	5
答案	B	A	D	E	C

四、多项选择题
1. 热疗法的禁忌证（　）
    A. 凡扭伤、挫伤后48小时内、非炎性水肿、有出血疾病者不可用热
    B. 未确诊的腹痛不可用
    C. 鼻周围三角区感染时不可用热
    D. 治疗部位有恶性肿瘤时不可用热
    E. 治疗部位有金属移植物者不可用热
2. 局部湿热敷操作，正确的做法是（　）
    A. 水温50～60℃
    B. 热敷局部涂凡士林，范围等于热敷面积
    C. 敷布干湿以不滴水为度
    D. 操作者手腕掌侧试温度
    E. 时间不易过长

序号	1	2
答案	ABCDE	ACDE

五、案例分析题
某护士不慎将开水溅在足背上，局部灼痛感，皮肤潮红，无水疱。立即用冷毛巾实施局部冷敷。
1. 其主要作用是（　）
    A. 降低神经末梢兴奋性，减轻疼痛
    B. 使局部血管收缩，减少渗出
    C. 通过传导使局部散热
    D. 防止感染
    E. 使患者舒适
2. 冷疗法的局部生理效应，正确的是（　）
    A. 血管扩张
    B. 代谢增快
    C. 神经传导速度加快
    D. 血液循环降低
    E. 肌纤维收缩性增加

序号	1	2
答案	A	D

（高梦婷　唐　瑜）

第十章　饮食与营养

一、填空题
1. 鼻饲液温度宜为_____。
    答案：38～40℃
2. 医院的基本饮食包括普通饮食、_____、_____。
    答案：软质饮食、半流质饮食、流质饮食
3. 低盐饮食是指成人每天进食食盐不超过

_____克。

答案：2g

二、判断题

1. 拔出管喂饮食时应做到捏紧胃管末端，轻快拔出胃管。（ ）
2. 给患者灌注鼻饲液的正确方法是检查胃管在胃内后，注入温开水-鼻饲-注入少量温开水。（ ）
3. 冠心病患者不宜饱餐的原因是防止消化不良。（ ）
4. 给鼻饲患者进食后，再注入少量温开水的目的是使患者胃内温暖，避免胀气。（ ）
5. 为提高昏迷患者插管的成功率，插管前应采取的措施是将患者的头后仰。（ ）

序号	1	2	3	4	5				
答案	√	√	×	×	√				

三、单项选择题

1. 为成人进行管喂饮食插入胃管深度（ ）
   A. 30～55cm B. 40～45cm
   C. 45～55cm D. 50～55cm
   E. 35～40cm

2. 低盐饮食是指每天限用食盐量为（ ）
   A. 1g B. 2g
   C. 3g D. 6g
   E. 4g

3. 急性胰腺炎禁食的主要目的是（ ）
   A. 减少腹胀 B. 减少胃液分泌
   C. 防止呕吐 D. 减轻胰腺负担
   E. 加重胰腺负担

4. 正常成人每日需水量是（ ）
   A. 200～500ml B. 500～1000ml
   C. 1500～2000ml D. 2000～3000ml
   E. 3000～4000ml

5. 为适应不同病情需要，医院饮食分为（ ）
   A. 基本饮食、治疗饮食、试验饮食
   B. 治疗饮食、普通饮食、试验饮食
   C. 基本饮食、普通饮食、试验饮食
   D. 普通饮食、流质饮食、软质饮食
   E. 普通饮食、流质饮食、半流质饮食

6. 医院普通饮食的原则是（ ）
   A. 以软烂为主 B. 易消化无刺激性
   C. 以少量多餐为主 D. 膳食纤维含量少
   E. 只能短期使用

7. 患者，女性，26岁，生长在山区，因长期甲状腺素合成不足而乏困、情绪低落，对这个患者应该注意补充（ ）
   A. 铁 B. 碘
   C. 锌 D. 钙
   E. 镁

8. 患者，男性，9岁，诊断为贫血，考虑该患儿可能缺乏的微量元素为（ ）
   A. 钙 B. 锌
   C. 碘 D. 铁
   E. 镁

9. 下列哪种患者不宜选用高热量饮食（ ）
   A. 甲亢 B. 高热
   C. 肥胖症 D. 结核
   E. 烧伤

10. 实用于低蛋白饮食的疾病是（ ）
    A. 冠心病 B. 肺结核
    C. 高血压 D. 尿毒症
    E. 严重贫血

11. 患者，女性，42岁，因急性肾炎需要底蛋白饮食。该患者应注意每日蛋白质的供应量应低于（ ）
    A. 30g B. 40g
    C. 50g D. 60g
    E. 70g

12. 患者，男性，48岁，因肝性脑病住院。住院期间应进食（ ）
    A. 低蛋白饮食 B. 高蛋白饮食
    C. 低盐饮食 D. 低脂饮食
    E. 高脂饮食

13. 对患者进行饮食健康教育可选择的适宜时机是（ ）
    A. 入院时 B. 订餐时
    C. 进餐时 D. 进餐后
    E. 进餐前

14. 患者，男性，37岁，因胆囊结石行B超检查，检查前1日晚吃的食物最好是（ ）
    A. 炒豆腐 B. 牛奶
    C. 烧牛肉 D. 清汤面
    E. 油煎鸡蛋

15. 下列饮食中不含有优质蛋白质的是（ ）
    A. 肉类 B. 牛奶
    C. 鸡蛋 D. 黄豆
    E. 玉米

16. 甲状腺^{131}I试验测定前应忌食（ ）

A. 牛肉　　　　　B. 猪肚
C. 海蜇　　　　　D. 羊肉
E. 鸡蛋

17. 一位护士在对患者的饮食护理工作中，下列不妥的是（　　）
    A. 双目失眠者可给予喂食
    B. 禁食患者应交班
    C. 鼓励卧床患者自行进食
    D. 进食前暂停一切治疗及护理工作
    E. 尊重患者对饮食的选择

18. 患者，男性，32岁，消化性溃疡手术后进流质饮食。护士应告诉患者不宜长期使用流质饮食的原因是（　　）
    A. 所含热量及营养素不足
    B. 影响消化吸收
    C. 增加护士工作负担
    D. 影响患者食欲
    E. 增加营养室工作负担

19. 患者，女性，因肠梗阻住院，治疗5天后肠蠕动恢复，需要进流质饮食。下列不符合流质饮食原则的是（　　）
    A. 只能短期使用
    B. 易吞咽、易消化
    C. 无刺激性
    D. 每日3～4餐
    E. 可辅以肠外营养以补充热能和营养

20. 护士为昏迷患者插胃管至15cm处将患者头部托起。护士应明白这样做的目的是（　　）
    A. 以免损伤食管黏膜
    B. 减轻患者痛苦
    C. 加大咽喉部通道的弧度
    D. 避免出现恶心
    E. 使喉部肌肉放松并于插入

21. 鼻饲适宜证不包括（　　）
    A. 昏迷　　　　　B. 偏食者
    C. 早产婴儿　　　D. 拒绝进食
    E. 口腔疾患

22. 为患者进行鼻饲时，胃管插入长度相当于患者的（　　）
    A. 眉心至剑突长度
    B. 眉心至胸骨柄长度
    C. 前额发际至胸骨柄长度
    D. 前额发际至剑突长度
    E. 鼻尖至剑突长度

23. 出入液量的记录内容下列哪项是正确的（　　）

A. 每日摄入量主要记录饮水量
B. 固体食物只计单位个数
C. 患者饮水容器应固定，并测定容量
D. 每日排出量主要记录尿量粪便量
E. 伤口渗出液需观察不记录

24. 下列哪项为每日的入液量（　　）
    A. 食物中含水量　　B. 尿量
    C. 腹腔抽出液　　　D. 引流的胆汁
    E. 胃肠减压抽出液

25. 下列哪项为每日排出量（　　）
    A. 饮水量　　　　　B. 鼻饲量
    C. 输液量　　　　　D. 呕吐量
    E. 输血量

26. 记录患者液体出入量时，不需计入排出量的内容是（　　）
    A. 胸水和腹水　　　B. 胃肠减压液
    C. 咯血量　　　　　D. 汗液
    E. 呕吐物

27. 下列关于出入液量记录方法的叙述，不正确的是（　　）
    A. 用蓝笔填写眉栏
    B. 晚7时到晨7时用红笔填写
    C. 晨7时到晚7时用蓝笔填写
    D. 夜班护士总结24小时出入量
    E. 总出入量用红笔填写在体温单专栏内

28. 当一护士给患者插胃管时，患者出现呛咳，发绀。护士应（　　）
    A. 嘱患者深呼吸
    B. 嘱患者做吞咽动作
    C. 托起患者头部再插管
    D. 稍停片刻继续插
    E. 立即拔出，休息片刻后重插

序号	1	2	3	4	5	6	7	8	9	10
答案	C	B	D	D	A	B	B	D	C	D
序号	11	12	13	14	15	16	17	18	19	20
答案	B	A	E	D	E	C	D	A	D	C
序号	21	22	23	24	25	26	27	28		
答案	B	D	C	A	D	D	E	E		

四、多项选择题

1. 插鼻饲管应注意（　　）
   A. 胃管插入会给患者带来很大压力，护患之间必须进行有效的沟通，让患者或家属理解该项操作是必要的，安全的

B. 长期鼻饲者，应每天进行口腔护理，胃管应每周更换
C. 每次灌食前应测试胃管是否留置于正确位置
D. 鼻饲者，须用药物时，应将药片研碎，溶解后再灌入；每次鼻饲量不超过 200ml，间隔时间不少于 2 小时
E. 动作轻柔，态度真诚

2. 下列患者需要给予鼻饲饮食的有（ ）
   A. 拒绝进食患者   B. 口腔疾患患者
   C. 昏迷患者   D. 破伤风患者
   E. 早产儿和病情危重的婴幼儿

3. 对于长期鼻饲患者的护理应为（ ）
   A. 药物研碎溶解后灌入
   B. 应每日更换鼻饲管
   C. 宜在早晨拔管
   D. 每日进行口腔护理
   E. 宜在晚上插管

4. 患者进食前，护理人员应做的准备有（ ）
   A. 衣帽整洁，洗净双手
   B. 根据饮食种类，协助配餐
   C. 禁食患者，应告知原因，以取得配合
   D. 提供患者喜爱的食物
   E. 掌握好当日当餐的特殊饮食要求

5. 影响饮食与营养的因素有（ ）
   A. 生理因素
   B. 病理因素
   C. 心理因素
   D. 药物和饮酒
   E. 社会文化因素

序号	1	2	3	4	5
答案	ABCDE	ABCDE	AD	ABCE	ABCDE

五、案例分析题

患者吴先生，65 岁，因冠心病伴有心前区疼痛入院 2 天，需卧床休息。

1. 应给予患者适宜的饮食是（ ）
   A. 少渣饮食   B. 低胆固醇饮食
   C. 高纤维素饮食   D. 低蛋白饮食
   E. 高热量饮食

2. 应给予患者的饮食指导是（ ）
   A. 胆固醇摄入量应在 0.3g/d 以下
   B. 脂肪摄入量每天应控制 60g/d 以下
   C. 脂肪摄入量每天应控制 40 g/d 以下
   D. 每日摄入食盐 2g/d 以下
   E. 蛋白质摄入量每天应控制 60g/d 以下

3. 冠心病患者不宜饱餐的原因是（ ）
   A. 防止超重   B. 防止胃出血
   C. 防止消化不良   D. 防止心绞痛发作
   E. 防止交感神经兴奋

序号	1	2	3
答案	B	A	D

孙先生，70 岁，高血压脑出血术后第 3 天，处于昏迷状态，需要长期鼻饲。

1. 胃管插入 15cm 时，为提高插管成功率，护士应（ ）
   A. 嘱患者做深呼吸
   B. 嘱患者做吞咽动作
   C. 快速插管
   D. 给患者变换体位
   E. 托起患者头部，使下颌紧贴胸骨柄

2. 给患者灌注鼻饲液的正确方法是（ ）
   A. 注入少量温开水后进行鼻饲
   B. 鼻饲后注入少量温开水
   C. 注入少量温开水后鼻饲，然后再注入少量温开水
   D. 检查胃管在胃内后，注入温开水-鼻饲-注入少量温开水
   E. 检查胃管是否在胃内，然后鼻饲

3. 护士拔管时错误的做法是（ ）
   A. 核对解释
   B. 轻轻前后移动胃管
   C. 让患者屏气
   D. 拔管后清洁面部
   E. 让患者呼气时拔管

序号	1	2	3
答案	E	D	C

（马丽亚 粟 萱）

第十一章 排 泄

一、填空题

1. 正常人每次排出的尿量约为：_____。
   答案：200～400ml

2. 多尿是指 24h 尿量经常超过_____；少尿是指 24h 尿量少于_____；无尿是指 24h 尿量

少于_____。

答案：2500ml；400ml；100ml

3. 对膀胱高度膨胀且又极度虚弱的患者，首次放尿量不得超过_____。

答案：1000ml

4. _____便见于下消化道出血；_____便见于胆道梗阻；_____便见于阿米巴痢疾或肠套叠；粪便表面有鲜血或便后有鲜血滴出见于_____。

答案：暗红色；陶土色；果酱样；直肠息肉、肛裂、痔疮

5. 肝性脑病患者禁用_____灌肠。

答案：肥皂水

二、判断题

1. 给男患者导尿，提起阴茎呈 60°角可使耻骨前弯消失。（ ）
2. 24h 尿量少于 150ml 或 12h 内无尿者为无尿。（ ）
3. 尿潴留指膀胱内潴留大量尿液而又不能自主排出。（ ）
4. 膀胱刺激征主要表现为尿急、尿频、尿痛。常见于膀胱及尿路感染等患者。（ ）
5. 尿失禁指排尿可以控制，尿液不会自主的流出。（ ）

序号	1	2	3	4	5
答案	√	×	√	√	×

三、单项选择题

1. 陶土样便多见于（ ）
   A. 下消化道出血 B. 上消化道出血
   C. 胃及十二指肠溃疡 D. 阻塞性黄疸
   E. 直肠癌

2. 大量不保留灌肠法不用于（ ）
   A. 腹腔手术前准备
   B. 脏器造影、摄片术前准备
   C. 孕妇解便秘
   D. 直肠、结肠检查前
   E. 盆腔手术前准备

3. 1 号、2 号、3 号、灌肠液的组成是（ ）
   A. 甘油 30ml、50%硫酸镁 30ml、温开水 60ml
   B. 甘油 60ml、50%硫酸镁 30ml、温开水 90ml
   C. 甘油 90ml、50%硫酸镁 30ml、温开水 60ml
   D. 甘油 60ml、50%硫酸镁 30ml、温开水 90ml
   E. 甘油 30ml、50%硫酸镁 60ml、温开水 90ml

4. 胆红素尿的颜色是（ ）
   A. 鲜红色 B. 黄褐色
   C. 咖啡色 D. 淡黄色
   E. 红棕色

5. 正常人一昼夜的尿量平均为（ ）
   A. 500ml B. 1000ml
   C. 1500ml D. 2000ml
   E. 2500ml

6. 关于尿液颜色的叙述不正确的是（ ）
   A. 正常尿液颜色为淡黄色
   B. 乳糜尿为乳白色
   C. 胆红素尿为黄褐色
   D. 脓尿呈白色浑浊状
   E. 血红蛋白尿为粉红色

7. 关于尿液的叙述，下列说法哪项错误（ ）
   A. 正常尿比重为 1.015~1.025
   B. 新鲜尿有氨臭味 pH 显若碱性
   C. 无尿是 24 小时尿量小于 100ml
   D. 多尿是 24 小时尿量经常超过 2500ml
   E. 少尿是 24 小时尿量小于 400ml

8. 临床不需要观察尿量的患者是（ ）
   A. 心力衰竭 B. 休克
   C. 胃溃疡 D. 糖尿病
   E. 肾小球肾炎

9. 膀胱刺激征的表现是（ ）
   A. 尿频、尿急、尿多
   B. 尿多、尿痛、尿急
   C. 尿少、尿频、尿急
   D. 尿频、尿急、尿痛
   E. 尿急、腰痛、尿频

10. 尿液呈烂苹果气味见于（ ）
    A. 糖尿病酮症酸中毒
    B. 尿毒症
    C. 尿液感染
    D. 泌尿系结核
    E. 尿液放置后

11. 关于尿潴留患者的护理，错误的是（ ）
    A. 让患者听流水声
    B. 轻轻按摩下腹部
    C. 用开水冲洗会阴

D. 导尿术
E. 口服利尿剂

12. 导尿术中的无菌操作不包括（　　）
    A. 严格检查物品灭菌
    B. 严格消毒尿道口
    C. 首次放尿不超过1000ml
    D. 清洁外阴后再消毒
    E. 导尿管误入阴道应立即更换导尿管

13. 为女患者导尿，导尿管插入尿道最初的长度为（　　）
    A. 4～6cm　　　B. 7～9cm
    C. 10～12cm　　D. 13～15cm
    E. 16～18cm

14. 患者膀胱高度膨胀，且极度虚弱首次导尿量不超过（　　）
    A. 300ml　　　B. 500ml
    C. 1000ml　　　D. 1500ml
    E. 2000ml

15. 尿失禁患者的护理中错误的一项是（　　）
    A. 用接尿器接尿
    B. 必要时行导尿管留置术
    C. 保持皮肤清洁干燥
    D. 限制饮水，减少尿量
    E. 理解、尊重患者

16. 下列哪种情况不需要行导尿管留置术（　　）
    A. 膀胱镜检查　　B. 子宫切除术
    C. 尿道修补术　　D. 休克、昏迷
    E. 大面积烧伤

17. 为防止逆行感染及尿盐沉积阻塞管腔，导尿管应（　　）
    A. 每日更换一次　　B. 每周更换一次
    C. 每周更换两次　　D. 每月更换一次
    E. 每两周更换一次

18. 关于导尿留置术，下列陈述错误的是（　　）
    A. 避免引流管受压、扭曲、堵塞
    B. 每日消毒尿道口1～2次
    C. 鼓励患者多饮水
    D. 尿液浑浊，沉淀时做膀胱冲洗
    E. 每更换集尿袋和导尿管

19. 有关导尿管留置术的目的错误的叙述是（　　）
    A. 危重、休克患者：测定尿量、尿比重以了解病情
    B. 盆腔器官手术：排空膀胱，避免手术中误伤
    C. 昏迷、截瘫患者：保持会阴部的清洁、干燥

    D. 留尿做细菌培养
    E. 某些泌尿系统手术后：持续引流尿液和冲洗

20. 帮助导尿管留置术的患者锻炼膀胱反射功能的护理措施是（　　）
    A. 温水冲洗会阴每日两次
    B. 间歇性引流夹管
    C. 每周更换导尿管
    D. 定时给患者翻身
    E. 鼓励患者多饮水

21. 为女患者导尿时，导尿管误入阴道应（　　）
    A. 拔出导尿管，重新插入
    B. 更换导尿管，重新插入
    C. 嘱患者休息片刻再插管
    D. 用苯扎溴铵棉球擦拭导尿管后插入
    E. 用碘伏棉球擦拭导尿管后插入

22. 与预防泌尿系结石和感染无关的护理措施是（　　）
    A. 更换集尿袋时，防止尿液逆流
    B. 鼓励患者多饮水增加排尿量
    C. 鼓励患者经常变换体位
    D. 作间歇性引流夹管
    E. 保持尿道口的清洁

23. 关于粪便的颜色与其临床意义的叙述错误的是（　　）
    A. 陶土色便-幽门梗阻
    B. 果酱样便-肠套叠
    C. 柏油样便-上消化道出血
    D. 鲜红色便-痔疮.直肠息肉
    E. 暗红色便-下消化道出血

24. 预防便秘的方法应除外（　　）
    A. 生活规律.按时排便
    B. 选择膳食纤维丰富的水果和蔬菜
    C. 术前训练床上使用便器
    D. 定时使用缓泻剂
    E. 保持精神愉快，多活动

25. 腹泻患者的护理措施正确的是（　　）
    A. 多食用蔬菜、水果
    B. 鼓励患者下床活动
    C. 做好肛周护理
    D. 嘱咐患者多饮水
    E. 饮食应选高蛋白、高脂肪的食物

26. 禁用等渗盐水灌肠的是（　　）
    A. 肝性脑病　　B. 充血性心力衰竭
    C. 顽固性便秘　　D. 伤寒
    E. 中暑

27. 小量不保留灌肠的目的不包括（ ）
   A. 解除便秘　　　B. 排除肠内积气
   C. 软化粪便　　　D. 减轻腹胀
   E. 治疗肠道感染

序号	1	2	3	4	5	6	7	8	9	10
答案	D	C	B	B	C	E	B	C	D	A
序号	11	12	13	14	15	16	17	18	19	20
答案	E	C	A	C	D	A	B	E	D	B
序号	21	22	23	24	25	26	27			
答案	B	D	A	D	C	B	E			

四、多项选择题

1. 正常新鲜尿液的性质哪项是正确的（ ）
   A. 尿液呈淡黄色
   B. 尿比重平均为 1.010～1.025
   C. 尿液呈弱碱性
   D. 尿液澄清、透明
   E. 尿液呈弱酸性
2. 尿潴留护理措施中，属于诱导排尿的是（ ）
   A. 下腹部热敷　　B. 听流水声
   C. 温水冲洗会阴部　D. 心理护理
   E. 健康教育
3. 易引起多尿的疾病是（ ）
   A. 休克　　　　　B. 糖尿病
   C. 急性肾炎　　　D. 肺心病
   E. 尿崩症
4. 少尿可见于下列哪些疾病（ ）
   A. 甲亢　　　　　B. 尿崩症
   C. 休克　　　　　D. 心衰
   E. 急性肾衰竭
5. 导尿的目的包括（ ）
   A. 解除尿潴留　　B. 测定膀胱容量
   C. 膀胱内化疗　　D. 检查残余尿
   E. 留取无菌尿标本

序号	1	2	3	4	5
答案	ABDE	BC	BE	CDE	ABCDE

五、案例分析题

患者，女，28岁，体温39.5℃，遵医嘱行灌肠降温。
1. 应选用的灌肠液是（ ）
   A. 4℃0.9%氯化钠溶液 500～1000ml
   B. 39～41℃肥皂水 500～1000ml
   C. 39～41℃肥皂水 200ml
   D. 28～32℃0.9%氯化钠溶液 500～1000ml
   E. 28～32℃0.9%氯化钠溶液 200ml
2. 灌入溶液时应观察患者的反应和液体流入情况，下列正确处理方法是（ ）
   A. 如液体流入受阻，可降低灌肠筒高度
   B. 如液体流入受阻，可拔出肛管重新插入
   C. 如患者有便意，可降低灌肠筒高度，嘱患者深呼吸
   D. 如患者出现脉速，面色苍白，出冷汗，可放慢速度
   E. 如患者有便意，可拔出肛管，待患者休息片刻后重新插入

序号	1	2								
答案	D	C								

（马丽亚　粟　萱）

第十二章　药物疗法与过敏试验法

一、填空题

1. 三查八对，三查指_____、_____、_____，八对指_____、_____、_____、_____、_____、_____、_____、_____。
   答案：操作前；操作中；操作后；床号；姓名；药名；浓度；剂量；用法；时间；批号
2. 臀大肌注射联线法是取_____和_____联线的外上1/3处为注射部位。
   答案：髂前上棘；尾骨
3. 药物广泛用于_____、_____及治疗疾病，而药物的直接执行者是_____。
   答案：诊断；预防；护士
4. 为了保证合理、安全给药，促进病员的健康，护士必须了解患者的用药史和常用药物的药理知识，包括_____、_____、_____、_____、_____、_____和_____。
   答案：不良反应；作用；用法；配伍禁忌；剂量；给药途径；评估患者
5. 服洋地黄类药物的患者，应注意观察_____的变化。
   答案：心率
6. 药瓶上应有明显的标签，内服药用_____、

外用药用_____、剧毒药用_____。
答案：蓝色边标签；红色边标签；黑色边标签

7. 各种注射的角度为：皮内注射_____、皮下注射_____、肌内注射_____、静脉注射_____。
答案：5°；30°～40°；90°；15°～30°

二、判断题

1. 皮内注射仅适用于药物过敏实验。（ ）
2. 发挥药效最快的给药途径是静脉注射。（ ）
3. 药物乙醇、糖衣片、氨茶碱都属于易挥发、潮解、风化的药物。（ ）
4. 药物的保管，其中剧毒药、麻醉药应加锁专人保管，班班交接。（ ）
5. 口服强心苷类药物应先测脉率及心律。（ ）
6. 口服止咳糖浆后需立即饮水，以提高疗效。（ ）
7. 预防接种应选择在上臂三角肌下缘。（ ）
8. 连续使用雾化器时，中间需间隔30min。（ ）

序号	1	2	3	4	5	6	7	8
答案	√	√	×	√	√	×	√	√

三、单项选择题

1. 护士在为患者张某静脉注射25%葡萄糖溶液中，患者自述疼痛，推注时稍有阻力，推注部位局部水肿，抽无回血，此情况应考虑是（ ）
   A. 针头部分阻塞
   B. 针头滑出血管外
   C. 静脉痉挛
   D. 针头斜面紧贴血管壁
   E. 针尖斜面一部分穿透下面血管壁

2. 抢救青霉素过敏性休克患者时，首选的药物为（ ）
   A. 盐酸肾上腺素   B. 异丙肾上腺素
   C. 盐酸异丙嗪   D. 去甲肾上腺素
   E. 苯肾上腺素

3. 对接受青霉素治疗的患者，如果停药几天以上，必须重新做过敏试验（ ）
   A. 3天   B. 1天
   C. 2天   D. 5天
   E. 4天

4. 青霉素过敏性休克在抢救时首先采取的措施是（ ）
   A. 静脉注射0.1%盐酸肾上腺素1ml
   B. 立即通知医生抢救
   C. 立即吸氧，胸外心脏按压
   D. 立即停药，平卧，皮下注射0.1%盐酸肾上腺素
   E. 氢化可的松静脉输液

5. 发挥药效最快的给药途径是（ ）
   A. 口服   B. 静脉注射
   C. 皮下注射   D. 外敷
   E. 吸入

6. 护士执行给药原则中，下列哪项是最重要的（ ）
   A. 给药途径要准确
   B. 给药时间要准确
   C. 遵医嘱给药
   D. 给药中要经常观察疗效
   E. 注意用药的不良反应

7. 服磺胺药需多饮水的目的是（ ）
   A. 减轻服药引起的恶心
   B. 避免尿中结晶析出
   C. 避免损害造血系统
   D. 避免影响血液酸碱度
   E. 增加药物疗效

8. 服用洋地黄类药物时，护士应重点观察（ ）
   A. 是否成瘾   B. 心率、心律
   C. 胃肠道反应   D. 体温
   E. 有无皮疹

9. 生物制品类药物保存方法为（ ）
   A. 密盖瓶保存   B. 放入有色瓶
   C. 放在阴凉处   D. 远离明火
   E. 放入冰箱

10. 超声雾化吸入器水温超过多少需要调换（ ）
    A. 50℃   B. 30℃
    C. 40℃   D. 60℃
    E. 70℃

11. 为防止感染，注射时下列最重要的是（ ）
    A. 皮肤消毒直径为5cm
    B. 不在硬结处进针
    C. 注射器完整无裂痕
    D. 针头无锈无钩锐利
    E. 注射前洗手带口罩

12. 2岁以下的婴儿肌内注射时，最好选用（ ）
    A. 臀大肌   B. 上臂三角肌
    C. 臀中肌 臀小肌   D. 前臂外侧肌
    E. 股外侧肌

13. 臀大肌注射时的体位为（ ）

A. 下腿伸直上腿弯曲
B. 两腿伸直
C. 两腿弯曲
D. 下腿弯曲上腿伸直
E. 双膝向腹部弯曲

14. 皮下注射时针头与皮肤呈（ ）
A. 5°~10°   B. 20°~30°
C. 45°~50°   D. 90°
E. 30°~40°

15. 链霉素过敏患者首选的药物为（ ）
A. 葡萄糖酸钙   B. 乳酸钙
C. 溴化钙   D. 碳酸钙
E. 草酸钙

16. 破伤风抗毒素试验液的剂量是（ ）
A. 20U   B. 50U
C. 15U   D. 70U
E. 100U

17. 链霉素前需做过敏实验，其剂量为（ ）
A. 2.5U   B. 25U
C. 250U   D. 2500U
E. 0.25U

18. 过敏性休克患者出现中枢神经系统症状原因是（ ）
A. 肺水肿
B. 循环血量减少
C. 功能衰竭
D. 毛细血管扩张通透性增加
E. 脑组织缺氧

19. 不符合无痛注射原则的是（ ）
A. 分散患者注意力
B. 体位舒适放松肌肉
C. 注射时两快一慢
D. 进针后注射前禁忌抽动活塞
E. 注射刺激性强的药物进针要深

20. 皮内注射叙述错误的是（ ）
A. 仅适于药物过敏试验
B. 不用碘酒消毒
C. 部位可在前臂掌侧、三角肌下缘
D. 拔针不按压
E. 进针角度为5°

21. 发挥药效最快的给药途径是（ ）
A. 皮下注射   B. 口服
C. 外敷   D. 静脉注射
E. 吸入疗法

22. 应远离明火处保存的药物是（ ）

A. 胎盘球蛋白   B. 抗毒血清
C. 乙醚、乙醇   D. 氨茶碱
E. 肾上腺素

23. 皮内注射选择前臂掌侧下段是因为该处（ ）
A. 皮肤薄、色浅   B. 离大神经
C. 远无大血管   D. 以上都是
E. 操作较便

24. 避光放置的药物有（ ）
A. 疫菌   B. 氨茶碱、硝酸银
C. 三溴片、酵母片 D. 芳香类药
E. 以上都是

25. 给药中护士的职责哪项有误（ ）
A. 评估患者情况
B. 严格遵守安全用药的原则
C. 熟练掌握正确的给药方法与技术
D. 严格查对制度
E. 促进疗效及减轻药物的不良反应

序号	1	2	3	4	5	6	7	8	9	10
答案	B	A	A	D	B	C	B	B	E	A
序号	11	12	13	14	15	16	17	18	19	20
答案	A	E	D	E	A	C	C	E	C	D
序号	21	22	23	24	25					
答案	D	C	A	B	A					

四、多项选择题

1. 药疗时需核对的项目是（ ）
A. 浓度剂量   B. 时间用法
C. 药名   D. 姓名床号
E. 用药史

2. 常用静脉注射的部位是（ ）
A. 成人头皮静脉
B. 锁骨下静脉、颈外静脉
C. 四肢浅静脉
D. 股静脉
E. 小儿头皮静脉

3. 长期静脉注射者为保护血管应（ ）
A. 由远到近选择血管
B. 先下后上选择静脉
C. 制定使用静脉计划
D. 随时听取患者主诉观察反应
E. 刺激性强的药先注入注射用水再注药

4. 碘试敏的方法有（ ）
A. 静脉注射   B. 皮内注射

C. 皮下注射　　D. 口服
E. 肌内注射
5. 过敏性休克短期内出现的症状有（　）
   A. 循环衰竭症状　B. 呼吸道阻塞症状
   C. 中枢神经系统症状　D. 消化系统症状
   E. 皮肤过敏症状
6. 服用对牙齿有腐蚀性的药物应（　）
   A. 口服后少饮水
   B. 服药后嗽口
   C. 饭后服用
   D. 取药时杯内先加入少量冷开水
   E. 用饮水管吸入，避免与牙齿接触
7. 需放入冰箱内保存的药物是（　）
   A. 氢化可的松　B. 破伤风抗毒素
   C. 胎盘球蛋白　D. 胰岛素
   E. 地塞米松
8. 超声雾化吸入可用于（　）
   A. 器官切开术后湿化　B. 肺炎
   C. 肺癌　　D. 咽喉炎
   E. 支气管哮喘
9. 抢救青霉素过敏性休克，使用 0.1%盐酸肾上腺素的目的是（　）
   A. 增加外周阻力　B. 收缩血管
   C. 松弛支气管平滑肌　D. 增加心输出量
   E. 兴奋心肌
10. 在使用致敏性高的药物前应（　）
    A. 询问过敏史　B. 询问患者的用药史
    C. 询问家族史　D. 做好急救的准备
    E. 做药物过敏试验

序号	1	2	3	4	5
答案	ABCD	CDE	ABCDE	ABD	ABC
序号	6	7	8	9	10
答案	BE	BCD	ABCDE	ABCDE	ABCDE

五、案例分析题

1. 患者，女性，50 岁，因患呼吸系统疾病，需同时服用几种药物，最后服用的药物是（　）
   A. 维生素 B_1
   B. 乙酰半胱氨酸胶囊
   C. 维生素
   D. 复方甘草口服液
   E. 罗红霉素
2. 患者，女性，60 岁，因充血性心力衰竭住院，医嘱口服地高辛 0.25mg，每日一次，护士发药时应特别注意（　）
   A. 服药后不宜多饮水
   B. 研碎药片再喂服
   C. 给药前测量脉率
   D. 患者服药后再离开
   E. 叮嘱患者按时服药
3. 患者，女性，32 岁，不慎割破手指，医嘱 TAT 肌内注射，立即执行。患者行 TAT 过敏试验，结果阳性，正确的做法是（　）
   A. 再做过敏试验并用生理盐水做对照试验
   B. 注射肾上腺素等药物抗过敏
   C. 备好抢救物品，直接注射 TAT
   D. 采用脱敏疗法注射 TAT
   E. 禁用 TAT 注射
4. 方先生，26 岁，因急性胃肠炎入院。在输液 20 分钟后，出现寒战、高热、头疼、恶心，此患者发生的反应是（　）
   A. 疾病本身反应　B. 发热反应
   C. 过敏反应　　D. 上呼吸道感染
   E. 肺水肿

序号	1	2	3	4
答案	D	C	D	B

（粟　萱　马丽亚）

第十三章　静脉输液与输血

一、填空题

1. 常见的输液反应有_____、_____、_____、_____。
   答案：发热反应；急性肺水肿；静脉炎；空气栓塞
2. 常见输血反应有_____、_____、_____、_____。
   答案：发热反应；溶血反应；过敏反应；与大量输血有关的反应
3. 血液病最宜输入_____血。
   答案：新鲜
4. 密闭式输液法过程中，进针见回血后的三松是指_____、_____、_____。
   答案：松止血带；松患者拳头；松调节夹
5. 常用胶体溶液有_____、_____、_____。

答案：右旋糖酐；代血浆；血液制品
6. 常用晶体溶液有_____、_____、_____、_____。

答案：葡萄糖溶液；等渗电解质溶液；碱性溶液；高渗溶液

二、判断题

1. 发生肺水肿时吸氧需用20%~30%乙醇湿化，其目的是降低肺泡泡沫表面张力。（　）
2. 输液过程中莫菲滴管内液面自行下降的原因是针头处漏水。（　）
3. 等渗电解质溶液除可以补充水和电解质，还可以维持体液容量和渗透压平衡。（　）
4. 静脉输液时，扎止血带应在穿刺点上方约6cm处。（　）
5. 连续输液24h以上者，需每日更换输液器。（　）
6. 输液时为了预防急性肺水肿的发生，应严格控制输液的速度与输液量。（　）

序号	1	2	3	4	5	6
答案	√	×	×	√	√	√

三、单项选择题

1. 股静脉穿刺部位为（　）
   A. 股动脉内侧 0.5cm
   B. 股神经内侧 0.5cm
   C. 股动脉外侧 0.5cm
   D. 股动脉和股神经之间
   E. 股神经外侧 0.5cm
2. 可纠正体内电解质失调的溶液是（　）
   A. 全血   B. 血浆
   C. 右旋糖酐   D. 晶体溶液
   E. 浓缩白蛋白
3. 可提高血浆胶体渗透压，提高血压的溶液是（　）
   A. 林格液   B. 0.9%氯化钠
   C. 10%葡萄糖   D. 5%葡萄糖
   E. 低分子右旋糖酐
4. 最常见的输液反应是（　）
   A. 心脏负荷过重的反应
   B. 空气栓塞
   C. 发热反应
   D. 静脉炎
   E. 过敏反应
5. 最严重的输液反应是（　）
   A. 过敏反应
   B. 心脏负荷过重的反应
   C. 发热反应
   D. 空气栓塞
   E. 静脉炎
6. 输血的主要适应证是（　）
   A. 低蛋白血症   B. 贫血
   C. 凝血异常   D. 大出血
   E. 严重的感染
7. 输血时发生溶血反应的主要原因是（　）
   A. 血液储存过久 B. 剧烈振荡
   C. 细菌污染   D. 血液加热
   E. 输入异型血
8. 从早上 9 点开始输液，液体总量为 1500ml，输液速度为 60 滴/分，其输液结束的时间应是（　）
   A. 15时30分   B. 15时15分
   C. 15时   D. 16时
   E. 15时45分
9. 从早上 9 点开始输液，若使 1000ml 液体在 5 小时内滴完，输液速度为每分钟（　）
   A. 55滴   B. 60滴
   C. 50滴   D. 40滴
   E. 45滴
10. 输液引起急性循环负荷过重(肺水肿)的特征性症状是（　）
    A. 胸闷、心悸伴呼吸困难
    B. 发绀、烦躁不安
    C. 心慌、恶心、呕吐
    D. 咳嗽、咳粉红色泡沫性痰、气促、胸闷
    E. 咳嗽、呼吸困难
11. 输液过程中茂菲管内液面自行下降的原因是（　）
    A. 输液瓶位置过高，压力太大
    B. 茂菲氏管有裂隙
    C. 输液管太粗，滴速太快
    D. 针头处漏水
    E. 患者肢体位置不当
12. 输液时发生静脉痉挛致滴注不畅时应（　）
    A. 加压输液   B. 降低输液瓶位置
    C. 局部热敷   D. 适当更换肢体位置
    E. 减慢输液速度
13. 输液时滴注不畅，局部肿胀，无回血应（　）
    A. 抬高输液瓶位置 B. 更换针头重新穿刺
    C. 改变枕头方向   D. 局部热敷
    E. 用注射器推注

14. 输液中发生肺水肿时吸氧需用 20%~30%乙醇湿化，其目的是（　　）
    A. 降低肺泡表面张力
    B. 消毒吸入的氧气
    C. 使痰液稀薄，易吐出
    D. 使患者呼吸道湿润
    E. 降低肺泡泡沫表面张力
15. 输血引起溶血反应，最早出现的主要表现为（　　）
    A. 头部胀痛、面部潮红、恶心、呕吐、腰背部剧痛
    B. 呼吸困难、血压下降
    C. 寒战、高热
    D. 少尿
    E. 瘙痒、皮疹
16. 溶血反应中，凝集的红细胞溶解，大量血红蛋白入血浆，出现的典型症状（　　）
    A. 寒战高热
    B. 胸闷气促
    C. 腰背部剧痛、四肢麻木
    D. 黄疸、血红蛋白尿
    E. 少尿无尿
17. 输液反应的主要措施是（　　）
    A. 认真查对
    B. 严格控制输液速度
    C. 做好输液器去致热原工作
    D. 严格掌握输液量
    E. 严格控制液体温度
18. 过敏反应的症状是（　　）
    A. 寒战高热头部胀痛
    B. 手足抽搐心率缓慢血压下降
    C. 皮肤瘙痒，荨麻疹，眼睑水肿
    D. 腰背痛少尿
    E. 气促 咳嗽、咳粉红色泡沫性痰
19. 输血出现手足抽搐、心率缓慢、血压下降应加入的药物是（　　）
    A. 0.9%氯化钠　　B. 10%葡萄糖酸钙
    C. 5%碳酸氢钠　　D. 乳酸钠
    E. 10%氯化钾
20. 输血时前后及两袋血之间应加入的药物是（　　）
    A. 碳酸氢钠等渗盐水　B. 复方氯化钠
    C. 0.9%氯化钠　　　　D. 5%葡萄糖盐水
    E. 5%葡萄糖
21. 出现溶血反应时处置错误的是（　　）
    A. 双侧腰封　　　B. 减慢输血速度
    C. 氧气吸入　　　D. 留置导尿
    E. 严密观察血压
22. 静脉炎的护理措施处置错误的是（　　）
    A. 适当运动　　　B. 抬高患肢
    C. 乙醇湿敷　　　D. 局部理疗
    E. 硫酸镁热湿敷
23. 输血前的准备工作错误的是（　　）
    A. 需两人核对
    B. 做血型鉴定和交叉配血试验
    C. 冬季库存血应先加温
    D. 取血禁剧烈震荡
    E. 输血前先输入少量氯化钠
24. 血液不会传播的疾病是（　　）
    A. 病毒性肝炎　　B. 疟疾
    C. 流行性出血热　D. 梅毒
    E. 艾滋病
25. 静脉输液时导致静脉炎的原因不包括（　　）
    A. 静脉内留置导管时间过长
    B. 长期输入高浓度溶液
    C. 长期输入刺激性强的药物
    D. 无菌操作不严格
    E. 输液速度过快

序号	1	2	3	4	5	6	7	8	9	10
答案	A	D	E	C	D	D	E	B	C	D
序号	11	12	13	14	15	16	17	18	19	20
答案	B	C	B	E	A	D	A	C	B	C
序号	21	22	23	24	25					
答案	D	E	C	C	E					

四、多项选择题

1. 输液目的是（　　）
   A. 纠正血容量不足
   B. 补充水和电解质
   C. 输入药物控制感染
   D. 输入脱水剂利尿消肿
   E. 补充营养和热量
2. 外周静脉穿刺输液目的是（　　）
   A. 大量输入液体
   B. 快速输入液体
   C. 测中心静脉压
   D. 用于周围循环衰竭患者
   E. 用于长期输液周围静脉不易穿刺者
3. 输血适应证是（　　）

A. 机体抵抗力低下　　B. 造血功能障碍
C. 低蛋白血症　　　　D. 休克
E. 严重感染

4. 在输血前应做血型鉴定和交叉配血试验的血液制品是（　）
   A. 红细胞混悬液　　B. 代血浆
   C. 血浆　　　　　　D. 自体血
   E. 全血

5. 输血造成溶血反应的原因是（　）
   A. 输入异型血液
   B. 血液储存过久
   C. 血液受到机械损伤
   D. 血液保存温度不当
   E. 血液被细菌污染

6. 防止输血引起溶血反应的措施有（　）
   A. 做好血型鉴定
   B. 严格执行血液保存规则
   C. 输血前需两人认真核对
   D. 做好交叉配血试验
   E. 避免血液加热或震荡过剧

7. 患者输液时，护士巡视、观察的内容是（　）
   A. 有无输液反应
   B. 输液管有无扭曲、受压
   C. 有无溶液外溢
   D. 液体是否滴完
   E. 针头有无脱出、阻塞或移位

序号	1	2	3	4	5
答案	ABCE	CDE	ABCDE	AE	ABCDE
序号	6	7			
答案	ABCDE	ABCDE			

五、案例分析题

1. 患者，男性，65岁。确诊肺心病20余年，今晨因呼吸困难伴喘息加重急诊入院，输液过程中，突然出现胸闷、咳嗽、咳粉红色泡沫样痰，听诊两肺满布湿啰音，心率快且心律不齐，该患者可能发生（　）
   A. 肺栓塞　　　　B. 过敏反应
   C. 心肌梗死　　　D. 心绞痛
   E. 急性肺水肿

2. 患者，男性，18岁。因急性淋巴细胞白血病行静脉输血治疗，输血约15ml后，主诉头部胀痛、四肢麻木、腰背部剧烈疼痛及胸闷，继而出现酱油色尿及黄疸，此时患者可能发生（　）
   A. 过敏反应　　　　B. 枸橼酸钠中毒反应
   C. 溶血反应　　　　D. 急性肺水肿
   E. 空气栓塞

3. 患者，32岁，贫血严重。医嘱为该患者静脉输血，其治疗目的是（　）
   A. 补充抗体和补体
   B. 排出有害物质
   C. 补充血红蛋白
   D. 增加白蛋白
   E. 补充血容量

4. 患者，8岁。两周前有上呼吸道感染史，近日出现畏寒、发热，全身皮肤、黏膜出血，并有大片瘀斑，实验室检查 血小板计数$18×10^9$/L，出血时间延长。对此患儿采取静脉输血治疗的目的是（　）
   A. 纠正贫血　　　　B. 补充血容量
   C. 供给血小板　　　D. 增加白蛋白
   E. 输入抗体、补体

5. 患者，68岁，因乳腺癌住院化疗，为其输液过程中，患者出现呼吸困难，听诊心前区有响亮的"水泡音"，患者可能发生空气栓塞，空气栓塞的部位是在（　）
   A. 肺静脉入口
   B. 肺动脉入口
   C. 主动脉入口
   D. 下腔静脉入口
   E. 上腔静脉入口

6. 患者，76岁，因体质弱，短时间内输入液体量过多，引起急性循环负荷过重，患者的特征性症状是（　）
   A. 发绀，烦躁不安
   B. 胸闷，呼吸困难，咳粉红色泡沫痰心慌
   C. 喘憋，呼吸困难
   D. 呼吸困难，心悸
   E. 恶心

7. 患者，74岁，输液过程中发生肺水肿，吸氧时需用20%～30%乙醇湿化，其目的是（　）
   A. 消毒吸入的氧气
   B. 减低肺泡表面张力
   C. 使痰液湿薄，易咳出
   D. 使患者呼吸道湿润
   E. 减低肺泡内泡沫表面张力

8. 患者，28岁，手术后大量输血，现患者出现手足抽搐、血压下降，可静脉缓慢注射（　）

A. 10%氯化钙 10ml
B. 0.9%氯化钠 10ml
C. 4%碳酸氢钠 10ml
D. 地塞米松 5mg
E. 盐酸肾上腺素 2ml

9. 患者，30岁，阑尾炎术后第5天，今日输液1小时后，突然寒战，继之高热，体温40℃患者发热的主要原因可能是（　　）
A. 患者是过敏体质
B. 溶液中含有致热物质
C. 溶液中含有对患者致敏的物质
D. 输液速度过快
E. 溶液温度过低

序号	1	2	3	4	5	6	7	8	9
答案	E	C	C	C	B	D	E	A	B

（粟　萱　马丽亚）

第十四章　标本的采集

一、填空题

1. 静脉血标本有_____标本、_____标本、_____标本。

答案：全血；血清；血培养

二、单项选择题

1. 测定二氧化碳结合力需备（　　）
A. 普通抗凝管　　B. 清洁干燥试管
C. 枸橼酸钠试管　D. 石蜡油抗凝管
E. 无菌试管

2. 采取生化检验的血标本宜在（　　）
A. 临睡前　　　B. 午后
C. 清晨空腹　　D. 傍晚
E. 饭前

3. 需采用抗凝管采血的检验项目是（　　）
A. 肝功　　　　B. 血糖
C. T_3、T_4　　D. APTT
E. 乙肝两对半

4. 血培养标本一般的取血量为（　　）
A. 2ml　　　　B. 4ml
C. 5ml　　　　D. 8ml
E. 10ml

5. 做真菌培养时取分泌物的位置是（　　）
A. 双侧腭弓　　B. 溃疡面

C. 咽部　　　　D. 扁桃体
E. 舌面

6. 不符合无痛注射原则的是（　　）
A. 分散患者注意力
B. 进针后注射前禁忌抽动活塞
C. 体位舒适放松肌肉
D. 注射时两快一慢
E. 注射刺激性强的药物进针要深

7. 皮内注射错误的是叙述错误的是（　　）
A. 不用碘酒消毒
B. 部位可在前臂掌侧、三角肌下缘
C. 拔针不按压
D. 进针角度为5°
E. 仅适于药物过敏试验

8. 采集血培养标本哪项说法是错误的（　　）
A. 必须放入消毒容器中
B. 检查容器有无裂缝
C. 检查瓶塞是否保持干燥
D. 检查培养基是否足够
E. 采集时严格执行无菌操作

9. 采集血标本哪项说法是错误的（　　）
A. 血清标本应避免震荡防止溶血
B. 全血标本采集后注入抗凝管轻摇匀
C. 血气分析需加盖抗凝管
D. 严禁从输血针头处采血
E. 做二氧化碳结合力测定用普通抗凝管测定结果偏高

序号	1	2	3	4	5	6	7	8	9
答案	D	C	B	C	C	B	E	A	E

三、多项选择题

1. 需采集全血标本的是（　　）
A. 肾功　　　　B. 血常规
C. 血脂　　　　D. 血沉
E. 血肌酐

2. 采集肝功血标本时，正确的是（　　）
A. 取全血标本
B. 诸如肝素钠抗凝试管
C. 用干燥的试管和注射器
D. 避免震荡立即送检
E. 取下针头，将泡沫和血液一并注入试管

序号	1	2
答案	BDE	BD

（张慧家　申海雁）

第十五章 病情观察及危重患者的抢救和护理

一、填空题

1. 在自然光线下正常人的瞳孔直径为_____。

   答案：2～5mm

二、判断题：

1. 患者出现双侧瞳孔缩小多见于临终前表现。（ ）
2. 吞服强酸强碱性毒物的患者应禁忌洗胃。（ ）

序号	1	2							
答案	×	√							

三、单项选择题

1. 每次入胃的液体量为（ ）
   - A. 300～500ml
   - B. 200～300ml
   - C. 100～200ml
   - D. 500～700ml
   - E. 800～1000ml

2. 呕吐成喷射状，应考虑（ ）
   - A. 食物中毒
   - B. 高位性肠梗阻
   - C. 低位性肠梗阻
   - D. 颅内高压
   - E. 幽门梗阻

3. 敌百虫中毒时，不宜采用碱性溶液洗胃的原因是（ ）
   - A. 损伤胃食管黏膜
   - B. 抑制毒物吸收
   - C. 增加毒物溶解度
   - D. 抑制毒物排除
   - E. 生成毒性更强的敌敌畏

4. 哪种患者可以洗胃（ ）
   - A. 吞服硫酸者
   - B. 近期有胃穿孔者
   - C. 肝硬化伴食道静脉曲张者
   - D. 口服敌百虫中毒者
   - E. 近期有上消化道出血者

5. 一次注入洗胃液过多引起胃扩张，会引起反射性（ ）
   - A. 心脏骤停
   - B. 心室纤颤
   - C. 房室阻滞
   - D. 心房纤颤
   - E. 心率加快

6. 哪种患者应立即使用 2%～4%碳酸氢钠洗胃（ ）
   - A. 敌敌畏中毒
   - B. 乐果中毒
   - C. 敌百虫中毒
   - D. 巴比妥中毒
   - E. 硝酸中毒

7. 注入洗胃液过多会引起（ ）
   - A. 胃内压升高引起反射性心跳加快
   - B. 胃内压降低引起反射性心跳骤停
   - C. 胃内压升高毒物吸收增加
   - D. 胃内压降低毒物吸收增加
   - E. 胃内压降低毒物吸收减少

8. 药物中毒禁忌洗胃（ ）
   - A. 磷化锌
   - B. 氰化物
   - C. 巴比妥钠
   - D. 硝酸
   - E. 敌百虫

9. 出现双侧瞳孔散大多见于（ ）
   - A. 氯丙嗪类中毒
   - B. 吗啡药物中毒
   - C. 水化氯醛中毒
   - D. 阿托品中毒
   - E. 脑出血

10. 出现双侧瞳孔缩小见于（ ）
    - A. 临终前表现
    - B. 颅内压增高的患者
    - C. 颠茄类药物中毒
    - D. 乙醇中毒
    - E. 有机磷农药中毒

11. 观察危重患者病情发生恶化最主要的指征是（ ）
    - A. 睡眠不佳食欲减退
    - B. 呼吸道分泌物增多
    - C. 瞳孔等大
    - D. 皮肤干燥弹性减弱
    - E. 意识模糊

12. 观察危重患者病情的最佳方法是（ ）
    - A. 与患者日常接触中
    - B. 在护士交接班中
    - C. 加强医护间的联系
    - D. 护士在阅读病历时
    - E. 经常察看护理记录答案

13. 敌百虫中毒时不可用下列溶液洗胃（ ）
    - A. 等渗盐水
    - B. 生理盐水
    - C. 温开水
    - D. 高锰酸钾溶液
    - E. 碳酸氢钠溶液

14. 患者处于熟睡状态中，很难被唤醒，强刺激可以唤醒患者，醒后答非所问，很快再次入睡。这是哪一程度的意识障碍（ ）
    - A. 嗜睡
    - B. 意识模糊
    - C. 浅昏迷
    - D. 昏睡
    - E. 深昏迷

15. 为毒物明确的患者洗胃采取先吸后灌的目的

是（　　）
A. 防止胃管酗阻塞
B. 减少毒物吸收
C. 防止胃扩张
D. 防止溶液灌入气管
E. 便于鉴定毒物性质

16. 洗胃时有血性液体流出，患者感到腹痛，应（　　）
A. 快速洗胃　　　B. 继续缓慢洗胃
C. 立即停止洗胃　D. 观察同时继续洗胃
E. 休息片刻继续洗胃

17. 吞服强酸强碱性毒物的患者应采取（　　）
A. 口服催吐法　　B. 禁忌洗胃
C. 先用对抗剂洗胃　D. 谨慎洗胃
E. 尽快洗胃

18. 幽门梗阻的患者洗胃时间宜选择（　　）
A. 饭前　　　　　B. 饭后4～6h
C. 饭前4～6h　　　D. 饭后
E. 没有时间限制

19. 洗胃液的温度是（　　）
A. 20～25℃　　　B. 41～45℃
C. 38～41℃　　　D. 25～38℃
E. 45～48℃

20. 遇鸡蛋牛奶可加速其溶解吸收的毒物是（　　）
A. 煤酚皂　　　　B. 磷化锌
C. 氢氧化钠　　　D. 敌敌畏
E. DDT

21. 吸痰时，每次抽吸的时间一般不超过（　　）
A. 15秒　　　　　B. 5秒
C. 10秒　　　　　D. 3秒
E. 20秒

22. 需要重复吸痰时，两次抽吸的间隔时间一般为（　　）
A. 1～3分钟　　　B. 2～4分钟
C. 4～6分钟　　　D. 3～5分钟
E. 5～7分钟

23. 吞服强酸性毒物后不能选用下列哪种对抗剂（　　）
A. 5%碳酸氢钠　　B. 牛奶
C. 豆浆　　　　　D. 米汤
E. 蛋清水

24. 吞服强碱性毒物后不能选用下列哪种对抗剂（　　）
A. 蛋清水　　　　B. 米汤
C. 豆浆　　　　　D. 5%醋酸
E. 牛奶

25. 敌敌畏中毒洗胃时应选用（　　）
A. 植物油　　　　B. 过氧化氢
C. 温开水或等渗盐水　D. 高锰酸钾
E. 2%～4%碳酸氢钠

26. 巴比妥类药物中毒洗胃时应选用（　　）
A. 高锰酸钾　　　B. 过氧化氢
C. 温开水或等渗盐水　D. 2%～4%碳酸氢钠
E. 植物油

27. 高锰酸钾中毒洗胃时应选用（　　）
A. 2%～4%碳酸氢钠　B. 植物油
C. 温开水或等渗盐水　D. 高锰酸钾
E. 过氧化氢

28. 中毒物质不明洗胃时应选用（　　）
A. 2%～4%碳酸氢钠　B. 过氧化氢
C. 高锰酸钾　　　D. 温开水或等渗盐水
E. 植物油

29. 酚类中毒洗胃时应选用（　　）
A. 2%～4%碳酸氢钠　B. 植物油
C. 温开水或等渗盐水　D. 高锰酸钾
E. 过氧化氢

序号	1	2	3	4	5	6	7	8	9	10
答案	A	D	E	D	A	A	C	D	D	E
序号	11	12	13	14	15	16	17	18	19	20
答案	E	A	E	D	B	C	B	B	D	B
序号	21	22	23	24	25	26	27	28	29	
答案	A	D	A	D	E	A	E	D	B	

四、多项选择题

1. 单侧瞳孔扩大且固定提示患者可能出现（　　）
A. 同侧硬脑膜下血肿高
B. 颅内压增
C. 阿托品中毒
D. 沟回疝
E. 呼吸性酸中毒

2. 洗胃的目的是（　　）
A. 减轻毒物吸收
B. 解除患者精神紧张
C. 胃镜检查前准备
D. 减轻胃黏膜水肿
E. 为胃切除手术做准备

3. 毒物不明的患者洗胃液常选择（　　）

A. 等渗盐水　　　B. 5%醋酸
C. 牛奶　　　　　D. 温开水
E. 碳酸氢钠

4. 吞服强酸强碱性毒物的患者应迅速口服的对抗剂是（　　）
   A. 米汤　　　　B. 豆浆
   C. 蛋清水　　　D. 牛奶
   E. 盐水

5. 下列患者不能洗胃的是（　　）
   A. 食道阻塞　　B. 消化道溃疡
   C. 肠癌　　　　D. 食道静脉曲张
   E. 胃癌

6. 如果一次注入洗胃液过多会引起（　　）
   A. 反射性心跳骤停
   B. 急性胃扩张
   C. 加速毒物吸收
   D. 液体从鼻腔溢出发生窒息
   E. 水电解质失衡

7. 给毒物不明的患者进行洗胃应采取的措施是（　　）
   A. 通知医生后等待医嘱
   B. 选用温开水洗胃
   C. 抽取胃内容物送检
   D. 要求家属立即查明中毒物质
   E. 给患者提供心理安慰

8. 洗胃时哪些情况需要立即停止洗胃（　　）
   A. 患者不配合　　B. 患者清醒
   C. 血压下降　　　D. 流出血性液体
   E. 患者感到腹痛

序号	1	2	3	4	5
答案	AD	ACDE	AD	BCD	ABCDE
序号	6	7	8		
答案	ABCD	BDCE	CDE		

五、案例分析题

1. 患者，女性，74岁，使用呼吸机以增加机体通气量。对患者进行病情监测的内容不包括（　　）
   A. 两侧胸廓运动对称情况
   B. 血气分析结果
   C. 缺氧症状有无改善
   D. 呼吸机管路连接有无漏气
   E. 患者生命体征平稳与否

2. 患者，女性，54岁。近几日持续出现胸前区疼痛，就诊过程中患者突然发生意识模糊，面色苍白，血压测不出。医护人员立即为其进行CPR。护士评估患者的重点内容是（　　）
   A. 大动脉搏动　　B. 尿量
   C. 肌张力　　　　D. 表情
   E. 中心静脉压

序号	1	2
答案	D	A

（申海雁　张慧家）

第十六章　临终护理

一、填空题

1. 死亡分为3期，是＿＿＿＿、＿＿＿＿、＿＿＿＿。
   答案：濒死期；临床死亡期；生物学死亡期

2. 临终患者的心理变化分为否认期、愤怒期、＿＿＿＿期、＿＿＿＿期、接受期五期。
   答案：协议；忧郁

二、判断题

1. 死患者最后消失的感觉是触觉。（　　）
2. 作为测量尸温标准的温度的是肛温。（　　）

序号	1	2
答案	×	√

三、单项选择题

1. 濒死患者的临床表现为（　　）
   A. 呼吸衰竭　　　B. 心跳停止
   C. 各种反射消失　D. 听觉消失
   E. 呼吸停止

2. 尸斑多出现在死亡后（　　）
   A. 1～2h　　　　B. 6～8h
   C. 4～6h　　　　D. 2～4h
   E. 8～10h

3. 作为测量尸温标准的温度的是（　　）
   A. 口温　　　　　B. 腋温
   C. 脏温　　　　　D. 皮温
   E. 肛温

4. 临床死亡期的特征是（　　）
   A. 循环衰竭　　　B. 神志不清
   C. 肌张力丧失　　D. 心跳停止
   E. 呼吸衰竭

5. 生物学死亡的特征是（ ）
   A. 循环停止　　　B. 尸斑出现
   C. 各种反射消失　D. 神志不清
   E. 呼吸停止
6. 目前医学界多以下列哪一项作为判断死亡的依据（ ）
   A. 脑死亡　　　　B. 心跳停止
   C. 各种反射消失　D. 呼吸停止
   E. 呼吸心跳都停止
7. 临终患者通常最早出现的心理反应期是（ ）
   A. 忧郁期　　　　B. 愤怒期
   C. 协议期　　　　D. 否认期
   E. 接受期
8. 尸斑多出现在尸体（ ）
   A. 最低部位　　　B. 面部
   C. 腹部　　　　　D. 胸部
   E. 头顶
9. 濒死患者最后消失的感觉是（ ）
   A. 视觉　　　　　B. 嗅觉
   C. 听觉　　　　　D. 味觉
   E. 触觉
10. 尸体护理时，将尸体放平，头下垫一软枕的目的是（ ）
    A. 避免头面部充血发紫
    B. 防止下颌骨脱位
    C. 便于进行尸体护理操作
    D. 保持良好姿势
    E. 接近自然状态
11. 有关濒死期患者皮肤特点描绘错误的是（ ）
    A. 弹性增高　　　B. 发绀
    C. 湿冷　　　　　D. 铅灰色
    E. 苍白
12. 对尸体护理不正确的是（ ）
    A. 患者如有义齿应装上，避免脸部变形
    B. 家属如不在，责任护士应清点遗物，并列出清单交护士长保管
    C. 传染患者按隔离技术进行尸体护理
    D. 洗脸，闭合眼睑
    E. 尸体仰卧，头下垫一软枕
13. 对尸体护理操作不正确的是（ ）
    A. 填妥尸体识别卡备用
    B. 撤去治疗用物
    C. 放平尸体，去枕仰卧
    D. 脱衣擦去胶布痕迹
    E. 用不脱脂棉填塞身体孔道
14. 不符合协议期患者表现的是（ ）
    A. 患者认为做善事可以死里逃生
    B. 患者有侥幸心理
    C. 患者愤怒渐渐消失
    D. 患者很和善很合作
    E. 患者开始接受自己患不治之症的事实
15. 下列有关濒死患者的临场表现错误的是（ ）
    A. 意识不清或谵妄
    B. 胃肠蠕动增快
    C. 血压下降脉搏细弱
    D. 潮式呼吸或点头呼吸
    E. 肌张力下降大小便失禁
16. 下列不属于临终患者循环衰竭的表现是（ ）
    A. 脉搏呈洪脉　　B. 四肢发绀
    C. 血压下降　　　D. 心音低而无力
    E. 皮肤苍白湿冷
17. 对临终患者护理措施正确的是（ ）
    A. 尽量满足患者意愿
    B. 注意语言和非语言交流并用
    C. 对患者攻击性行为应无声接受
    D. 对患者否认期的行为应好心纠正
    E. 理解患者倾听患者诉说
18. 尸体护理的目的是（ ）
    A. 使尸体整洁无异味
    B. 使尸体清洁无渗出
    C. 使尸体姿势良好
    D. 有利于尸体保存
    E. 使尸体易于鉴别

序号	1	2	3	4	5	6	7	8	9	10
答案	A	D	E	D	B	A	D	A	C	A
序号	11	12	13	14	15	16	17	18		
答案	A	B	C	A	B	A	B	E		

四、多项选择题

1. 生物学死亡的可出现（ ）
   A. 尸冷　　　　　B. 呼吸停止
   C. 循环衰竭　　　D. 尸僵
   E. 尸斑
2. 临床死亡期的特征是（ ）
   A. 反射消失　　　B. 心跳停止

C. 循环衰竭　　　　D. 神志不清
E. 呼吸停止
3. 濒死患者的临床表现为（　　）
   A. 各种深浅反射逐渐消失
   B. 循环衰竭
   C. 呼吸衰竭
   D. 神志不清
   E. 肌张力丧失
4. 濒死患者的临床表现为（　　）
   A. 吞咽困难，气管内痰液蓄积
   B. 听觉消失心跳停止
   C. 意识模糊或昏迷
   D. 神经反射消失呼吸停止
   E. 瞳孔 2mm

序号	1	2	3	4
答案	ADE	ABE	AD	CD

（张慧家　申海雁）

第十七章　医疗和护理文件记录

一、填空题

1. 即刻医嘱一般在医嘱开出后＿＿＿＿＿内执行。
   答案：15 分钟
2. 体温单上填写手术日数以手术＿＿＿＿＿为第一日。
   答案：第二日
3. sos 医嘱在＿＿＿＿＿内有效，病情需要时才执行。
   答案：12 小时
4. 备用医嘱分为＿＿＿＿＿备用医嘱和＿＿＿＿＿备用医嘱。
   答案：长期；临时

二、单项选择题

1. Dolantin 100mg im st 属于（　　）
   A. 长期备用医嘱
   B. 临时备用医嘱
   C. 指定执行时间的临时医嘱
   D. 口头医嘱
   E. 定期执行的长期医嘱

2. Dolantin 100mg im q6h prn 属于（　　）
   A. 临时备用医嘱
   B. 口头医嘱
   C. 指定执行时间的临时医嘱
   D. 长期备用医嘱
   E. 定期执行的长期医嘱
3. 属于临时医嘱的是（　　）
   A. 病危　　　　　　B. 氧气吸入 prn
   C. 一级护理　　　　D. 大便常规
   E. 半流质食物
4. 临时备用医嘱的有效时间为（　　）
   A. 24h　　　　　　B. 16h
   C. 20h　　　　　　D. 12h
   E. 48h
5. 护理记录单正确的记录方法是（　　）
   A. 眉栏用铅笔填写
   B. 总结 24h 出入量后记录于体温单上
   C. 夜间用蓝钢笔
   D. 护理记录单不入病案
   E. 日间用红笔
6. 书写病区报告时应先书写的患者是（　　）
   A. 出院患者　　　　B. 危重患者
   C. 新入院患者　　　D. 转入患者
   E. 施行手术患者
7. 医疗文件的书写要求不包括（　　）
   A. 医学术语贴切　　B. 记录及时准确
   C. 内容简明扼要　　D. 描述生动形象
   E. 记录者签全名
8. 下列有关医嘱种类描述错误的是（　　）
   A. 临时医嘱一般只执行一次
   B. 临时备用医嘱有效时间在 24 小时以内
   C. 长期医嘱在医生注明停止时间后失效
   D. 长期医嘱有效时间在 24 小时以上
   E. 长期备用医嘱须由医生注明停止时间后方失效
9. 不适用特别护理记录单的患者是（　　）
   A. 一般瘫痪患者
   B. 需要严密观察病情的患者
   C. 重病、大手术患者
   D. 行特殊治疗的患者
   E. 抢救患者
10. 关于执行医嘱原则描述错误的是（　　）
    A. 执行中必须认真核对
    B. 医嘱必须有医生签名
    C. 护士执行医嘱后需签全名

D. 如有疑问的医嘱必须查清后再执行
E. 医嘱均需立刻执行

11. 有关特护记录中出入水量的记录方法错误的是（　）
   A. 24h 总结用蓝钢笔
   B. 夜间用红钢笔
   C. 日间用蓝钢笔
   D. 特护记录除填写出入水量外，出液还应记录颜色性状
   E. 24h 出入水总量填写在体温单上

12. 糖尿病饮食（　）
   A. 临时备用医嘱
   B. 长期备用医嘱
   C. 指定执行时间的临时医嘱
   D. 定期执行的长期医嘱
   E. 口头医嘱

13. 强的松 20mg qd po（　）
   A. 临时备用医嘱
   B. 长期备用医嘱
   C. 指定执行时间的临时医嘱
   D. 定期执行的长期医嘱
   E. 口头医嘱

14. 强痛定 100mg im st 属于（　）
   A. 口头医嘱
   B. 长期备用医嘱
   C. 指定执行时间的临时医嘱
   D. 临时备用医嘱
   E. 定期执行的长期医嘱

15. 去痛片 0.5mg sos（　）
   A. 临时备用医嘱
   B. 长期备用医嘱
   C. 指定执行时间的临时医嘱
   D. 定期执行的长期医嘱
   E. 口头医嘱

16. 氨酚待因 1 片 q8h prn（　）
   A. 定期执行的长期医嘱
   B. 指定执行时间的临时医嘱
   C. 长期备用医嘱
   D. 临时备用医嘱
   E. 口头医嘱

17. 术前备皮，青霉素、链霉素试敏（　）
   A. 定期执行的长期医嘱
   B. 长期备用医嘱
   C. 口头医嘱
   D. 临时备用医嘱
   E. 指定执行时间的临时医嘱

序号	1	2	3	4	5	6	7	8	9	10
答案	A	A	B	D	B	A	D	D	A	E
序号	11	12	13	14	15	16	17			
答案	A	D	D	A	A	C	E			

三、多项选择题

1. 住院病案包括（　）
   A. 交班报告　　　B. 护理记录
   C. 检验记录　　　D. 各种证明文件
   E. 医疗记录

2. 特别护理记录单适用于（　）
   A. 需记录出入量的患者
   B. 大手术患者
   C. 危重患者一般瘫痪患者
   D. 行特殊治疗的患者
   E. 需要严密观察病情的患者

3. 对新入院的患者进行交班时，应在交班报告上写明（　）
   A. 发病经过　　　B. 主要症状
   C. 患者主诉　　　D. 下一班的注意事项
   E. 对患者的主要处理

4. 处理医嘱时需注意的事项是（　）
   A. 医嘱必须经医生签名后方有效
   B. 医嘱须每日核对
   C. 饮食单、透视单、会诊单要及时送有关科室
   D. 需交班的医嘱要写在病区报告上
   E. 凡需下一班执行的医嘱要交班

5. 书写病区报告的要求是（　）
   A. 迹清楚不得随意涂改
   B. 内容全面真实
   C. 查阅病历记录患者病情字
   D. 用蓝钢笔书写
   E. 书写简明扼要突出重点

序号	1	2	3	4	5
答案	BCDE	BDE	BCE	BCDE	ABCDE

（张慧家　申海雁）

第三篇 内科护理学

第一章 绪 论

一、填空题

1. 现代医学模式是_____。

   答案：生物-心理-社会医学模式

二、判断题

1. 内科护理学是介绍内科常见疾病的病因、发病机制、临床表现、治疗、护理、预防等相关知识技能，以减轻患者痛苦、促进康复、增进健康的一门重要临床护理学科。（　）
2. 健康只是躯体没有疾病。（　）
3. "亚健康"又称第三状态。（　）

序号	1	2	3
答案	√	×	√

三、单项选择题

1. 有关护士的素质要求，不正确的是（　）
   A. 职业道德素质身体心理素质
   B. 文化素质
   C. 专业素质
   D. 低品质职业道德素质
   E. 低品质

序号	1
答案	E

四、多项选择题

1. 内科护士的角色包括（　）
   A. 护理者　　　B. 研究者
   C. 管理者　　　D. 教育者
   E. 协作者

序号	1
答案	ABDCE

五、案例分析题

患者，男性，30岁，急性胰腺炎，持续性上腹痛，入院。医生开出医嘱给予该患者肌内注射哌替啶，护士接到医嘱立即执行。经治疗后，患者病情好转，护士指导患者出院，应该避免高脂油腻饮食，定期进行随诊。

1. 在该治疗过程中，护士执行医生医嘱，此时护士扮演的角色是（　）
   A. 治疗者　　　B. 协作者
   C. 管理者　　　D. 研究者
   E. 护理者
2. 在出院时，护士为患者做健康指导，此时护士扮演的角色是（　）
   A. 研究者　　　B. 护理者
   C. 协作者　　　D. 管理者
   E. 教育者

序号	1	2
答案	B	E

（王　莉　周　璇）

第二章 呼吸系统疾病患者的护理

一、填空题

1. 呼吸系统包括_____、_____。

   答案：呼吸道；肺
2. 肺炎链球菌患者的痰液呈_____。

   答案：铁锈色痰
3. 呼吸困难类型分为吸气性呼吸困难、_____和混合性呼吸困难。

   答案：呼气性呼吸困难
4. 急性上呼吸道感染引起感染最常见的细菌是_____。

   答案：溶血性链球菌
5. 急性呼吸窘迫综合征患者最早出现的症状是_____。

   答案：呼吸困难
6. 确诊肺结核最主要的方法是_____。

   答案：痰结核分枝杆菌检查
7. 肺结核传播的主要途径是_____。

   答案：飞沫传播
8. 肺炎链球菌肺炎患者首选的治疗药物是_____。

答案：青霉素
9. 支气管扩张大咯血患者最危险且最常见的并发症是_____。
答案：窒息
10. 慢性肺心病死亡的主要原因是_____。
答案：肺性脑病
11. 对结核杆菌起抑制和杀菌的首选药物是_____。
答案：异烟肼
12. 异物容易进入支气管的_____。
答案：右侧
13. 犬吠样咳嗽多见于_____。
答案：急性感染性喉炎
14. 湿化气道时湿化温度应控制在_____。
答案：35～37℃
15. 咯血致死的直接主要原因是_____。
答案：窒息
16. 治疗大咯血的首选药物是_____。
答案：垂体后叶素
17. 防治哮喘最有效的方法是_____。
答案：脱离变应原
18. 当前控制气道炎症最为有效的药物是_____。
答案：糖皮质激素
19. 诊断COPD的金标准是_____。
答案：肺功能测定
20. 干性支气管扩张的主要症状是_____。
答案：反复咯血
21. 胸膜腔内有少量浆液起_____。
答案：润滑作用

二、判断题

1. 胸膜腔内的压力为负压。（　）
2. 恶臭痰提示厌氧菌感染。（　）
3. 少量咯血是指24h咯血量小于50ml。（　）
4. 呼气性呼吸困难常见于慢性阻塞性肺气肿患者。（　）
5. 上呼吸道感染是诱发哮喘发作的主要原因。（　）
6. 湿化呼吸道的湿化温度是20～30℃。（　）
7. 支气管扩张的痰液特点是痰液静置后出现分层现象。（　）
8. 肺心病出现呼吸衰竭时缺氧的典型表现是发绀。（　）
9. 呼吸衰竭时最早因缺氧发生损害的组织器官是大脑。（　）
10. 呼吸功能锻炼时吸气：呼气=2：1（　）
11. 慢性支气管炎最突出的症状是咳嗽咳痰。（　）
12. 咳嗽对机体都是有害的。（　）
13. 大咯血导致窒息时进行抢救的体位是头低足高45°俯卧位。（　）
14. 哮喘发病的本质是气道炎症。（　）
15. 缺氧是形成肺动脉高压的最重要因素。（　）
16. 支气管扩张的患者会出现杵状指。（　）

序号	1	2	3	4	5	6	7	8	9	10
答案	√	√	×	√	√	×	√	√	√	×
序号	11	12	13	14	15	16				
答案	√	×	√	√	√	√				

三、单项选择题

1. 胸部叩击的时间宜安排在（　）
   A. 餐后2h　　B. 餐后1h
   C. 餐后3h　　D. 餐后半小时
   E. 餐后4h
2. 引起呼吸系统疾病最常见的病因是（　）
   A. 吸烟　　B. 肿瘤
   C. 感染　　D. 变态反应
   E. 理化因素
3. 呼吸系统疾病最常见的症状是（　）
   A. 咳嗽　　B. 胸痛
   C. 咯血　　D. 发热
   E. 呼吸困难
4. 带有金属音的刺激性咳嗽的病因应考虑为（　）
   A. 支气管肺癌　　B. 胸膜炎
   C. 胸部叩击　　D. 体位引流
   E. 机械吸痰
5. 痰液黏稠不易咳出时首选的护理措施应是（　）
   A. 指导有效咳嗽　　B. 湿化气道
   C. 胸部叩击　　D. 肺气肿
   E. 肺炎
6. 咯血最常见的疾病是（　）
   A. 慢性支气管炎　　B. 肺结核
   C. 急性支气管炎量　　D. 肺气肿
   E. 肺炎
7. 大量咯血是指24h咯血量至少大于（　）

A. 100ml B. 200ml
C. 300ml D. 400ml
E. 500ml

8. 咯血护理的措施错误是（ ）
   A. 取平卧位头偏向一侧
   B. 静卧休息尽量少翻身
   C. 保持大便通畅
   D. 大量咯血患者应取患侧卧位
   E. 咯血不止时嘱患者屏气以利于止血

9. 突然发作的吸气性呼吸困难最常见于（ ）
   A. 自发性气胸 B. 支气管哮喘
   C. 肺心病 D. 气管内异物或梗阻
   E. 阻塞性肺气肿

10. "三凹征"是指（ ）
    A. 胸骨上窝、锁骨上窝、两侧肋间隙在吸气时明显下陷
    B. 胸骨上窝、锁骨上窝、两侧肋间隙在呼气时明显下陷
    C. 胸骨上窝、锁骨上窝、纵隔在吸气时明显下陷
    D. 胸骨上窝、锁骨上窝、纵隔在呼气时明显下陷
    E. 胸部上窝、锁骨下窝、两侧肋间隙在吸气时明显下陷

11. 上呼吸道感染最常见的病原体是（ ）
    A. 病毒 B. 细菌
    C. 支原体 D. 衣原体
    E. 立克次体

12. 支气管哮喘典型的临床表现是（ ）
    A. 突发性发生的呼吸困难
    B. 发作性呼气性呼吸困难伴哮鸣音
    C. 进行性呼吸困难伴窒息感
    D. 陈发性夜间呼吸困难伴哮鸣音
    E. 吸气性呼吸困难伴三凹征

13. 支气管哮喘患者应禁用的药物是（ ）
    A. β受体阻滞剂 B. 白三烯调节剂
    C. 钙通道阻滞剂 D. 茶碱类药物
    E. 抗胆碱能药物

14. 慢性阻塞性肺气肿和慢性阻塞性肺疾病的标志性症状是（ ）
    A. 咳嗽
    B. 喘息
    C. 反复咳脓性痰
    D. 逐渐加重的呼吸困难
    E. 突然发作的夜间呼吸困难

15. 适用于慢性阻塞性肺气肿缓解期患者改善肺功能的措施是（ ）
    A. 口服抗生素预防感染
    B. 应用止喘药
    C. 改善营养状况
    D. 改善生活环境
    E. 缩唇式呼吸锻炼

16. 慢性肺源性心脏病最常见的病因是（ ）
    A. 肺结核
    B. 慢性阻塞性肺疾病
    C. 支气管扩张
    D. 肺间质纤维化
    E. 支气管哮喘

17. 慢性肺心病发生的先决条件是（ ）
    A. 水钠潴留
    B. 镇静剂使用不当
    C. 酸碱平衡失调
    D. 肺部感染
    E. 肺动脉高压

18. 支气管扩张患者咳嗽的特点是（ ）
    A. 夜间咳嗽
    B. 带金属音的咳嗽
    C. 刺激性咳嗽
    D. 变换体位时咳嗽加剧
    E. 陈发性咳嗽

19. 社区获得性肺炎最常见的病原菌（ ）
    A. 军团菌
    B. 葡萄球菌
    C. 肺炎克雷白杆菌
    D. 肺炎链球菌
    E. 铜绿假单胞菌

20. 治疗肺炎支原体肺炎首选的抗生素是
    A. 红霉素 B. 头孢菌素
    C. 青霉素 D. 链霉素
    E. 庆大霉素

21. 肺炎伴感染性中毒休克的首选治疗措施是（ ）
    A. 补充血容量
    B. 应用强心剂
    C. 应用糖皮质激素
    D. 应用血管活性药物
    E. 纠正酸碱平衡失调

22. 肺结核的主要传染源是（ ）
    A. 原发性肺结核患者
    B. 空洞肺结核患者

C. 结核性胸膜炎
D. 痰中排菌的肺结核患者
E. 血性播散型肺结核

23. 慢性呼吸衰竭常见的病因是（ ）
    A. 重症肺结核
    B. 胸廓病变
    C. 慢性阻塞性肺疾病
    D. 肺间质纤维化
    E. 尘肺

24. 治疗气胸的主要手段是（ ）
    A. 吸氧   B. 排气减压
    C. 病情观察   D. 镇咳
    E. 止痛

25. 慢性呼吸衰竭缺氧与二氧化碳潴留最主要的机制是（ ）
    A. 肺泡通气不足
    B. 氧耗量增加
    C. 肺内动静脉分流增加
    D. 弥散功能障碍
    E. 通气/血流比例失调

26. ARDS 给氧护理的氧浓度至少应（ ）
    A. >40%   B. >45%
    C. >50%   D. >55%
    E. >60%

27. 三凹征多见于（ ）
    A. 吸气性呼吸困难
    B. 呼气性呼吸困难
    C. 混合性呼吸困难
    D. 阵发性呼吸困难
    E. 端坐呼吸

28. 控制哮喘急性发作的首选药物是（ ）
    A. 布地奈德   B. 异丙托溴铵
    C. 白三烯   D. 沙丁胺醇
    E. 色甘酸钠

29. 有关哮喘患者的护理措施描述错误的是（ ）
    A. 哮喘发作时，协助患者取半卧位或坐位
    B. 给予清淡、易消化、低蛋白、足够热量的饮食
    C. 鼓励多饮水达 2000～3000ml/d
    D. 做好口腔与皮肤护理
    E. 忌食诱发哮喘发作的异体蛋白

30. 导致慢性呼吸衰竭和慢性肺源性心脏病最常见的病因是（ ）
    A. 支气管哮喘

B. 支气管炎
C. 慢性阻塞性肺疾病
D. 肺结核
E. 急性上呼吸道感染

31. 导致慢性阻塞性肺疾病最危险的因素（ ）
    A. 吸烟   B. 感染
    C. 过敏原   D. 大气污染
    E. 过敏因素

32. 慢性阻塞性肺疾病患者的体征描述错误的是（ ）
    A. 呈桶状胸
    B. 语颤减弱或消失
    C. 两肺呼吸音增强
    D. 心浊音界缩小
    E. 呼吸运动减弱

33. 长期家庭氧疗有效指标描述错误的是（ ）
    A. 呼吸困难减轻   B. 呼吸频率减慢
    C. 发绀减轻   D. 心率增快
    E. 活动耐力增加

34. 慢性阻塞性肺疾病患者氧流量是（ ）
    A. 1～2L/min   B. 2～4L/min
    C. 3～4L/min   D. 5～6L/min
    E. 7～8L/min

35. 慢性肺源性心脏病死亡的首要原因（ ）
    A. 酸碱失衡   B. 心律失常
    C. 休克   D. 消化道出血
    E. 肺性脑病

36. 支气管扩张最常见的原因是（ ）
    A. 支气管-肺组织感染
    B. 支气管炎
    C. 支气管先天性发育障碍
    D. 遗传因素
    E. 全身性疾病

37. 支气管扩张的患者咳痰为 40ml/d，痰量的严重程度估计是（ ）
    A. 轻度   B. 中度
    C. 重度   D. 极重度
    E. 少量

38. 肺炎按病因分类中最常见的是（ ）
    A. 病毒性肺炎
    B. 真菌性肺炎
    C. 细菌性肺炎
    D. 非典型肺炎
    E. 其他病原体肺炎

39. 肺炎链球菌肺炎患者抗生素治疗疗程为（ ）

A. 5～7 天　　　　B. 4～6 天
C. 3～5 天　　　　D. 2～3 天
E. 2～5 天

40. 肺炎链球菌肺炎的主要并发症是（　）
A. 胸膜炎　　　　B. 肺脓肿
C. 脓胸　　　　　D. 感染性休克
E. 呼吸衰竭

41. 肺结核患者的饮食护理描述错误的是（　）
A. 高热量　　　　B. 高蛋白
C. 高脂肪　　　　D. 高维生素
E. 注意补充水分

42. 金属音调的咳嗽多见于（　）
A. 支气管肺癌　　B. 支气管哮喘
C. 肺炎　　　　　D. 肺结核
E. 支气管扩张

43. 发现和诊断肺癌的重要方法是（　）
A. CT 检查
B. 胸部 X 线检查
C. 核磁共振
D. 脱落细胞学检查
E. 血管造影

44. 肺癌最重要和最有效的治疗手段是（　）
A. 手术治疗　　　B. 放射治疗
C. 化学治疗　　　D. 药物治疗
E. 免疫治疗

45. 自发性气胸的分类中最严重的是（　）
A. 闭合性气胸　　B. 开放性气胸
C. 张力性气胸　　D. 原发性气胸
E. 继发性气胸

46. 呼吸衰竭最早、最突出的症状是（　）
A. 发绀　　　　　B. 呼吸困难
C. 神经精神症状　D. 心血管症状
E. 休克

47. 病毒性肺炎患者的治疗首选（　）
A. 青霉素　　　　B. 红霉素
C. 头孢菌素　　　D. 利巴韦林
E. 林可霉素

48. 当出现细菌感染时（　）
A. 白细胞升高
B. 白细胞降低
C. 白细胞正常
D. 白细胞轻度降低
E. 白细胞减少

49. 呼吸衰竭肺、心功能主要的表现为（　）
A. 心力衰竭　　　B. 呼吸衰竭

C. 咳嗽、咳痰　　D. 肺性脑病
E. 腹水

序号	1	2	3	4	5	6	7	8	9	10
答案	A	C	A	A	B	B	E	E	D	A
序号	11	12	13	14	15	16	17	18	19	20
答案	A	B	A	D	E	B	E	D	D	A
序号	21	22	23	24	25	26	27	28	29	30
答案	A	D	C	B	A	C	A	D	B	C
序号	31	32	33	34	35	36	37	38	39	40
答案	A	C	D	A	E	B	A	B	C	A	D
序号	41	42	43	44	45	46	47	48	49	
答案	C	A	B	A	C	B	D	A	B	

四、多项选择题

1. 肺结核患者化疗原则是（　）
A. 早期　　　　　B. 规律
C. 全程　　　　　D. 适量
E. 联合

2. 促进有效排痰的方法有（　）
A. 深呼吸和有效咳嗽
B. 湿化气道
C. 胸部叩击
D. 体位引流
E. 机械吸痰

3. 继发性肺结核包括（　）
A. 浸润性肺结核
B. 空洞性肺结核
C. 结核球
D. 干酪样肺炎
E. 纤维空洞性肺结核

4. 呼吸系统常见症状有（　）
A. 咳嗽　　　　　B. 咳痰
C. 咯血　　　　　D. 肺源性呼吸困难
E. 胸痛

5. 急性上呼吸道感染患者体温超过 39℃需进行物理降温，常用的物理降温措施有（　）
A. 冷敷　　　　　B. 乙醇拭浴
C. 温水擦浴　　　D. 冰水灌肠
E. 遵医嘱给予退热药物

6. 肺炎链球菌肺炎的典型临床症状包括（　）
A. 高热　　　　　B. 寒战
C. 咳嗽　　　　　D. 咳白色泡沫痰
E. 胸痛

7. 在湿化气道的过程中下列说法正确的是（　）

A. 防止窒息
B. 注意湿化温度
C. 湿化时间不能过长，一般为10~20min
D. 严格无菌操作，加强口腔护理
E. 严重肝脏疾病者使用糜蛋白酶

8. 机械吸痰的注意事项描述正确的是（　　）
   A. 每次吸引时间不超过15秒
   B. 在吸痰前后适当提高吸氧浓度
   C. 吸痰管大小应合适
   D. 在吸痰过程中严格执行无菌操作
   E. 在吸痰时观察痰液性质和患者的反应

9. 氨茶碱的用药护理正确的是（　　）
   A. 主要不良反应有恶心、呕吐、血压下降等
   B. 静脉注射浓度不宜过高，速度不宜过快
   C. 注射时间宜在10min以上，以防发生中毒症状
   D. 使用时注意监测血药浓度
   E. 茶碱控释片不能嚼服，必须整片吞服

10. COPD的饮食护理描述正确的是（　　）
    A. 给予高热量饮食
    B. 给予高蛋白饮食
    C. 给予高脂饮食
    D. 给予高维生素饮食
    E. 避免进食产气食物

11. 肺心病患者的饮食护理描述正确的是（　　）
    A. 限制钠、水摄入
    B. 钠盐<3g/d
    C. 水分<1500ml/d
    D. 避免高糖饮食
    E. 对进食富含膳食纤维的蔬菜

12. 支气管扩张患者的临床表现有（　　）
    A. 慢性咳嗽   B. 大量咳痰
    C. 反复咯血   D. 反复感染
    E. 呼吸衰竭

13. 有关支气管扩张患者进行体位引流时的描述正确的是（　　）
    A. 体位引流是利用重力引流的
    B. 安排在餐前进行
    C. 每次引流15~20min
    D. 使病变处于高位，引流支气管开口向下
    E. 引流过程注意观察患者的反应

14. 肺炎患者发生感染性休克的护理措施描述正确的是（　　）
    A. 加强监护   B. 给氧
    C. 扩充血容量   D. 纠正酸中毒
    E. 扩容和纠正酸中毒后，使用血管活性药物治疗

15. 影响支气管肺癌的病因有（　　）
    A. 吸烟   B. 大气污染
    C. 职业致癌因子   D. 电离辐射
    E. 家族遗传

序号	1	2	3	4	5
答案	ABDCE	ABDCE	ABCDE	ABCDE	ABCDE
序号	6	7	8	9	10
答案	ABCE	ABCD	ABCDE	ABCDE	ABDE
序号	11	12	13	14	15
答案	ABCDE	ABCD	ABCDE	ABCDE	ABCDE

五、案例分析题

患者，男，80岁。患慢性支气管炎病10年，因病急性发作入院。患者入院后出现频繁咳嗽、咳痰，痰液黏稠不易咳出。几分钟前夜班护士发现患者有极度呼吸困难，喉部痰鸣音，表情恐怖，面色青紫、双手乱抓。

1. 此时患者最可能发生了（　　）
   A. 急性心肌梗死
   B. 患者从噩梦中惊醒
   C. 呼吸道痉挛导致缺氧
   D. 急性心力衰竭
   E. 痰液堵塞呼吸道致窒息

2. 此时护士最恰当的处理方法是（　　）
   A. 立即通知医师
   B. 给予氧气吸入
   C. 立即清理呼吸道痰液
   D. 应用呼吸兴奋剂
   E. 立即配合医生行气管内插管

患者，女，16岁。野外春游时突然发生咳嗽和呼气性困难，既往有类似发病情况。查体：体温37℃，脉搏100次/分，呼吸24次/分。

3. 该患者最可能的诊断是（　　）
   A. 急性上呼吸道感染
   B. 急性支气管炎
   C. 过敏性肺炎
   D. 支气管哮喘
   E. 心源性哮喘

4. 最可能的诱发因素是（　　）
   A. 劳累   B. 感染
   C. 花粉   D. 运动
   E. 精神因素

患者，男性，60岁。慢性咳嗽、咳痰15年，近几年来劳动时出现气短，3日前因感冒后病情加重，咳嗽伴脓痰。体温37.6℃，神志清，桶状胸，两肺叩诊过清音，呼吸音低，诊断"慢性支气管炎、阻塞性肺气肿"入院治疗。

5. 针对该患者合理的氧疗方式为（ ）
   A. 间歇给氧
   B. 乙醇湿化给氧
   C. 持续低流量给氧
   D. 高压给氧
   E. 高浓度给氧

6. 医嘱吸氧流量为3L/min，其氧流量为（ ）
   A. 29%   B. 33%
   C. 37%   D. 41%
   E. 45%

患者，男，40岁。有糖尿病史，今日身体出现不适，有发热、夜间盗汗、咳嗽、咳痰、咯血、胸痛等。查体：呼吸运动减弱、叩诊呈浊音结，结核实验菌素硬结直径为8mm。

7. 根据上述症状、体征最可能的诊断是（ ）
   A. 肺结核   B. 肺炎
   C. 呼吸衰竭   D. 支气管扩张
   E. 支气管哮喘

8. 结核菌素实验的结果为（ ）
   A. 阴性
   B. 阳性
   C. 弱阳性
   D. 强阳性
   E. 弱阴性

序号	1	2	3	4	5	6	7	8
答案	E	C	D	C	C	B	A	C

（王　莉　周　璇）

第三章　循环系统疾病患者的护理

一、填空题

1. 心脏壁分为3层，由内向外依次是_____、_____、_____。
   答案：心内膜；心肌层；心外膜

2. 心包腔内含有少量的浆液，起_____作用。
   答案：润滑

3. 循环系统常见的症状有_____、_____、_____、_____、_____。
   答案：心源性呼吸困难；心源性水肿；心悸；心前区疼痛；心源性晕厥

4. 心脏传导起源于_____。
   答案：窦房结

5. 诊断心绞痛最常用的检查方法_____。
   答案：心电图

6. 临床上最常见的心脏瓣膜病为_____。
   答案：风湿性心脏病

7. 成人高血压诊断标准为_____。
   答案：收缩压≥140mmHg和（或）舒张压≥90mmHg

8. 引起心衰最主要的诱因是_____。
   答案：感染

9. 心力衰竭是由各种心脏疾病导致心功能不全的一种综合征，指心脏舒缩功能障碍或负荷过重使心排血量不能满足机体代谢的需要，器官、组织血液灌注不足，同时伴有_____和_____淤血的表现。
   答案：肺循环；体循环

10. 成人窦性心律为_____。
    答案：60～100次/分

11. 成人窦性心律频率_____，称为窦性心动过速。
    答案：>100次/分

12. 成人窦性心律频率_____，称为窦性心动过缓。
    答案：<60次/分

13. 高血压可引起_____、_____、_____等靶器官的损害，是导致高血压患者致残或死亡的主要原因。
    答案：心；脑；肾

14. 急性心肌梗死引起的心力衰竭主要为_____。
    答案：急性左心衰竭

15. 急性心肌梗死后_____小时是行心肌再灌注的最佳时间。
    答案：3～6

16. 风湿性心脏病二尖瓣狭窄并发心律失常最常见的类型是_____。
    答案：心房颤动

17. 二尖瓣狭窄伴心房颤动时，常见的栓塞部位为_____。

答案：脑栓塞
18. 临床最常见的心肌病类型_____。
答案：扩张型心肌病
19. 心包摩擦音多位于心前区，以_____最为明显。
答案：胸骨左缘第3、4肋间
20. 治疗慢性缩窄性心包炎的根本措施是_____。
答案：心包切除术

二、判断题

1. 循环系统包括心脏和血管病变，统称为心血管病。（ ）
2. 毛细血管是人体进行物质及气体交换的场所，故称其为"阻力血管"（ ）
3. 心源性呼吸困难早期的表现是劳力性呼吸困难。（ ）
4. 心源性晕厥必须具备的特征性表现是短暂意识丧失。（ ）
5. 房性期前收缩具有完全代偿间歇。（ ）
6. 阵发性室性心动过速药物治疗首选利多卡因。（ ）
7. 无症状的高血压患者首选利尿剂进行治疗。（ ）
8. 稳定型心绞痛的典型表现为压榨样疼痛。（ ）
9. 急性感染性心内膜炎最常见的致病菌是金黄色葡萄球菌。（ ）
10. 心源性水肿的特点首先出现的部位在颜面。（ ）

序号	1	2	3	4	5	6	7	8	9	10
答案	√	×	√	√	×	√	×	√	×	×

三、单项选择题

1. 引起心源性呼吸困难最常见的病因是（ ）
   A. 右心衰竭   B. 左心衰竭
   C. 心包积液   D. 心脏压塞征
   E. 高血压
2. 长期卧床的患者，心源性水肿最早、最明显的部位在（ ）
   A. 眼睑   B. 心前区
   C. 腰骶部   D. 足踝部
   E. 颜面部
3. 严重心悸患者卧床休息时应避免取（ ）
   A. 左侧卧位   B. 高枕卧位
   C. 仰卧位   D. 半卧位
   E. 右侧卧位
4. 下列哪项不符合心源性晕厥的特点（ ）
   A. 突出表现为劳累性晕厥
   B. 晕厥发作时先兆症状明显
   C. 持续时间短
   D. 晕厥预后良好
   E. 反复发作的晕厥是病情严重的征兆
5. 心血管疾病最主要的死亡原因是（ ）
   A. 高血压
   B. 心绞痛
   C. 冠心病
   D. 慢性心力衰竭
   E. 急性心力衰竭
6. 下列哪项不是引起心脏后负荷加重的疾病（ ）
   A. 高血压
   B. 主动脉瓣狭窄
   C. 肺动脉瓣狭窄
   D. 主动脉瓣关闭不全
   E. 肺动脉高压
7. 引起左心室后负荷过重的疾病是（ ）
   A. 高血压
   B. 二尖瓣关闭不全
   C. 肺动脉瓣狭窄
   D. 主动脉瓣关闭不全
   E. 肺动脉高压
8. 以下哪项因素不会诱发心力衰竭（ ）
   A. 感染   B. 心律失常
   C. 劳累   D. 妊娠和分娩
   E. 休息
9. 左心衰竭最主要的症状（ ）
   A. 呼吸困难   B. 咳嗽、咳痰
   C. 乏力、疲倦   D. 少尿
   E. 肾功能损害
10. 左心衰竭最典型的表现（ ）
    A. 劳力性呼吸困难
    B. 夜间阵发性呼吸困难
    C. 端坐呼吸
    D. 呼气性呼吸困难
    E. 混合性呼吸困难
11. 引起左心衰竭临床表现的主要原因是（ ）
    A. 循环血量减少   B. 高血压
    C. 肺循环淤血   D. 体循环淤血
    E. 心室重构
12. 引起右心衰竭临床表现的主要原因是（ ）
    A. 循环血量减少

B. 高血压
C. 肺循环淤血
D. 体循环淤血
E. 心室重构

13. 下列哪项不是右心衰竭的体征（　　）
    A. 右心室增大
    B. 颈静脉充盈
    C. 肝大
    D. 肝颈静脉反流征阳性
    E. 劳力性呼吸困难

14. 患者，女性，56岁。有高血压病史20年，最近爬楼梯时感觉胸闷、乏力、气急，休息后缓解。该患者心功能分级为（　　）
    A. Ⅰ级　　　　　　C. Ⅱ级
    C. Ⅲ级　　　　　　D. Ⅳ级
    E. Ⅴ级

15. 患者，女性，56岁。有高血压病史20年，最近爬楼梯时感觉胸闷、乏力、气急，休息后缓解。患者最可能诊断为（　　）
    A. 急性肺水肿
    B. 慢性左心衰
    C. 高血压
    D. 急性左心衰竭
    E. 慢性右心衰竭

16. 粉红色泡沫样痰见于下列哪种疾病（　　）
    A. 急性肺水肿　　　B. 慢性左心衰
    C. 高血压　　　　　D. 肺癌
    E. 慢性右心衰竭

17. 急性左心衰竭的典型表现是（　　）
    A. 呼吸困难　　　　B. 面色苍白
    C. 急性肺水肿　　　D. 休克
    E. 高血压

18. 急性左心衰竭患者吸氧时氧流量为（　　）
    A. 1～2L/min　　　B. 2～4L/min
    C. 4～6L/min　　　D. 6～8L/min
    E. 8～10L/min

19. 急性左心衰竭患者吸氧时湿化瓶中应装入的湿化液是（　　）
    A. 蒸馏水　　　　　B. 生理盐水
    C. 冷开水　　　　　D. 20%～30%乙醇
    E. 葡萄糖水

20. 急性左心衰竭患者吸氧时湿化瓶中应装入乙醇的目的是（　　）
    A. 减轻呼吸困难
    B. 纠正电解质紊乱

C. 降低肺泡表面张力，改善肺泡通气
D. 减轻心脏负担
E. 减少回心血量

21. 下列哪项不是治疗心力衰竭的正性肌力药物（　　）
    A. 地高辛　　　　　B. 多巴胺
    C. 多巴酚丁胺　　　D. 硝酸甘油
    E. 毛花苷C

22. 正常成人窦性心律P-R间期范围是（　　）
    A. 0.10～0.20秒　　B. 0.06～0.12秒
    C. 0.12～0.20秒　　D. 0.25～0.32秒
    E. 0.20～0.25秒

23. 下列哪项不是窦性心律的心电图特点（　　）
    A. P波在Ⅰ、Ⅱ、aVF导联直立
    B. P波在aVR导联倒置
    C. P波在aVR导联直立
    D. PR间期0.12～0.20秒
    E. PP间期相差不超过0.12秒

24. 引起心室颤动最常见的病因（　　）
    A. 高血压
    B. 急性心肌梗死
    C. 慢性心力衰竭
    D. 甲状腺功能亢进
    E. 二尖瓣狭窄

25. 下列哪项符合室性期前收缩的心电图特点（　　）
    A. 有提前出现的宽大畸形的QRS波
    B. 有不完全代偿间歇
    C. T波与QRS波主波方向相同
    D. 室性期前收缩与前面的窦性搏动恒定
    E. QRS波群前出现倒P波

26. 治疗高血压危象首选下列哪种药物（　　）
    A. 硝酸甘油　　　　B. 硝普钠
    C. 甘露醇　　　　　D. 利尿剂
    E. 普耐洛尔

27. 患者，女性，46岁，有高血压病史5年，三天前出现头晕、眼花、耳鸣，查体：血压185/115mmHg，该患者应诊断为（　　）
    A. 高血压Ⅰ级　　　B. 高血压Ⅱ级
    C. 高血压Ⅲ级　　　D. 高血压脑病
    E. 高血压危像

28. 高血压最严重的并发症是（　　）
    A. 脑出血　　　　　B. 肾衰竭
    C. 心力衰竭　　　　D. 糖尿病
    E. 冠心病

29. 患者，男性，56岁。血压160/100mmHg，诊断为高血压，遵医嘱给予非药物治疗，下列哪项不是（　　）
   A. 减轻体重
   B. 合理膳食
   C. 合理的休息
   D. 参加剧烈运动
   E. 气功及其它行为疗法

30. 高血压饮食护理中食盐摄入量是（　　）
   A. <1g/d　　　　B. <2g/d
   C. <3g/d　　　　D. <4g/d
   E. <6g/d

31. 原发性高血压治疗的目的是（　　）
   A. 降低颅内压
   B. 减轻体重
   C. 推迟动脉硬化
   D. 预防和延缓并发症的发生
   E. 明确病因

32. 下列药物中属于降压药物的是（　　）
   A. 利多卡因　　　B. 硝苯地平
   C. 地西泮　　　　D. 阿司匹林
   E. 硝酸甘油

33. 患者，男性，55岁，有头痛、眩晕、烦躁、气急、心悸、视物模糊、恶心呕吐等症状，同时伴有少尿。既往有高血压病史，一直未按时服用降压药物，入院后查体：血压185/115mmHg。该患者应诊断为（　　）
   A. 脑出血　　　　B. 脑血栓形成
   C. 高血压性心脏病　D. 高血压急症
   E. 高血压性肾病

34. 与原发性高血压发病有关的最主要的饮食因素是（　　）
   A. 蔬菜摄入过多　B. 钠摄入过多
   C. 鱼类摄入过多　D. 钾摄入过多
   E. 都累摄入过多

35. 高血压患者服用降血压后出现头晕、眼花、眩晕时应（　　）
   A. 给予镇静剂
   B. 立即取平卧位
   C. 撤换降压药
   D. 适当增加降压药用量
   E. 调节生活节奏

36. 引起病毒心肌炎最常见的病毒是（　　）
   A. 人类腺病毒　　B. 柯萨奇B病毒
   C. 流感病毒　　　D. 风疹病毒
   E. ECHO病毒

37. 急性心肌梗死24小时内应尽量避免使用的药物是（　　）
   A. 镇静剂
   B. 洋地黄制剂
   C. $β_1$受体阻滞剂
   D. 情绪激动
   E. 未进行四肢被动运动

38. 缓解冠心病心绞痛发作最有效、作用最快的药物是（　　）
   A. 硝苯地平　　　B. 普萘洛尔
   C. 阿司匹林　　　D. 硝酸甘油
   E. 阿托品

39. 亚急性感染性心内膜炎血培养标本采血量至少应达到（　　）
   A. 3ml　　　　　B. 5ml
   C. 10ml　　　　 D. 15ml
   E. 20ml

40. 风心病患者并发亚急性感染性心内膜炎多发生于（　　）
   A. 主动脉瓣和二尖瓣关闭不全
   B. 二尖瓣狭窄
   C. 二尖瓣关闭不全
   D. 主动脉瓣关闭不全
   E. 主动脉瓣狭窄和二尖瓣狭窄

41. 最敏感的确诊主动脉瓣关闭不全的方法是（　　）
   A. 心脏X线摄影
   B. 心脏多普勒超声
   C. 超声心动图
   D. 心脏CT
   E. 心电图

42. 二尖瓣面容的特点是（　　）
   A. 两颊部蝶形红斑
   B. 面颊紫红口唇发绀
   C. 两颊黄褐斑
   D. 午后两颊潮红
   E. 面部毛细血管扩张

43. 治疗心房颤动最有效的措施是（　　）
   A. 胸外心脏按压
   B. 心腔内注射肾上腺素
   C. 静脉注射利多卡因
   D. 同步直流电复律
   E. 非同步直流电复律

44. 最危险的心律失常类型是（　　）

A. 窦性心动过速
B. 心房颤动
C. 室上性心动过速
D. 房室传导阻滞
E. 心室颤动

45. 治疗阵发性室上性心动过速的首选措施是（　　）
    A. 机械刺激兴奋迷走神经
    B. 静脉注射普萘洛尔
    C. 心脏电复律
    D. 静脉注射胺碘酮
    E. 射频消融

46. 窦性心动过缓见于（　　）
    A. 甲状腺功能亢进
    B. 休克
    C. 心肌缺血
    D. 贫血
    E. 颅内高压

47. 心功能Ⅰ级患者的休息安排是（　　）
    A. 绝对卧床并取半卧位
    B. 可轻体力活动，应增加午睡时间
    C. 严格限制一般体力活动且应充分休息
    D. 不限制一般体力活动，但应避免剧烈运动
    E. 日常生活在他人协助下自理

48. 服用何种药物需常规测量脉搏或心率（　　）
    A. 地西泮　　　　B. 硝苯地平
    C. 洋地黄　　　　D. 硝酸甘油
    E. 普萘洛尔

49. 洋地黄治疗心力衰竭的主要作用是（　　）
    A. 增强心肌收缩力
    B. 减慢心室率
    C. 调节心肌耗氧量
    D. 抑制心脏传导系统
    E. 提高异位齐博点的自律性

50. 急性心肌梗死最常见的死亡原因（　　）
    A. 剧烈持久的胸痛
    B. 心脏破裂
    C. 心源性休克
    D. 急性心力衰竭
    E. 严重心律失常

51. 风湿性心脏瓣膜病最常受累的瓣膜是（　　）
    A. 肺动脉瓣　　　B. 主动脉瓣
    C. 二尖瓣　　　　D. 三尖瓣
    E. 静脉瓣

52. 二尖瓣狭窄最早出现的症状是（　　）

A. 劳力性呼吸困难
B. 咯血
C. 水肿
D. 端坐呼吸
E. 咳嗽、咳痰

53. 临床常见的联合瓣膜病类型是（　　）
    A. 二尖瓣狭窄伴主动脉瓣关闭不全
    B. 二尖瓣关闭不全伴主动脉瓣狭窄
    C. 主动脉瓣狭窄伴三尖瓣关闭不全
    D. 肺动脉瓣狭窄伴主动脉瓣关闭不全
    E. 肺动脉瓣狭窄伴三尖瓣关闭不全

54. 急性心肌梗死后引发心律失常最常发生于（　　）
    A. 4小时内　　　B. 8小时内
    C. 12小时内　　 D. 24小时内
    E. 48小时内

55. 引起心绞痛的主要病因是（　　）
    A. 心动过速
    B. 心律失常
    C. 二尖瓣狭窄
    D. 冠脉管腔狭窄和痉挛
    E. 高血压

56. 心绞痛最早、最突出的症状（　　）
    A. 烦躁不安　　　B. 胸前区疼痛
    C. 疲乏无力　　　D. 头晕、头痛
    E. 胸前区憋闷

57. 鉴别心绞痛与心肌梗死心电图的区别是（　　）
    A. ST段压低
    B. ST段抬高
    C. T波倒置
    D. 出现异常深而宽的Q波
    E. T波低平

58. 二尖瓣狭窄最常见的心律失常是（　　）
    A. 期前收缩　　　B. 房室传导阻滞
    C. 室性心动过速　D. 心房颤动
    E. 心室颤动

59. 纤维蛋白性心包炎典型的体征（　　）
    A. 胸痛　　　　　B. 心音消失
    C. 心率较快　　　D. 心音遥远
    E. 心包摩擦音

60. 患者男性，50岁，患急性心包炎、心包积液3月余，近日出现咳嗽、气促、胸痛，体检：颈静脉怒张、肝大、腹水、下肢水肿，心率增快，可见Kussmanl征。诊断为（　　）

A. 缩窄性心包炎
B. 渗出性心包炎
C. 纤维蛋白性心包炎
D. 急性心包炎
E. 亚急性心包炎

序号	1	2	3	4	5	6	7	8	9	10
答案	B	C	A	B	D	D	A	E	A	B
序号	11	12	13	14	15	16	17	18	19	20
答案	C	D	E	B	B	A	C	D	D	C
序号	21	22	23	24	25	26	27	28	29	30
答案	D	C	C	B	A	B	C	A	D	E
序号	31	32	33	34	35	36	37	38	39	40
答案	D	B	D	B	B	B	B	D	C	A
序号	41	42	43	44	45	46	47	48	49	50
答案	B	B	E	E	A	E	D	C	A	E
序号	51	52	53	54	55	56	57	58	59	60
答案	C	A	A	D	D	B	D	E	A	

四、多项选择题

1. 心脏传导系统包括（ ）
   A. 窦房结   B. 结间束
   C. 房室交界区   D. 房室束
   E. 左右束支及蒲肯野纤维
2. 循环系统常见的症状有（ ）
   A. 心源性呼吸困难
   B. 心源性水肿
   C. 心前区疼痛
   D. 心悸
   E. 心源性晕厥
3. 左心衰竭常见的临床表现有（ ）
   A. 呼吸困难   B. 咳嗽、咳痰
   C. 咯血   D. 颈静脉充盈
   E. 心排出量降低
4. 心力衰竭患者饮食护理叙述正确的是（ ）
   A. 给予低热量饮食   B. 给予低盐饮食
   C. 给予高脂肪饮食   D. 给予清淡饮食
   E. 给予易消化饮食
5. 心室颤动的临床表现是（ ）
   A. 突然意识丧失   B. 抽搐
   C. 心音消失   D. 脉搏消失
   E. 呼吸停止
6. 下列对期前收缩的表现形式描述错误的是（ ）

A. 每一个窦性搏动后出现三个期前收缩，为成对期前收缩
B. 期前收缩>5 次/分为频发性期前收缩
C. 二联律是指每一个窦性搏动后出现三个期前收缩
D. 期前收缩<5 次/分为频发性期前收缩
E. 三联律是指每两个窦性搏动后出现三个期前收缩

7. 下列哪项不是引起窦性心动过速的病因（ ）
   A. 发热   B. 贫血
   C. 剧烈运动   D. 甲减
   E. 甲亢
8. 与动脉粥样硬化发病相关的因素是（ ）
   A. 年龄   B. 高血脂
   C. 糖尿病   D. 肥胖
   E. 高血压
9. 周围血管征的表现是（ ）
   A. 大动脉枪击音 B. 水冲脉
   C. 毛细血管搏动征   D. 脉压增大
   E. 点头征
10. 下列哪些不属于右心衰竭的表现（ ）
    A. 咳嗽、咳痰   B. 肝脏肿大
    C. 颈静脉充盈   D. 交替脉
    E. 肺部湿啰音

序号	1	2	3	4	5
答案	ABDCE	ABDCE	ABCE	ABDE	ABCDE
序号	6	7	8	9	10
答案	ACDE	ABCE	ABCDE	ABCDE	ADE

五、案列分析题

王女士，60 岁，因突发心前区疼痛，伴有大汗、烦躁不安、胸闷、憋气，家人给予含服硝酸甘油后疼痛无缓解后入院就诊。患者既往有高血压病史 20 年、吸烟史 40 年。

1. 该患者应诊断为（ ）
   A. 心绞痛   B. 急性心肌梗死
   C. 二尖瓣关闭不全   D. 心衰
   E. 肺心病
2. 该患者在发病 24 小时内常出现哪种心律失常（ ）
   A. 室性期前收缩   B. 房性期前收缩
   C. 心动过速   D. 心动过缓
   E. 心律不齐

3. 对该患者护理措施中不正确的是（　　）
   A. 嘱患者绝对卧床休息12小时
   B. 改善心肌缺血，给予2～4L/min吸氧
   C. 发病后24小时可嘱患者下床活动
   D. 给予清淡易消化饮食
   E. 保持大便通常

序号	1	2	3						
答案	B	A	C						

患者，女性，45岁，患风湿性心脏病20年近日患者出现心悸、乏力、头晕等症状；心室率>150次/分。心电图示：P波消失，代之以小而不规则的F波出现。
1. 该患者应诊断为（　　）
   A. 心房颤动
   B. 心室颤动
   C. 预激综合征
   D. 房室传导阻滞
   E. 阵发性室性心动过速
2. 该患者常见的脉搏为（　　）
   A. 丝脉
   B. 缓脉
   C. 细脉
   D. 洪脉
   E. 速脉
3. 护士为其测心率、脉率的正确方法是（　　）
   A. 先测脉率，再测心率
   B. 一人同时测脉率和心率，共测1分钟
   C. 先测心率，再测脉率
   D. 一人测脉率，一人测心率，同时测1分钟
   E. 一人测脉率，一人测心率，同时测2分钟

序号	1	2	3						
答案	A	C	D						

（周　璇　王　莉）

第四章　消化系统疾病患者的护理

一、填空题

1. 消化系统由消化道和_____两部分组成。
   答案：消化腺
2. 消化性溃疡的主要病因是_____感染。
   答案：幽门螺杆菌
3. 肝硬化失代偿期最典型的临床表现是_____。
   答案：腹水
4. 原发性肝癌最常见且出现较早的症状是_____。
   答案：肝区疼痛
5. 肝硬化腹水形成的主要原因是_____。
   答案：门静脉高压

二、判断题

1. 出血是消化性溃疡最常见的并发症。（　　）
2. 假小叶的形成是肝硬化已形成的典型形态改变。（　　）
3. 肝硬化最严重的并发症和最常见的死亡原因是上消化道出血。（　　）
4. 最能提示坏死型胰腺炎的指标是低血钾。（　　）

序号	1	2	3	4					
答案	√	√	×	×					

三、单项选择题

1. 患者的呕吐物量大并伴有含酸性发酵宿食见于（　　）
   A. 慢性胃炎　　　B. 幽门梗阻
   C. 急性胆囊炎　　D. 急性胰腺炎
   E. 慢性胃炎
2. 下列消化道疾病的护理哪项不妥（　　）
   A. 呕吐后应漱口
   B. 便秘时多吃蔬菜水果
   C. 腹泻时可多吃高蛋白、高脂饮食
   D. 腹胀时可用肛管排气
   E. 消化道出血后不宜立即灌肠
3. 典型胃溃疡患者上腹部疼痛节律性特点是（　　）
   A. 疼痛-进食-缓解　　B. 进食-缓解-疼痛
   C. 缓解-疼痛-进食　　D. 进食-疼痛-缓解
   E. 疼痛-进食-疼痛
4. 治疗休克的关键是（　　）
   A. 纠正酸碱失衡
   B. 补充血容量
   C. 维护重要脏器功能
   D. 应用血管活性药物
   E. 立即通知医生
5. 关于消化道溃疡患者的饮食护理，错误的是（　　）

A. 溃疡活动期，以少食多餐为宜
B. 避免夜间零食和睡前进食
C. 多食粗纤维食物
D. 避免刺激性食物
E. 症状较重的患者可以面食为主

6. 肝硬化患者失代偿期最突出的表现是（ ）
   A. 消化道症状   B. 出血倾向
   C. 腹水   D. 脾功能亢进
   E. 电解质紊乱

7. 肝硬化患者最常见的并发症是（ ）
   A. 上消化道出血   B. 肝性脑病
   C. 原发性肝癌   D. 电解质紊乱
   E. 肝肾综合征

8. 肝硬化最严重及最常见的死亡原因是（ ）
   A. 上消化道出血   B. 感染
   C. 肝性脑病   D. 原发性肝癌
   E. 肝肾综合征

9. 肝性脑病最早出现的临床表现是（ ）
   A. 性格、行为改变 B. 定向力障碍
   C. 扑翼样震颤   D. 腱反射亢进
   E. 脑电图改变

10. 消化性溃疡最主要的病因是（ ）
    A. 服用阿司匹林   B. 幽门螺杆菌感染
    C. 遗传   D. 饮食不当
    E. 大量饮酒

11. 肝性脑病患者灌肠时应禁用（ ）
    A. 清水   B. 弱酸性溶液
    C. 生理盐水   D. 新霉素液
    E. 肥皂水

12. 肝性脑病患者饮食护理错误的是（ ）
    A. 高热量饮食
    B. 昏迷者禁食蛋白质
    C. 增加维生素 B_6 摄入
    D. 少食脂肪
    E. 以植物蛋白为主

13. 消化性溃疡用药护理错误是（ ）
    A. 氢氧化铝避免与奶制品同服
    B. 雷尼替丁餐中或即刻服用
    C. 硫糖铝宜在进餐前 1 小时服用
    D. 枸橼酸铋钾餐后半小时服用
    E. 阿莫西林用药前询问有无青霉素过敏史

14. 肝硬化合并上消化道出血最主要的原因是（ ）
    A. 缺乏维生素 K
    B. 急性胃黏膜糜烂
    C. 血小板减少
    D. 反流性食管炎
    E. 食管-胃底静脉曲张破裂

15. 在我国引起肝硬化最主要的原因是（ ）
    A. 病毒性肝炎   B. 乙醇中毒
    C. 药物中毒   D. 日本血吸虫病
    E. 慢性肠道炎症

16. 肝硬化大量腹腔积液患者宜采取的体位是（ ）
    A. 平卧位   B. 半卧位
    C. 头低脚高位   D. 膝肘位
    E. 左侧卧位

17. 急性胰腺炎最常见的发病因素（ ）
    A. 感染   B. 腹部外伤
    C. 酗酒   D. 胆道疾病
    E. 暴饮暴食

18. 上消化道大出血紧急内镜检查是指在出血后（ ）
    A. 6～12 小时内进行
    B. 12～24 小时内进行
    C. 24～48 小时内进行
    D. 48～72 小时内进行
    E. 72～96 小时内进行

19. 急性胰腺炎患者禁用的药物是（ ）
    A. 阿托品   B. 654-2
    C. 哌替啶   D. 吗啡
    E. 施他宁

20. 预防便秘的措施错误的是（ ）
    A. 每天至少饮水 1500ml
    B. 养成良好的排便习惯
    C. 避免滥用泻药
    D. 多进食精细食物
    E. 及时治疗肛周感染

21. 上消化道出血的特征性表现是（ ）
    A. 氮质血症   B. 发热
    C. 呕血与黑便   D. 血象变化
    E. 休克

22. 临床上遇有呕血和黑便，往往提示为上消化道出血，黑便的出现说明每天出血量（ ）
    A. 5～10ml   B. 50～100ml
    C. 250～300ml   D. 400～500ml
    E. ＞1000ml

23. 三腔二囊管压迫止血持续压迫时间最长不超过（ ）
    A. 10 小时   B. 12 小时

C. 24 小时　　　　D. 36 小时
E. 72 小时
24. 胆总管切开取石术后腹腔引流液呈胆汁样，应考虑（　）
 A. 正常引流　　　B. 低蛋白血症
 C. 胆瘘　　　　　D. 胰瘘
 E. 肠瘘
25. 急性胰腺炎淀粉酶测定首先升高的是（　）
 A. 血淀粉酶　　　B. 尿淀粉酶
 C. 血脂肪酶　　　D. 血糖
 E. 血钙
26. 给予消化道穿孔的急腹症患者禁食、胃肠减压的主要目的是（　）
 A. 减轻腹胀
 B. 避免消化液和食物残渣继续流入腹腔
 C. 减轻腹胀和腹痛
 D. 减轻腹痛
 E. 有利于穿孔闭合
27. 患者，男性，65 岁。肝硬化伴上消化道大出血入院，出血性格改变、行为异常，有扑翼样震颤，该患者可能出现的并发症为（　）
 A. 原发性肝癌
 B. 中枢神经系统感染
 C. 肝性脑病
 D. 肝肾综合征
 E. 肝肺综合征

序号	1	2	3	4	5	6	7	8	9	10
答案	B	C	D	B	C	C	A	C	A	B
序号	11	12	13	14	15	16	17	18	19	20
答案	E	C	D	C	E	A	B	D	C	D
序号	21	22	23	24	25	26	27			
答案	C	B	C	C	A	B	C			

四、多项选择题

1. 肝性脑病根据病情轻重主要分期有（　）
 A. 前驱期　　　　B. 浅迷前
 C. 昏迷前期　　　D. 昏睡期
 E. 昏迷期
2. 关于消化道溃疡患者的饮食护理，正确的的是（　）
 A. 溃疡活动期，以少食多餐为宜
 B. 避免夜间零食和睡前进食
 C. 多饮全脂牛奶
 D. 避免刺激性食物
 E. 症状较重的患者可以面食为主
3. 下列关于消化性溃疡发病因素的叙述正确的是（　）
 A. 非甾体抗炎药
 B. 应激和精神因素
 C. 高蛋白饮食
 D. 自身免疫反应
 E. 幽门螺杆菌感染
4. 肝性脑病的诱因包括（　）
 A. 大量排钾利尿，放腹水
 B. 高蛋白饮食
 C. 镇静催眠药
 D. 便秘
 E. 上消化道出血
5. 消化性溃疡常见的并发症有（　）
 A. 大量出血　　　B. 急性穿孔
 C. 幽门梗阻　　　D. 癌变
 E. 感染
6. 肝性脑病患者的护理正确的是（　）
 A. 禁蛋白质饮食　B. 禁用水合氯醛
 C. 大量补液　　　D. 快速利尿
 E. 盐水加白醋灌肠

序号	1	2	3	4	5	6
答案	ACDE	ABDE	ABDE	ABCDE	ABCD	ABDE

（陶冬艳　周　璇）

第五章　泌尿系统疾病患者的护理

一、填空题

1. 肾衰竭出现贫血的原因是缺乏_____。
 答案：促红细胞生成素
2. 肾衰患者最先出现的是哪个系统的症状_____。
 答案：消化系统
3. 泌尿系统主要的功能是生成和_____尿液。
 答案：排泄
4. 肾性水肿呈_____水肿。
 答案：凹陷性
5. 尿异常包括尿量异常和_____。

答案：尿质异常
6. 多尿是指成人 24 小时尿量超过_____ml。
   答案：2500

二、判断题

1. 慢性肾小球肾炎多数是由急性胰腺炎发展而来。（　）
2. 肾病综合征的患者血钾有的高有的低。（　）
3. 肾炎性水肿多从眼睑、颜面部开始。（　）
4. 肾病性水肿多从下肢部位开始。（　）
5. 尿路刺激征患者应按时、按量、按疗程服用抗生素，可随意停药。（　）
6. 少尿是指尿量少于 400ml。（　）
7. 心血管病变是肾衰竭常见并发症和最主要死因。（　）

序号	1	2	3	4	5	6	7
答案	×	√	√	√	×	√	√

三、单项选择题

1. 慢性肾小球肾炎的发病机制，目前一般认为（　）
   A. 有急性肾盂肾炎演变而来
   B. 由乙型溶血性链球菌感染引起的炎症
   C. 是与乙型溶血性链球菌感染有关的免疫反应性疾病
   D. 慢性肾炎与急性肾炎是两种不同的疾病
   E. 高血压

2. 下例不属于慢性肾炎的表现的是（　）
   A. 不同程度的蛋白尿　B. 水肿
   C. 高血压　　　　　　D. 尿路刺激症
   E. 血尿

3. 肾病综合征产生水肿的原因与哪项成比例（　）
   A. 血胆固醇升高　　B. 低蛋白血症
   C. 贫血程度　　　　D. 非蛋白氮升高
   E. 高蛋白

4. 肾病综合征的常见并发症为（　）
   A. 血栓、栓塞　　　B. 急性肾衰
   C. 感染　　　　　　D. 慢性肾衰
   E. 休克

5. 以下哪项不是尿毒症的改变（　）
   A. 高钠血症　　　　B. 高钾血症
   C. 高钙血症　　　　D. 高磷血症
   E. 以上都对

6. 尿毒症患者，心脏骤停，其原因可能是（　）
   A. 酸中毒　　　　　B. 低血钠

   C. 低血钙　　　　　D. 高血钾
   E. 高血糖

7. 慢性肾衰合理的饮食是（　）
   A. 高热量、低磷、优质蛋白、富于维生素的饮食
   B. 低热量、低磷、高蛋白、富于维生素的饮食
   C. 高热量、高磷、高蛋白、富于维生素的饮食
   D. 高热量、高磷、低蛋白、富于维生素的饮食
   E. 高热量、高磷、低蛋白、不富于维生素的饮食

8. 尿毒症最早和最常见的症状是（　）
   A. 消化系统症状　　B. 心血管系统症状
   C. 血液系统症状　　D. 神经肌肉系统症状
   E. 循环系统

9. 下例不属于慢性肾衰的分期的是（　）
   A. 肾功能代偿期　　B. 肾功能失代偿期
   C. 高蛋白血症期　　D. 肾功能衰竭期
   E. 尿毒症期

10. 尿毒症性贫血的主要原因是（　）
    A. 肾小球滤过率减少
    B. 肾脏产生促红细胞生成素减少
    C. 骨髓造血功能被抑制
    D. 红细胞合成原料减少
    E. 白细胞增多

11. 肾脏结构和功能的基本单位是（　）
    A. 肾小体　　　　　B. 肾小管
    C. 肾单位　　　　　D. 肾小球
    E. 肾小盏

12. 下列哪项不属于泌尿系统疾病的主要症状（　）
    A. 水肿　　　　　　B. 排尿异常
    C. 肾区疼痛　　　　D. 发热
    E. 尿路刺激征

13. 肾性水肿患者的护理措施错误的是（　）
    A. 眼脸面部水肿者，头部应偏低
    B. 限制水、盐摄入
    C. 调节蛋白质摄入
    D. 补充足够热量
    E. 下肢水肿者，休息时抬高下肢

14. 下例不属于尿质异常的是（　）
    A. 蛋白尿　　　　　B. 血尿
    C. 多尿　　　　　　D. 白细胞尿
    E. 脓尿

序号	1	2	3	4	5	6	7	8	9	10
答案	C	D	B	C	C	D	A	A	C	B

序号	11	12	13	14
答案	C	D	A	C

四、多项选择题

1. 血液透析的适应证主要有（　　）
   A. 急性肾衰
   B. 慢性肾衰
   C. 慢性肾炎
   D. 急性药物或毒物中毒
   E. 肾病综合征
2. 慢性肾衰的饮食护理特点是（　　）
   A. 优质蛋白饮食以动物蛋白为主
   B. 高热量饮食
   C. 多种维生素饮食
   D. 低热量饮食
   E. 高脂饮食
3. 慢性肾衰的主要护理诊断为（　　）
   A. 营养失调：低于机体需要量
   B. 活动无耐力
   C. 有感染的危险
   D. 有皮肤完整性受损的危险
   E. 有受伤的危险
4. 肾病综合征的主要临床特点
   A. 大量蛋白尿　　B. 低蛋白血症
   C. 高蛋白血症　　D. 高脂血症
   E. 水肿
5. 下例属于尿路刺激征症状的是（　　）
   A. 尿频　　　　B. 尿急
   C. 尿痛　　　　D. 排尿不尽感
   E. 下腹坠痛

序号	1	2	3	4	5
答案	ABD	ABC	ABCD	ABDE	ABCDE

五、案例分析题

患者，女，28岁，寒战、高热2日，右肾区有叩击痛。尿检白细胞(+++)，白细胞管型5/HP。初步诊断急性肾盂肾炎。医嘱中段尿细菌培养。

1. 有诊断意义的标准是细菌培养菌落计数大于（　　）
   A. 10^2/ml　　　　B. 10^3/ml
   C. 10^4/ml　　　　D. 10^5/ml
   E. 10^6/ml
2. 首选的抗菌药物是（　　）
   A. 抗革兰阴性杆菌药物
   B. 抗革兰阳性球菌药物
   C. 抗真菌药物
   D. 抗革兰阴性球菌药物
   E. 抗革兰阳性杆菌药物

序号	1	2
答案	D	A

患者，女，40岁。患慢性肾炎7年余，近2月来水肿，半月来恶心、呕吐，伴乏力、头晕。24H尿量为350ml，血肌酐340umol/L。

1. 该患者的排尿状况是（　　）
   A. 正常　　　　B. 少尿
   C. 无尿　　　　D. 尿潴留
   E. 尿少
2. 该患者肾功能状况为（　　）
   A. 肾功能代偿期
   B. 肾储备能力下降期
   C. 肾功能失代偿期
   D. 肾衰竭期
   E. 尿毒症期

序号	1	2
答案	B	C

（李典双　王　莉）

第六章　血液系统疾病患者的护理

一、填空题

1. 血液由_____和_____组成。
   答案：血细胞；血浆
2. 正常成熟红细胞的主要功能是_____和_____。
   答案：运输氧；二氧化碳
3. 贫血是指外周血液中单位容积内血红蛋白浓度、_____和（或）_____低于同年龄、同性别、同地区的正常标准。
   答案：红细胞计数；血细胞比容
4. 巨幼红细胞性贫血是指主要缺乏_____和_____引起的贫血。
   答案：叶酸；维生素B_{12}
5. 再生障碍性贫血的首发及主要表现是_____。
   答案：贫血
6. 出血后主要的造血器官是_____。
   答案：骨髓
7. 特发性血小板减少性紫癜的主要表现为

_____。

答案：出血倾向

8. 新鲜血浆于采集后_____小时内输完

答案：6

9. 血液病的主要症状有_____、_____和_____。

答案：贫血；出血倾向；继发感染

10. 引起贫血最常见的原因有哪些_____、_____和_____。

答案：失血；红细胞破坏过多；红细胞生成减少

二、判断题

1. 婴儿出生后红骨髓成为主要造血器官。（　）
2. 在骨髓造血不能完全代偿时，肝、脾可恢复部分造血功能，这就是髓外造血。（　）
3. 缺铁性贫血的主要原因是缺乏叶酸和维生素。（　）
4. 服用铁剂时可以与牛奶、茶、蛋类同服，有利益铁的吸收。（　）
5. 巨幼红细胞性贫血是一种大细胞性贫血。（　）
6. 骨髓为人体主要造血器官，可产生红细胞、白细胞、血小板。（　）
7. 再生障碍性贫血，全血细胞减少是指红细胞、白细胞、血小板减少。（　）
8. 巨幼红细胞性贫血患儿单纯缺乏维生素 B_{12} 治疗时，应加用叶酸治疗效果更好。（　）

序号	1	2	3	4	5	6	7	8
答案	√	√	×	×	√	×	×	×

三、单项选择题

1. 血液病患者需绝对卧床休息的标准之一是血小板计数低于（　）
   A. $25×10^9/L$　　　　B. $20×10^9/L$
   C. $15×10^9/L$　　　　D. $20×10^9/L$
   E. $10×10^9/L$

2. 血液病患者的皮肤黏膜护理措施不正确的是（　）
   A. 勤剪指甲，避免搔抓皮肤
   B. 可以行局部冷敷
   C. 不用剃须刀刮胡须
   D. 及时挖出鼻孔内血痂以免感染
   E. 保持衣物的柔软

3. 贫血是指外周血液中单位容积内（　）
   A. 血小板低于正常最低值
   B. 血细胞比容低于正常最低值
   C. 血红蛋白量低于正常最低值
   D. 骨髓造血细胞生成量少
   E. 红细胞计数低于正常最低值

4. 对缺铁性贫血患者的治疗首选（　）
   A. 硫酸亚铁　　　B. 叶酸，维生素 B_{12}
   C. 雄激素　　　　D. 普萘洛尔
   E. 白消安

5. 成年人发生缺铁性贫血最主要的原因是（　）
   A. 铁的吸收不良　B. 铁的摄入不足
   C. 铁的需要量大　D. 慢性失血
   E. 骨髓造血不良

6. 血液系统疾病患者继发感染时的护理措施中，错误的是（　）
   A. 房间紫外线消毒至少每日2次
   B. 餐后用漱口液漱口保持口腔清洁
   C. 女患者要保持会阴清洁
   D. 鼻腔内可涂抗生素软膏
   E. 随时监测体温

7. 为什么服用适量铁剂后，部分患者会出现黑便（　）
   A. 引起肠黏膜感染
   B. 引起上消化道出血
   C. 形成硫化铁所致
   D. 是铁剂自身的颜色
   E. 使肠壁血管溃烂

8. 引起再生障碍性贫血最常见的药物是（　）
   A. 氯霉素　　　　B. 红霉素
   C. 保泰松口服液　D. 利多卡因
   E. 氯化钠溶液

9. 治疗重型再生障碍性贫血患者的首选措施是（　）
   A. 免疫抑制剂　　B. 雄激素
   C. 骨髓移植　　　D. 对症治疗
   E. 纠正贫血

10. 特发性血小板减少性紫癜主要发病机理是（　）
    A. 巨核细胞生成减少
    B. 血小板功能失常
    C. 免疫缺乏产生抗血小板抗体
    D. 雌激素抑制血小板生成
    E. 毛细血管脆性增加

11. 特发性血小板减少性紫癜与过敏性紫癜的区别是（　）
    A. 发病前有无呼吸道感染

B. 皮下出血程度
C. 内脏出血情况
D. 束臂实验结果
E. 血小板计数

12. 急性白血病出血的主要原因是（　　）
    A. 正常血小板减少
    B. 白细胞浸润
    C. 免疫力降低
    D. 弥散性血管内凝血
    E. 严重感染

13. 急性白血病贫血的主要原因是（　　）
    A. 红细胞寿命减短
    B. 促红细胞生成素减少
    C. 正常红细胞生成减少
    D. 全血细胞减少
    E. 血小板减少

14. 白血病的主要临床表现有（　　）
    A. 贫血，发热，出血，肝、脾和淋巴结肿大
    B. 贫血，肝、脾和淋巴结肿大，蛋白尿
    C. 贫血，出血，肾功能衰竭
    D. 发热，出血，肝、脾和淋巴结肿大
    E. 贫血，乏力，出血，肾功能衰竭

15. 与白血病发病无关的致病因素是（　　）
    A. 免疫功能缺陷
    B. 药物等化学性因素
    C. 物理因素
    D. 遗传因素
    E. 病毒因素

16. 异基因造血干细胞移植成功后最严重的并发症是（　　）
    A. 免疫缺陷性感染
    B. 移植物抗宿主病
    C. 间质性肺炎
    D. 肝静脉闭塞病
    E. 排异反应

17. 患者，女，35岁。患缺铁性贫血入院。最恰当的饮食是（　　）
    A. 鱼、绿茶　　　B. 瘦肉、牛奶
    C. 鸡蛋、可乐　　D. 羊肝、橙汁
    E. 菠菜、咖啡

18. 急性弥漫性血管内凝血首选的抗凝药物是（　　）
    A. 阿莫西林
    B. 肝素
    C. 双嘧达莫
    D. 复方丹参
    E. 低分子右旋糖酐

19. 以下贫血中最常见的是哪一类型（　　）
    A. 再生障碍性贫血　　B. 失血性贫血
    C. 缺铁性贫血　　　　D. 溶血性贫血
    E. 巨幼红细胞贫血

20. 下列缺铁性贫血的治疗措施中，正确的是哪一项（　　）
    A. 口服叶酸可以加强疗效
    B. 多饮牛奶有利益铁的吸收
    C. 其治疗目的是使全血细胞恢复正常
    D. 小剂量开始，血红蛋白正常后再用铁剂3～6个月
    E. 服药期间不宜饮酸性食物

21. 治疗慢性再生障碍性贫血时，首选药物为（　　）
    A. 丙酸睾丸酮　　B. 氨甲蝶呤
    C. 长春新碱　　　D. 阿托品
    E. 达啦唑

22. 缺铁性贫血有缺铁的特征性表现是（　　）
    A. 面色苍白　　　B. 反甲
    C. 疲乏无力　　　D. 心悸
    E. 多梦

23. 下列菜谱中：有各种动物内脏（心、肝、肾）、鸡蛋、豆类、燕麦、海带、番茄、菠菜。你认为此菜谱最适合哪种血液病（　　）
    A. 再生障碍性贫血
    B. 特发性血小板减少性紫癜
    C. 缺铁性贫血
    D. 巨幼红细胞性贫血
    E. 白血病

24. 患者，女，28岁。近年来反复出现双下肢瘀斑及散在淤血点，且月经量增多入院。实验室检查血红蛋白 120g/L，血小板 30×10^9/L，诊断为慢性特发性血小板减少性紫癜。首选治疗是（　　）
    A. 甲状腺激素　　B. 雌激素
    C. 免疫抑制剂　　D. 糖皮质激素
    E. 醛固酮

25. 下列药物中易引起末梢神经炎的是（　　）
    A. 长春新碱　　　B. 氯霉素
    C. 黄磷酰胺　　　D. 泼尼松
    E. 一巯基嘌呤

序号	1	2	3	4	5	6	7	8	9	10
答案	D	C	E	A	D	E	C	A	B	C

序号	11	12	13	14	15	16	17	18	19	20
答案	E	A	C	A	A	B	D	B	C	D
序号	21	22	23	24	25					
答案	A	B	C	D	A					

四、多项选择题

1. 下列选项中缺铁性贫血的常见发病因素有哪些（　　）
   A. 铁的摄入不足
   B. 慢性失血
   C. 铁的吸收及利用障碍
   D. 铁的丢失过多
   E. 饮食过烫

2. 下列药物中引起再障的常见药物有哪些（　　）
   A. 氯霉素　　　　B. 阿糖胞苷
   C. 阿司匹林　　　D. 苯巴比妥
   E. 保泰松

3. 下列关于巨幼红细胞性贫血的说法中，正确的是（　　）
   A. 营养性巨幼红细胞性贫血占 90%
   B. 其主要表现是恶性贫血
   C. 与饮食不均及制作不恰当有关
   D. 其形态为大细胞性贫血
   E. 主要是因为缺乏维生素 B_1

4. 贫血的主要临床表现有哪些（　　）
   A. 血红蛋白、红细胞计数、血细胞比容均低于正常水平
   B. 皮肤黏膜发绀
   C. 常常出现头晕、耳鸣记忆力减退等
   D. 食欲减退及口腔炎
   E. 可见蛋白尿、夜尿增多

5. 关于急性特发性血小板减少性紫癜的说法中正确的是（　　）
   A. 是一种自身免疫性疾病
   B. 表现为外周血中血小板减少
   C. 多见于儿童
   D. 大多不能自行缓解
   E. 多有病毒感染使

6. 患者，女性，35 岁，近两年来月经过多、面色苍白、常感乏力、心悸，血液检查红细胞呈小细胞低色素性改变，下列各项检查结果正确（　　）
   A. 血小板减少　　　B. 血清铁减少
   C. 血红蛋白增多　　D. 白细胞计数增高
   E. 血清铁结合律增高

7. 口服铁剂的护理措施中正确的是（　　）
   A. 应在饭后服用
   B. 从小剂量开始
   C. 口服液体时要用吸管
   D. 可以同维生素 C、枸橼酸等同服
   E. 可以同牛奶及蛋类同服

8. 化疗过程中减轻胃肠道反应的措施正确的有（　　）
   A. 严格控制液体滴数
   B. 化疗前可口服或肌注甲氧氯普胺片
   C. 饮食益清淡
   D. 随时监测血象
   E. 鞘内注药后平卧 6 小时

9. 血液系统疾病中要特别注意防止院内交叉感染的疾病有哪些（　　）
   A. 巨幼红细胞性贫血
   B. 缺铁性贫血
   C. 再生障碍性贫血
   D. 白血病
   E. 特发性血小板减少性紫癜

10. 在给血液病患者输注红细胞前，不应选用何种溶液稀释（　　）
    A. 葡萄糖生理盐水　　B. 碱性溶液
    C. 生理盐水　　　　　D. 蒸馏水
    E. 葡萄糖．

序号	1	2	3	4	5
答案	ABCD	ABCDE	ACD	ACDE	ABCE
序号	6	7	8	9	10
答案	BE	BCD	ABC	BD	ABDE

五、案例分析题

患者，女性，20 岁，特发性血小板减少性紫癜急性入院，血小板计数 $19×10^9$/L，不久患者突感剧烈头痛，喷射样呕吐，视力下降。

1. 该患者可能诊断（　　）
   A. 肺部感染　　　　B. 败血症
   C. 药物治疗反应　　D. 造血系统损坏
   E. 颅内出血

2. 针对这一症状，护理正确的是（　　）
   A. 高枕卧位，低流量吸氧
   B. 禁用脱水剂
   C. 可以适当活动
   D. 保持呼吸道通畅及头部置冰袋
   E. 不需建立静脉通道

序号	1	2							
答案	E	D							

(唐丽芳 王 莉)

第七章 内分泌与代谢性疾病患者的护理

一、填空

1. 腺垂体功能减退症最常见的病因是_____、_____。
   答案：产后垂体缺血性坏死；垂体腺瘤
2. 甲状腺功能亢进症患者典型临床表现为_____、_____、_____。
   答案：高代谢综合征；甲状腺肿；眼征
3. 甲亢最具特征临床表现是_____。
   答案：突眼征
4. 糖尿病典型临床表现中一少是指_____。
   答案：体重减少
5. 胰岛素缺乏，组织对糖的利用减少，血糖_____。
   答案：升高
6. 糖尿病酮症酸中毒患者呼出气体为_____。
   答案：烂苹果味
7. 口服降糖药中磺脲类药物服用时间为_____。
   答案：饭前半小时
8. 痛风的首发症状是_____。
   答案：急性关节炎

二、判断题

1. 随着食物中含碘量的增加，甲状腺激素合成也增多，最终可引起甲亢。（ ）
2. T_3、T_4为甲状腺功能基本筛选试验，甲亢时增高。（ ）
3. 糖尿病患者容易发生酮中毒，这是因为大量脂肪酸在体内氧化分解产生大量酮体所致。
4. 胰岛素易冰冻保存。
5. 糖尿病的基础治疗是饮食疗法。
6. 1型糖尿病死亡的主要原因是糖尿病肾病。

序号	1	2	3	4	5	6
答案	×	√	√	×	√	√

三、单项选择题

1. 反映甲状腺功能最敏感性的指标是（ ）
   A. 血清 TT_3、TT_4
   B. 血清 FT_3、FT_4
   C. 血清 TSH
   D. 甲状腺摄 ^{131}I 率
   E. TSH 受体刺激抗体测定
2. 甲状腺功能亢进症患者一般不出现哪项消化系统症状（ ）
   A. 食欲亢进   B. 肝脏肿大
   C. 大便干结   D. 营养不良
   E. 呕吐
3. 发生甲状腺危象时，首选的治疗药物为（ ）
   A. 甲硫氧嘧啶   B. 普萘洛尔
   C. 丙硫氧嘧啶   D. 氢化可的松
   E. 甲巯咪唑
4. 放射性 ^{131}I 治疗甲状腺功能亢进症的最主要并发症是（ ）
   A. 甲状腺功能减退   B. 诱发甲状腺危象
   C. 突眼恶化   D. 粒细胞减少
   E. 肝损害
5. 甲状腺功能亢进症突眼的护理错误的是（ ）
   A. 睡眠时用眼罩，避免强光刺激
   B. 每日滴眼药水 1~2 次
   C. 低盐饮食
   D. 头低平卧
   E. 睡前涂眼药膏
6. 甲亢患者应给予的饮食是（ ）
   A. 高热量、高蛋白、高维生素饮食
   B. 高热量、高蛋白、低盐饮食
   C. 低热量、低蛋白、低盐饮食
   D. 高热量、高维生素、低盐饮食
   E. 高热量、低蛋白、低盐饮食
7. 关于库欣综合征的饮食护理，错误的是（ ）
   A. 低钾   B. 高蛋白
   C. 低热量   D. 高钾
   E. 低碳水化合物
8. 下列哪项不是糖尿病的急性并发症（ ）
   A. 糖尿病低血糖
   B. 高血糖高渗透压综合征
   C. 糖尿病酮症酸中毒
   D. 大血管病变
   E. 以上都不是

9. 有关糖尿病患者应用胰岛素治疗，哪项不正确（　　）
   A. 胰岛素应冰冻保藏
   B. 采用 1ml 注射器抽药
   C. 经常更换注射部位
   D. 局部消毒应严密
   E. 遵医嘱用药
10. 注射胰岛素时注射部位应经常更换，目的是（　　）
    A. 防止血管闭塞
    B. 防止过敏反应
    C. 防止注射部位组织硬化
    D. 防止脂肪增生
    E. 防止皮下组织疏松
11. 糖尿病的基础治疗是（　　）
    A. 饮食治疗
    B. 口服降糖药治疗
    C. 胰岛素治疗
    D. 运动治疗
    E. 药物治疗
12. 甲苯磺丁脲治疗糖尿病的作用机制为（　　）
    A. 加速糖的无氧酵解
    B. 促进外周组织摄取葡萄糖
    C. 直接刺激胰岛素释放
    D. 抑制糖原异生
    E. 加速脂肪转化为葡萄糖
13. 胰岛素注射过量可能引起（　　）
    A. 高胰岛素血症
    B. 高渗性昏迷
    C. 低血糖反应
    D. 酮症酸中毒
    E. 血糖升高
14. 下列糖尿病临床特点中．应除外（　　）
    A. 体重减轻　　B. 多食
    C. 烦渴　　　　D. 关节痛
    E. 多尿
15. 胰岛素最常见的不良反应是（　　）
    A. 过敏反应　　B. 胃肠道反应
    C. 局部疼痛　　D. 低血糖反应
    E. 酮症反应
16. 对可疑糖尿病患者最有价值的检查是（　　）
    A. 空腹血糖
    B. 餐后 2 小时血糖
    C. 口服葡萄糖耐量试验
    D. 糖化血红蛋白测定
    E. 尿糖测定
17. 诊断甲亢的首选指标是（　　）
    A. 血清 TT_3、TT_4
    B. 血清 FT_3、FT_4
    C. 血清 TSH
    D. 甲状腺摄 ^{131}I 率
    E. TSH 受体刺激抗体测定
18. 下列属于糖尿病急性并发症的是（　　）
    A. 糖尿病神经病变
    B. 动脉粥样硬化
    C. 酮症酸中毒
    D. 糖尿病肾病
    E. 糖尿病足
19. 1 型糖尿病患者主要死因是（　　）
    A. 感染　　　　B. 低血糖
    C. 糖尿病足　　D. 心脑血管意外
    E. 糖尿病肾病
20. 内分泌性疾病最好的治疗方法是（　　）
    A. 病因治疗　　B. 对症治疗
    C. 手术治疗　　D. 支持疗法
    E. 纠正功能紊乱
21. 成人腺垂体功能减退症最常见的病因是（　　）
    A. 先天性遗传缺陷　B. 下丘脑病变
    C. 垂体腺瘤　　　　D. 围生期大失血
    E. 感染和炎症
22. 地方性甲状腺肿最主要的原因（　　）
    A. 碘缺乏　　　　B. 碘过多
    C. TH 合成障碍　　D. 致甲状腺肿物质
    E. TH 需要量增加
23. 甲状腺功能亢进症最具特征的是（　　）
    A. 易激动　　B. 怕热多汗
    C. 多食易饥　D. 皮肤温暖
    E. 突眼征
24. 抢救甲状腺危象的首选药物是（　　）
    A. 甲巯咪唑　　B. 丙硫氧嘧啶
    C. 复方碘液　　D. 糖皮质激素
    E. 普萘洛尔
25. 糖尿病患者，女性，46 岁，近 1 周因急性菌痢后全身乏力，食欲不振，恶心、呕吐，呼吸深大且有烂苹果味，继而头痛、嗜睡、进入昏迷。此时首先的治疗措施应为（　　）
    A. 静脉滴入小剂量胰岛素
    B. 静脉滴入碳酸氢钠
    C. 口服降糖药

D. 应用抗生素
E. 静脉滴入生理盐水
26. 糖尿病患者运动宜在（ ）
    A. 餐后1小时   B. 餐前1小时
    C. 餐前2小时   D. 餐后即食
    E. 餐前半小时
27. 甲状腺危象最常见的诱因是（ ）
    A. 出血   B. 突眼
    C. 感染   D. 肥胖
    E. 心脏病变
28. 糖尿病酮症酸中毒多见于（ ）
    A. 2型糖尿病
    B. 1型糖尿病
    C. 妊娠糖尿病
    D. 其他特殊糖尿病
    E. 非胰岛素依赖型糖尿病
29. 内分泌中属于功能亢进的是（ ）
    A. 黏液性水肿   B. 呆小症
    C. 糖尿病   D. 尿崩症
    E. 库欣综合征
30. 反映近2~3个月内血糖控制总体水平的检查是（ ）
    A. 果糖胺   B. 血酮体
    C. OGTT实验   D. 糖化血红蛋白
    E. C肽

D. 蛋白质应占每日总热量的15%
E. 低糖、低盐、低胆固醇、低脂饮食
3. 引起低血糖反应常见的原因是（ ）
    A. 口服磺脲类降糖药
    B. 饮食不当，如摄入量不足
    C. 运动量明显增大
    D. 注射胰岛素剂量过大
    E. 糖尿病酮症酸中毒
4. 体育锻炼是治疗糖尿病的重要措施，其原因是（ ）
    A. 提高胰岛素敏感性,促进肌肉对糖的和利用
    B. 有利于减轻体重
    C. 改善脂代谢
    D. 降低高血压、冠心病的并发
    E. 防止糖尿病加重
5. 糖尿病临床特点是（ ）
    A. 体重减轻   B. 多食
    C. 烦渴   D. 关节痛
    E. 多尿
6. 糖尿病酮症酸中毒的诱因（ ）
    A. 感染   B. 外伤及手术
    C. 妊娠及分娩   D. 胰岛素过量
    E. 糖类摄入过多
7. 属于甲亢的临床表现是（ ）
    A. 食欲减退   B. 甲状腺毒症
    C. 甲状腺肿   D. 突眼征
    E. 甲状腺危象
8. 甲状腺功能亢进症浸润性突眼的表现（ ）
    A. 眼部肿胀或流泪
    B. 眼睑水肿或不能闭合
    C. 视力减退
    D. 复视
    E. 左右眼突眼度不等
9. 抢救糖尿病酮症酸中毒首要措施是（ ）
    A. 经静脉输入生理盐水
    B. 小剂量胰岛素治疗
    C. 静注5%葡萄糖
    D. 碱化尿液
    E. 静注10%葡萄糖
10. 胰岛素给药的护理注意事项（ ）
    A. 经常更换部位
    B. 抽吸剂量准确
    C. 随时观察低血糖反应
    D. 皮下注射
    E. 使用5ml注射器

序号	1	2	3	4	5	6	7	8	9	10
答案	C	C	C	A	D	A	A	D	A	C
序号	11	12	13	14	15	16	17	18	19	20
答案	A	C	C	D	D	C	A	C	E	A
序号	21	22	23	24	25	26	27	28	29	30
答案	C	A	E	B	A	A	C	B	E	D

四、多项选择题

1. 甲亢患者伴明显突眼者，下例护理措施正确的是（ ）
    A. 嘱患者白天戴墨镜
    B. 睡前涂眼药膏
    C. 平衡饮食不必限盐
    D. 睡前眼睑不能闭合者需戴眼罩
    E. 头低平卧位
2. 糖尿病患者的饮食疗法应为（ ）
    A. 尽量少吃主食
    B. 脂类物质的摄入以不饱和脂肪酸为主
    C. 饮食应定时定量

序号	1	2	3	4	5
答案	ABD	BCDE	ABCD	ABCDE	ABCE
序号	6	7	8	9	10
答案	ABC	BCDE	ABCDE	A	ABCD

五、案例分析题

患者，男，30岁。因怕热多汗、食欲亢进、腹泻入院，患者紧张、焦虑。经全面检查后诊断甲状腺功能亢进。

1. 不适宜该患者的饮食是（ ）
   A. 高糖食物   B. 高碘食物
   C. 高钾食物   D. 高磷食物
   E. 高蛋白食物
2. 心理护理错误的是（ ）
   A. 向患者解释病情
   B. 理解同情患者
   C. 建议患者少参与社团体活动
   D. 鼓励患者表达内心感受
   E. 告知患者家属勿提供兴奋的信息

序号	1	2
答案	B	C

患者，女，26岁，妊娠6个月。孕期检查发现糖尿病。

3. 最适宜的治疗措施是（ ）
   A. 单纯饮食控制
   B. 口服磺脲类降糖药
   C. 胰岛素注射治疗
   D. 口服双胍类降糖药
   E. 运动疗法
4. 治疗过程中，患者出虚汗、诉心慌、乏力和饥饿感。该孕妇发生的病情是（ ）
   A. 过敏反应   B. 低血糖反应
   C. 反应性高血糖 D. 胃肠道反应
   E. 酮症酸中毒
5. 护士应立即采取的措施是（ ）
   A. 通知家属
   B. 进行血压监测
   C. 协助患者饮糖水
   D. 建立静脉通路
   E. 专人看护

序号	3	4	5
答案	C	B	C

患者，男，26岁，近一周出现乏力、畏寒、动作缓慢、食欲及记忆力减退、反应迟钝。

6. 该患者应考虑为（ ）
   A. 甲亢
   B. 甲减
   C. 单纯性甲状腺肿
   D. 慢性甲状腺炎
   E. 亚急性甲状腺炎
7. 应使用下列哪种激素替代治疗（ ）
   A. 甲状腺素
   B. 促甲状腺素
   C. 糖皮质激素
   D. 肾上腺皮质激素
   E. 性激素

序号	6	7						
答案	B	A						

（张 玲 王 莉）

第八章 风湿性疾病患者的护理

一、填空题

1. 引起关节疼痛及关节僵硬最主要的原因是_____。
   答案：风湿性疾病
2. 系统性红斑狼疮首选的治疗药物是_____。
   答案：糖皮质激素
3. "天鹅颈样"关节见于_____。
   答案：类风湿关节炎

二、判断题

1. 类风湿关节炎表现为四肢小关节的晨僵，晨僵时间常超过1h，持续超过6h。（ ）
2. 当休息和睡眠不好时，血压稍增高。（ ）
3. 类风湿关节炎关节表现最早出现的症状是关节畸形。（ ）
4. 系统性红斑狼疮的主要死亡原因为肾衰竭。（ ）
5. 头痛患者应对症护理的同时注意休息加强心里护理。（ ）

序号	1	2	3	4	5
答案	×	√	×	√	√

三、单项选择题

1. 系统性红斑狼疮(SLE)是一种（ ）

A. 感染性疾病　　　B. 自身免疫性疾病
C. 传染性疾病　　　D. 遗传性疾病
E. 以上都不是

2. SLE 的发病与下列哪项无关（　　）
A. 遗传因素　　　　B. 病毒感染
C. 紫外线　　　　　D. 雌激素
E. 败血症

3. SLE 脏器损害最常见于（　　）
A. 心　　　　　　　B. 肺
C. 肝　　　　　　　D. 脾
E. 肾

4. SLE 发病年龄多见于（　　）
A. 婴儿　　　　　　B. 儿童
C. 育龄妇女　　　　D. 中老年男性
E. 老年人

5. SLE 皮肤损害最常见的是（　　）
A. 环形红斑　　　　B. 瘀点、瘀斑
C. 蝶形红斑　　　　D. 荨麻疹
E. 玫瑰疹

6. SLE 药物治疗首选（　　）
A. 青霉胺　　　　　B. 泼尼松
C. 异丁苯丙酸　　　D. 硫唑嘌呤
E. 环磷酰胺

7. 关于 SLE 下列哪项为错误的（　　）
A. 盘状红斑狼疮可发展为 SLE
B. 大多有皮肤损害
C. 紫外线可使皮肤症状恶化
D. 妊娠期病情好转
E. 肾脏损害最常见

8. 有关 SLE 的临床表现错误的是（　　）
A. 肾脏损害最常见
B. 可发生狼疮性肺炎
C. 可发生黄疸
D. 可有心肌炎
E. 晚期可有多关节畸形

9. 狼疮性肾炎最终可致（　　）
A. 尿路感染　　　　B. 肾盂肾炎
C. 慢性肾炎　　　　D. 肾病综合征
E. 慢性肾衰

10. 诊断 SLE 阳性率最高的是（　　）
A. 抗核抗体阳性
B. 抗双链 DNA 抗体阳性
C. 抗变性 IgG 抗体阳性
D. γ 球蛋白增高
E. 血沉常增快

11. 一般认为 SLE 的发病与下列哪一内分泌因素有关（　　）
A. 肾上腺　　　　　B. 雌激素
C. 胰岛素　　　　　D. 甲状腺素
E. 催乳素

12. SLE 最常见的皮肤损害部位是（　　）
A. 胸部　　　　　　B. 腹部
C. 颈部　　　　　　D. 背部
E. 暴露部位

13. 中华医学会风湿学会 STE 诊断的 13 项标准中，几项符合即可确诊（　　）
A. 10 项　　　　　　B. 8 项
C. 6 项　　　　　　D. 4 项
E. 2 项

14. 以下要求不符合 SLE 的护理要求的是（　　）
A. 床单位清洁干燥
B. 床单位阳光充足
C. 病室空气流通
D. 病室内温度 18～20℃
E. 病室内湿度 50%～60%

15. 以下不适用于 SLE 患者的药物（　　）
A. 消炎痛　　　　　B. 雷公藤多苷
C. 硫唑嘌呤　　　　D. 氯喹
E. 雌激素类避孕药

16. SLE 患者长期应用糖皮质激素治疗者可发（　　）
A. 股骨头无菌性坏死
B. 体位性低血压
C. 关节畸形、关节固定于屈位
D. 面部表情丧失呈假面具样
E. 雷诺现象

17. 关节呈梭形肿胀常见于（　　）
A. 骨关节炎　　　　B. 类风湿关节炎
C. 风湿性多肌痛　　D. 系统性红斑狼疮
E. 痛风

18. 系统性红斑狼疮临床累及关节、肌肉可表现为（　　）
A. 关节畸形
B. 关节附近肌肉萎缩
C. 非畸形性关节炎
D. 梭状指
E. 天鹅颈样畸形

19. 下述哪种药可诱发系统性红斑狼疮活动（　　）
A. 呋塞米　　　　　B. 红霉素

C. 雷公藤　　　　D. 苯妥英钠
E. 消炎痛
20. 诊断系统性红斑狼疮最有意义的实验室检查是（　　）
    A. 抗 Sm 抗体、抗 RNA 抗体、抗 ds-DNA 抗体、血清补体
    B. 血沉、抗"O"、抗体、血清补体、谷丙酶
    C. 皮肤狼疮带试验、血清补体、血沉、抗"O"
    D. 血象、狼疮细胞、抗 Sm 抗体、肌酸磷酸激酶
    E. 血沉、抗"O"、血象、狼疮细胞、肌酸磷酸激酶
21. 狼疮性肾炎最终可致（　　）
    A. 尿路感染　　　B. 肾盂肾炎
    C. 慢性肾炎　　　D. 肾病综合征
    E. 慢性肾衰
22. 系统性红斑狼疮患者应避免使用的药物是（　　）
    A. 泼尼松　　　　B. 普鲁卡因
    C. 环磷酰胺　　　D. 阿司匹林
    E. 磷酸氯喹
23. SLE 药物治疗首选（　　）
    A. 青霉素　　　　B. 泼尼松
    C. 异丁苯丙酸　　D. 硫唑嘌呤
    E. 环磷酰胺
24. 下面关于系统红斑狼疮的一般治疗的说法不正确的是（　　）
    A. 活动期患者应卧床休息
    B. 慢性期或病情稳定的患者可适当活动或工作
    C. 患病期间不可进行疫苗注射，以免诱发 SLE 病情活动
    D. 应避免日晒
    E. 有感染时应积极治疗
25. 对口服非甾体抗炎药的患者，应重点观察的不良反应是（　　）
    A. 肝损害　　　　B. 胃肠道反应
    C. 骨髓抑制　　　D. 皮疹
    E. 口腔炎
26. 患者，女性，22 岁，患"系统性红斑狼疮"2 年，鼻梁及面颊两侧呈蝶形水肿性红斑。不正确的护理措施是（　　）
    A. 患者床位安置在没有阳光直射的地方
    B. 外出穿长袖衣裤，打伞遮阳
    C. 适当使用化妆品掩饰红斑
    D. 忌用碱性肥皂清洗面部
    E. 避免服用普鲁卡因酰胺等药物
27. 患者，女性，24 岁，红斑狼疮 5 年，半月前面部出现红斑，胸闷不适，全身关节酸痛，并伴有低热，疑 SLE 活动。患者治疗后病情控制可出院回家，护士对患者作如下指导，正确的是（　　）
    A. 不生育者可口服雌性避孕药避孕
    B. 自觉不适，自行增加激素用量，症状缓解后自行减药
    C. 长期用药，定期随访，不可擅自改变药物剂量或突然停药
    D. 一旦怀孕即停服激素并以免疫抑制药替代
    E. 怀孕后停服糖皮质激素以外的一切药物，并每天晒太阳 30min 以上
28. 系统性红斑狼疮属于何类疾病（　　）
    A. 变态反应性　　B. 病毒性感染
    C. 细菌性感染　　D. 自身性感染
    E. 支原体感染
29. 系统性红斑狼疮累及（　　）
    A. 消化系　　　　B. 循环系
    C. 泌尿系　　　　D. 血液及造血系统
    E. 多系统
30. 系统性红斑狼疮治疗主药是（　　）
    A. 环磷酰胺　　　B. 硫酸镁
    C. 糖皮质激素　　D. 硫唑嘌呤
    E. 雷公藤多苷
31. 系统性红斑狼疮与以下哪项关系密切（　　）
    A. 支原体　　　　B. 溶血链球菌
    C. 军团菌　　　　D. 遗传因素
    E. 症原虫
32. 系统性红斑狼疮常见皮损是（　　）
    A. 紫癜　　　　　B. 蝶形红斑
    C. 玫瑰疹　　　　D. 荨麻疹
    E. 血肿
33. 系统性红斑狼疮活动期皮肤表现为（　　）
    A. 甲周红斑　　　B. 指端红斑
    C. 蝶形红斑　　　D. 斑丘疹
    E. 口腔黏膜溃疡
34. 系统性红斑狼疮何系统损害提示病重预后差（　　）
    A. 肝　　　　　　B. 心
    C. 肺　　　　　　D. 中枢神经损害

E. 脾

35. 系统性红斑狼疮患者出现肝大、黄疸应考虑损害了（　　）
   A. 消化系统　　B. 泌尿系统
   C. 造血系统　　D. 神经系统
   E. 循环系统

36. 系统性红斑狼疮患者出现胸膜炎考虑损害了（　　）
   A. 循环系统　　B. 造血系统
   C. 泌尿系统　　D. 神经系统
   E. 呼吸系统

37. 系统性红斑狼疮患者发生心肌炎应考虑损害了（　　）
   A. 呼吸系统　　B. 循环系统
   C. 造血系统　　D. 消化系统
   E. 泌尿系统

38. 系统性红斑狼疮患者发生了血尿、蛋白尿、管型尿及高血压应考虑损害了（　　）
   A. 呼吸系统　　B. 循环系统
   C. 泌尿系统　　D. 造血系统
   E. 消化系统

39. 系统性红斑狼疮患者的首发症状是（　　）
   A. 紫癜　　　　B. 发热
   C. 蝶形红斑　　D. 关节痛
   E. 尿蛋白

40. 系统性红斑狼疮患者关节受损的特点是（　　）
   A. 腕　　　　　B. 足
   C. 近端指间　　D. 膝
   E 绝无关节畸形

41. 系统性红斑狼疮患者饮食应注意忌食（　　）
   A. 芹菜、香菜　B. 高蛋白
   C. 营养丰富　　D. 易消化
   E. 低盐

42. 系统性红斑狼疮主要的病理改变是（　　）
   A. 软骨增生　　B. 滑膜炎
   C. 血管炎　　　D. 骨质增生
   E. 周围神经病变

43. 某人面有红斑，全身关节、肌肉痛，查血抗Sm抗体(+)（　　）
   A. 退化性关节炎　B. 痛风
   C. 风湿　　　　D. 类风湿
   E. SLE

44. SLE血液检查中特异性较高者为（　　）
   A. 抗Sm抗体　　B. 血沉
   C. 狼疮细胞　　D. 抗核抗体
   E. 白细胞总数

45. 女性患SLE时以下处理哪项不妥（　　）
   A. 避孕
   B. 不吃含激素的避孕药
   C. 病情稳定时无需避孕
   D. 妊娠前3个月停所有免疫抑制剂
   E. 告知可能流产、早产

46. 王小姐，24岁，患系统性红斑狼疮两次住院，本次住院面部蝶形细斑明显，该患者皮肤护理的内容错误的是（　　）
   A. 用清水洗脸
   B. 忌用碱性肥皂
   C. 禁忌日光浴
   D. 可适当使用化妆品
   E. 红斑处用40～50℃热水湿敷

47. 某女患者已确诊SLE，因发热、全身关节痛、皮疹、蝶形红斑，此时应给何类药物（　　）
   A. 糖皮质激素　B. 雄激素
   C. 非甾体抗炎药　D. 甲状腺素
   E. 醛固酮

48. 某女患者因发热、各关节痛、面部有蝶形红斑及血中抗Sm抗体(+)，确诊为SLE，医嘱不能食用含有补骨脂素的芹菜、香菜、无花果，何故（　　）
   A. 可增强雌激素作用
   B. 可损害肾小球
   C. 可加重表皮细胞损害
   D. 增强对紫外线敏感
   E. 可加重关节滑膜炎

49. 某女性患者因全身关节痛、面有蝶形红斑、查血抗Sm抗体(+)确诊为SLE，医嘱病室避免日光直射、病室紫外线消毒时应回避、外出穿长袖上衣及长裤、戴帽或撑伞遮阳、禁日光浴，何故（　　）
   A. 紫外线是本病重要诱因
   B. 紫外线可致雌激素作用强
   C. 紫外线直接破坏表皮细胞
   D. 紫外线加强关节滑膜炎
   E. 紫外线直接损害细胞DNA

50. 诊断类风湿关节炎敏感性和特异性最高的自身抗体是（　　）
   A. 类风湿因子
   B. 抗角蛋白抗体
   C. 抗核周因子抗体

D. 抗聚角蛋白微丝蛋白抗体
E. 抗环瓜氨酸肽抗体
51. 类风湿关节炎首选用药（ ）
   A. 阿司匹林   B. 吲哚美辛
   C. 布洛芬   D. 甲氨蝶呤
   E. 青霉胺
52. 类风湿关节炎恢复期最重要的护理是（ ）
   A. 营养丰富的饮食 B. 观察病情变化
   C. 避免疲劳   D. 避免精神刺激
   E. 指导关节功能锻炼
53. 类风湿关节炎关节外特异的皮肤表现是
   A. 心包炎   B. 类风湿结节
   C. 皮肤溃疡   D. 紫癜
   E. 角膜炎
54. 系统性红斑狼疮特异性最高的标志性抗体是
   A. 抗核抗体   B. 抗 SSA 抗体
   C. 抗双链 DNA 抗体 D. 抗 Sm 抗体
   E. 抗 SSA 抗体

序号	1	2	3	4	5	6	7	8	9	10
答案	B	E	E	C	C	B	D	E	E	A
序号	11	12	13	14	15	16	17	18	19	20
答案	B	E	D	B	E	A	B	C	D	A
序号	21	22	23	24	25	26	27	28	29	30
答案	E	B	B	C	B	C	C	D	E	C
序号	31	32	33	34	35	36	37	38	39	40
答案	D	B	E	D	A	E	B	C	A	E
序号	41	42	43	44	45	46	47	48	49	5
答案	A	C	E	A	D	E	C	D	A	E
序号	51	52	53	54						
答案	D	A	B	D						

四、多项选择题

1. 风湿性疾病患者常见症状有（ ）
   A. 肿胀   B. 关节疼痛
   C. 关节僵硬   D. 皮肤损害
   E. 功能障碍
2. 类风湿关节炎主要的临床表现有（ ）
   A. 对称性的四肢小关节的疼痛
   B. 关节肿胀
   C. 晨僵
   D. 关节畸形
   E. 功能障碍
3. 类风湿关节炎的诱因包括（ ）

   A. 感染   B. 妊娠
   C. 寒冷   D. 潮湿
   E. 过劳

序号	1	2	3	
答案	ABCDE	ABCDE	ACDE	

五、案例分析题

患者，女，30 岁。患系统性红斑狼疮已 2 年，因发热、心悸及颜面水肿入院。检查：面颊部蝶形红斑，口腔真菌感染，心率 90 次/分；尿蛋白（+）。

1. 水肿的原因首先应考虑（ ）
   A. 肾损害   B. 营养不良
   C. 心包炎   D. 心力衰竭
   E. 肝功能异常
2. 患者口腔真菌感染应选用的漱口液是（ ）
   A. 0.1%醋酸溶液
   B. 1%～4%碳酸氢钠溶液
   C. 1%～3%过氧化氢溶液
   D. 2%～3%硼酸溶液
   E. 0.08%甲硝唑溶液

序号	1	2								
答案	A	B								

（黄江 王莉）

第九章 神经系统疾病患者的护理

一、填空题

1. 急性炎症性脱髓鞘性多发性神经病患者的临床表现肢体瘫痪、_____、脑神经损伤、_____、心理状态。
   答案：感觉障碍；自主神经功能紊乱
2. 脑脊液检查中_____现象是 GBS 最重要的特征性表现。
   答案：蛋白-细胞分离
3. 出生时存在，以后永不消失的反射有_____、_____、_____、_____等。
   答案：角膜反射；瞳孔反射；结膜反射；吞咽反射
4. 昏迷的患者张口呼吸时患者口部覆盖_____。

答案：温湿纱布
5. 小儿惊厥最常见的的原因是_____。
答案：高热

二、判断题

1. 头痛患者应对症护理的同时注意休息加强心里护理。（ ）
2. 脑出血患者临床上内囊出血最多见。（ ）
3. 帕金森患者临床上常以静止性震颤为特征性症状。（ ）
4. 临床上应用惊厥的药物首选地西泮。（ ）

序号	1	2	3	4					
答案	√	√	√	√					

三、单项选择题

1. 肢体感觉障碍的患者不宜（ ）
   A. 用温水擦浴 B. 使用热水袋
   C. 经常翻身   D. 用乙醇按摩
   E. 睡于软床上
2. 对癫痫患者进行健康教育计划的内容，下列哪项错误（ ）
   A. 禁用神经兴奋剂
   B. 适当参加脑力活动
   C. 开车要有人陪同
   D. 游泳有危险
   E. 需长期正规用药
3. 脑疝前驱症状不包括（ ）
   A. 头痛   B. 意识障碍
   C. 瞳孔变化 D. 高热
   E. 呼吸不规律
4. 患者，男性，65岁，突然剧烈头痛伴呕吐，并迅昏迷。体检：血压27.6/18.5kPa，体温390℃，呼吸慢，有鼾音，脉缓而有力，右上下肢瘫痪，口角左斜，心肺未见异常。护理不妥的是（ ）
   A. 发病2h后即可鼻饲流质
   B. 防止呕吐物误吸
   C. 密切观察生命体征变化
   D. 为迅速降温，可头部置冰袋
   E. 保持患者呼吸道通畅
5. 李强，26岁，头痛，流涕，咽痛已1周，昨天发现四肢运动及感觉障碍自远端向近端扩展，伴吞咽及呼吸困难收治入院，护理措施最重要的是（ ）
   A. 多种方式保持呼吸道通畅
   B. 亲切关怀，安慰，使情绪平稳
   C. 鼻饲流质，补充营养

   D. 保护四肢防冻、烫伤
   E. 按摩四肢，增加血循环
6. 下列哪项属于深感觉（ ）
   A. 痛觉   B. 温觉
   C. 触觉   D. 位置觉
   E. 两点辨别觉
7. 头痛患者避免用力排便的主要意义是防止（ ）
   A. 呕吐   B. 脑血栓形成
   C. 颅内压增高 D. 心脏负荷增加
   E. 心绞痛发作
8. 神经系统疾病不包括下列哪项的疾病（ ）
   A. 脑   B. 脊髓
   C. 周围神经 D. 骨骼肌
   E. 平滑肌
9. 截瘫的病损部位在（ ）
   A. 脊髓前角 B. 大脑皮层
   C. 内囊   D. 脑桥
   E. 胸腰段脊髓
10. 感觉障碍患者的护理措施错误的是（ ）
    A. 消除焦虑情绪 B. 预防褥疮
    C. 不宜多翻身   D. 防止肢体受压
    E. 保暖、防冻、防烫
11. 最能反应昏迷患者病情的体征变化是（ ）
    A. 体温 B. 脉搏
    C. 呼吸 D. 瞳孔
    E. 神志
12. 下列哪项是下运动神经元的症状（ ）
    A. 无肌收缩   B. 肌张力增高
    C. 腱反射亢进 D. 病理反射阳性
    E. 肌萎缩不明显
13. 某下肢瘫痪患者，经查肢体能在床面上滑动但不能自行抬起，此肌力应判为（ ）
    A. 0级 B. 1级
    C. 2级 D. 3级
    E. 4级
14. 脑血管病最重要的危险因素是（ ）
    A. 高血脂 B. 高血压
    C. 肥胖   D. 吸烟
    E. 高盐饮食
15. 发生脑出血最常见的血管是（ ）
    A. 椎动脉   B. 大脑后动脉
    C. 大脑中动脉 D. 基底动脉
    E. 后交通动脉
16. 脊髓前角细胞受损，下列哪项是错误的

( )
A. 肌张力下降　　B. 出现病理反射
C. 肌纤维颤动　　D. 肌力下降
E. 腱反射减弱

17. 护理脑出血患者时，动作轻柔的目的是( )
A. 患者舒适　　B. 预防压疮
C. 减少情绪波动　　D. 防止损伤皮肤黏膜
E. 避免加重脑出血

18. 脑出血最好发的部位是( )
A. 脑桥　　B. 小脑
C. 内囊　　D. 脑室
E. 脑叶

19. 瘫痪患者最常见并发症是( )
A. 肺部感染　　B. 尿路感染
C. 便秘　　D. 褥疮
E. 静脉炎

20. 瘫痪肢体宜保持功能位，下列哪项是错误的( )
A. 膝关节伸直
B. 腕关节稍背屈
C. 肘关节屈曲
D. 踝关节垂直
E. 膝关节处置一枕以防外旋

21. 蛛网膜下隙出血最具有特征性的表现是( )
A. 剧烈头痛
B. 呕吐
C. 脑膜刺激征
D. 短暂意识障碍
E. 一侧动眼神经麻痹

22. 内囊出血的典型表现是( )
A. 进行性头痛加剧
B. "三偏征"
C. 频繁呕吐
D. 大小便失禁
E. 呼吸深沉而有鼾声

23. 深昏迷时最重要的体征是( )
A. 瞳孔反射消失
B. 压眶反射迟钝
C. 病理反射阴性
D. 角膜反射减弱
E. 吞咽反射亢进

24. 老年人脑血栓形成易发生在夜间休息状态下的主要原因是( )
A. 气温较低

B. 晚餐过饱
C. 低枕平卧
D. 血糖过低
E. 血压低血液黏稠

25. 腰椎穿刺术后须去枕平卧4～6h，其目的是为防止( )
A. 穿刺部位出血
B. 穿刺部位感染
C. 低压性头痛
D. 颅内感染
E. 脑脊液外漏

26. 腰椎穿刺术后患者应采取的体位是( )
A. 去枕平卧位　　B. 侧卧位
C. 俯卧位　　D. 仰卧位
E. 膝胸位

27. 蛛网膜下隙出血最常见的病因是( )
A. 先天性动脉瘤
B. 脑血管畸形
C. 脑动脉粥样硬化
D. 再生障碍性贫血
E. 脑动脉炎

28. 脑出血患者急性期头部抬高卧位的主要目的是( )
A. 有利于口腔分泌物的引流
B. 有利于颅内血液回流
C. 防止呕吐
D. 减轻头痛
E. 防止脑缺氧

29. 对高血压脑出血恢复期患者饮食指导错误的一项是( )
A. 清淡　　B. 低钙
C. 低盐、低胆固醇　　D. 避免饱餐
E. 多吃新鲜蔬菜

30. 护理脑出血时错误的一项是( )
A. 大便失禁时臀下垫小布垫
B. 尿失禁者可留置尿管
C. 保持床铺清洁、干燥、及时更换
D. 便秘时行大量不保留灌肠
E. 保持会阴部干燥，可涂保护性润滑油

31. 急性脑血管病伴脑疝形成最急需的措施是( )
A. 脑CT　　B. 脑MRI
C. 腰椎穿刺　　D. 静脉注射甘露醇
E. 脑血管造影

32. 脑出血患者死亡的主要原因是( )

A. 坠积性肺炎　　B. 压疮感染
C. 脑疝　　　　　D. 上消化道出血
E. 中枢性高热

33. 多数蛛网膜下腔出血患者防止再出血的方法是（　　）
    A. 血压维持在正常范围
    B. 安静卧床 4～6 周
    C. 保持大便通畅
    D. 不做体力劳动
    E. 手术切除动脉瘤或血管畸形

34. 急性出血性脑血管病的处理中哪项是错误的（　　）
    A. 勤翻身拍背
    B. 控制血压
    C. 降低颅内压力
    D. 治疗并发症。
    E. 适当使用止血药

35. 脑出血患者 CT 图像为（　　）
    A. 可见脑室扩大
    B. 起病后 24h 内无改变
    C. 起病后即可见高密度异常影
    D. 起病后即可见低密度异常影
    E. 起病 24～48h 后见高密度异常

36. 脑血管意外发病最急的是（　　）
    A. 短暂性脑缺血发作
    B. 脑出血
    C. 蛛网膜下腔出血
    D. 脑血栓形成
    E. 脑栓塞

37. 引起脑出血的最常见原因是（　　）
    A. 高血压　　　　B. 脑动脉硬化
    C. 颈动脉硬化　　D. 脑动脉瘤
    E. 脑血管畸形

38. 高血压脑出血最易发生在（　　）
    A. 内囊　　　　　B. 中脑
    C. 脑桥　　　　　D. 延脑
    E. 小脑

39. 桥脑出血的主要特点为（　　）
    A. 突然意识丧失
    B. 呼吸变深而有鼾声
    C. 脉搏慢而充实
    D. 瞳孔缩小呈针尖样
    E. 以上都不是

40. 不符合内囊出血的表现是（　　）
    A. 头和眼转向病灶侧

B. 都可有典型的"三偏征"
C. 上肢和下肢瘫痪的程度相同
D. 肢体近端和远端功能障碍相等
E. 出血病灶在主侧半球者常有失语

41. 脑出血患者的诱发因素不包括（　　）
    A. 情绪激动
    B. 重体力劳动
    C. 酗酒
    D. 血液黏稠度增高
    E. 用力排便

42. 睡眠时常发生什么病（　　）
    A. 内囊出血
    B. 脑桥出血
    C. 脑血栓
    D. 小脑出血
    E. 蛛网膜下腔出血

43. 为降低脑出血患者颅内压，治疗时可选用（　　）
    A. 高分子右旋糖酐
    B. 10% 葡萄糖
    C. 低分子右旋糖酐
    D. 甘露醇
    E. 地西泮

44. 下列哪项对提示早期脑疝形成最有意义（　　）
    A. 头痛、呕吐、呼吸困难
    B. 意识丧失、瞳孔散大
    C. 剧烈头痛，频繁呕吐，意识障碍
    D. 脉搏、呼吸、血压出现"两慢一快"
    E. 呼之不醒，双侧瞳孔散大

45. 导致短暂脑缺血发作最常见病因是（　　）
    A. 情绪流动　　　B. 高血压
    C. 吸烟　　　　　D. 饮酒
    E. 动脉粥样硬化

46. 蛛网膜下腔出血最常见的病因是（　　）
    A. 脑底动脉瘤
    B. 脑血管畸形
    C. 脑动脉硬化
    D. 脊髓或椎管内动脉瘤
    E. 先天性颅内动静脉瘘

47. 短暂性脑缺血发作（　　）
    A. 持续时间不超过 1h
    B. 持续时间不超过 24h
    C. 持续时间不超过 2 天
    D. 持续时间不超过 1 周

E. 持续时间不超过3周
48. 癫痫患者的发作类型，临床上最常见的是（　　）
   A. 简单部分性发作
   B. 复发部分性发作
   C. 单纯失神发作
   D. 强直阵挛发作
   E. 癫痫持续状态
49. 急性脑血管病脑疝形成，最急需要的措施是（　　）
   A. 脑　　　　　　B. 脑MRI
   C. 腰椎穿刺　　　D. 脑血管造影
   E. 静脉注射甘露醇
50. 癫痫患者出院时，健康教育错误的是（　　）
   A. 保持情绪稳定
   B. 避免疲劳烟酒
   C. 定期查血象及肝、肾功能
   D. 不可随意增减药物剂量
   E. 自我感觉良好及时停药
51. 鉴别脑血栓形成和脑出血的最简便而有意义的是（　　）
   A. 有无失语　　　B. 有无高血压
   C. 瘫痪的程度　　D. 有无脑水肿
   E. 脑脊液检查
52. 对于癫痫持续发作者，护士首先应做何种准备（　　）
   A. 做好约束准备
   B. 准备地西泮静脉注射
   C. 准备20%甘露醇静脉注射
   D. 准备鼻饲抗癫痫药
   E. 准备50%葡萄糖静注
53. 反复发作的短暂脑血发作将会导下列何种结果（　　）
   A. 脑出血　　　　B. 蛛网膜下隙出血
   C. 脑梗死　　　　D. 脑膜炎
   E. 脑栓塞
54. 产生脑栓塞最多见的栓子来源是（　　）
   A. 空气栓子　　　B. 脂肪栓子
   C. 心脏病栓子　　D. 肺动脉血栓
   E. 大动脉硬化斑块脱落
55. 癫痫持续状态的治疗首先（　　）
   A. 鲁米那钠　　　B. 安定静脉注射
   C. 苯妥英钠　　　D. 乙酰胺
   E. 扑痫酮
56. 护士保持王先生安静卧床，护理动作轻柔，其目的是（　　）
   A. 防止颅内压升高
   B. 改善脑缺氧
   C. 避免外伤
   D. 保持呼吸道通畅
   E. 减轻脑水肿
57. 王先生安静卧床的时间应控制至（　　）
   A. 呼吸平稳　　　B. 神志清醒
   C. 血压平稳　　　D. 1周以上
   E. 4周以上

序号	1	2	3	4	5	6	7	8	9	10
答案	B	A	D	A	A	D	C	E	E	C
序号	11	12	13	14	15	16	17	18	19	20
答案	D	D	C	B	C	B	E	C	D	A
序号	21	22	23	24	25	26	27	28	29	30
答案	C	B	A	E	C	B	A	B	B	D
序号	31	32	33	34	35	36	37	38	39	40
答案	D	C	E	A	C	E	A	A	E	B
序号	41	42	43	44	45	46	47	48	49	50
答案	D	C	D	C	E	A	B	D	E	D
序号	51	52	53	54	55	56	57			
答案	E	B	C	C	B	C	E			

四、多项选择题

1. 蛛网膜下腔出血患者可出现（　　）
   A. 脑膜刺激征
   B. 频繁呕吐
   C. 一侧肢体瘫
   D. 剧烈头痛
   E. 意识障碍伴抽搐发作
2. 某急性脑出血患者，头痛，恶心，喷射性呕吐，呼吸快而不规则，血压明显增高，意识障碍。下列哪些护理措施对该患者适用（　　）
   A. 及时清除口腔分泌物和呕吐物
   B. 每2h翻身1次，预防压疮
   C. 绝对安静卧床4周以上
   D. 头部略抬高，稍向后仰
   E. 若48h后病情稳定，可进食流食

序号	1	2			
答案	ABDE	ACDE			

（李多琼　王　莉）

第四篇 外科护理学

第一章 水、电解质及酸碱平衡失调患者的护理

一、填空题

1. 血清 K^+ 的正常值是_____～5.5mmol/L。
   答案：3.5
2. 脱水患者补液，第一个 24 小时补液总量为_____+1/2 累计损失量。
   答案：生理需要量

二、单项选择题

1. 正常成人24小时液体出入量为（　）
   A. 1000ml　　　　B. 1000～2000ml
   C. 1500～2000ml　D. 2000～2500ml
   E. 2500～3000ml
2. 维持细胞外液渗透压的主要离子是（　）
   A. 钾离子　　　　B. 钙离子
   C. 镁离子　　　　D. 钠离子
   E. 氯离子
3. 细胞内液的主要阳离子是（　）
   A. 钠离子　　　　B. 钾离子
   C. 镁离子　　　　D. 钙离子
   E. 以上都是
4. 高渗性脱水最早出现的症状是（　）
   A. 尿少
   B. 皮肤弹性减退，黏膜干燥
   C. 口渴
   D. 眼眶及小儿前囟凹陷
   E. 发热、昏迷、惊厥
5. 脱水患者补充细胞外液最理想的液体是（　）
   A. 生理盐水
   B. 5%葡萄糖溶液
   C. 乳酸钠林格液或碳酸氢钠等渗盐水
   D. 右旋糖酐
   E. 林格液
6. 下列哪项不是观察输液治疗反应的项目（　）
   A. 精神状态
   B. 心肺体征
   C. 血容量是否恢复
   D. 脱水征是否改善
   E. 有无皮下出血
7. 正在输液的患者出现心率速、呼吸急促、咳嗽，有血性泡沫样痰应考虑（　）
   A. 急性肾功能衰竭
   B. 输液反应
   C. 输液量不足
   D. 左心衰及肺水肿
   E. 严重脱水
8. 低钾血症患者最早出现的临床表现是（　）
   A. 肠麻痹　　　　B. 四肢无力
   C. 心动过缓　　　D. 恶心呕吐
   E. 血压下降
9. 高钾血症患者出现心律失常时，首先应给予（　）
   A. 5%碳酸氢钠溶液
   B. 10%葡萄糖加胰岛素
   C. 10%葡萄糖酸钙
   D. 高渗盐水
   E. 透析疗法
10. 机体调节酸碱平衡最迅速的途径是（　）
    A. 肺脏
    B. 肾脏
    C. 血液缓冲系统
    D. 细胞内外钾离子交换
    E. 神经-内分泌系统

序号	1	2	3	4	5	6	7	8	9	10
答案	D	D	B	C	C	E	D	B	C	C

三、多项选择题

1. 脱水患者进行液体疗法，下列哪几项是正确的（　）
   A. 先盐后糖，但高渗性脱水例外
   B. 先胶后晶
   C. 先快后慢
   D. 尿畅补钾
   E. 液种交替

序号	1				
答案	ACDE				

(钱俊刚)

第二章 外科休克患者的护理

一、判断题

1. 中心静脉压低，血压正常提示血容量相对不足。（ ）
2. 中心静脉压低，血压低说明血管过度收缩。（ ）
3. 中心静脉压高，血压低可能有心功能不全存在。（ ）

序号	1	2	3
答案	√	×	√

二、单项选择题

1. 各型休克的共同特点是（ ）
   A. 血压下降
   B. 中心静脉压下降
   C. 脉压下降
   D. 尿量减少
   E. 微循环灌流不足
2. 休克患者应采取的体位是（ ）
   A. 头高足低位
   B. 侧卧位
   C. 半卧位
   D. 头低足高位
   E. 中凹卧位
3. 休克代偿期的表现是（ ）
   A. 血压稍升高，脉搏、脉压正常
   B. 血压稍降低，脉搏、脉压正常
   C. 血压稍升高，脉搏快，脉压无变化
   D. 血压稍升高，脉搏快，脉压缩小
   E. 血压稍降低，脉搏快，脉压缩小
4. 反映休克患者组织灌流量最简单而有效的指标是（ ）
   A. 血压   B. 脉搏
   C. 尿量   D. 神志
   E. 肢端温度
5. 休克患者在补足液体后，血压偏低，中心静脉压正常，应给予（ ）
   A. 强心药   B. 利尿药
   C. 血管扩张药   D. 血管收缩药
   E. 大量皮质激素
6. 为休克患者补充血容量应首选（ ）
   A. 全血
   B. 血浆
   C. 低分子右旋糖酐
   D. 平衡盐溶液
   E. 5%葡萄糖溶液
7. 治疗休克的关键是（ ）
   A. 纠正酸碱失衡
   B. 补充血容量
   C. 维护重要脏器功能
   D. 应用血管活性药物
   E. 应用肾上腺皮质激素
8. 在抗休克过程中应用血管扩张剂必须（ ）
   A. 在补足血容量之后
   B. 与血管收缩剂配合使用
   C. 尽早使用
   D. 大剂量使用
   E. 持续静脉点滴
9. 休克患者血压和中心静脉压均低，提示（ ）
   A. 血容量严重不足
   B. 心功能不全
   C. 血管过度收缩
   D. 血容量相对过多
   E. 血容量相对不足
10. 反映休克患者病情危重的指标是（ ）
    A. 神志淡漠
    B. 伴代谢性酸中毒
    C. 脉搏细速 120 次/分
    D. 收缩压低于 10.7kPa
    E. 皮肤出现多处瘀点、瘀斑
11. 下列预防休克的措施中哪项不正确（ ）
    A. 及时引流感染病灶
    B. 及时止血
    C. 纠正体液失衡
    D. 骨折及时固定
    E. 用多个热水袋保暖
12. 剧烈腹泻致失液性休克患者，下列哪项护理诊断为最主要（ ）
    A. 焦虑   B. 体液不足
    C. 活动无耐力   D. 生活不能自理
    E. 知识缺乏

13. 患者，女性，精神紧张、烦躁不安、面色苍白、尿量减少、脉压小，应首先给（ ）
    A. 血管收缩药
    B. 血管扩张药
    C. 静脉补液
    D. 利尿剂
    E. 强心药
14. 患者，男性，严重创伤后，血压降低，脉搏细速，面色苍白，诊断为休克，治疗时重点应注意（ ）
    A. 急性肾功能衰竭的发生
    B. 及时扩充血容量
    C. 及时使用甘露醇
    D. 避免使用血管收缩药
    E. 药物对各脏器的毒性
15. 患者，男性，外伤后出血，烦躁，肢端湿冷，脉搏 105 次/分，脉压小，应考虑为（ ）
    A. 无休克   B. 休克早期
    C. 休克中期   D. 休克晚期
    E. DIC 形成
16. 患者，女性，因休克进行扩容疗法快速输液时，中心静脉压 1.47 kPa（15cm H_2O），BP10.7/8kPa（80/60 mmHg）应采取的措施是（ ）
    A. 大量输液加快速度
    B. 控制速度，减慢输液
    C. 减慢输液加用强心剂
    D. 暂停输液
    E. 用升压药

序号	1	2	3	4	5	6	7	8	9	10
答案	E	E	D	C	A	D	B	A	A	E
序号	11	12	13	14	15	16
答案	E	B	C	B	B	C

三、多项选择题

1. 休克代偿期的症状是（ ）
    A. 尿量减少
    B. 皮肤黏膜发绀
    C. 血压正常或偏高
    D. 表情淡漠
    E. 烦躁不安
2. 外科常见的休克类型是（ ）
    A. 低血容量性休克
    B. 创伤性休克
    C. 感染性休克
    D. 过敏性休克
    E. 心源性休克
3. 中心静脉压测定可以反映（ ）
    A. 左心房压力
    B. 右心房压力
    C. 肺循环压力
    D. 胸腔内腔静脉压力
    E. 左心室压力
4. 休克患者可以采取的体位是（ ）
    A. 平卧位   B. 半卧位
    C. 俯卧位   D. 中凹位
    E. 截石位

序号	1	2	3	4
答案	ACE	AC	BD	AD

四、案例分析题

患者，男，40 岁，因车祸脾破裂就诊，血压 8/4 kPa（60/30mmHg），脉率 120 次/分，患者烦躁不安，皮肤苍白，四肢湿冷。

1. 在等待配血期间，静脉输液宜首选（ ）
    A. 5%葡萄糖液   B. 5%葡萄糖盐水
    C. 平衡盐溶液   D. 林格液
    E. 5%碳酸氢钠
2. 不正确的护理措施是（ ）
    A. 吸氧，输液   B. 置热水袋保暖
    C. 平卧位   D. 测每小时尿量
    E. 测中心静脉压
3. 该患者进入微循环衰竭期时会出现（ ）
    A. 表情淡漠   B. 皮肤苍白
    C. 尿量减少   D. 血压下降
    E. 全身广泛出血
4. 此患者的休克指数为（ ）
    A. 0.5   B. 1.0
    C. 1.5   D. 2.0
    E. 2.5

序号	1	2	3	4
答案	C	B	E	D

（钱俊刚）

第三章　麻醉患者的护理

一、单项选择题

1. 全麻发生喉痉挛，其特征为出现（ ）

A. 痰鸣音　　　　B. 鸡鸣音
C. 哮鸣音　　　　D. 湿啰音
E. 呛咳

2. 以下哪项与预防局麻药中毒无关（　　）
A. 术前用药给苯巴比妥钠
B. 避免将局麻药注入血管
C. 每次用量不超过最大限量
D. 加少量肾上腺素
E. 术前做皮肤过敏试验

3. 硬膜外麻醉最严重的并发症是（　　）
A. 血压下降　　　B. 血管扩张
C. 尿潴留　　　　D. 呼吸变慢
E. 全脊髓麻醉

4. 在吸入麻醉前，常规使用抗胆碱药物的主要目的是（　　）
A. 有效地防止支气管痉挛
B. 减少胃肠蠕动
C. 减少呼吸道及唾液分泌
D. 减少麻醉药的用量
E. 减轻麻醉过程中交感神经的过度兴奋

5. 成人腰椎穿刺术一般在哪个间隙以下施行（　　）
A. 腰 1-2　　　　B. 腰 2-3
C. 腰 3-4　　　　D. 腰 4-5
E. 胸 12-腰 1

6. 为防止麻醉时引起呕吐，一般手术前禁食、禁饮的时间是（　　）
A. 4h 禁食、2h 禁饮
B. 6h 禁食、4h 禁饮
C. 8h 禁食、6h 禁饮
D. 14h 禁食、4h 禁饮
E. 12h 禁食、4~6h 禁饮

7. 小儿、老人、孕妇应避免使用哪种麻醉前用药（　　）
A. 吗啡　　　　　B. 哌替啶
C. 东莨菪碱　　　D. 地西泮
E. 苯巴比妥钠

序号	1	2	3	4	5	6	7
答案	B	E	E	C	B	E	A

二、多项选择题

1. 麻醉前用药的目的是（　　）
A. 镇静、镇痛
B. 预防局麻药物毒性反应
C. 减少呼吸道分泌物
D. 减少迷走神经反射
E. 减慢心率，维持循环稳定

2. 将阿托品改用东莨菪碱的情况有（　　）
A. 高烧、暑天
B. 老年、体弱、休克
C. 心动过速、甲亢
D. 创口剧痛
E. 幼儿

3. 局麻药中毒反应的原因有（　　）
A. 一次注射药物超过最大剂量
B. 药物误入血管内
C. 注射部位血管丰富
D. 患者对药物过敏
E. 药物间相互影响使毒性增高

序号	1	2	3
答案	ABCD	AC	ABCE

三、案例分析题

患者，女性，成人，拟行阑尾切除术，在腰麻开始后不久，收缩压从麻醉前 14.7kPa 下降至 11.7kPa。

1. 应静脉输液中加入（　　）
A. 间羟胺　　　　B. 麻黄碱
C. 肾上腺素　　　D. 多巴胺
E. 去甲肾上腺素

患者，男性，30 岁，在普鲁卡因局部浸润麻醉下行双侧腋臭皮肤切除，两侧同时手术。手术中，患者突然大叫，谵妄，惊厥，发绀，心率 120 次/分。

2. 请问该患者处理应（　　）
A. 静脉输液
B. 静脉注射间羟胺
C. 静脉注射硫喷妥钠
D. 吸氧
E. 静脉注射肾上腺素

外伤性肝、脾破裂内出血、休克患者，受伤前半小时曾吃粥一碗，馒头四两，需全麻下手术，除及时补充血容量外。

3. 请问针对"饱胃"宜（　　）
A. 置胃管抽吸，抽空胃内容物
B. 考虑作清醒气管内插管
C. 用药物或物理性刺激使患者呕出胃内容物
D. 立即作气管切开
E. 等待至胃排空后再予麻醉

序号	1	2	3
答案	B	C	B

(钱俊刚)

第四章 手术前后患者的护理

一、填空题

1. 一般择期手术患者,麻醉前应禁食____小时,禁饮4～6小时,以防窒息和吸入性肺炎的危险。
   答案:12

二、单项选择题

1. 心理护理时,对于患者提出有关本人疾病的问题时,应(　　)
   A. 将全部病情告诉患者,并详细解释机制
   B. 尽量安慰患者,使其毫无顾虑
   C. 有关疾病问题一律由医生回答
   D. 谈话中尽可能避而不谈
   E. 注意保护性医疗,恰如其分地解释病情
2. 骨科手术前备皮,正确的是(　　)
   A. 手术前3日开始备皮剃毛
   B. 术前3日起清洗,术前一日剃毛
   C. 术前一日清洗并剃毛
   D. 手术日晨清洗,剃毛
   E. 清洗3日,不剃毛
3. 围手术期是指(　　)
   A. 手术开始至手术结束
   B. 入院至手术后基本康复
   C. 入院至出院
   D. 确定手术治疗至手术后基本康复
   E. 手术后两周之内
4. 结直肠手术前,除行清洁灌肠外,还应(　　)
   A. 肌注抗菌素预防感染
   B. 应用镇咳药,防止术后咳嗽
   C. 术前3天开始服用肠道制菌药物
   D. 应用肾上腺皮质激素以增强抵抗力
   E. 输血

序号	1	2	3	4
答案	E	B	D	C

三、多项选择题

1. 术前胃肠道准备是指(　　)
   A. 胃肠道手术患者,手术前一天开始进流食
   B. 一般手术前12小时开始禁食
   C. 一般手术前4小时开始禁水
   D. 一般性手术,前一天作肥皂水灌肠
   E. 胃肠道手术患者,术前常规放置胃管
2. 手术前的准备包括(　　)
   A. 清洁手术区皮肤
   B. 术前做灌肠
   C. 教会咳嗽咳痰的正确方法
   D. 术前12小时开始禁食
   E. 手术前一天停止吸烟

序号	1	2
答案	ABCDE	ABCD

四、案例分析题

患者,男性,60岁,因结肠癌拟行手术治疗,术前血红蛋白70g/L,血清白蛋白25 g/L,体重较以前下降5 kg。
1. 入院后应采取的措施是(　　)
   A. 立即手术
   B. 给予营养支持,待体重恢复后手术
   C. 给予输血,肠外营养,纠正低蛋白血症
   D. 全身情况差,已失去手术时机
   E. 先出院,待全身情况好转再手术

序号	1
答案	C

(钱俊刚)

第五章 手术室护理工作

一、单项选择题

1. 手术切口的外源性感染途径不包括(　　)
   A. 外科器械物品
   B. 手术室空气灰尘
   C. 手术台面
   D. 手术人员的手和臂
   E. 手术区皮肤
2. 煮沸法不适宜消毒(　　)
   A. 肛管　　B. 鼻饲管
   C. 手术刀　　D. 持物钳
   E. 治疗碗
3. 除哪项外均为化学消毒的作用原理(　　)
   A. 使菌体蛋白凝固变性
   B. 抑制细菌代谢生长

C. 损害细胞膜的结构，改善其渗透性
D. 利用湿热使菌体蛋白及酶变性
E. 干扰细菌酶活性

4. 已穿好无菌手术衣，戴无菌手套，手术未开始，双手应置于（ ）
   A. 胸前部　　　　　B. 腹前部
   C. 夹于腋下　　　　D. 双手下垂
   E. 双手往后背

5. 正确的刷手范围是（ ）
   A. 从指尖到上臂上 1/3 处
   B. 从指尖到上臂中 1/3 处
   C. 从指尖到上臂中、上 1/3 处
   D. 从指尖到上臂中、下 1/3 处
   E. 从指尖到上臂下 1/3 处

6. 手术区铺盖无菌布单，正确的是（ ）
   A. 无菌巾先铺相对不洁区或操作者的对侧
   B. 无菌巾铺下后不可由内向外再移动
   C. 开腹手术的术野区至少铺单 2 层
   D. 无菌单下垂手术台边缘至少 10cm
   E. 术中手术巾单湿透时，应撤去重铺

7. 无菌术是（ ）
   A. 针对清洁来源采取的措施
   B. 应用抗生素预防感染的方法
   C. 防止已灭菌物品被污染的制度
   D. 彻底清除手术窗口
   E. 提高患者抵抗防止切口感染

8. 手术进行中的无菌原则哪项是错误的（ ）
   A. 手术人员一经洗手，手臂即不接触未经消毒的物品
   B. 不可在手术人员背后传递器械及手术物品
   C. 如手套破损或接触到有菌区，需另换无菌手套
   D. 手术过程中，同侧人员需调换位置时，应先退后一步，背对背转到另一位置
   E. 参观手术人员可靠近手术人员或站得太高

9. 碘伏洗手法，应用浸泡过的纱布涂擦多长时间（ ）
   A. 1 分钟　　　　　B. 3 分钟
   C. 5 分钟　　　　　D. 10 分钟
   E. 不定

10. 手术切口四周皮肤消毒范围至少在（ ）
    A. 5～10cm　　　　B. 10～15cm
    C. 15～20cm　　　 D. 20～25cm
    E. 25～35cm

11. 以下具有灭菌作用的是（ ）
    A. 70%乙醇
    B. 0.1%苯扎溴按
    C. 0.1%氯己定(洗必泰)
    D. 10%福尔马林
    E. 0.5%碘酊

12. 严重感染手术后的手术间，首先采用的消毒方法应是（ ）
    A. 熏蒸　　　　　　B. 通风
    C. 紫外线照射　　　D. 消毒液擦拭地面
    E. 湿洗所有用物

13. 高压蒸气灭菌法不适用于（ ）
    A. 注射器　　　　　B. 塑料管
    C. 橡胶类　　　　　D. 纱布棉垫
    E. 手术器械

14. 手术室的清洁与消毒工作包括（ ）
    A. 每次手术完毕
    B. 每天工作结束后的清洁与消毒
    C. 定期进行空气培养
    D. 每周大扫除后采用乳酸消毒法进行空气消毒
    E. 以上都是

15. 有关碘伏消毒错误的是（ ）
    A. 碘伏稀释后稳定性差，应现用现配
    B. 皮肤消毒后用乙醇脱碘
    C. 避光密闭保存
    D. 外科手术及皮肤消毒时应涂擦 2 次
    E. 可用于黏膜、创面消毒

16. 下列说法正确的是（ ）
    A. 消毒仅杀灭病菌的繁殖体
    B. 消毒可杀灭致病菌的繁殖体和芽胞
    C. 灭菌仅杀灭致病菌的繁殖体
    D. 灭菌仅杀灭致病菌的芽胞
    E. 抗菌法指的是灭菌

17. 下列哪项是手术野污染的途径（ ）
    A. 手术器械物品
    B. 手术人员的手臂
    C. 患者手术区皮肤
    D. 感染病灶或空腔器官内容物
    E. 以上都是

18. 用物理方法消灭细菌称（ ）
    A. 消毒法　　　　　B. 抗毒法
    C. 抗菌法　　　　　D. 无菌法
    E. 灭菌法

19. 高压灭菌后的物品一般可保留（ ）
    A. 4 天　　　　　　B. 1 周

C. 2周　　　　　　D. 3周
E. 1个月
20. 刀剪刃性器械最佳消毒法是（　　）
    A. 煮沸灭菌法
    B. 高压蒸气灭菌法
    C. 火烧灭菌法
    D. 化学药液浸泡法
    E. 甲醛蒸气熏蒸
21. 高压蒸气灭菌，蒸气压力为104.0～137.3kPa，要杀死一切细菌，灭菌时间为（　　）
    A. 10分钟　　　　B. 20分钟
    C. 30分钟　　　　D. 40分钟
    E. 50分钟
22. 关于戴无菌手套、脱污染手套，下述描述哪项是错误的（　　）
    A. 戴无菌手套时注意勿触及手套外面
    B. 脱污染手套时，手套外面不能触及皮肤
    C. 常规洗手，如用干手套，先穿手术衣后戴手套
    D. 常规洗手后，如用湿手套，先戴手套后穿手术衣
    E. 常规洗手后，如干手套，先戴手套后穿手术衣
23. 煮沸灭菌要求时间为（　　）
    A. 煮沸开始10分钟
    B. 煮沸开始20分钟
    C. 带芽胞细菌需20分钟
    D. 带芽胞细菌需30分钟
    E. 带芽胞细菌需45分钟
24. 煮沸消毒时哪项正确（　　）
    A. 煮沸容器不必盖严
    B. 玻璃物品可直接放入
    C. 橡胶类可延长煮沸时间
    D. 中途添加物品重新计算时间
    E. 玻璃类物品在水沸后放入
25. 高压蒸气灭菌要求达到的温度是（　　）
    A. 100～106℃　　B. 110～116℃
    C. 115～120℃　　D. 121～126℃
    E. 130～146℃
26. 无菌切口消毒的顺序是（　　）
    A. 自上而下
    B. 自下而上
    C. 由切口为中心向四周
    D. 由四周向切口
    E. 无一定顺序
27. 消毒时乙醇脱碘应（　　）
    A. 涂过碘伏后，立刻脱
    B. 待碘伏干燥后，再脱碘
    C. 由四周向切口方向脱碘
    D. 只脱切口部位的碘
    E. 用夹碘酒棉球的钳子脱碘
28. 连台手术时（　　）
    A. 不需要更换手术衣、手套
    B. 先脱手术衣，再脱手套
    C. 先脱手套，再脱手术衣
    D. 不需洗手，另穿手术衣
    E. 手可随意接触
29. 为了防止手术野污染或切口感染，必须采取哪种有效的控制措施（　　）
    A. 手术器械物品、手术人员的无菌处理
    B. 患者手术区的无菌处理
    C. 污染手术的隔离处理
    D. 手术室的清洁与消毒
    E. 以上都是
30. 煮沸杀灭芽胞要求的时间是（　　）
    A. 1小时　　　　　B. 0.5小时
    C. 20分钟　　　　D. 1.5小时
    E. 2小时
31. 高压蒸气灭菌时，哪项是错误的（　　）
    A. 包裹不要过大
    B. 包裹应标明时间
    C. 包裹应堆放紧
    D. 包裹不应包得过紧
    E. 包裹内、外要有指示纸带
32. 碘酒消毒后，应用乙醇脱碘（　　）
    A. 1遍　　　　　　B. 2遍
    C. 3遍　　　　　　D. 4遍
    E. 5遍
33. 肥皂水刷手正确的是（　　）
    A. 注意甲沟的清洁
    B. 自指尖至肘关节
    C. 肘关节为最高位
    D. 冲洗时应自上而下至手
    E. 反复冲洗2遍
34. 使用消毒液时错误的是（　　）
    A. 选择合适的消毒剂
    B. 掌握有效浓度、消毒时间及使用方法
    C. 定期更换并定期检查
    D. 浸泡前无须洗净擦干、打开轴节
    E. 使用前用无菌生理盐水冲净药液

35. 高压蒸气灭菌法，当压力达到 104～137.4kPa，温度达到 121～126℃，需经多长时间可达到灭菌目的（　）
    A. 3～10 分钟　　　B. 10～15 分钟
    C. 20～30 分钟　　D. 30～60 分钟
    E. 60～90 分钟

36. 煮沸消毒灭菌时，为提高沸点达 105℃，并可去污防锈，水中应加入（　）
    A. 亚硝酸　　　　B. 乳酸钠
    C. 硫酸钠　　　　D. 碳酸氢钠
    E. 氢氧化钠

37. 乙醇应多长时间过滤校正浓度一次（　）
    A. 3 天　　　　B. 5 天
    C. 7 天　　　　D. 9 天
    E. 10 天

38. 可用于浸泡内镜的消毒液为（　）
    A. 乙醇　　　　B. 碘酊
    C. 戊二醛　　　D. 过氧乙酸
    E. 含氯消毒液

39. 赵护士，手术过程中，手术衣被血液浸湿，应（　）
    A. 迅速更换　　　B. 继续手术
    C. 再穿上一件　　D. 停止手术
    E. 都行

40. 王护士，因工作疏忽，无菌包外未贴消毒指示带，应怎样处理（　）
    A. 补贴
    B. 放入其他贴有指示带的包中
    C. 重新消毒
    D. 继续使用
    E. 都不行

41. 小张护士治疗过程中，工作服上不慎沾有碘渍，应选用何种溶液除去碘渍（　）
    A. 过氧乙酸　　　B. 盐水
    C. 乙醇　　　　　D. 过氧化氢
    E. 戊二醛

42. 手术室行甲亢手术后，应怎样进行空气消毒（　）
    A. 通风　　　　　B. 乳酸熏蒸
    C. 甲醛熏蒸　　　D. 紫外线消毒
    E. 都行

43. 手术台上器械坠落，不正确的作法是（　）
    A. 冲洗后再用
    B. 不得使用
    C. 应计数

D. 暂不拿出手术间
E. 须核实无误后，才可关闭胸、腹腔

44. 化学药液灭菌法不适用于（　）
    A. 利器　　　　B. 敷料
    C. 内镜　　　　D. 缝线
    E. 气有机玻璃

45. 手术室上午行铜绿假单胞菌（绿脓杆菌）感染所致的肝脓肿手术，术后应立即（　）
    A. 通风
    B. 擦地面用 1%苯扎溴氨
    C. 乳酸熏蒸
    D. 紫外线消毒
    E. 甲醛熏蒸

序号	1	2	3	4	5	6	7	8	9	10
答案	C	C	D	A	D	A	C	E	B	C
序号	11	12	13	14	15	16	17	18	19	20
答案	D	A	B	E	B	A	E	E	C	D
序号	21	22	23	24	25	26	27	28	29	30
答案	C	E	B	D	D	C	B	B	E	A
序号	31	32	33	34	35	36	37	38	39	40
答案	C	B	A	D	C	D	C	C	A	C
序号	41	42	43	44	45					
答案	C	D	A	B	C					

二、案例分析题

　　刘护士今日参加阑尾切除手术，洗手前准备已做好。

1. 问下列哪项不合格（　）
   A. 换好手术室清洁鞋、洗手衣
   B. 衣袖卷至上臂中段
   C. 下摆扎在裤腰之内
   D. 全部头发已被帽子盖好
   E. 口罩盖住口而露出鼻孔

2. 刘护士参加完阑尾炎手术后，因人员紧张又参加甲亢手术，刘护士下列哪项行为不正确（　）
   A. 不需要更换手术衣、手套
   B. 脱下手术衣、手套
   C. 常规洗手、浸泡消毒
   D. 先穿手术衣
   E. 后戴干手套

序号	1	2
答案	E	A

（钱俊刚）

第六章 外科感染患者的护理

一、判断题

1. 感染性肿物有波动感的是浅部脓肿。（　）
2. 一般不化脓的疾病是下肢丹毒。（　）

序号	1	2						
答案	√	√						

二、单项选择题

1. 不符合外科感染特点的是（　）
   A. 多数由单一细菌引起感染
   B. 病变以局部炎症为主
   C. 常与创伤有关
   D. 常需手术治疗
   E. 可分为特异性和非特异性感染
2. 慢性感染一般指病程在多长时间以内（　）
   A. 1周　　　　　B. 2周
   C. 3周　　　　　D. 1个月
   E. 2个月
3. 危险三角区的疖，首要的护理诊断/合作性问题是（　）
   A. 潜在并发症：脓毒症
   B. 潜在并发症：菌血症
   C. 潜在并发症：毒血症
   D. 潜在并发症：颅内海绵窦静脉炎
   E. 潜在并发症：休克
4. 皮肤的多个相邻毛囊及其周围组织的急性化脓性感染是（　）
   A. 痈　　　　　B. 疖
   C. 丹毒　　　　D. 急性淋巴管炎
   E. 急性蜂窝织炎
5. 选择抗生素最理想的依据是（　）
   A. 脓液的性质
   B. 细菌的种类
   C. 细菌药敏试验
   D. 感染的严重程度
   E. 药物的抗菌谱
6. 一般人群预防破伤风最可靠的方法是（　）
   A. 注射人体破伤风免疫球蛋白
   B. 注射破伤风抗毒素
   C. 注射破伤风类毒素
   D. 受伤后注射甲硝唑
   E. 受伤后注射青霉素
7. 某患者鼻部疖挤压后，出现头痛、高热、昏迷、眼部红肿，首先应考虑的是（　）
   A. 面部蜂窝织炎
   B. 菌血症
   C. 毒血症
   D. 颅内海绵窦静脉炎
   E. 脓毒症
8. 急性感染一般指病程在多长时间以内（　）
   A. 1周　　　　　B. 2周
   C. 3周　　　　　D. 1个月
   E. 2个月
9. 不会引起脓毒症或菌血症的细菌是（　）
   A. 金黄色葡萄球菌　　B. 破伤风梭菌
   C. 化脓性链球菌　　　D. 大肠埃希菌
   E. 铜绿假单胞菌
10. 需要尽早切开引流的急性软组织感染是（　）
    A. 痈　　　　　B. 疖
    C. 脓性指头炎　D. 急性淋巴管炎
    E. 急性淋巴结炎
11. 口底、颌下及颈部蜂窝织炎的最严重后果是（　）
    A. 全身性感染　　B. 发热
    C. 呼吸困难、窒息　D. 吞咽困难
    E. 化脓性海绵状静脉窦炎
12. 脓性指头炎如未及时切开引流易导致（　）
    A. 掌中间隙感染　　B. 鱼际间隙感染
    C. 化脓性腱鞘炎　　D. 指骨缺血坏死
    E. 毒血症
13. 伤口或病灶近侧皮肤出现"红线"并有压痛的是（　）
    A. 静脉炎　　　B. 动脉炎
    C. 丹毒　　　　D. 淋巴结炎
    E. 管状淋巴管炎
14. 破伤风的潜伏期一般是（　）
    A. 2～8日　　　B. 4～6日
    C. 7～8日　　　D. 15～30日
    E. 1～2月
15. 破伤风患者最早发生强直性收缩的肌是（　）
    A. 咀嚼肌　　　B. 背腹肌
    C. 颈项肌　　　D. 四肢肌群
    E. 膈肌
16. 破伤风患者最早的临床表现常是（　）

A. 张口不便　　B. 屈膝弯肘
C. 角弓反张　　D. 苦笑面容
E. 手足抽搐

17. 控制破伤风患者痉挛的最主要措施是（　）
    A. 保持病室安静
    B. 限制亲友探视
    C. 使用镇静及解痉剂
    D. 护理措施要集中
    E. 静脉滴注破伤风抗毒素

18. 以下对气性坏疽的护理措施中不正确的是（　）
    A. 在创面上进行多切口引流
    B. 3%过氧化氢冲洗
    C. 冲洗后持续过氧化氢溶液湿敷
    D. 用过的敷料焚烧
    E. 无须严格执行接触隔离原则

19. 二重感染是指（　）
    A. 多种细菌引起的感染
    B. 多种致病微生物引起的感染
    C. 多种特殊厌氧菌引起的感染
    D. 机体抵抗力下降引起反复的细菌感染
    E. 抗生素应用过程中耐药菌株引起的感染

20. 非特异性感染致病菌哪一种不是（　）
    A. 葡萄球菌　　B. 结核杆菌
    C. 大肠杆菌　　D. 变形杆菌
    E. 绿脓杆菌

21. 哪种不是外科感染的常见细菌（　）
    A. 溶血性链球菌
    B. 金黄色葡萄球菌
    C. 大肠杆菌
    D. 伤寒杆菌
    E. 绿脓杆菌

22. 特异性感染指（　）
    A. 结核病　　B. 破伤风
    C. 气性坏疽　D. 以上都是
    E. 以上都不是

23. 下列哪种感染发生于面部时会引起喉头水肿、窒息（　）
    A. 疖
    B. 痈
    C. 急性蜂窝组织炎
    D. 丹毒
    E. 急性淋巴管炎和急性淋巴结炎

24. 外科化脓性感染的临床表现，错误的是（　）

A. 红　　B. 肿
C. 热　　D. 痛
E. 都有全身发热

25. 溶血性链球菌感染所形成的脓液为（　）
    A. 黏稠无臭
    B. 黏稠恶臭
    C. 稀薄量多无臭
    D. 黏稠黄色无臭
    E. 稀薄棕色、恶臭

26. 患者，男性，62岁，因颈部蜂窝织炎入院。患者颈部肿胀明显，观察中应特别注意（　）
    A. 体温　　B. 呼吸
    C. 血压　　D. 吞咽
    E. 神志

27. 患者，男性，28岁。因"破伤风"入院治疗，抽搐频繁，呼吸道分泌物多，有窒息的可能，应首先采取的措施是（　）
    A. 肌注苯巴比妥钠
    B. 行水化氯醛保留灌肠
    C. 静脉滴注 TAT
    D. 气管切开
    E. 应用大剂量青霉素

序号	1	2	3	4	5	6	7	8	9	10
答案	A	E	D	A	C	C	D	C	B	C
序号	11	12	13	14	15	16	17	18	19	20
答案	C	D	E	C	A	A	C	E	E	B
序号	21	22	23	24	25	26	27			
答案	D	D	C	E	C	B	D			

三、多项选择题

1. 破伤风患者的临床表现有（　）
   A. 苦笑面容　　B. 牙关紧闭
   C. 颈项强直　　D. 角弓反张
   E. 神志不清

序号	1			
答案	ABCD			

四、案例分析题

患者，女性，70岁，因"颌下急性蜂窝织炎"入院。患者颈部明显红肿、疼痛，伴严重全身感染症状，自感心慌、气紧、胸闷，口唇发绀。既往有冠心病及慢性支气管炎历史。入院后予以补液、抗感染治疗。

1. 目前患者最可能发生的并发症是（　）

A. 急性肺水肿
B. 急性心肌梗死
C. 急性呼吸衰竭
D. 窒息
E. 慢性支气管炎急性发作

2. 导致患者发生该并发症的原因是（ ）
A. 输液过多过快
B. 支气管痉挛
C. 喉头水肿
D. 心肌缺血缺氧
E. 支气管炎症水肿

3. 预防该并发症的最重要措施是（ ）
A. 尽早吸氧
B. 应用支气管解痉剂
C. 大剂量应用皮质激素
D. 舌下含化硝酸甘油
E. 尽早行局部脓肿切开减压

4. 对该并发症首要的处理措施是（ ）
A. 气管插管
B. 气管切开
C. 大剂量应用皮质激素
D. 舌下含化硝酸甘油
E. 应用支气管解痉剂

5. 以下哪项护理措施不正确（ ）
A. 按医嘱应用镇痛剂
B. 按医嘱应用支气管解痉剂
C. 按医嘱应用青霉素
D. 按医嘱给予退热药
E. 按医嘱足量补液

患者，女性，35岁。4天前不慎刺伤中指末节指腹，当时仅有少量出血，未予特殊处理。前一手明显肿胀、皮肤苍白，自感有搏动性跳痛，尤以夜间为甚。全身不适。

6. 目前应考虑该患者发生了（ ）
A. 甲沟炎
B. 甲下脓肿
C. 脓性指头炎
D. 急性化脓性腱鞘炎
E. 化脓性滑囊炎

7. 对患者的首要处理措施是（ ）
A. 鱼石脂软膏敷贴指头
B. 拔除指甲
C. 脓肿切开引流
D. 应用抗生素
E. 局部热敷和理疗

8. 若治疗不及时，患者易发生（ ）
A. 指骨坏死   B. 肌腱坏死
C. 慢性甲沟炎   D. 掌中间隙感染
E. 鱼际间隙感染

9. 以下对患者的护理措施中哪项不正确（ ）
A. 抬高患肢
B. 局部制动
C. 无菌生理盐水浸湿敷料后换药
D. 换药前应用镇痛剂
E. 适当按摩手指促进炎症消散

10. 对患者的健康指导不包括（ ）
A. 保持手清洁
B. 预防手损伤
C. 伤后自行清洗、包扎
D. 伤后及时消毒、清创
E. 手部感染后及时就诊

患者，男性，48岁，"急性出血坏死性胰腺炎"术后23天，已经深静脉导管行TPN治疗20天。日突发寒战、高热，T39.8℃、头痛、头晕、面色潮红。患者极度烦躁，P132次/分钟，R36次/分钟。血常规检查：白细胞计数$25×10^9$/L、中性核左移。

11. 此时应首先考虑患者出现了（ ）
A. 静脉导管感染引起脓毒症
B. 肠源性感染引起脓毒症
C. 切口感染引起脓毒症
D. 坏死组织毒素吸收引起毒血症
E. 腹腔内感染引起脓毒症

12. 若疑为导管感染，以下处理措施哪项不妥（ ）
A. 拔除TPN导管、更换TPN液体
B. 剪下导管尖端送菌培养
C. 寒战、高热时采血送细菌培养
D. 保留TPN液体送细菌培养
E. 原位置更换TPN导管

13. 对静脉导管感染的首要处理措施是（ ）
A. 大剂量应用抗生素
B. 停止输注营养液
C. 采血送细菌培养
D. 拔除导管并剪下尖端送细菌培养和作药敏试验
E. 保留TPN液体送细菌培养

14. 关于抗生素的应用，下列哪项错误（ ）
A. 严重感染时应尽量静脉给药
B. 尽量联合用药以减少副作用

C. 根据感染特点尽早足量应用
D. 近早应用大剂量广谱抗生素
E. 根据细菌培养和药敏试验结果选用

15. 若治疗过程中患者出现真菌感染,下列哪项不符合其应用原则（　　）
    A. 全身应用抗真菌药物
    B. 尽量应用窄谱抗生素
    C. 局部应用抗真菌药物
    D. 尽量停用广谱抗生素
    E. 根据真菌培养和药敏试验结果选用

16. 治疗过程中,若患者出现意识模糊、体温不升、面色苍白、四肢冰凉、血压降低、白细胞计数减少,常提示为（　　）
    A. 革兰阳性菌感染
    B. 革兰阴性菌感染
    C. 厌氧菌感染
    D. 真菌感染
    E. 严重病毒感染

17. 此时,对患者的护理措施哪项不正确（　　）
    A. 采取头低足高位
    B. 快速大量补液
    C. 室内升温保暖
    D. 按医嘱应用广谱抗生素
    E. 按医嘱应用升压药

    患者,男性,22岁,因"高处坠落伤、右下肢开放性骨折"2小时急诊入院治疗。3天后患者自述全身乏力,有伤口包扎过紧、疼痛感。次日出现伤口"胀裂样"剧痛,难以忍受. 体检:神志清醒、表情淡漠：T39.5℃, P122次/分钟, R30次/分钟, BP96/65mmHg, 口唇苍白, 大汗淋漓; 伤口周围肿胀明显, 有明显压痛, 皮肤呈紫红色, 压之有气泡从伤口逸出, 并有稀薄、恶臭的浆液性或血液性液体流出。实验室检查：伤口渗出物涂片检出革兰染色阳性粗大杆菌; 血常规检查示白细胞计数 19×10^9/L。X线检查提示伤口周围软组织间有积气。

18. 考虑该患者发生了（　　）
    A. 破伤风　　　　B. 气性坏疽
    C. 脓毒症　　　　D. 菌血症
    E. 急性蜂窝织炎

19. 对该病最有效的预防措施是（　　）
    A. 污染伤口做彻底清创
    B. 注入人体免疫球蛋白
    C. 高压氧治疗
    D. 输注新鲜血液

E. 大量应用青霉素

20. 以下对该患者下肢伤口的处理哪项不正确（　　）
    A. 紧急手术清创
    B. 广泛多处切开引流
    C. 3%过氧化氢溶液冲洗、湿敷
    D. 切口敞开、不予缝合
    E. 切口缝合、加压包扎

21. 对患者的药物治疗首选（　　）
    A. 青霉素　　　　B. 麦地霉素
    C. 头孢霉素　　　D. 甲硝唑
    E. 琥乙红霉素

22. 若整个肢体广泛感染,病变不能控制时,应采取什么措施挽救患者生命（　　）
    A. 快速补充血容量
    B. 快速输注新鲜全血
    C. 高压氧治疗
    D. 截肢
    E. 大量应用抗生素

23. 对患者的消毒隔离措施哪项错误（　　）
    A. 所有器械须专用
    B. 所有敷料须专用
    C. 用后器械予以灭菌处理
    D. 用后敷料焚烧处理
    E. 严格执行床边隔离原则

序号	1	2	3	4	5	6	7	8	9	10
答案	D	C	E	A	B	C	C	A	E	C
序号	11	12	13	14	15	16	17	18	19	20
答案	A	E	D	D	B	B	A	B	A	E
序号	21	22	23							
答案	A	D	E							

（钱俊刚）

第七章　损伤患者的护理

一、填空题

1. 烧伤后由于大量渗出导致的休克多发生于_____小时之内。
   答案：48

2. 烧伤病程可分期为休克期、感染期、_____。
   答案：修复期

3. 损伤按皮肤完整性可分为_____和开放性

损伤。

答案：闭合性损伤

二、判断题

1. 大面积烧伤患者休克期调节补液量简便而又可靠的临床指标是末梢循环情况。（　）
2. 开放性损伤早期处理最重要的是清创术。（　）

序号	1	2							
答案	√	×							

三、单项选择题

1. 下列哪项不属于机械性损伤（　）
   A. 切割伤　　B. 擦伤
   C. 挫伤　　D. 刺伤
   E. 放射线
2. 下列不属于物理性损伤的是（　）
   A. 高温　　B. 低温
   C. 毒气　　D. 电流
   E. 激光
3. 不属于化学性损伤的是（　）
   A. 强酸　　B. 强碱
   C. 毒气　　D. 昆虫咬伤
   E. 磷烧伤
4. 下列哪项不属于闭合性损伤（　）
   A. 挫伤　　B. 扭伤
   C. 裂伤　　D. 挤压伤
   E. 爆震性
5. 止血带止血应每隔1h放松（　）
   A. 1～2min　　B. 3～4min
   C. 5～6min　　D. 7～8min
   E. 10min
6. 容易引起急性肾衰的损伤是（　）
   A. 严重挤压伤
   B. 广泛擦伤
   C. 严重撕裂伤
   D. 多处刺伤
   E. 冻伤
7. 开放性损伤的主要特点（　）
   A. 疼痛　　B. 肿胀
   C. 伤口　　D. 出血
   E. 功能障碍
8. 伤口放置预防性橡皮片引流条，拔除时间为（　）
   A. 术后72h　　B. 术后24～48h
   C. 术后12～24h　　D. 术后12h
   E. 术后3～5d
9. 不属于开放性损伤的是（　）
   A. 刺伤　　B. 擦伤
   C. 切割伤　　D. 爆震伤
   E. 撕脱伤
10. 关节受外伤作用，发生异常扭转所致的损伤为（　）
    A. 挫伤　　B. 挤压伤
    C. 扭伤　　D. 裂伤
    E. 擦伤
11. 小而深的伤口多见于（　）
    A. 刺伤　　B. 切割伤
    C. 擦伤　　D. 撕脱伤
    E. 裂伤
12. 伤口边缘整齐，周围组织损伤轻，而致血管、神经损伤的是（　）
    A. 刺伤　　B. 擦伤
    C. 切割伤　　D. 撕脱伤
    E. 火器伤
13. 热烧伤的病理改变主要取决于（　）
    A. 热源类型及受热时间
    B. 热源温度及受伤部位
    C. 受热时间及受伤面积
    D. 热源温度及受热时间
    E. 热源温度及受伤面积
14. 烧伤修复期的治疗重点是（　）
    A. 防治休克
    B. 防治感染
    C. 防治并发症
    D. 促进创面早愈
    E. 促进低抗力恢复
15. 烧伤局部有水疱，但基底潮红并剧痛是（　）
    A. Ⅰ度　　B. Ⅱ度浅
    C. Ⅱ度深　　D. Ⅲ度
    E. Ⅱ度～Ⅲ度
16. 关于烧伤九分法的面积估算，下列哪项是错误的（　）
    A. 头颈面各分为3%
    B. 双上肢为18%
    C. 躯干为27%
    D. 双下肢为44%
    E. 会阴为1%
17. 烧伤面积计算，面部占全身面积的（　）
    A. 2%　　B. 3%

C. 5%　　　　　D. 6%
E. 9%
18. 小面积烧伤的处理,主要是( )
   A. 抗休克
   B. 大量输液
   C. 联合应用抗生素
   D. 局部疗法
   E. 全身疗法
19. 小儿躯干面积占全身面积的( )
   A. 9%　　　　　B. 18%
   C. 27%　　　　D. 40%
   E. 46%

序号	1	2	3	4	5	6	7	8	9	10
答案	E	C	D	C	A	A	C	B	D	C
序号	11	12	13	14	15	16	17	18	19	
答案	A	C	D	D	B	D	B	D	C	

四、多项选择题

1. 烧伤创面的暴露疗法多用于( )
   A. 头面部烧伤
   B. 特殊感染创面
   C. 大面积烧伤
   D. 四肢部位烧伤
   E. 会阴部烧伤
2. 烧伤的严重程度取决于( )
   A. 热力的强度
   B. 烧伤面积的大小
   C. 热力与组织接触的时间
   D. 烧伤的深度
   E. 患者的感受
3. 烧伤现场急救包括( )
   A. 脱离热源
   B. 保护创面
   C. 镇静止痛
   D. 保证呼吸通畅
   E. 以上都不是
4. 烧伤后最易发生休克的时间为( )
   A. 烧伤早期
   B. 脱痂期
   C. 伤后渗出高峰期
   D. 渗出回吸期
   E. 修复早期
5. 关于烧伤的面积计算哪些不正确( )
   A. 双手占5%　　B. 会阴占3%
   C. 双足占7%　　D. 双小腿占15%
   E. 面部占4%
6. 大面积烧伤患者若补液不足,可表现为( )
   A. 尿少
   B. 心率过快
   C. 血压下降
   D. 患者神情安静
   E. 肢端温暖毛细血管充盈不延迟
7. 下列哪些烧伤情况不应采用包扎疗法( )
   A. 四肢浅Ⅱ度　　B. 颈部浅Ⅱ度
   C. 躯干深Ⅱ度　　D. 颜面浅Ⅱ度
   E. 四肢Ⅲ度
8. 烧伤现场急救应是( )
   A. 迅速脱离热源
   B. 手扑灭火,大声呼救
   C. 用湿被覆盖灭火
   D. 倒地慢滚灭火
   E. 水浇淋灭火

序号	1	2	3	4	5
答案	ABCE	BD	ABCD	AC	BDE
序号	6	7	8		
答案	ABC	BCDE	ACDE		

五、案例分析题

1. 患者,男性,18岁,头部被菜刀砍伤已2天余,伤口6cm,裂开,脓性分泌物较多.处理方法是( )
   A. 彻底清创并缝合
   B. 清创处理伤口不缝合
   C. 控制感染,定期更换敷料
   D. 清创、缝合并放置引流
   E. 清创、湿敷、包扎
2. 患者,男性,38岁,被开水烫伤右手和右下肢(未烫及臀部),右侧腹部也有3个手掌大小的烫伤创面,创面水肿明显,剧烈疼痛,局部有大小不等的水疱.其烧伤面积和深度是( )
   A. 23%浅Ⅱ度
   B. 25.5%深Ⅱ度
   C. 26%浅Ⅱ度
   D. 28.5%深Ⅱ度
   E. 31%浅Ⅱ度
3. 患者,男性,30岁。电工,操作不慎,电流接触不良产生电弧热,引起面、颈部烧伤,有水泡,部分水泡破损,创面基底红白相间,有疼

A. 4%深Ⅱ度　　　　B. 4%浅Ⅱ度
C. 6%深Ⅱ度　　　　D. 6%浅Ⅱ度
E. 4%Ⅲ度

序号	1	2	3				
答案	C	C	C				

(杞成金)

第八章　肿瘤患者的护理

一、判断题

1. 对于放疗照射野的皮肤护理常用碘酊，乙醇消毒，预防感染。（　）
2. 恶性肿瘤化学疗法护理若静脉给药，应从大静脉开始，以减少药液刺激。（　）

序号	1	2
答案	×	×

二、单项选择题

1. 关于良性肿瘤，下列叙述错误的是（　　）
   A. 细胞分化程度较高
   B. 多呈膨胀性生长
   C. 少数可恶变
   D. 不危及生命
   E. 多数有包膜，与周围组织有分界
2. 下列致癌因素中，最重要的是（　　）
   A. 遗传因素　　　　B. 物理因素
   C. 化学因素　　　　D. 生物因素
   E. 内分泌因素
3. 肿瘤的主要表现是（　　）
   A. 肿块　　　　　　B. 疼痛
   C. 溃疡　　　　　　D. 炎症
   E. 畸形
4. 确诊恶性肿瘤，最重要的依据是（　　）
   A. 症状和体征
   B. 有关的化验阳性
   C. B超检查
   D. CT检查
   E. 病理学检查
5. 肿瘤根治性手术指（　　）
   A. 肿瘤广泛切除术
   B. 肿瘤局部切除术及区域淋巴结的清除术
   C. 肿瘤整块切除术及区域淋巴结的清除术
   D. 受累脏器整个切除及区域淋巴结的清除术
   E. 肿瘤及其远处转移灶的广泛切除术及区域淋巴结的清除术
6. 以下肿瘤对放射治疗高度敏感，但除外（　　）
   A. 淋巴肉瘤　　　　B. 造血系统肿瘤
   C. 性腺肿瘤　　　　D. 霍奇金病
   E. 软组织肉瘤
7. 癌肿TNM分期法中，M代表（　　）
   A. 肿瘤大小　　　　B. 原发肿瘤
   C. 继发肿瘤　　　　D. 区域淋巴结转移
   E. 远处转移

序号	1	2	3	4	5	6	7
答案	D	A	A	E	C	E	E

三、案例分析题

1. 患者，男性，50岁，直肠癌患者，发现血尿，经检查诊断为肿瘤转移，该种转移属于（　　）
   A. 血行转移　　　　B. 淋巴道转移
   C. 直接浸润　　　　D. 种植性转移
   E. 多种渠道转移
2. 患者，女性，45岁，回缩性血涕2个月，鼻咽镜检查示鼻咽后壁增厚，触诊右颈巴结肿大，最可能的诊断是（　　）
   A. 鼻咽腺样体增生　B. 鼻咽癌
   C. 淋巴瘤　　　　　D. 脊索瘤
   E. 恶性纤维组织细胞瘤
3. 患者，男性，46岁，Ⅱ期胃癌，关于手术治疗，下列叙述正确的是（　　）
   A. 手术切除的范围越广泛越好
   B. 对Ⅱ期肿瘤，手术应结合化疗、放疗
   C. 对Ⅱ期肿瘤，局部切除肿瘤后不必进行化疗
   D. 对各期肿瘤，手术前化疗均没有必要
   E. 一旦肿瘤发生转移，已无手术治疗的需要
4. 患者，女性，12岁，自幼发现右眼睑外侧肿块，圆形，质较硬，基底部不能移动，诊断最可能（　　）
   A. 皮样囊肿　　　　B. 表皮样囊肿
   C. 纤维瘤　　　　　D. 皮脂腺囊肿
   E. 畸胎瘤
5. 患者，女性，55岁，发现右乳肿块10天。检查：右乳外上象限可扪及直径约5cm肿块，质硬，与皮肤广泛粘连，固定；腋窝可扪及成串肿块淋巴结，固定。患者可能的诊断为（　　）
   A. 乳房纤维腺瘤
   B. 乳腺癌

C. 乳腺炎
D. 乳腺囊性增生
E. 乳房结核

6. 患者，男性，65岁，吸烟40年，每天20支。不明原因咳嗽4个月，痰中带血丝。胸X线平片显示右上肺前段不张，痰查病理细胞阴性。为明确诊断，应首选的检查是（　　）
   A. 超声下肿块穿刺活检
   B. 胸部CT检查
   C. 再次痰中找病理细胞
   D. 纤维支气管镜检查
   E. 抗炎治疗3个月后复查

序号	1	2	3	4	5	6
答案	C	B	B	A	B	D

（杞成金）

第九章　颅脑疾病患者的护理

一、填空题

1. 颅内压增高将引起血压升高、心率缓慢、呼吸深慢，称为＿＿＿＿。
   答案：库欣反应
2. 正常成人的颅内压为＿＿＿＿，儿童50～100mmH$_2$O。
   答案：70～200mmH$_2$O
3. 小脑幕裂孔疝最常出现＿＿＿＿偏瘫。
   答案：对侧
4. 脑震荡患者意识丧失时间一般不超过＿＿＿。
   答案：30分钟
5. 硬膜外血肿的典型意识障碍为＿＿＿。
   答案：中间清醒期
6. 颅脑损伤治疗时禁用吗啡止痛，以防＿＿＿。
   答案：抑制呼吸中枢

二、判断题

1. 对颅内压增高患者症状明显者可行腰椎穿刺放液减压。（　）
2. 颈项强直，生命体征紊乱，没有瞳孔改变而出现呼吸骤停小脑幕切迹疝的临床表现。（　）

序号	1	2
答案	×	×

三、单项选择题

1. 正常成人颅内压的范围是（　　）
   A. 50～100mmH$_2$O
   B. 70～200mmH$_2$O
   C. 100～200mmH$_2$O
   D. 70～180mmH$_2$O
   E. 20～30mmH$_2$O
2. 脑疝患者禁做（　　）
   A. 头颅CT　　　　B. 腰椎穿刺
   C. 脑室穿刺　　　D. 气管切开
   E. 心电图
3. 颅内压增高患者的体位宜采取（　　）
   A. 床头抬高 15°～30°
   B. 床尾抬高 15°～30°
   C. 平卧位
   D. 床头床尾均抬高 15°
   E. 俯卧位
4. 颅内压增高的"三主症"是（　　）
   A. 偏瘫、偏盲、偏身感觉缺损
   B. 头痛、呕吐、偏瘫
   C. 头痛、抽搐、偏瘫
   D. 头痛、呕吐、血压增高
   E. 头痛、呕吐、视神经乳头水肿
5. 有脑疝现象禁忌做（　　）
   A. 腰穿　　　　B. 冬眠
   C. 脱水　　　　D. 抗感染
   E. 补液
6. 脑脊液总量有（　　）
   A. 120～130ml　　B. 130～140ml
   C. 140～150ml　　D. 150～160ml
   E. 160～1700ml
7. 急性小脑幕切迹疝瞳孔散大的机制是（　　）
   A. 动眼神经核受损
   B. 视神经受损
   C. 动眼神经受压迫
   D. 交感神经受刺激
   E. 脑干受压迫
8. 枕骨大孔疝最危急的临床表现（　　）
   A. 枕下部疼痛　　B. 颈项强直
   C. 意识障碍　　　D. 频繁呕吐
   E. 早期突发呼吸骤停
9. 颅底骨折患者出现颅内压低时，给予什么处置可缓解症状（　　）
   A. 补充水分　　　B. 静点甘露醇

C. 镇静剂　　　　D. 神经营养药
E. 止痛剂
10. 脑震荡患者会有下列哪种症状（　　）
   A. 偏瘫　　　　B. 逆行性遗忘
   C. 颅内压增高　　D. 失语
   E. 大小便失禁
11. 防止脑水肿目前最常采用的脱水剂是（　　）
   A. 25%山梨醇　　B. 30%速尿
   C. 20%甘露醇　　D. 50%葡萄糖
   E. 浓缩血清白蛋白
12. 颅底骨折诊断主要依据（　　）
   A. 外伤病史　　B. X线片
   C. B超　　　　D. 临床表现
   E. 局部触及骨折音
13. 颅内压增高患者呕吐表现（　　）
   A. 饭前　　　　B. 喷射状
   C. 清晨　　　　D. 睡前
   E. 饭后
14. 脑损伤患者出现中间清醒期提示有（　　）
   A. 脑挫裂伤　　B. 脑震荡
   C. 硬脑膜外血肿　D. 颅底骨折
   E. 脑内血肿
15. 头外伤患者出现"熊猫眼"、嗅觉障碍、脑脊液鼻漏，可能发生了（　　）
   A. 颅前窝骨折
   B. 颅中窝骨折
   C. 颅后窝骨折
   D. 颅前、中、后窝均骨折
   E. 以上都不是
16. 最严重的头皮损伤是（　　）
   A. 头皮裂伤
   B. 头皮挫伤
   C. 头皮下血肿
   D. 头皮撕脱伤
   E. 骨膜下血肿
17. 颅脑损伤患者，神志丧失，呼之不醒，压其眶上神经，出现皱眉、上肢活动其意识障碍属于（　　）
   A. 昏睡　　　　B. 嗜睡
   C. 浅昏迷　　　D. 昏迷
   E. 深昏迷
18. 按组织来源不同，颅内肿瘤发生率最高的是（　　）
   A. 胶质瘤　　　B. 脑膜瘤
   C. 血管瘤　　　D. 转移瘤

E. 垂体腺瘤
19. 按肿瘤发生的部位不同，颅内肿瘤发生率最高的是（　　）
   A. 大脑半球肿瘤　B. 鞍区肿瘤
   C. 小脑肿瘤　　D. 脑室肿瘤
   E. 脑干肿瘤
20. 脑瘤手术后最危险的并发症是颅内出血，大多发生在术后的（　　）
   A. 12小时内　　B. 12~24小时
   C. 24~48小时　D. 48~72小时
   E. 72小时以后
21. 术后切口感染多发生于（　　）
   A. 1~2天　　　B. 3~5天
   C. 5~7天　　　D. 7天以后
   E. 2周
22. 颅内肿瘤治疗原则有（　　）
   A. 手术切除　　B. 放疗
   C. 化疗　　　　D. 以上都是
   E. 以上都不是

序号	1	2	3	4	5	6	7	8	9	10
答案	B	B	A	E	A	C	C	E	A	B
序号	11	12	13	14	15	16	17	18	19	20
答案	C	D	B	C	A	D	C	A	A	C
序号	21	22								
答案	B	D								

四、多项选择题

1. 小脑幕裂孔疝，下列哪些是对的（　　）
   A. 又称小脑扁桃体疝
   B. 又称海马沟回疝
   C. 颞叶占位病变最易发生
   D. 早期一侧瞳孔散大
   E. 快速静滴甘露醇可暂时缓解
2. 影响颅内压增高的因素包括（　　）
   A. 患者的年龄
   B. 病变扩张的速度
   C. 病变的部位
   D. 伴发脑水肿的程度
   E. 肺部感染
3. 引起脑疝常见的病变有（　　）
   A. 各种颅内血肿　B. 各种颅内肿瘤
   C. 颅内脓肿　　　D. 颅内寄生虫
   E. 各种慢性肉芽肿
4. 小脑幕切迹疝可出现下列哪些表现（　　）

A. 频繁呕吐 B. 嗜睡或昏迷
C. 运动障碍 D. 生命体征紊乱
E. 剧烈头痛

5. 颅内压增高发生脑疝,应( )
 A. 大量补液
 B. 吸氧,保持呼吸道通畅
 C. 静脉快速输入20%甘露醇
 D. 呼吸停止的行人工呼吸
 E. 发生枕骨大孔病者,行脑室引流术

6. 颅脑损伤后,减轻脑水肿的措施有( )
 A. 应用脱水剂
 B. 床头抬高15º~30º
 C. 应用糖皮质激素
 D. 冬眠低温疗法
 E. 应用神经细胞营养剂

7. 颅内压增高的严重后果是( )
 A. 脑疝 B. 头痛
 C. 呕吐 D. 视神经乳头水肿
 E. 库欣反应

8. 属于继发性脑损伤的有( )
 A. 脑震荡 B. 脑水肿
 C. 脑挫裂伤 D. 颅内血肿
 E. 脑疝

9. 格拉斯哥昏迷记分法的根据包括( )
 A. 睁眼反应 B. 呛咳反应
 C. 语言反应 D. 运动反应
 E. 自理能力

10. 颅内肿瘤引起颅内高压的三大主征( )
 A. 头痛 B. 四肢麻木
 C. 呕吐 D. 复视
 E. 视神经乳头水肿

11. 神经胶质瘤的特点包括( )
 A. 来源于神经上皮的肿瘤
 B. 颅内最常见的恶性肿瘤
 C. 来源于神经鞘细胞的肿瘤
 D. 手术切除后仍会复发
 E. 术后需放射治疗及化学治疗

序号	1	2	3	4	5
答案	CDE	ABCD	ABCDE	ABCDE	BCDE
序号	6	7	8	9	10
答案	ABCD	ABCDE	BDE	ACD	ACE
序号	11				
答案	ABDE				

五、案例分析题

1. 患者,女性,43岁,被汽车撞倒,头部受伤,唤之睁眼,回答问题错误,检查时躲避刺痛,其格拉斯哥昏迷评分为( )
 A. 15分 B. 12分
 C. 11分 D. 8分
 E. 5分

2. 患者,女性,68岁,因颅内压增高,头痛逐渐加重,行腰椎穿刺脑脊液检查后突然呼吸停止,双侧瞳孔直径2mm,以后逐渐散大,血压下降,该患者最可能出现了( )
 A. 小脑幕切迹疝 B. 枕骨大孔疝
 C. 大脑镰下疝 D. 脑干缺血
 E. 脑血管意外

3. 患者,男,45岁,3天前因车祸伤及头部,头痛、呕吐逐渐加重。用力咳嗽后突然不省人事。体检:患者呈昏迷状态,左侧瞳孔散大,对光反应消失,眼底视乳头水肿,右侧肢体瘫痪,呼吸血压不稳。患者最可能出现了( )
 A. 枕骨大孔疝 B. 右侧颞叶疝
 C. 左侧颞叶疝 D. 大脑镰下疝
 E. 原发性脑干损伤

4. 患者,男性,65岁。有高血压病史22年,突然出现剧烈头痛、呕吐左侧上下肢瘫痪,随即意识丧失,右侧瞳孔散大,对光反应消失,睑下垂,血压187.5/120mmHg,呼吸忽快忽慢。患者可能出现了( )
 A. 左侧颞叶疝 B. 大脑镰下疝
 C. 枕骨大孔疝 D. 高血压危象
 E. 右侧颞叶疝

5. 患者,女,50岁,突然摔倒后昏迷约10min,随即清醒,出现头痛、恶心、呕吐,并伴有逆行性健忘,检查无异常,考虑是( )
 A. 脑震荡 B. 颅内血肿
 C. 脑挫裂伤 D. 脑内血肿
 E. 脑疝

6. 患者,男,40岁,自扶梯上跌下,头左侧撞于砖上,乳突部淤血,左耳有液体流出,听力下降,考虑( )
 A. 颅底骨折 B. 颅前窝骨折
 C. 颅中窝骨折 D. 颅后窝骨折
 E. 颅盖骨骨折

7. 患者,女性,35岁,被人用铁棍击伤头部,立即出现昏迷,送医院途中清醒,并可与家人谈话，但头痛、呕吐明显。入院体检时呈昏迷状态，左侧瞳孔直径0.5cm，右侧瞳孔直径0.2cm，右侧肢体无自主运动。与患者的临床表现特点最符合的是（   ）
   A. 脑挫裂伤
   B. 原发性脑干损伤
   C. 急性硬脑膜下血肿
   D. 急性硬脑膜外血肿
   E. 急性脑内血肿

8. 患者，男性，45岁。因车祸致右颞部外伤，伴有局部头皮裂伤。当时昏迷7min后清醒，即送入院。患者剧烈头痛，频繁呕吐，入院6h后发现神志不清，右侧瞳孔散大，左侧肢体偏瘫。初步判断为"硬膜外血肿"。该患者目前的护理诊断及合作性问题不包括（   ）
   A. 皮肤完整性受损
   B. 体温过低
   C. 清理呼吸道无效
   D. 自理缺陷
   E. 潜在并发症：颅内压增高

9. 患者，女性，50岁，发热、头痛、呕吐18天，左侧肢体无力6天，发病初有皮肤感染史。实验室检查：周围血白细胞 12.7×10^9/L，中性粒细胞比例 0.76。为明确诊断必做的检查是（   ）
   A. 头颅X线平片
   B. 头颅MRI
   C. 头颅CT
   D. 脑血管造影
   E. 脑脊液检查

10. 患者，女性，32岁，头痛1年半，近2个月头痛加重，伴有喷射样呕吐。烦躁后出现意识障碍，右侧瞳孔缩小，后又散大，光反应迟钝，左侧肢体运动障碍。呼吸加快。CT示左顶叶肿瘤。首先采取的急救措施应是（   ）
   A. 立即开颅切除肿瘤
   B. 20%甘露醇静脉注射
   C. 脑脊液体外引流
   D. 去骨瓣减压
   E. 气管插管，保持呼吸道通畅

序号	1	2	3	4	5	6	7	8	9	10
答案	D	B	C	E	A	C	D	B	C	B

(杞成金)

第十章　颈部疾病患者的护理

一、填空题

1. 基础代谢率公式为：基础代谢率%=_____。
   答案：（脉率+脉压）−111
2. 甲状腺腺瘤最有效的治疗方法是_____。
   答案：手术切除
3. 甲状腺大部分切除术后出现呼吸困难和窒息多发生于术后_____小时内，是术后最危急的并发症。
   答案：48

二、判断题

1. 喉返神经损伤术后出现声音嘶哑、失音。（   ）
2. 喉上神经外支损伤术后出现音调降低。（   ）
3. 甲状旁腺受损术后出现手足抽搐。（   ）

序号	1	2	3							
答案	√	√	√							

三、单项选择题

1. 某患者甲状腺功能亢进症术后出血，使颈部迅速肿大，呼吸困难，此时应（   ）
   A. 立即吸氧，立即拆线止血
   B. 立即拆线，消除血肿，止血
   C. 立即颈部置冰袋，止血
   D. 立即口服复方碘剂1～2ml
   E. 立即应用呼吸兴奋剂，止血
2. 甲状腺手术后最危急的并发症为（   ）
   A. 误咽　　　　　B. 手足抽搐
   C. 声音嘶哑　　　D. 出血
   E. 声调下降
3. 预防甲亢术后甲状腺危象的关键在于（   ）
   A. 术后使用镇静剂
   B. 加强术后护理
   C. 术前使基础代谢率降至+20%以下
   D. 术后使用镇痛剂
   E. 术时选用全身麻
4. 甲状腺危象的好发时间是（   ）
   A. 术后36～72小时
   B. 术后12～36小时
   C. 术后48小时
   D. 术后24～48小时
   E. 术后6小时

5. 甲亢术后发生手足抽搐的原因是（ ）
   A. 术后出血
   B. 喉头水肿
   C. 喉返神经损伤
   D. 甲状旁腺损伤
   E. 喉上神经损伤
6. 喉上神经内支损伤的临床表现为（ ）
   A. 饮水呛咳
   B. 音调降低
   C. 声音嘶哑
   D. 吞咽困难
   E. 呼吸困难
7. 基础代谢率 BMR 的计算公式为（ ）
   A. BMR=脉率+舒张压−111
   B. BMR=脉率+收缩压−111
   C. BMR=脉率+脉压−111
   D. BMR=脉率+脉压
   E. BMR=脉率+收缩压
8. 甲状腺术后喉上神经外支损伤可出现（ ）
   A. 呼吸困难
   B. 误咽
   C. 音调降低
   D. 声音嘶哑
   E. 失音

序号	1	2	3	4	5	6	7	8
答案	B	D	C	B	D	A	C	C

四、多项选择题

1. 原发性甲亢患者术前准备达到下述哪项指标可做手术（ ）
   A. 基础代谢率在 20% 以下
   B. 脉率在 100 次/分以下
   C. 腺体变小变硬
   D. 眼球突出明显减轻
   E. 情绪稳定、体重增加
2. 原发性甲亢的主要表现是（ ）
   A. 腺体增大   B. 眼球突出
   C. 心率增快   D. 呼吸困难
   E. 脉压增大
3. 甲亢患者术前服用碘剂的作用是（ ）
   A. 使甲状腺减少充血
   B. 使甲状腺体积缩小
   C. 减少术中出血
   D. 减少术后并发症
   E. 抑制蛋白水解酶

4. 关于甲亢术后患者的护理，正确的是（ ）
   A. 病情平稳后给半卧位
   B. 术后 1～2 天可进食温凉流食
   C. 禁服碘剂，以免诱发甲亢
   D. 保持呼吸道通畅，防止肺不张
   E. 保持颈部引流管通畅
5. 甲状腺大部切除术后呼吸困难和窒息的原因有（ ）
   A. 切口内出血形血肿
   B. 气管塌陷
   C. 喉头水肿
   D. 痰液阻塞
   E. 双侧喉返神经损伤

序号	1	2	3	4	5
答案	ACE	ABCE	ABCDE	ABDE	ABCDE

五、案例分析题

1. 患者，女性，30 岁，甲状腺手术后声音嘶哑，是下列哪项损伤引起（ ）
   A. 喉上神经损
   B. 喉返神经损伤
   C. 甲状旁腺误切
   D. 气管误伤
   E. 甲状腺切除过多
2. 患者，女性，42 岁，行单侧甲状腺大部分切除术，术后 12h，发现患者颈部肿大呼吸困难，应立即（ ）
   A. 吸氧
   B. 气管切开
   C. 拆除缝线，清除血肿
   D. 吸痰
   E. 都不是
3. 患者，男性，35 岁，甲状腺癌术后第 2d 出现手足抽搐，有效的治疗是（ ）
   A. 给予肉类和蛋类饮食
   B. 静脉输入高渗葡萄糖
   C. 吸氧
   D. 静脉注射 10%葡萄糖酸钙溶液
   E. 给予镇静剂
4. 患者，男性，32 岁，甲状腺大部分切除术后，出现进行性呼吸困难，烦躁不安，发绀。体检发现颈部增粗，切口有血性渗出。引起该并发症的原因为（ ）
   A. 气管塌陷
   B. 痰液阻塞

C. 神经损伤
D. 切口内血肿压迫
E. 喉头水肿

序号	1	2	3	4				
答案	B	C	D	D				

(杞成金)

第十一章　胸部疾病患者的护理

一、填空题

1. 张力性气胸需立即排气，用一粗针头在伤侧_____处刺入胸膜腔，立即收到排气减压的效果。
   答案：锁骨中线第二肋间
2. 闭合性气胸如肺萎缩不到_____者可不处理。
   答案：30%
3. 起源于肺叶支气管、主支气管的肿瘤，位置靠近肺门者称为_____。
   答案：中心型肺癌
4. 起源于肺段支气管以下，位置靠近肺的周边部称为_____。
   答案：周围型肺癌
5. 晚期食管癌典型临床表现是_____。
   答案：进行性吞咽困难
6. 因食管缺乏_____层，故吻合口愈合较慢。
   答案：浆膜

二、判断题

1. 损伤后，胸腔与外界相通，并有空气随呼吸出入，是开放性气胸。（　　）
2. 损伤后，胸腔内压力进行性增加，是张力性气胸。（　　）
3. 肺癌最常见的早期症状是刺激性咳嗽。（　　）

序号	1	2	3					
答案	√	√	√					

三、单项选择题

1. 闭合性气胸气管移向（　　）
   A. 健侧　　　　B. 患侧
   C. 上方　　　　D. 下方
   E. 不移位
2. 开放性气胸的特点是（　　）
   A. 胸腔内有气体
   B. 肺萎陷
   C. 呼吸困难
   D. 呼吸时空气经伤口自由出入
   E. 纵隔移位
3. 张力性气胸的特点是（　　）
   A. 呼吸时空气经伤口自由出入
   B. 呼吸时气体从胸膜腔只出不入
   C. 患侧胸膜腔压力进行性增加
   D. 一般不挤压对侧胸膜腔和肺
   E. 纵隔不会移位
4. 对胸部损伤患者康复指导首要的是（　　）
   A. 愉快的心情
   B. 有效的呼吸、咳痰
   C. 适当加强营养
   D. 防止便秘
   E. 劳逸结合
5. 一侧闭合性气胸肺萎陷在百分之多少以下无明显症状（　　）
   A. 5%以下　　　　B. 15%以下
   C. 20%以下　　　D. 30%以下
   E. 40%以下
6. 张力性气胸致死的主要原因是（　　）
   A. 胸部外伤　　　B. 缺氧
   C. 皮下气肿　　　D. 气管移位
   E. 肺不张
7. 开放性气胸的处理首先采取（　　）
   A. 输血、输液
   B. 应用抗生素控制感染
   C. 立即用无菌敷料封闭伤口使其闭合
   D. 胸腔闭式引流
   E. 开胸探查
8. 肺癌的病理分类中最常见的为（　　）
   A. 鳞癌
   B. 腺癌
   C. 未分化小细胞癌
   D. 大细胞癌
   E. 细支气管肺泡癌
9. 诊断肺癌最常见的检查手段（　　）
   A. 支气管镜检查
   B. MRI
   C. 细胞学检查
   D. X线检查
   E. B超检查
10. 在早期肺癌的综合治疗中主要的治疗方法是（　　）

A. 手术治疗
B. 放疗
C. 化疗
D. 免疫治疗
E. 中医中药治疗

11. 肺癌的早期症状是（　　）
    A. 咳嗽、痰量多、色白
    B. 咳嗽、痰中偶带血丝
    C. 胸痛、胸闷
    D. 消瘦乏力
    E. 声音嘶哑

12. 肺癌患者手术后放疗开始时间为（　　）
    A. 术后 1 周
    B. 术后 2 周
    C. 术后 1 个月
    D. 术后 2 个月
    E. 术后 3 个月

13. 肺癌的早期表现（　　）
    A. 消瘦乏力
    B. 持续性胸痛
    C. 咳嗽、痰中带血丝
    D. 大咯血
    E. 出现 Horner 综合征

14. 中心型肺癌最常见的症状是（　　）
    A. 反复大咯血
    B. 刺激性咳嗽
    C. 发热、咳脓痰
    D. 气短
    E. 胸痛

15. 食管癌晚期的典型症状是（　　）
    A. 进食时有呛咳
    B. 进行性吞咽困难
    C. 呕血
    D. 营养不良
    E. 咯血

16. 食管癌的早期表现是（　　）
    A. 声音嘶哑
    B. 锁骨上淋巴结肿大
    C. 进行性吞咽困难
    D. 大口进食时有硬噎感
    E. 呕血

17. 食管的第三个生理狭窄位于（　　）
    A. 环状软骨水平
    B. 与左支气管交叉处
    C. 膈肌的食管裂孔处

D. 贲门连接处
E. 食管入口

18. 食管癌首选的治疗方法是（　　）
    A. 手术治疗
    B. 放射疗法
    C. 化学疗法
    D. 综合治疗
    E. 中医治疗

19. 食管癌根治术后胃管保留时间为（　　）
    A. 1～2 天 B. 3～4 天
    C. 4～5 天 D. 5～6 天
    E. 9～10 天

20. 早期食管癌患者的治疗首选是（　　）
    A. 化学疗法 B. 放射疗法
    C. 激光疗法 D. 手术疗法
    E. 免疫疗法

21. 食管癌好发部位是（　　）
    A. 上段   B. 中段
    C. 下段   D. 各段无差别
    E. 以上全不对

22. 食管癌根治术后应（　　）
    A. 鼓励咳嗽
    B. 避免咳嗽
    C. 鼓励排痰
    D. 避免排痰
    E. 鼓励咳嗽、排痰

序号	1	2	3	4	5	6	7	8	9	10
答案	A	D	C	B	D	B	C	A	D	A
序号	11	12	13	14	15	16	17	18	19	20
答案	B	C	C	B	B	D	C	D	B	D
序号	21	22								
答案	B	E								

四、多项选择题

1. 下列属于胸部损伤患者的护理诊断有（　　）
    A. 气体交换受损
    B. 心输出量减少
    C. 疼痛
    D. 并发胸膜腔感染
    E. 恐惧

2. 张力性气胸的表现有（　　）
    A. 进行性呼吸困难
    B. 大汗、窒息感
    C. 伤口处"嘶嘶"声

D. 皮下捻发感
　　E. 呼吸音消失
3. 张力性气胸治疗原则包括（　　）
　　A. 胸穿排气减压
　　B. 闭式引流
　　C. 开胸探查
　　D. 皮下气肿行多个小切口切开
　　E. 气管切开给氧
4. 张力性气胸的临床表现是（　　）
　　A. 患者极度呼吸困难、发绀和休克
　　B. 伤侧有肋间隙增宽，呼吸音消失
　　C. 纵隔明显移向健侧
　　D. 纵隔摆动现象
　　E. 胸膜腔穿刺有高压空气向外冲出
5. 食管癌的晚期表现包括（　　）
　　A. 出现恶病质
　　B. 进食有呛咳
　　C. 出现声音嘶哑
　　D. 吞咽时食管内有异物感
　　E. 锁骨上淋巴结肿大
6. 食管癌患者的心理状态是（　　）
　　A. 精神紧张　　　B. 少言寡语
　　C. 失眠　　　　　D. 绝望感
　　E. 欣快感

序号	1	2	3	4	5	6
答案	ABCDE	ABDE	ABC	ABCE	ABCE	ABCD

五、案例分析题

1. 患者，男性，40岁，右胸外伤后出现极度呼吸困难、发绀、胸壁皮下气肿，伤侧叩诊鼓音，呼吸消失，诊断首先考虑（　　）
　　A. 闭合性多根多处肋骨骨折
　　B. 闭合性气胸
　　C. 开放性气胸
　　D. 张力性气胸
　　E. 进行性气胸
2. 患者，75岁，吞咽困难4个月，一般状况尚佳，钡餐发现食管下段充盈缺损，可选择除外下列哪一种治疗措施（　　）
　　A. 放疗
　　B. 争取手术
　　C. 放疗+化疗
　　D. 术前放疗+手术
　　E. 支持+免疫治疗

序号	1	2
答案	D	E

（杞成金）

第十二章　乳房疾病患者的护理

一、填空题

1. 急性乳房炎是乳房的急性化脓性感染，常见于产后哺乳期妇女，尤以_____多见。
　　答案：初产妇
2. 乳腺癌的首发症状是_____，好发部位是外上象限。
　　答案：无痛性肿块
3. 肿瘤侵及Cooper韧带可引起乳房表面皮肤凹陷，形成_____。
　　答案：酒窝征
4. 乳房自我检查时间最好选在月经周期的第_____天，或月经结束后2～3天。
　　答案：7～10

二、判断题

1. 乳癌患者乳房出现皮肤橘皮征的原因是癌细胞阻塞皮下、皮内淋巴管。（　　）
2. 急性乳腺炎的早期表现中有压痛性肿块。（　　）

序号	1	2
答案	√	×

三、单项选择题

1. 急性乳房炎的主要病因是（　　）
　　A. 产后首次哺乳时间推迟
　　B. 乳汁淤积和细菌入侵
　　C. 过早终止哺乳
　　D. 每次哺乳时间太短
　　E. 乳汁经常溢出
2. 下列哪项不属于急性乳房炎的临床特点（　　）
　　A. 局部红、肿、热、痛
　　B. 乳头血性溢液
　　C. 局部有压痛性肿块
　　D. 患侧腋窝淋巴结肿大

E. 白细胞计数增高
3. 急性乳房炎伴脓肿形成时,最重要的处理措施是( )
   A. 及时用吸乳器吸净乳汁
   B. 大剂量应用抗生素
   C. 局部用硫酸镁湿热敷
   D. 中药治疗
   E. 脓肿切开引流
4. 关于急性乳房炎患者的护理,下列不正确的是( )
   A. 停止哺乳,人工喂养
   B. 用吸乳器吸净乳汁
   C. 局部用硫酸镁湿敷
   D. 高热者给予物理降温
   E. 脓肿切开引流术后定时换药
5. 乳癌的病因中,与下列无关的是( )
   A. 雌酮含量增高
   B. 血型
   C. 高脂饮食
   D. 生活方式
   E. 遗传
6. 乳癌的早期体征是( )
   A. 无痛性肿块
   B. 橘皮征
   C. 乳头凹陷
   D. 酒窝征
   E. 卫星结节
7. 乳癌患者乳房出现酒窝征的原因是( )
   A. 表皮破溃
   B. 周围组织或皮肤被肿块累积
   C. 乳头深部癌肿侵及乳管致乳头凹陷
   D. 癌肿侵入 Cooper 韧带使皮肤凹陷
   E. 癌肿侵及局部的哪个部位
8. 乳癌最易发生于乳腺的哪个部位( )
   A. 内上象限
   B. 外上象限
   C. 内下象限
   D. 外下象限
   E. 乳头
9. 进行乳房触诊的最合适时间是( )
   A. 月经前 3d
   B. 月经前 1d
   C. 月经期间
   D. 月经周期的 7~10d
   E. 月经期的 5~7d
10. 乳房纤维腺瘤的主要临床表现是( )
    A. 乳房胀痛
    B. 乳头溢液
    C. 乳房肿块
    D. 乳头凹陷
    E. 双侧乳房不对称
11. 乳癌的确诊依据是( )
    A. X 线摄片
    B. 详细体查
    C. 免疫学检查
    D. 超声波检查
    E. 病理学检查
12. 乳癌根治术后,开始患侧上肢肘部功能锻炼的时间是( )
    A. 1~2 天   B. 2~3 天
    C. 3~5 天   D. 1 周
    E. 1 周以上
13. 乳房的正确检查方法应是( )
    A. 内上、外上、外下、内下、中央各区
    B. 外上、外下、内下、内上、中央各区
    C. 中央、内下、内上、外上、外下
    D. 外上、内上、内下、外下、中央各区
    E. 内下、内上、外下、外上、中央各区

序号	1	2	3	4	5	6	7	8	9	10
答案	B	B	E	A	B	A	D	B	D	C
序号	11	12	13							
答案	E	C	B							

四、多项选择题

1. 乳癌的重要特征是( )
   A. 无痛性肿块
   B. 肿块边界不清楚
   C. 肿块生长颇快
   D. 乳头溢液
   E. 逐渐加深的乳头回缩和固定
2. 乳房自我检查的视诊要求( )
   A. 脱去上衣,面对穿衣镜
   B. 两臂下垂,观察两侧乳房形状、大小、轮廓是否对称
   C. 有无局部隆起、凹陷、桔皮样改变
   D. 乳头有无回缩抬高,分泌物,乳晕处有无湿疹
   E. 改变体位,双手撑腰,上举,侧身,多角度观察

3. 急性乳腺炎的病因是（　）
   A. 乳汁淤积　　　　B. 乳头损伤
   C. 细菌入侵　　　　D. 乳汁不足
   E. 哺乳过早
4. 乳癌的护理诊断包括哪些（　）
   A. 焦虑或恐惧
   B. 有感染的危险
   C. 潜在的手术与术后并发症
   D. 组织完整性受损的危险
   E. 知识缺乏
5. 乳汁淤积的原因有（　）
   A. 乳头内陷
   B. 乳头过小
   C. 乳管不通
   D. 乳头破损
   E. 婴儿口含乳头而眠
6. 关于急性乳房炎的治疗，正确的是（　）
   A. 应用足量抗生素
   B. 脓肿切开时应按轮辐方向作切口
   C. 切口不能太大，以免影响伤口愈合
   D. 引流条不要放置过深
   E. 严重感染时可终止乳汁分泌

序号	1	2	3	4	5	6
答案	ABCE	ABCDE	ABC	ABCDE	ABC	ABE

五、案例分析题

1. 患者，女，50岁．右乳房癌根治术后活动受限，护士指导其患侧肢体康复锻炼，应达到的目的是（　）
   A. 手能摸到同侧耳朵
   B. 肩能平举
   C. 肘能屈伸
   D. 手摸到对侧肩部
   E. 手经头摸到对侧耳朵
2. 患者，女性，40岁，近2个月来间断出现左侧乳头血性溢液。局部乳房无明显红、肿、乳头时有血溢液增多，乳房内未扪及肿块。首先考虑的疾病是（　）
   A. 纤维腺瘤
   B. 乳腺囊性增生病
   C. 乳管内乳头状瘤
   D. 乳癌
   E. 急性乳房炎
3. 患者，女性，35岁，近1年来右侧乳房经常出现胀痛，于月经前疼痛加重，月经期间右侧乳房可扪及多个大小不一的结节状和片状肿块，质韧而不硬，与周围无明显粘连，并随月经周期而变化。首先考虑的疾病是（　）
   A. 乳癌
   B. 乳房纤维腺瘤
   C. 急性乳房炎
   D. 乳管内乳头状瘤
   E. 乳腺囊性增生病
4. 患者，女性，29岁，产后30d出现右侧乳房疼痛，全身畏寒、发热、脉快。体检：右冲明显，可扪及一压痛性硬块，同侧腋窝淋巴结肿大。下列处理措施中，不正确的是（　）
   A. 患乳停止哺乳
   B. 局部用硫酸镁溶液湿敷
   C. 按医嘱应用抗菌药
   D. 局部理疗
   E. 局部行切开引流
5. 患者，女性，47岁，发现右侧乳房内无痛性肿块2个月。体检：右乳房外上象限可扪呈径约为4cm的肿块，表面不甚光滑，边界不清，质地硬；局部乳房皮肤凹陷呈征"；同侧腋窝可扪及2个肿大的淋巴结，可被推动。经活组织病理学检查证实为拟行乳癌改良根治术。乳癌患者乳房皮肤出现"酒窝征是由于（　）
   A. 癌细胞堵塞皮下淋巴管
   B. 癌肿侵犯Cooper韧带
   C. 癌肿与胸肌粘连
   D. 癌肿与皮肤粘连
   E. 癌肿侵犯乳管

序号	1	2	3	4	5
答案	E	C	E	E	B

(杞成金)

第十三章　化脓性腹膜炎患者的护理

一、填空题

1. 男性腹膜腔是密闭的，女性腹膜腔经＿＿＿＿＿与体外相通。

答案：输卵管子宫阴道
2. 诊断腹膜炎的主要临床依据是_____。
答案：腹膜刺激征
3. 最常见的腹腔脓肿是_____。
答案：盆腔脓肿
4. 腹膜炎最突出的症状是_____。
答案：腹痛
5. 腹腔脓肿患者应取_____位，有利于腹肌松弛减轻疼痛，使膈肌下降，改善呼吸功能。
答案：半卧位

二、判断题

1. 急性腹膜炎非手术治疗禁止应用止疼剂。（　）
2. 急性腹膜炎术后腹腔安置引流管的护理术后6h后接通引流管。（　）
3. 腹膜炎的治疗最重要的是腹膜炎的病灶处理。（　）

序号	1	2	3
答案	×	×	×

三、单项选择题

1. 原发性腹膜炎与继发性腹膜炎的主要区别是（　）
   A. 腹痛性质不同　　B. 腹膜刺激征有无
   C. 腹胀程度　　　　D. 有无原发病灶
   E. 全身感染现象
2. 急性腹膜炎的临床表现不包括（　）
   A. 腹痛　　　　　　B. 恶心呕吐
   C. 高热　　　　　　D. 休克
   E. 肾衰竭
3. 急性化脓性腹膜炎手术治疗的主要目的是（　）
   A. 明确诊断　　　　B. 去除病因
   C. 清洗腹腔　　　　D. 放置引流
   E. 预防腹腔脓肿的发生
4. 急性弥漫性腹膜炎最重要的体征是（　）
   A. 明显腹胀
   B. 叩诊移动性浊音
   C. 压痛、反跳痛、肌紧张
   D. 肠鸣音减弱
   E. 全身中毒症状
5. 引起继发性腹膜炎的最常见的致菌病是（　）
   A. 肺炎球菌　　　　B. 变形杆菌
   C. 大肠杆菌　　　　D. 厌氧类杆菌
   E. 链球菌
6. 急性化脓性腹膜炎的最主要症状是（　）
   A. 腹痛　　　　　　B. 发热
   C. 恶心、呕吐　　　D. 心慌
   E. 疲乏无力

序号	1	2	3	4	5	6
答案	D	E	B	C	C	A

四、多项选择题

1. 腹膜炎的腹部体征包括（　）
   A. 腹式呼吸受限　　B. 肝浊音界缩小
   C. 肠鸣音亢进　　　D. 移动性浊音
   E. 腹膜刺激征
2. 急性化脓性腹膜炎的临床症状有（　）
   A. 腹痛　　　　　　B. 恶心、呕吐
   C. 体温升高　　　　D. 腹膜刺激征
   E. 中毒症状
3. 急性腹膜炎护理诊断是（　）
   A. 体液不足　　　　B. 疼痛
   C. 体温升高　　　　D. 焦虑
   E. 缺乏保健知识
4. 腹膜的生理功能有（　）
   A. 润滑作用　　　　B. 吸收作用
   C. 固定作用　　　　D. 防止炎症扩散
   E. 修复作用
5. 继发性腹膜炎的病因有（　）
   A. 急性阑尾炎穿孔　B. 脾破裂
   C. 胃十二指肠穿孔　D. 绞窄性肠梗阻
   E. 急性坏死性胰腺炎

序号	1	2	3	4	5
答案	ABDE	ABCE	ABCD	ABDE	ABCDE

五、案例分析题

1. 患者，男性，32岁。急性腹膜炎手术后1周，体温升高至38℃，伴腹泻、里急后重。下列检查最有意义的是（　）
   A. 内镜检查　　　　B. 腹部X线平片
   C. 大便常规化验　　D. 腹腔穿刺术
   E. 直肠指检
2. 患者，男性，32岁，与朋友聚餐后，突发上腹部剧烈疼痛。体检：腹部膨隆，上腹压痛明显，有反跳痛和腹肌紧张。下列处理不正确的是（　）
   A. 禁食
   B. 肠内外营养支持

C. 应用抗生素控制感染
D. 静脉输液
E. 半卧体位

3. 患者，女性，58岁，急性化脓性腹膜炎术后第一天。患者对留置胃管的作用不理解，要求拔除。护士对胃管作用的解释不妥的是（ ）
   A. 可以预防胃出血
   B. 有利于胃肠功能的恢复
   C. 可以减轻腹胀
   D. 避免胃肠内积气积液
   E. 有利于胃肠吻合口的愈合

序号	1	2	3
答案	E	B	A

（杞成金）

第十四章　腹部损伤患者的护理

一、填空题

1. 腹部损伤腹腔内脏出血主要来自_____。
   答案：肝脏破裂
2. 区别空腔脏器破裂与实质脏器破裂的最重要的依据是_____。
   答案：腹腔穿刺液性状

二、判断题

1. 患者，男性，42岁，因严重交通事故致全身多发性损伤，其急救措施是首先处理危及生命的损伤。（ ）
2. 患者，女性，34岁，从马背上跌下，局部腹壁瘀斑，阵发性腹痛，住院期间若需手术探查发现腹部透视发现胃扩张。（ ）
3. 患者，男性，40岁，多年胃、十二指肠溃疡病，近半月来胃病发作，饮食后突然全腹疼痛剧烈，刀割样，血压100/70mmHg（13.3/9.3kPa）脉搏100次/min，全腹压痛，反跳痛，肌紧张初步诊断是胃、十二指肠溃疡穿孔腹膜炎。（ ）

序号	1	2	3
答案	√	×	√

三、单项选择题

1. 腹部闭合性损伤时，最常见的实质性脏器损伤为（ ）
   A. 肝　　　　　B. 脾
   C. 肾　　　　　D. 胰
   E. 膈

2. 判断腹腔实质性脏器与空腔脏器破裂的最主要依据是（ ）
   A. 腹痛性质
   B. 腹膜刺激征程度
   C. 腹部损伤程度
   D. 腹腔穿刺液的性质
   E. 影像学检查结果

3. 对疑有腹腔内脏损伤和生命体征不稳定的患者，观察期间下列哪项措施不妥（ ）
   A. 禁食禁水
   B. 观察病情
   C. 用吗啡暂时止痛
   D. 积极做好手术准备
   E. 不随意搬动患者

4. 疑有空腔脏器损伤时，首选的影像学检查方法是（ ）
   A. B超　　　　　B. CT检查
   C. MRI检查　　　D. 介入检查
   E. X线

5. 实质性脏器损伤时最有助明确诊断的依据是（ ）
   A. 腹膜刺激征
   B. 肠鸣音亢进
   C. 呕血
   D. B超检查
   E. 腹腔穿刺抽出不凝固血液

6. 腹部损伤合并失血性休克时的处理原则是（ ）
   A. 给予止血药物
   B. 快速补充液体
   C. 应用抗生素控制感染
   D. 输新鲜血
   E. 治疗休克同时手术探查止血

7. 腹部损伤伴有少量肠管脱出时，首选的急救措施是（ ）
   A. 迅速将肠管还纳腹腔
   B. 用消毒纱布覆盖并包扎
   C. 凡士林纱布覆盖并包扎
   D. 用盐水纱布覆盖并包扎
   E. 用消毒或清洁器皿覆盖并包扎

8. 腹部损伤有合以下问题时应优先处理

( )
- A. 窒息
- B. 气胸
- C. 昏迷
- D. 出血
- E. 休克

9. 下列哪种脏器损伤的临床表现为细菌性腹膜炎（ ）
   - A. 肝
   - B. 脾
   - C. 胰
   - D. 肾
   - E. 胃

10. 腹部损伤合并其他损伤时，以下列哪种合并伤不易延误腹腔内脏损伤的诊断（ ）
    - A. 颅脑伤
    - B. 胸外伤
    - C. 脊柱骨折
    - D. 窒息
    - E. 前臂骨折

11. 患者，男性，48岁，餐后1小时，被马踢伤中上腹后，突感上腹部剧烈疼痛呈持续性刀割样，短时间内腹痛逐渐扩至全腹，左上腹明显压痛、反跳痛、肌紧张，X线检查示膈下有游离气体。应首先考虑（ ）
    - A. 胃穿孔
    - B. 肾破裂
    - C. 脾破裂
    - D. 结肠破裂
    - E. 肝破裂

序号	1	2	3	4	5	6	7	8	9	10
答案	B	D	C	E	E	E	E	A	E	E
序号	11									
答案	A									

四、多项选择题

1. 腹部实质性脏器损伤包括（ ）
   - A. 肝破裂
   - B. 胃穿孔
   - C. 脾破裂
   - D. 膀胱破裂
   - E. 胰腺损伤

2. 腹部闭合性损伤，考虑由内脏损伤的根据是（ ）
   - A. 早期出现休克
   - B. 持续性剧烈绞痛，并有腹膜刺激症
   - C. 出现移动性浊音
   - D. 肝浊音界消失
   - E. 呕血、便血

3. 腹部闭合性损伤未明确诊断时的处理原则是（ ）
   - A. 禁食
   - B. 静脉补液
   - C. 禁用镇痛剂
   - D. 严密观察病情
   - E. 不随意搬动患者

序号	1	2	3
答案	ACE	ABCDE	ABCDE

(尹 培)

第十五章 腹外疝患者的护理

一、填空题

1. 进入疝囊的腹内脏器或组织叫_____。
   答案：疝内容物

2. 发生腹部切口疝的最主要原因是_____。
   答案：切口感染

3. 疝内容物嵌顿时间过久，发生血循环障碍而坏死称为_____。
   答案：绞窄性疝

二、判断题

1. 股疝易发生嵌顿不宜紧急手术。（ ）

2. 患者，男性，28岁，8年来站立或腹压增高时反复出现右阴囊肿块，平卧安静时肿块明显缩小或消失。10小时前因提重物而肿块又出现，伴腹痛、呕吐，肛门停止排气和排便；体检示右阴囊红肿，可见一梨状肿块，平卧后肿块不消失。最有可能的诊断是嵌顿性腹股沟斜疝。（ ）

3. 本例患者最有效的治疗措施是紧急手术。（ ）

序号	1	2	3
答案	×	√	√

三、单项选择题

1. 腹外疝发病原因中最重要的是（ ）
   - A. 腹壁薄弱
   - B. 慢性便秘
   - C. 慢性咳嗽
   - D. 排尿困难
   - E. 腹水

2. 腹外疝最常见的疝内容物是（ ）
   - A. 大网膜
   - B. 小肠
   - C. 结肠
   - D. 膀胱
   - E. 阑尾

3. 内脏器官成为疝囊壁的一部分，此种疝称（ ）
   - A. 腹外疝
   - B. 股疝
   - C. 滑动疝
   - D. 脐疝

E. 白线疝
4. 嵌顿性疝与绞窄性疝的区别是（ ）
   A. 疝囊有无压痛
   B. 疝内容物能不能回纳
   C. 疝内容物有无血运障碍
   D. 是否有休克
   E. 是否有机械性肠梗阻的表现
5. 最常见的腹外疝是（ ）
   A. 脐疝　　　　B. 股疝
   C. 切口疝　　　D. 腹股沟斜疝
   E. 腹股沟直疝
6. 患者，男性，28岁，8年来站立或腹压增高时反复出现右阴囊肿块，平卧安静时肿块明显缩小或消失。10小时前因提重物而肿块又出现，伴腹痛、呕吐，肛门停止排气和排便；体检示右阴囊红肿，可见一梨状肿块，平卧后肿块不消失。本例患者最有效的治疗措施是（ ）
   A. 试行手法复位
   B. 应用止痛剂
   C. 静脉补液纠正酸碱失衡
   D. 紧急手术
   E. 热敷、抗生素治疗

序号	1	2	3	4	5	6
答案	A	B	C	C	D	D

四、多项选择题

1. 下列应立即行手术治疗的是（ ）
   A. 股疝　　　　B. 腹股沟疝
   C. 难复性疝　　D. 嵌顿性疝
   E. 绞窄性疝
2. 腹股沟疝的特点是（ ）
   A. 直疝和斜疝均可进入阴囊
   B. 斜疝从腹壁下动脉外侧的内环突出
   C. 还纳后压迫内环疝块仍突出者为斜疝
   D. 直疝多发生在老年人
   E. 斜疝多见于儿童与青壮年
3. 导致疝复发的因素是（ ）
   A. 术前咳嗽、便秘未控制
   B. 切口感染
   C. 术后即下床活动
   D. 过早从事重体力劳动
   E. 手术区未用沙袋加压
4. 腹股沟斜疝的主要临床表现是（ ）
   A. 压迫内环，疝块仍可突出
   B. 由腹股沟三角突出

   C. 疝块呈椭圆或梨型
   D. 精索在疝囊后方
   E. 嵌顿机会较多
5. 腹外疝形成的主要原因是（ ）
   A. 腹壁先天性薄弱
   B. 后天性腹壁缺损
   C. 腹腔内压力升高
   D. 腹腔内脏器先天性畸形
   E. 长期从事重体力劳动
6. 为使疝修补术成功，手术前后应做到（ ）
   A. 治疗患者的咳嗽、便秘等使腹内压升高的因素
   B. 阴囊会阴部备皮要严格
   C. 髋稍曲、阴囊托起、切口沙袋加压
   D. 术后早日下床活动
   E. 二个月内避免剧烈运动
7. 典型腹外疝的组成包括（ ）
   A. 疝囊　　　　B. 疝内容物
   C. 疝外被盖　　D. 疝块
   E. 疝环
8. 腹外疝的临床类型有（ ）
   A. 腹股沟疝　　B. 难复性疝
   C. 易复性疝　　D. 股疝
   E. 嵌顿疝

序号	1	2	3	4	5
答案	BE	BDE	ABCD	CDE	ABCE
序号	6	7	8		
答案	ABC	ABCE	BCE		

（尹　培）

第十六章　胃十二指肠疾病患者的护理

一、填空题

1. 胃溃疡首选手术方式是_____。
   答案：胃大部切除术
2. 服用哪种药物可诱发胃十二指肠溃疡大出血_____。
   答案：阿司匹林
3. 瘢痕性幽门梗阻最突出的表现是大量呕吐_____。
   答案：宿食

4. 胃十二指肠溃疡大出血的主要表现为呕血和排_____。

答案：柏油样便

二、判断题

1. 十二指肠溃疡的好发部位是十二指肠球部。（　）
2. 十二指肠溃疡疼痛的特点是饥饿痛。（　）
3. 诊断胃十二指肠溃疡的首选检查是X线钡餐造影。（　）

序号	1	2	3						
答案	√	√	×						

三、单项选择题

1. 患者，男性，45岁，胃溃疡史8年。近1个月来上腹不适、疼痛、反酸、嗳气等症状明显加重，体重下降3kg。经胃镜检查确诊为胃癌，拟行胃大部分切除术。下列疾病中，不属于胃癌癌前病变的是（　）
   A. 胃下垂　　　　　B. 萎缩性胃炎
   C. 胃息肉　　　　　D. 胃溃疡
   E. 残胃炎

2. 腌制食品中含有的哪种物质与胃癌的发生密切相关（　）
   A. 脂肪含量高　　　B. 氯化钠的含量高
   C. 亚硝酸盐　　　　D. 含防腐剂
   E. 含添加剂

3. 胃癌早期表现是（　）
   A. 无明显症状　　　B. 上腹部绞痛
   C. 黑便　　　　　　D. 呕血
   E. 体重明显下降

4. 若行手术治疗，术前不予洗胃的原因是（　）
   A. 避免引起胃出血
   B. 避免引起急性胃扩张
   C. 避免引起胃穿孔
   D. 避免洗胃造成癌细胞的脱落种植
   E. 避免患者出现虚脱

5. 关于胃管的护理，下列不正确的是（　）
   A. 妥善固定和防止滑脱
   B. 保持通畅
   C. 观察引流液的颜色、性质和量
   D. 若胃管堵塞可用大量生理盐水冲洗
   E. 胃肠蠕动恢复后可拔胃管

序号	1	2	3	4	5				
答案	A	C	A	D	D				

四、单项选择题

1. 正常成人每日分泌的胃液量约为（　）
   A. 500ml　　　　　B. 800ml
   C. 1000～1200ml　D. 1500～2500ml
   E. 3000ml

2. 贲门胃底癌的突出表现是（　）
   A. 嗳气、反酸
   B. 营养障碍
   C. 大量呕吐宿食
   D. 食欲不振
   E. 胸骨后疼痛和进行性哽噎感

3. 胃癌根治术后顽固性呃逆的护理，下列不正确的是（　）
   A. 立刻拔除胃管
   B. 压迫眶上缘
   C. 穴位针灸
   D. 让患者放松
   E. 遵医嘱给予镇静或解痉药

4. 下列哪项不属于胃癌根治术后的早期并发症（　）
   A. 胃出血　　　　　B. 吻合口瘘
   C. 倾倒综合征　　　D. 吻合口梗阻
   E. 十二指肠残端破裂

5. 胃十二指肠溃疡的发病因素中，下列无关的是（　）
   A. 幽门螺杆菌感染
   B. 胃酸分泌过多
   C. 遗传
   D. 高糖饮食
   E. 使用非甾体类抗炎药

序号	1	2	3	4	5				
答案	D	E	A	C	D				

五、多项选择题

1. 胃癌转移途径有（　）
   A. 血行转移　　　　B. 淋巴转移
   C. 直接蔓延　　　　D. 腹腔种植
   E. 飞沫转移

2. 胃癌的护理包括（　）
   A. 心理护理　　　　B. 营养护理
   C. 术前护理　　　　D. 术后护理
   E. 康复健康指导

3. 导致胃十二指肠溃疡的主要病因是（　）
   A. 胃酸过多　　　　B. 胆汁返流
   C. 胃壁缺血　　　　D. 营养不良

E. 胃黏膜屏障受损
4. 胃十二指肠急性穿孔的临床特点为（　　）
   A. 上腹阵发性绞痛
   B. 腹肌收缩呈板样
   C. 肠麻痹
   D. 恶心呕吐
   E. 腹腔穿刺抽出浑浊液体
5. 胃十二指肠溃疡的手术适应证有（　　）
   A. 顽固性溃疡
   B. 并发急性大出血
   C. 胃溃疡恶变
   D. 溃疡病近期频发
   E. 并发瘢痕性幽门梗阻

序号	1	2	3	4	5
答案	ABCD	ABCDE	AE	BCDE	ABCE

（尹　培）

第十七章　急性阑尾炎患者的护理

一、填空题

1. 急性阑尾炎最重要的体征是右下腹固定_____。
   答案：压痛
2. 急性阑尾炎一旦确诊又无禁忌证者，应采取的治疗方法是_____。
   答案：手术治疗
3. 急性阑尾炎的典型腹痛表现是_____右下腹痛。
   答案：转移性

二、判断题

1. 患者，男，40岁，因急性阑尾炎入院，入院后腹痛曾有短暂的缓解，后又呈持续性加剧，应考虑化脓性阑尾炎（　　）
2. 患者，男，35岁，诊断为"阑尾周围脓肿"，患者行阑尾切除的时间是体温正常后3个月后。（　　）

序号	1	2
答案	×	√

三、单项选择题

1. 患者，女，21岁，自诉疼痛开始于上腹及脐周，位置不定，以后疼痛位置转移到右下腹部，并出现全腹持续性疼痛。体检示：体温39.2℃，脉搏124次/分钟，血压105/65mmHg；右下腹压痛、肌紧张、有反跳痛、肠鸣音消失，闭孔内肌试验阳性；WBC12.5×10⁹/L，中性粒细胞比例0.82；腹部X线平片可见盲肠扩张和气液平面。行急诊手术治疗，术后第3天患者体温为38.9℃，切口红肿、压痛。入院时应考虑（　　）
   A. 急性单纯性阑尾炎
   B. 急性化脓阑尾炎
   C. 坏疽性阑尾炎
   D. 穿孔性阑尾炎
   E. 急性胰腺炎
2. 下列哪项不是急性阑尾炎术后给予半卧位的主要目的（　　）
   A. 利于呼吸
   B. 减轻切口张力
   C. 预防肠粘连
   D. 利于腹腔引流
   E. 腹腔渗液积聚于盆腔
3. 急性阑尾炎最典型的症状为（　　）
   A. 转移性脐周疼痛
   B. 转移性右下腹疼痛
   C. 固定性脐周疼痛
   D. 固定的右下腹痛
   E. 腹痛位置无规律
4. 急性阑尾炎的基本病因是（　　）
   A. 阑尾腔阻塞后并发感染
   B. 阑尾管腔阻塞
   C. 细菌感染
   D. 阑尾管腔狭小
   E. 急性肠炎
5. 阑尾切除术后半月发热，大便次数增多，有黏液，应考虑（　　）
   A. 急性痢疾　　B. 急性肠炎
   C. 盆腔脓肿　　D. 膈下脓肿
   E. 阑尾残株炎
6. 最常见的阑尾腔梗阻的病因是（　　）
   A. 粪石　　　　B. 淋巴滤泡增生
   C. 异物　　　　D. 炎性狭窄
   E. 食物残渣

序号	1	2	3	4	5	6
答案	D	C	B	A	C	B

四、多项选择题

1. 阑尾切除术后指导患者早期下床活动的主要

目的错误的是（　　）
A. 肠粘连　　　　B. 肺不张和肺炎
C. 压疮　　　　　D. 血栓性静脉炎
E. 尿潴留

序号	1				
答案	BCDE				

（尹　培）

第十八章　肠梗阻患者的护理

一、填空题

1. 肠梗阻患者的共同临床特征是____、腹胀、呕吐、便秘。
   答案：腹痛
2. 应考虑为绞窄性肠梗阻的腹部 X 线表现是孤立、胀大的肠袢且位置较____。
   答案：固定

二、判断题

1. 肠梗阻的共同临床表现不包括休克。（　）
2. 不属于机械性肠梗阻的是肠内肿瘤。（　）
3. 属于血运性肠梗阻的是肠系膜血栓。（　）

序号	1	2	3
答案	√	×	√

三、单项选择题

1. 患者，男性，40岁，1小时前午餐后打篮球时出现腹部剧烈疼痛，持续性腹胀，呕吐宿食，含少量血性液体，口渴，烦躁不安。中腹部可扪及压痛包块，移动性浊音阳性，肠鸣音减弱，血常规：WBC13.4×10^9/L，发病以来未排便排气。该患者目前主要的护理诊断为（　　）
   A. 排便困难　　　B. 体液不足
   C. 皮肤完整性受损　D. 个人应对无效
   E. 活动无耐力
2. 对疑有肠梗阻的患者禁忌做哪项检查（　　）
   A. X线透视或摄片　　B. 肛门直肠指检
   C. 钡剂灌肠造影　　　D. 口服钡餐透视
   E. 血气分析
3. 临床最常见的引起肠梗阻的原因是（　　）
   A. 肠蛔虫堵塞　　　B. 肠扭转
   C. 肠套叠　　　　　D. 肠粘连
   E. 肠肿瘤
4. 对于肠梗阻患者，以下护士的观察判断最正确的是（　　）
   A. 呕吐早、频繁且含有胆汁应疑为高位肠梗阻
   B. 呕吐呈喷射状说明是麻痹性肠梗阻
   C. 腹痛有减轻且肠鸣音不再亢进说明梗阻有所缓解
   D. 腹痛转为持续性胀痛说明出现绞窄性肠梗阻
5. 对肠梗阻患者的术前护理正确的是（　　）
   A. 予流质饮食，促进肠蠕动
   B. 予止痛剂，缓解腹痛症状
   C. 给予缓泻剂，以解除梗阻
   D. 禁食、胃肠减压
   E. 予腹部热敷缓解腹痛
6. 下列不属于肠梗阻的基本处理的是（　　）
   A. 禁食
   B. 使用抗菌药
   C. 灌肠
   D. 胃肠减压
   E. 补液、纠正水电解质及酸碱失衡

序号	1	2	3	4	5	6
答案	B	D	D	A	D	C

四、多项选择题

1. 肠梗阻术后护理是（　　）
   A. 禁食　　　　　B. 输液
   C. 胃肠减压　　　D. 应用抗生素
   E. 病情平稳半卧位
2. 关于肠梗阻的手术，哪些说法是正确的（　　）
   A. 机械性肠梗阻，均应手术治疗
   B. 麻痹性肠梗阻，均应保守治疗
   C. 绞窄性肠梗阻，均应尽快手术治疗
   D. 单纯性肠梗阻，保守治疗无效时，应手术治疗
   E. 闭袢性肠梗阻，均应手术治疗
3. 肠梗阻在非手术期间使用胃肠减压的目的是（　　）
   A. 吸出胃肠道内的气体和液体
   B. 减轻腹痛
   C. 减少肠腔内的细菌和毒素
   D. 改善肠壁血循环
   E. 改善全身情况
4. 急性肠梗阻，下列哪些情况时应采取手术治疗
   A. 保守治疗期间一般情况更趋恶化
   B. 腹围增大，肠鸣音减弱

C. 腹痛加重并出现腹膜刺激征
D. 腹部压痛性包块
E. 腹部 X 线可见肠袢位置不变且持续增大

序号	1	2	3	4
答案	ABCDE	BCDE	ABCDE	ABCD

(尹 培)

第十九章 结、直肠和肛管疾病患者的护理

一、填空题

1. 结肠癌的好发部位_____最为多见。
   答案：乙状结肠
2. 结肠癌血行播散以器官____最常见。
   答案：肝
3. 结肠癌中最多见的为_____。
   答案：腺癌
4. 结肠癌最应重视的早期症状是_____。
   答案：排便习惯改变

二、判断题

1. 右半结肠癌不常见的症状体征为肠梗阻症状。（ ）
2. 直肠癌多见于直肠壶腹部。（ ）
3. 直肠癌切除术能否保留肛门，主要取决于肿瘤是否已侵犯肠管周围。（ ）

序号	1	2	3
答案	√	√	×

三、单项选择题

1. 患者，女性，40 岁，近 4 个月来排便次数增多，下腹隐痛，2 个月前出现排便时伴出血，为鲜红色，覆盖于大便之上，便血常持续数天，未经治疗出血能自止；但症状反复发作。发病以来，患者体重下降 3Kg。若患者需行手术治疗，对其术前的饮食指导中错误的是（ ）
   A. 高蛋白   B. 高维生素
   C. 高热量   D. 低脂
   E. 高纤维
2. 结肠癌的好发部位，最多见为（ ）
   A. 乙状结肠   B. 盲肠
   C. 升结肠   D. 降结肠
   E. 横结肠
3. 结肠癌血行播散以哪一个器官最常见（ ）
   A. 肝   B. 肺
   C. 骨   D. 脑
   E. 膀胱
4. 结肠癌中最多见的为（ ）
   A. 腺癌   B. 未分化癌
   C. 类癌   D. 鳞状细胞癌
   E. 印戒细胞癌
5. 结肠癌最应重视的早期症状是（ ）
   A. 腹痛
   B. 贫血
   C. 排便习惯改变
   D. 粪便带脓血或黏液
   E. 肿块
6. 直肠癌血行播散最常见侵犯的脏器为（ ）
   A. 肺   B. 肝
   C. 骨骼 D. 子宫
   E. 前列腺

序号	1	2	3	4	5	6
答案	E	A	A	A	C	B

四、多项选择题

1. 左半结肠癌的主要临床表现为（ ）
   A. 腹部隐痛不适
   B. 大便改变
   C. 腹部肿块
   D. 营养不良
   E. 急慢性肠梗阻
2. 大肠癌较常见的组织学类型为（ ）
   A. 腺癌   B. 黏液癌
   C. 未分化癌 D. 低分化癌
   E. 以上都不是
3. 直肠癌的临床表现有（ ）
   A. 排便次数增多，无规律
   B. 黏液血便
   C. 腹痛、腹胀
   D. 排尿不畅
   E. 肝脏肿大、腹水
4. 直肠癌的临床特点有（ ）
   A. 好发于直肠壶腹部
   B. 大便习惯改变
   C. 直肠指检多可触及
   D. 黏液样血便
   E. 血行转移少见

序号	1	2	3	4	
答案	AE	ABC	ABCDE	ABCDE	

(尹 培)

第二十章 原发性肝癌患者的护理

一、填空题

1. 肝癌患者最常见和最主要的症状是_____。
   答案：肝区疼痛
2. 为明确肝内占位病变的性质，下列检查项目最有意义的是_____。
   答案：甲胎蛋白
3. 治疗早期原发性肝癌，最有效的方法是_____。
   答案：手术切除
4. 肝癌患者术前肠道准备最主要的目的是预防术后增高。
   答案：血氨

二、判断题

1. 阿米巴肝脓肿治疗中继发性细菌感染者均应手术。（ ）
2. 原发性肝癌多见于男性，好发年龄最多见的是40至50岁。（ ）
3. 原发性肝癌主要转移的部位肝内。（ ）

序号	1	2	3
答案	√	√	√

三、单项选择题

1. 患者，男性，49岁，高热，右上腹痛1周。体格检查：急性病容，可疑黄疸，右上腹压痛伴轻度肌卫，肝肿大。白细胞数 $18×10^9$/L，中性粒细胞0.95，B超检查和放射性核素扫描发现肝有占位病变。首先考虑的诊断为（ ）
   A. 原发性肝癌
   B. 胆道感染
   C. 细菌性肝脓肿
   D. 阿米巴性肝脓肿
   E. 急性肝炎
2. 细菌性肝脓肿的主要临床症状为（ ）
   A. 恶心，呕吐
   B. 寒战，高热，肝肿大伴疼痛
   C. 局部皮肤凹陷性水肿
   D. 出现黄疸
   E. 可见右膈升高、运动受限
3. 细菌性肝脓肿常见护理诊断/问题不包括（ ）
   A. 体温过高
   B. 营养失调：低于机体需要量
   C. 体液过多
   D. 疼痛
   E. 潜在并发症：腹膜炎、膈下脓肿、胸腔内感染、休克
4. 关于细菌性肝脓肿，下列叙述正确的是（ ）
   A. 大部分是胆源性肝脓肿
   B. 致病菌多为 G^+ 球菌
   C. 脓液多为棕褐色
   D. 多由于溃疡性结肠炎所致
   E. 手术引流是唯一有效的方法
5. 在鉴别细菌性肝脓肿与阿米巴肝脓肿时，后者不出现下列表现（ ）
   A. 脓液呈棕褐色
   B. 中毒症状严重
   C. 起病较缓慢
   D. 血清学阿米巴抗体检测阳性
   E. 中性粒细胞计数可增高

序号	1	2	3	4	5
答案	A	B	C	A	B

四、多项选则题

1. 下列哪项是细菌性肝脓肿的临床特征（ ）
   A. 全身中毒症状明显
   B. 常继发于胆管感染
   C. 超声波检查发现肝大，内有3个液性暗区
   D. 穿刺脓汁为咖啡色
   E. 血液细菌培养有时为阳性
2. 多发性肝脓肿的治疗方法为（ ）
   A. 支持治疗   B. 抗生素治疗
   C. 手术治疗   D. 注射治疗
   E. 闭式引流术
3. 肝癌患者的常见护理问题是（ ）
   A. 疼痛
   B. 知识缺乏
   C. 有营养失调的危险
   D. 潜在并发症
   E. 预感性悲哀
4. 肝脓肿的临床表现是（ ）

A. 发热　　　　B. 肝区疼痛
C. 肝脏肿大　　D. 脾脏肿大
E. 白细胞升高

5. 门静脉高压症主要的临床表现是（　　）
   A. 脾大，脾功能亢进
   B. 门-腔静脉交通支曲张，甚至破裂
   C. 腹水
   D. 肾功能不良
   E. 心衰竭

序号	1	2	3	4	5
答案	ABCE	AB	ABCDE	ABCE	ABC

（尹　培）

第二十一章　门静脉高压患者的护理

一、填空题

1. 门静脉高压症最危急的并发症_____。
   答案：食管-胃底静脉曲张破裂
2. 门静脉高压症最危险的并发症是_____。
   答案：食管-胃底静脉曲张破裂

二、判断题

1. 门静脉高压症的主要临床表现为呕血和黑便。（　　）
2. 门静脉高压症合并食管、胃底静脉曲张手术治疗最主要的目的是预防上消化道出血。（　　）
3. 我国门静脉高压症常见的病因是胆汁性肝硬变。（　　）

序号	1	2	3
答案	√	√	×

三、单项选择题

1. 正常门静脉的压力是（　　）
   A. 小于 1.3kPa（13cmH$_2$O）
   B. 1.27～2.35kPa（13～24cmH$_2$O）
   C. 2.4～3.0kPa（24～30cmH$_2$O）
   D. 3.0～5.0kPa（30～50cmH$_2$O）
   E. 4.0kPa（40cmH$_2$O）
2. 门静脉高压症的侧支循环中，下列错误的是（　　）
   A. 由食管、胃底静脉入奇静脉
   B. 由脐及脐旁静脉入腹壁上、下静脉
   C. 由直肠上静脉入直肠下静脉
   D. 由腰静脉入腹膜后下腔静脉属支
   E. 腹膜后门、体静脉分支相吻合
3. 引起门静脉高压症的最常见原因是（　　）
   A. 肝炎后肝硬化
   B. 血吸虫性肝硬化
   C. 胆汁性肝硬化
   D. 先天性门静脉狭窄
   E. 肝包虫病
4. 门静脉高压症分流术后护理，下列措施中错误的是（　　）
   A. 术后取平卧位，活动要少
   B. 注意观察意识变化
   C. 给予高热量、高蛋白饮食
   D. 保持大便通畅
   E. 观察有无腹痛、腹胀、血便
5. 门静脉高压症时腹水主要成因是（　　）
   A. 抗利尿激素增多
   B. 肝淋巴液外漏
   C. 肝功能减退
   D. 醛固酮体内增多
   E. 门静脉系毛细血管床的静水压增加

序号	1	2	3	4	5
答案	B	D	A	C	C

四、多项选择题

1. 门静脉高压症手术治疗的目的是（　　）
   A. 改善肝功能
   B. 消除脾功能亢进
   C. 降低门静脉压力
   D. 减少腹水
   E. 根治肝硬化
2. 门静脉高压症非手术治疗的一般处理包括（　　）
   A. 绝对卧床休息
   B. 禁食
   C. 吸氧
   D. 保持呼吸道通畅
   E. 应用止血和保肝药物
3. 门静脉高压症外科治疗的目的是（　　）
   A. 消除脾功能亢进
   B. 防止食管、胃底静脉曲张破裂出血
   C. 减少腹水
   D. 降低门静脉压力
   E. 防治肝性脑病

4. 门静脉高压症患者，常见的护理诊断有（   ）
   A. 恐惧　　　　　B. 体液不足
   C. 营养失调　　　D. 潜在并发症
   E. 知识缺乏
5. 门静脉与腔静脉之间的交通支有（   ）
   A. 胃底、食管下段交通支
   B. 直肠下端、肛管交通支
   C. 前腹壁交通支
   D. 腹膜后交通支
   E. 股静脉交通支

序号	1	2	3	4	5
答案	BCD	ABCD	ABCD	ABCDE	ABCD

（尹　培）

第二十二章　胆道疾病患者的护理

一、填空题

1. 胆道疾病首选的检查方法是_____。
   答案：B 超
2. 胆囊炎腹痛的特点是_____。
   答案：阵发性绞痛
3. 胆道蛔虫病的临床特点是剑突下方有_____。
   答案：深压痛

二、判断题

1. 胆囊炎腹痛常在餐前或白天发作。（   ）
2. T 型管引流管口每日应换药 2 次。（   ）
3. 肝外胆管结石目前以手术治疗为主。（   ）

序号	1	2	3
答案	×	×	√

三、单项选择题

1. 胆囊具有（   ）的功能（   ）
   A. 浓缩　　　　B. 排出胆汁
   C. 储存　　　　D. 以上都是
   E. 以上都不是
2. 下列哪项与胆道结石的发生无关（   ）
   A. 高胆固醇饮食
   B. 饮酒
   C. 肥胖
   D. 妊娠
   E. 糖尿病
3. 胆囊结石典型临床症状是（   ）
   A. 胆囊绞痛
   B. Charcot 三联征
   C. 胆囊隐痛
   D. 胆囊间隙痛
   E. Murphy 征
4. 急性胆囊炎的体征是（   ）
   A. 胆囊隐痛　　　B. 胆囊阵痛
   C. 胆囊绞痛　　　D. Murphy 征
   E. charcot 三联征
5. 急性梗阻性化脓性胆管炎典型的临床表现是（   ）
   A. 胆囊绞痛　　　B. Charcot 三联征
   C. 腹膜刺激征　　D. Murphy 征
   E. 病程进展慢
6. 胆道蛔虫的临床特点是（   ）
   A. 症状重体征轻
   B. 体征重症状轻
   C. 症状与体征都重
   D. 症状与体征都轻
   E. 症状无明显表现
7. 在胆道系统疾病检查中，首选的检查方法是（   ）
   A. ERCP　　　　B. CT
   C. B 超　　　　D. PTC
   E. MRI
8. T 形管引流的目的是（   ）
   A. 维持胆道通畅
   B. 引流胆汁
   C. 观察术后胆道通畅情况
   D. 以上都是
   E. 以上都不是
9. 胆道术后第一个 24 小时内 T 型管可有引流液（   ）
   A. 300～500ml/d
   B. 250～500ml/d
   C. 350～600ml/d
   D. 大于 200ml/d
   E. 大于 600ml/d
10. 定时自上而下挤捏 T 形引流管的目的是（   ）
    A. 防止引流液的回流
    B. 防止腹腔感染
    C. 防止引流管的堵塞

D. 促进胆汁引流
   E. 以上都不是
11. T型引流管堵塞时护士应该做到（ ）
   A. 针筒抽吸   B. 冲洗
   C. 封闭引流管   D. 向医生汇报
   E. 等待观察
12. 行PTC检查前护理措施错误的是（ ）
   A. 检查出凝血时间和血小板
   B. 检查当日晨禁食、清洁肠道
   C. 碘过敏试验
   D. 全身预防性应用抗生素2～3天
   E. 检查当日可食软饮食
13. 在经内镜逆行胰胆管造影检查护理（ERCP）中错误的是（ ）
   A. 检查前15分钟遵医嘱注射地西泮和东莨菪碱
   B. 检查前6～8小时禁食水
   C. 作碘过敏试验。
   D. 清洁灌肠
   E. 无需做肠道的准备
14. RCP检查后护理措施中错误的是（ ）
   A. 检测血清淀粉酶
   B. 观察腹部体征和体温
   C. 4小时后可进食
   D. 遵医嘱应用抗生素等药物
   E. 6小时后才能进行饮食
15. 胆囊造瘘管护理错误的有（ ）
   A. 引流管接一次性引流袋
   B. 一般插管1周左右
   C. 引流管妥善固定
   D. 防止脱出
   E. 保持引流管通畅
16. 驱除胆道蛔虫的方法有（ ）
   A. 经胃管注入氧气
   B. 发作时口服乌梅汤、30%硫酸镁、食醋
   C. 口服驱虫药物
   D. 以上都是
   E. 以上都不是
17. 驱虫药物服用方法是（ ）
   A. 三餐后
   B. 三餐前
   C. 晨起空腹或晚睡前口服
   D. 经胃管注入
   E. 无需时间选择
18. 需引流14天才能拔除引流管的是（ ）
   A. 闭式胸膜腔引流管
   B. 耻骨上膀胱造口管
   C. 肾盂引流管
   D. 胆道T形引流管
   E. 腹腔引流管
19. 胆总管探查术后应用（ ）
   A. 胃肠减压
   B. T形管引流
   C. 胸膜腔穿刺
   D. 耻骨上膀胱造瘘
   E. 胆囊造瘘引流
20. 下列各项检查中，其检查前需要做碘过敏试验，检查后要严密观察腹痛和腹部体征的是（ ）
   A. 静脉胆道造影
   B. 口服胆囊造影
   C. 经皮肝穿刺胆道造影
   D. 经内镜逆行胆管造影
   E. B型超声
21. 治疗急性化脓性胆管炎的主要方法是（ ）
   A. 抗生素   B. 胆管切除
   C. 抗休克   D. 胃肠减压
   E. 胆管切开探查
22. 胆道术后患者在T管拔管前，哪项护理措施必不可少（ ）
   A. 无菌盐水冲洗
   B. 抗生素
   C. B超
   D. 试验性夹管2～3天
   E. 检查血胆红素
23. 胆道手术后，T管一般留置的时间是（ ）
   A. 4天   B. 7天
   C. 14天   D. 21天
   E. 30天
24. 胆总管结石合并胆管炎的患者，在非手术治疗期间，出现下列哪项表现，应立即做好急诊术前准备（ ）
   A. 黄疸进行性加深
   B. 低血压，意识不清
   C. 胆囊肿大，有压痛
   D. 体温升高，脉速
   E. 白细胞计数明显增高
25. 下列胆道T管的护理中，哪项不妥（ ）
   A. 保持畅通
   B. 妥善固定

C. 每日按时冲洗
D. 每日更换引流瓶
E. 记录引流量和性质

26. 经皮肝穿刺胆道造影术后最常见的并发症是
    A. 胰腺炎　　　　B. 内出血
    C. 呼吸困难　　　D. 感染性休克
    E. 肝性脑病

27. 出现夏柯三联征的胆道疾病是（　）
    A. 急性胆囊炎
    B. 胆囊结石
    C. 肝内胆管结石
    D. 胆总管结石合并胆管炎
    E. 萎缩性胆囊炎

28. 胆道疾病首选的辅助检查方法是（　）
    A. CT
    B. 静脉胆道造影
    C. 口服胆囊造影
    D. PTC
    E. B超

29. 经皮肝穿刺胆道造影检查后，应重点观察的是（　）
    A. 呼吸、体温、脉搏、意识
    B. 血压、腹膜刺激征
    C. 肠鸣音、肠蠕动波
    D. 腹泻、呕吐、黄疸
    E. 肝浊音界、腹胀

30. 属于夏柯（Charcot）三联征表现的是（　）
    A. 腹痛、畏寒及发热、呕吐
    B. 腹痛、黄疸、胆囊肿大
    C. 腹痛、寒战及高热、黄疸
    D. 腹痛、寒战及高热、低血压
    E. 腹痛、黄疸、休克

31. 莫菲征阳性见于（　）
    A. 急性胆管炎
    B. 急性阑尾炎
    C. 急性胆囊炎
    D. 急性胰腺炎
    E. 胃十二指肠溃疡急性穿孔

32. 胆道T形引流管与腹腔引流管的护理措施中，不同的是（　）
    A. 拔管前夹管观察
    B. 保持引流通畅
    C. 观察引流液量和性质
    D. 换引流袋时注意无菌操作
    E. 妥善固定

33. 与形成胆红素结石有密切关系的细菌是（　）
    A. 金黄色葡萄球菌
    B. 厌氧杆菌
    C. 溶血性链球菌
    D. 大肠埃希菌
    E. 铜绿假单胞菌

34. 以下需要做碘过敏试验的检查是（　）
    A. 口服胆囊造影
    B. 经皮肝穿刺胆道造影（PC）
    C. 磁共振（MRI）
    D. X线检查
    E. B超

35. 胆囊的作用不包括（　）
    A. 分泌胆汁　　　B. 浓缩胆汁
    C. 分泌胰液　　　D. 储存胆汁
    E. 排泄胆汁

36. 胆道T形管拔除前，夹管应观察的内容是（　）
    A. 体温、血压、意识
    B. 腹痛、呕吐、体温
    C. 腹痛、血压、体温
    D. 腹痛、黄疸、体温
    E. 黄疸、血压、意识

序号	1	2	3	4	5	6	7	8	9	10
答案	D	B	A	E	B	A	C	D	A	C
序号	11	12	13	14	15	16	17	18	19	20
答案	D	B	D	C	B	D	C	D	B	C
序号	21	22	23	24	25	26	27	28	29	30
答案	E	D	C	B	C	B	D	E	B	C
序号	31	32	33	34	35	36				
答案	C	A	D	B	C	D				

四、多项选择题

1. Charcot三联征包括（　）
   A. 腹痛　　　　B. 腹胀
   C. 寒颤高热　　D. 黄疸
   E. 恶心

2. 胆结石按结石所在部位分类可分为（　）
   A. 胆囊结石　　　B. 肝外胆管结石
   C. 混合性结石　　D. 肝内胆管结石
   E. 以上都正确

序号	1	2			
答案	ACD	ABD			

五、案例分析题

1. 张某，行胆总管切开取石、T管引流术。术后第3天，护士查房时发现T管无胆汁流出，患者诉腹部胀痛。首先应做到（　）
   A. 用无菌生理盐水冲洗T管
   B. 检查T管是否受压扭曲
   C. 用注射器抽吸T管
   D. 准备T管造影
   E. 继续观察，暂不处理

2. 患者，女，55岁，右上腹部疼痛1天。T 39℃，巩膜黄染，B型超声示胆总管结石，为警惕急性重症胆管炎，在病情观察中应特别注意（　）
   A. 体温、面色　　B. 腹部体征
   C. 血压、神志　　D. 恶心、呕吐
   E. 血白细胞计数

3. 患者，男性，9岁，阵发性剑突下钻顶样痛半天，伴恶心、呕吐，既往有类似发作史。查体：T 37.5℃，剑突下深压痛，无腹肌紧张，拟诊为（　）
   A. 肝内胆管结石　B. 胆道蛔虫病
   C. 胆总管结石　　D. 急性胆管炎
   E. 胆囊结石

4. 患者，男，45岁，急性化脓性梗阻性胆管炎急诊入院，寒战、体温骤升41℃，血压85/65mm此患者的休克体征表现为（　）
   A 低血容量性休克　B. 感染性休克
   C. 创伤性休克　　　D. 心源性休克
   E. 过敏性休克

5. 胆道术后患者T形管放置已1周，胆汁减少至200ml/d以下，大便颜色恢复正常，无发热和黄疸，可考虑（　）
   A. 闭管试验　　　B. 拔除T形管
   C. 向医生汇报　　D. 继续观察
   E. 立刻进行抢救

6. 患者，女性，13岁。今晨突发右上腹阵发性绞痛。查体：体温36.8℃，脉搏105次/分，血压105/65mmHg，急性面容，多汗。右上腹轻压痛，反跳痛(-)。B超检查胆道内索条状异物。患者最可能的诊断是（　）
   A. 胆道蛔虫
   B. 急性胆囊炎
   C. 胆管结石
   D. 急性梗阻性化脓性胆管炎
   E. 慢性胆囊炎

7. 患者，女性，66岁，右上腹疼痛3天，今晨加重，恶心、呕吐。查体：体温38℃，脉搏105次/分，血压135/90mmHg，急性面容，皮肤巩膜无黄染。右上腹压痛，反跳痛(+)。B超检查胆囊壁增厚，胆管无扩张，血常规白细胞计数增高，中性粒细胞比例增高。患者最可能的诊断是（　）
   A. 急性梗阻性化脓性胆管炎
   B. 急性胆囊炎
   C. 慢性胆囊炎
   D. 胆管结石
   E. 胆道蛔虫

患者，男性，58岁，右上腹绞痛1天，逐渐加重，恶心、呕吐。查体：体温40.0℃，脉搏132次/分，血压85/65mmHg，表情淡漠，多汗，皮肤巩膜黄染。右上腹压痛，反跳痛(+)。B超检查胆管扩张，血常规白细胞计数增高，中性粒细胞比例增高，肝功改变，血胆红素增高。

8. 患者最可能的诊断为（　）
   A. 急性梗阻性化脓性胆管炎
   B. 急性胆囊炎
   C. 胆管结石
   D. 胆道蛔虫
   E. 胆内胆管结石

9. 患者目前最主要的护理诊断是（　）
   A. 体液不足　　B. 心输出量减少
   C. 体温过高　　D. 腹痛
   E. 恶心

10. 患者经手术治疗，术后重点护理的内容是（　）
    A. 胃肠减压引流
    B. T形管引流
    C. 胸腔闭式引流
    D. 尿管引流
    E. 以上都正确

序号	1	2	3	4	5	6	7	8	9	10
答案	B	C	B	B	D	A	B	A	B	B

（蔡天富）

第二十三章　胰腺疾病患者的护理

一、填空题

1. ＿＿＿＿是胰腺癌常见的首发症状。

答案：上腹痛不适感
2. 胰头癌最主要的临床表现是进行性加重的 _____。

答案：黄疸

二、判断题

1. 胰腺癌在影像学检查中其 CT 为首选的检查方法。（　）
2. 急性胰腺炎的基本病理改变是水肿、出血及坏死。（　）

序号	1	2							
答案	×	√							

三、单项选择题

1. 胰腺内分泌可分泌哪种激素（　）
   A. 胰蛋白酶　　B. 胰岛素
   C. 胰淀粉酶　　D. 以上都是
   E. 盐酸哌替啶
2. 胰腺癌的好发人群为（　）
   A. 40 岁以上的女性
   B. 40 岁以上的男性
   C. 青年男性
   D. 青年女性
   E. 青年男性和女性
3. 胰腺癌疼痛多向什么方向扩散（　）
   A. 肩部　　B. 右下腹
   C. 上腹部　　D. 腰背部
   E. 腹部
4. 胰腺癌的术后并发症不包括（　）
   A. 出血　　B. 胰瘘
   C. 肠瘘　　D. 胆瘘
   E. 尿瘘
5. 急性胰腺炎的主要致病因素是（　）
   A. 乙醇中毒　　B. 胆道梗阻
   C. 暴饮暴食　　D. 高钙血症
   E. 高脂血症
6. 胰头癌的主要表现是（　）
   A. 黄疸　　B. 腹痛
   C. 腹胀　　D. 发热
   E. 呕吐
7. 早期胰腺癌首选的治疗方法是（　）
   A. 化疗
   B. 胰头十二指肠切除术
   C. 放疗
   D. 栓塞治疗
   E. 中西医结合治疗
8. 胰腺癌术后腹腔引流管内有清亮、无色的水样渗出，怀疑为（　）
   A. 尿瘘　　B. 胰瘘
   C. 肠瘘　　D. 胆瘘
   E. 出血
9. 胰腺癌术后 T 形引流管突发引流液减少，腹痛、发热，怀疑为（　）
   A. 出血　　B. 肠瘘
   C. 胆瘘　　D. 胰瘘
   E. 尿瘘
10. 胰腺癌术后行腹腔引流管（　）方可接负压吸引（　）
    A. 24 小时　　B. 12 小时
    C. 10 小时　　D. 6 小时
    E. 4 小时
11. 胰腺癌术后 1 周出现腹胀、腹痛发热及腹膜炎征象，应考虑为（　）
    A. 出血　　B. 肠瘘
    C. 胆瘘　　D. 胰瘘
    E. 尿瘘
12. 下列不属于水肿性胰腺炎主要表现的是（　）
    A. 腹痛
    B. 恶心
    C. 血和尿淀粉酶降低
    D. 呕吐
    E. 以上都不是

序号	1	2	3	4	5	6	7	8	9	10
答案	B	C	D	E	B	A	B	B	C	B
序号	11	12								
答案	B	C								

四、多项选择题

1. 胰腺癌术后常见的并发症是（　）
   A. 肠瘘　　B. 胆瘘
   C. 胰瘘　　D. 出血
   E. 感染
2. 胰腺癌术后常用的引流管有哪些（　）
   A. 胰引流管　　B. 胆道 T 管
   C. 腹腔引流管　　D 胃肠减压管
   E. 禁用胆道 T 管
3. 出血坏死性胰腺炎和严重的水肿性胰腺炎可继发多种并发症，其中包括（　）
   A. 休克

B. 化脓性感染
C. 急性肾衰竭
D. 多器官衰竭
E. 急性呼吸窘迫综合征

序号	1	2	3
答案	ABCDE	ABCD	ABCDE

五、案例分析题

患者,男,58岁,近半个月上腹部不适感、钝痛,进行性消瘦,腹胀厌食。查体:体温 36.7℃,皮肤巩膜无黄染,剑突下深压痛,肝脾(—),移动性浊音(-)。CT 显示胰腺肿物,CA19-9 增高。

1. 患者诊断为( )
   A. 胃炎   B. 胰腺癌
   C. 肝癌   D. 胆囊肿瘤
   E. 胆囊炎
2. 患者手术治疗术后应重点加强下列哪项护理( )
   A. 胃管   B. 尿管
   C. 饮食   D. 腹腔引流管
   E. 肠道
3. 患者的护理诊断和合作性问题不正确的是( )
   A. 疼痛   B. 形象改变
   C. 营养失调 D. 焦虑
   E. 有感染的危险

序号	1	2	3
答案	B	D	B

(蔡天富)

第二十四章 急腹症患者的护理

一、填空题

1. 急腹症最主要的症状是_____。
   答案:腹痛

二、判断题

1. 急性腹膜炎病情发展的重要标志为腹胀加重。( )
2. 小肠穿孔腹腔穿刺抽出清亮液体。( )

序号	1	2
答案	√	×

三、单项选择题

1. 急腹症诊断不明时应该慎用( )
   A. 阿托品   B. 安眠药
   C. 吗啡   D. 去痛片
   E. 镇静药
2. 绞窄性肠梗阻( )
   A. 在进行腹腔穿刺时抽出脓性液体
   B. 在进行腹腔穿刺时抽出粪便样液体
   C. 在进行腹腔穿刺时抽出带臭的血腥液体
   D. 在进行腹腔穿刺时抽出清亮液体
   E. 在进行腹腔穿刺时抽出胆汁
3. 急腹症的手术探查指征中不包括( )
   A. 怀疑消化道穿孔
   B. 怀疑腹腔内进行性出血
   C. 腹膜刺激明显,积极治疗无好转
   D. 怀疑肠坏死
   E. 腹痛反复发作 4h 以上
4. 急腹症观察时最重要的局部体征是( )
   A. 腹膜刺激征的产生
   B. 肠鸣音变化
   C. 腹式呼吸运动的大小
   D. 腹壁静脉的曲张
   E. 腹腔移动性浊音
5. 外科急腹症的特点是( )
   A. 排便后腹痛可好转
   B. 先腹痛,后发热、呕吐
   C. 有停经和阴道流血史
   D. 以腹泻、心悸为主要症状
   E. 腹部压痛不明显
6. 下列选项中符合阑尾穿孔的是( )
   A. 腹腔穿刺抽出粪样液
   B. 腹腔穿刺抽出带粪臭的血腥液体
   C. 腹腔穿刺抽出脓液
   D. 腹腔穿刺抽出清亮液体
   E. 腹腔穿刺抽出胆汁
7. 急性腹膜炎的主要临床表现是( )
   A. 腹痛、腹膜刺激征
   B. 腹胀加重
   C. 高热
   D. 恶心、呕吐
   E. 腹式呼吸

序号	1	2	3	4	5	6	7
答案	C	C	E	A	B	C	A

四、多项选择题

1. 急腹症的临床表现中其伴随症状应该包括（　　）
   - A. 呕吐
   - B. 腹胀
   - C. 排便改变
   - D. 发热
   - E. 黄疸

序号	1			
答案	ABCDE			

（蔡天富）

第二十五章　周围血管疾病患者的护理

一、填空题

1. 下肢静脉曲张患者经手术治疗后_____可下床活动。
   答案：24h
2. 下肢静脉曲张根本的治疗方法是_____。
   答案：手术治疗
3. 下肢静脉曲张根据深静脉是否通畅，可分为原发性和_____。
   答案：继发性

二、判断题

1. 下肢静脉曲张患者手术治疗的禁忌证是深静脉不通畅。（　　）
2. 血栓闭塞性脉管炎病变主要是中小动静脉，而以动脉为主。（　　）
3. 血栓闭塞性脉管炎营养障碍期的特征性表现是间歇性跛行。（　　）

序号	1	2	3
答案	√	√	×

三、单项选择题

1. 下肢静脉曲张剥脱术后的护理，哪项正确（　　）
   - A. 卧床休息2天
   - B. 患肢制动
   - C. 只允许床上活动
   - D. 早期下床活动
   - E. 两周后方可行走
2. 大隐静脉曲张患者在下列哪种情况下，不可进行手术治疗（　　）
   - A. 小腿慢性溃疡
   - B. 患肢深静脉回流不佳
   - C. 患肢皮肤湿疹
   - D. 大隐静脉瓣膜功能不全
   - E. 交通支瓣膜功能不全
3. 关于大隐静脉高位结扎、曲张静脉剥脱术后的护理，下列哪一项是错误的（　　）
   - A. 抬高患肢
   - B. 卧床1周
   - C. 患肢加压包扎
   - D. 保持敷料的清洁
   - E. 术后14天拆线
4. 血栓闭塞性脉管炎早期的典型症状是（　　）
   - A. 肢端发凉
   - B. 肢端干性坏疽
   - C. 间歇性跛行
   - D. 下肢肌肉萎缩
   - E. 持续性疼痛
5. 血栓闭塞性脉管炎的护理，下列选项中不正确的是（　　）
   - A. 止痛，禁烟
   - B. 指导抬腿运动
   - C. 患肢用热水袋加温
   - D. 保持患肢的干燥
   - E. 测皮温、观察疗效
6. 下肢静脉曲张形成的原因是（　　）
   - A. 胸腔内负压作用减低
   - B. 心脏功能不全
   - C. 下肢肌肉收缩减弱
   - D. 皮下脂肪减少
   - E. 先天性静脉壁薄弱或缺陷
7. 血栓闭塞性脉管炎患者夜间常屈膝抱足而坐的主要原因是（　　）
   - A. 肢体感觉迟钝
   - B. 静息痛
   - C. 下肢发凉
   - D. 肢端麻木
   - E. 下肢游走性浅静脉炎
8. 早期血栓闭塞性脉管炎的临床表现是（　　）
   - A. 患肢发冷
   - B. 间歇性跛行
   - C. 患肢剧痛

D. 静息痛
E. 足背动脉搏动消失
9. 下肢静脉曲张的并发症中不包括下列哪项（ ）
   A. 血栓性浅静脉炎
   B. 溃疡形成
   C. 曲张静脉破裂出血
   D. 湿疹形成
   E. 深静脉血栓形成
10. 深静脉血栓用肝素抗凝治疗时其凝血时间（试管法）应维持在
    A. 超过正常值的1倍为宜
    B. 超过正常值的2倍为宜
    C. 超过正常值的3倍为宜
    D. 超过正常值的4倍为宜
    E. 超过正常值的5倍为宜
11. 治疗下肢静脉曲张最根本的方法是
    A. 弹力绷带包扎
    B. 抬高患肢
    C. 手术治疗
    D. 注射硬化剂
    E. 穿弹力袜
12. 血栓闭塞性脉管炎的护理，不正确的是（ ）
    A. 止痛，禁烟
    B. 指导抬腿运动
    C. 保持患肢干燥
    D. 患肢用热水袋加温
    E. 测皮温，观察疗效
13. 下肢静脉曲张手术治疗后要指导患者适当地早期活动，其意义主要在于（ ）
    A. 防止皮肤褥疮
    B. 防止肺部并发症
    C. 防止下肢肌萎缩
    D. 防止深静脉血栓形成
    E. 防止泌尿系并发症
14. 血栓闭塞性脉管炎患者组织营养障碍期的典型表现是（ ）
    A. 间歇性跛行
    B. 休息痛
    C. 游走性静脉炎
    D. 干性坏疽
    E. 湿性坏疽
15. 以下选项中符合下肢静脉曲张的是（ ）
    A. 下肢变形、粗肿、肢端慢性溃疡形成

B. 趾端坏死，血胆固醇增高
C. 下肢浅组静脉红、肿、硬，有压痛
D. 下肢静脉淤血、水肿、慢性溃疡的形成
E. 上肢对称性皮肤颜色改变
16. 关于血管闭塞性脉管炎患者的治疗原则，错误的是（ ）
    A. 止痛   B. 热疗
    C. 戒烟   D. 高压氧疗
    E. 改善微循环
17. 诊断下肢静脉曲张最可靠的方法是（ ）
    A. 下肢静脉造影   B. 下肢静脉压测定
    C. MRI 检查   D. 多普勒超声检查
    E. 静脉瓣膜功能试验
18. 硬化剂注射后绷带加压包扎的时间为（ ）
    A. 2～3 周   B. 1～2 周
    C. 1～3 周   D. 2～5 周
    E. 3～6 周
19. 血栓闭塞性脉管炎表现为（ ）
    A. 趾端坏死，血胆固醇增高
    B. 下肢浅组静脉红、肿、硬，有压痛，足背动脉搏动减弱
    C. 上肢对称性皮肤颜色的改变
    D. 下肢静脉淤血、水肿、慢性溃疡形成
    E. 下肢变形、粗肿、肢端慢性溃疡形成

序号	1	2	3	4	5	6	7	8	9	10
答案	D	B	B	C	C	E	B	B	E	B
序号	11	12	13	14	15	16	17	18	19	
答案	C	D	D	B	D	B	A	E	B	

四、多项选择题

1. 血栓闭塞性脉管炎诱发因素（ ）
   A. 长期吸烟
   B. 潮湿
   C. 寒冷
   D. 自身免疫功能紊乱
   E. 性激素异常
2. 下肢静脉曲张术后护理应（ ）
   A. 绝对禁烟
   B. 用弹力绷带加压包扎
   C. 鼓励患者术后 48 小时后下床行走
   D. 避免站立过久
   E. 鼓励患者在术后 8 小时后下床行走
3. 下肢静脉曲张的主要临床表现为（ ）
   A. 肢端坏死

B. 下肢酸胀乏力
C. 久站足部浮肿
D. 下肢静脉隆起
E. 足部皮肤苍白、发冷及肌肉萎缩

4. 使用弹力绷带及弹力袜时应该注意（ ）
   A. 最好在清晨锻炼后包扎
   B. 松紧度以能将两个手指伸入缠绕的圈内为宜
   C. 从肢体远端向近心端缠绕，穿着时无皱褶
   D. 观察肢端肤色和肿胀等情况，以判断效果
   E. 在腿部消肿后卧床测量下肢尺寸，以帮助选择弹力袜

5. 下列关于血栓闭塞性脉管炎的叙述正确的是（ ）
   A. 炎症性、节段性血管病变
   B. 非化脓性病变
   C. 多见于上肢血管
   D. 急性闭塞性疾病
   E. 好发于青壮年男性

序号	1	2	3	4	5
答案	ABCDE	BCD	BCD	CDE	ABE

五、案例分析题

1. 某患者因下肢静脉曲张行高位结扎及剥脱术后 4h，因站立排尿，小腿部伤口处突然出血不止，应采取的紧急处理方法是（ ）
   A. 指压止血
   B. 用止血带
   C. 钳夹结扎
   D. 于站立位包扎
   E. 平卧，抬高患肢，加压包扎

2. 患者，男性，50岁，久站后左下肢出现酸胀感，小腿内侧可见静脉轻微突起，诊断为下肢静脉曲张。对此患者日常保健要求中不正确的是（ ）
   A. 使用弹力袜
   B. 适当体育锻炼
   C. 休息时放低患肢
   D. 尽量避免久站
   E. 避免跷二郎腿

3. 某患者做下肢静脉瓣膜功能试验，先平卧，抬高患肢，待曲张静脉淤血排空后，在大腿根部扎止血带。患者站立后，30s 内曲张静脉迅速充盈，说明（ ）
   A. 血管内膜增生
   B. 小隐静脉瓣膜功能不全
   C. 深静脉瓣膜功能不全
   D. 大隐静脉瓣膜功能不全
   E. 交通支瓣膜功能不全

序号	1	2	3					
答案	E	C	B					

（蔡天富）

第二十六章　泌尿系统损伤患者的护理

一、选择题

1. 肾损伤的主要临床表现不包括（ ）
   A. 腰部疼痛
   B. 膀胱刺激征
   C. 发热
   D. 休克
   E. 腰腹部肿块

2. 后尿道损伤，其尿外渗范围在（ ）
   A. 会阴、阴囊
   B. 下腹部和阴茎
   C. 膀胱周围、耻骨后、腹膜外间隙
   D. 腹腔内
   E. 以上全是

3. 肾切除术后应卧床（ ）
   A. 1 周   B. 2～3 天
   C. 2 周   D. 2～4 周
   E. 4～6 周

4. 膀胱损伤的主要表现，错误的是（ ）
   A. 休克
   B. 排尿困难、血尿
   C. 尿瘘
   D. 肾区疼痛
   E. 以上全是

5. 肾损伤保守治疗时，患者应绝对卧床至少（ ）
   A. 1 周   B. 2 周
   C. 3 周   D. 4 周
   E. 6 周

6. 最常见的泌尿系损伤是（ ）
   A. 肾损伤   B. 输尿管损伤
   C. 膀胱损伤   D. 尿道损伤
   E. 后尿道

7. 后尿道损伤最常见的原因是（ ）
   A. 骑跨伤　　　　　B. 尿道探子检查
   C. 膀胱镜检查　　　D. 骨盆骨折
   E. 刀伤
8. 肾挫伤的主要临床表现为（ ）
   A. 大量肉眼血尿
   B. 显微镜下血尿或肉眼血尿
   C. 不易纠正的严重休克
   D. 腰部肿块和肉眼血尿
   E. 腰部肿块
9. 肾全层裂伤的主要临床表现为（ ）
   A. 显微镜下血尿
   B. 肉眼血尿
   C. 腰部肿胀和尿外渗
   D. 不能纠正的严重休克
   E. 肉眼血尿和腰部尿外渗
10. 肾蒂血管破裂最主要的临床表现为（ ）
    A. 显微镜下血尿
    B. 大量肉眼血尿
    C. 腰部肿块
    D. 腹膜炎症状
    E. 不易纠正的严重休克
11. 哪种类型的肾损伤对患者危害最大（ ）
    A. 肾挫伤
    B. 肾部分裂伤
    C. 肾全层裂伤
    D. 肾盂、输尿管裂伤
    E. 肾蒂血管裂伤
12. 肾损伤后可提出的护理诊断为哪项（ ）
    A. 皮肤完整性受损
    B. 排尿异常
    C. 腹胀
    D. 组织灌流量改变
    E. 血压过高
13. 肾损伤的护理措施有（ ）
    A. 每小时留一次尿做比色观察
    B. 观察腹部肿胀程度
    C. 观察皮肤受压情况
    D. 绝对卧床一周
    E. 每日测体温1次
14. 下腹部被踢伤后，有下腹部疼痛和排尿痛，无排尿障碍，查体：下腹部有压痛，无肌紧张，尿中红细胞满视野，考虑为（ ）
    A. 尿道损伤
    B. 膀胱挫伤
    C. 腹膜内膀胱破裂
    D. 腹膜外膀胱破裂
    E. 下腹壁软组织挫伤
15. 输尿管损伤最常见于哪一种手术（ ）
    A. 妇科盆腔手术
    B. 脑外科手术
    C. 腹部外科手术
    D. 胸外科手术
    E. 骨科手术
16. 患者，女性，35岁，因左腰部外伤2h入院，尿检RBC，首先考虑为（ ）
    A. 脾破裂　　　　　B. 输尿管损伤
    C. 膀胱破裂　　　　D. 左肾外伤
    E. 尿道外伤
17. 患者，男性，40岁，因骑跨伤致排尿困难，尿道流血入院，诊断首先考虑为（ ）
    A. 前尿道断裂　　　B. 输尿管损伤
    C. 肾裂伤　　　　　D. 膀胱破裂
    E. 后尿道断裂
18. 患者，女性，45岁，因下腹部外伤12h入院。全腹紧张、压痛、腹腔穿刺抽出淡红色液体，伤后12h无排尿，首先考虑为（ ）
    A. 肾破裂　　　　　B. 输尿管损伤
    C. 膀胱破裂　　　　D. 尿道损伤
    E. 脾破裂

序号	1	2	3	4	5	6	7	8	9	10
答案	B	C	B	D	B	D	D	B	E	E
序号	11	12	13	14	15	16	17	18		
答案	E	D	B	B	A	D	A	C		

（高云徽）

第二十七章　尿石症患者的护理

一、单项选择题

1. 在肾和输尿管结石常见的临床表现中，应除外（ ）
   A. 一般为镜下血尿
   B. 恶心呕吐
   C. 肾绞痛
   D. 高热
   E. 以上全是

2. 体外冲击波碎石的适应证，错误的是（ ）
   A. 下尿路梗阻
   B. 肾功能检查、血肌酐小于 265μmol／L
   C. 无急性尿路感染
   D. 手术残留或复发性肾结石
   E. 结石在 1cm 以上
3. 关于鼓励尿路结石患者多饮水的原因，错误的是（ ）
   A. 稀释尿液
   B. 促进尿中晶体物质排出
   C. 使结石溶解
   D. 冲洗尿路
   E. 减少尿路感染发生
4. 膀胱切开取石术的适应证（ ）
   A. 结石过硬或有膀胱憩室者
   B. 小儿患者
   C. 结石在 1.7～2.0 之间
   D. 膀胱感染严重者
   E. 以上全是
5. 预防肾和输尿管结石形成和增大的最有效的方法是（ ）
   A. 大量饮水
   B. 应用抗生素
   C. 口服维生素 C
   D. 碱化尿液
   E. 以上全是
6. 膀胱结石的典型症状是（ ）
   A. 排尿困难
   B. 排尿突然中断
   C. 膀胱刺激征
   D. 血尿
   E. 恶心、呕吐
7. 关于肾与输尿管结石引起的疼痛，错误的是（ ）
   A. 较小，易活动的结石表现为肾绞痛
   B. 较大结石表现为钝痛
   C. 一般疼痛与活动无关
   D. 当结石嵌顿时可引起剧烈肾绞痛
   E. 以上全是
8. 结石引起肾绞痛时，应首先采用（ ）
   A. 给抗感染药物
   B. 手术取石
   C. 中西医排石治疗
   D. 解痉止痛
   E. 给镇静药物

9. 输尿管结石的主要症状为（ ）
   A. 无痛性全程血尿
   B. 肾绞痛+镜下血尿
   C. 尿痛、尿频
   D. 排尿困难
   E. 尿失禁
10. 膀胱造口术后护理，正确的是（ ）
    A. 保持导尿管通畅
    B. 不定时作封闭式膀胱冲洗
    C. 造瘘口周围皮肤涂凡士林油膏
    D. 造口管留置 3～4 周拔管
    E. 敷料隔日更换
11. 输尿管结石在 X 线平片上显影率约占结石总数的（ ）
    A. 10%   B. 30%
    C. 50%   D. 80%
    E. 95%
12. ESWL 出现血尿的原因是（ ）
    A. 结石未粉碎
    B. 结石损伤黏膜
    C. 尿路感染
    D. 凝血功能障碍
    E. 尿 pH 过高
13. 输尿管结石发生肾功能不全的原因是（ ）
    A. 肾绞痛
    B. 双侧结石梗阻
    C. 饮水过少
    D. 输尿管黏膜损伤
    E. 排尿困难
14. 肾输尿管结石保守疗法的适应证（ ）
    A. 结石小于 0.6cm
    B. 结石小于 1cm
    C. 有尿路感染
    D. 肾功能欠佳
    E. 年老体弱者
15. 有泌尿系结石病史的人，饮食护理应（ ）
    A. 多吃土豆、坚果
    B. 尿酸盐结石者多吃动物肝、肾
    C. 磷酸盐结石者口服氯化铵
    D. 少饮水
    E. 进半流食
16. 尿石症患者每日饮水应（ ）
    A. 1000ml   B. 1500ml
    C. 2000ml   D. 2500ml
    E. 3000ml 以上

17. 突发左腰部疼痛伴肉眼血尿的中年男性患者应首先考虑（ ）
   A. 肾癌
   B. 急性肾盂肾炎
   C. 肾、输尿管结石
   D. 输尿管癌
   E. 肾结核

序号	1	2	3	4	5	6	7	8	9	10
答案	D	A	C	C	A	B	C	A	B	A
序号	11	12	13	14	15	16	17			
答案	E	B	B	A	C	E	C			

（高云徽）

第二十八章　泌尿、男性生殖系统结核患者的护理

一、单项选择题

1. 肾结核最初的典型症状为（ ）
   A. 终末血尿　　　B. 尿频
   C. 低热　　　　　D. 肾区疼痛
   E. 膀胱刺激症状
2. 乙状结肠扩大膀胱术和尿流改道术后易出现（ ）
   A. 高氯性碱中毒　B. 高氯性酸中毒
   C. 代谢性酸中毒　D. 代谢性碱中毒
   E. 以上全是
3. 肾结核行肾切除术前应给予抗结核药治疗时间为（ ）
   A. 3天　　　　　B. 1周
   C. 2周以上　　　D. 10天
   E. 1个月
4. 肾结核的主要传播途径是（ ）
   A. 呼吸道　　　　B. 消化道
   C. 直接蔓延　　　D. 血循环
   E. 淋巴管
5. 诊断肾结核最可靠的依据是（ ）
   A. 尿中找到抗酸杆菌
   B. 尿培养结核杆菌阳性
   C. 尿中有大量脓细胞
   D. 附睾扪及结节
   E. 膀胱镜见到膀胱黏膜有炎症
6. 肾结核的血尿多为（ ）
   A. 运动后血尿　　B. 终末血尿
   C. 无痛性血尿　　D. 全血尿
   E. 初血尿
7. 病理改变主要在肾脏而临床表现主要在膀胱，见于（ ）
   A. 肾结石　　　　B. 肾肿瘤
   C. 肾结核　　　　D. 肾积水
   E. 多囊肾
8. 肾结核最早出现的症状是（ ）
   A. 尿频、尿急、尿痛
   B. 血尿和脓尿
   C. 腰痛
   D. 低热
   E. 消瘦

患者，男性，37岁，主诉尿频、尿急、尿痛半年，夜尿5~6次/夜，尿检白细胞(++)，红细胞(++++)。

9. 首先考虑的诊断是（ ）
   A. 急性膀胱炎　　B. 慢性膀胱炎
   C. 肾结核　　　　D. 前列腺增生
   E. 膀胱肿瘤
10. 为帮助诊断最需要的检查为（ ）
    A. 尿找脱落细胞　B. 膀胱镜
    C. 逆行肾盂造影　D. 静脉尿路造影
    E. CT

序号	1	2	3	4	5	6	7	8	9	10
答案	B	B	C	D	B	B	C	A	C	D

（高云徽）

第二十九章　泌尿、男性生殖系统肿瘤患者的护理

一、单项选择题

1. 膀胱全切除手术后各导管的护理，错误的是（ ）
   A. 两侧输尿管分别是塑料导管起支架保护作用
   B. 代膀胱之肠道留置肛管起引流作用
   C. 耻骨后间隙置负压引流排出渗液
   D. 输尿管置入肠道后要注意有无肠炎
   E. 以上全是
2. 肾盂癌最常见的早期症状是（ ）
   A. 血尿　　　　　B. 疼痛

C. 肿块　　　　D. 肾外表现
E. 高热、恶心、呕吐
3. 肾癌首选的治疗方式是（　）
   A. 根治性肾癌切除术
   B. 肾动脉栓塞术
   C. 放疗
   D. 化疗
   E. 以上全是
4. 肾癌血尿特点是（　）
   A. 镜下血尿
   B. 终末血尿
   C. 全程肉眼血尿，终末加重
   D. 全血尿伴有血块
   E. 无痛性间歇性肉眼全程血尿
5. 肾盂肿瘤的主要诊断依据是（　）
   A. 无痛性血尿
   B. 肾脏阴影增大
   C. 尿液脱落细胞找到肿瘤细胞
   D. 梗阻型肾图像
   E. 造影片上肾盂充盈缺损
6. 位于肾一极较小的肾癌,正确治疗方法为（　）
   A. 肾部分切除
   B. 单纯肾切除
   C. 根治性肾切除
   D. 放疗
   E. 化疗
7. 需要切除肾及全长输尿管包括输尿管口的部分膀胱的疾病是（　）
   A. 肾结核　　　　B. 严重肾损伤
   C. 多囊肾　　　　D. 肾盂癌
   E. 肾结石并发肾积脓
8. 下列哪一种疾病最易引起无症状性血尿（　）
   A. 肾结核　　　　B. 癌
   C. 肾脓肿　　　　D. 肾结石
   E. 肾母细胞瘤
9. 护理肾癌患者,其腰痛性质为（　）
   A. 巨痛　　　　B. 钝痛
   C. 痛　　　　　D. 不规则痛
   E. 时隐时现痛
10. 肾癌术后密切观察生命体征是为了（　）
    A. 如实记录病情
    B. 完成常规护理
    C. 向家属报告病情
    D. 早期发现内出血
    E. 观察有无麻醉合并症

11. 膀胱癌与下列哪一项因素有关（　）
    A. 吸咽
    B. 食用蔗糖
    C. 长期服用抗生素
    D. 长期尿失禁
    E. 急性膀胱炎症
12. 关于膀胱肿瘤,哪一项是对的（　）
    A. 是男性泌尿生殖系最常见的肿瘤
    B. 绝大多数为鳞癌
    C. 膀胱肿瘤的浸润深度与预后无关
    D. 多为活动后肉眼血尿
    E. 与吸烟无关
13. 诊断膀胱肿瘤的首要手段是（　）
    A. 膀胱镜检查
    B. 尿脱细胞检查
    C. 静脉泌尿系造影
    D. 膀胱造影
    E. 双合诊检查
14. 胱癌的主要扩散方式（　）
    A. 向膀胱壁的深部浸润
    B. 种植
    C. 血行转移
    D. 随尿液逆行传播
    E. 随尿液顺行传播
15. 膀胱肿瘤患者,其愈后的决定因素是什么（　）
    A. 血尿的程度
    B. 肿瘤的大小及数目
    C. 肿瘤生长的部位
    D. 治疗方法
    E. 肿瘤浸润的深度及细胞的分化程度

序号	1	2	3	4	5	6	7	8	9	10
答案	D	A	A	E	E	C	D	B	B	D
序号	11	12	13	14	15					
答案	A	A	A	A	E					

（高云徽）

第三十章　良性前列腺增生症患者的护理

一、单项选择题

1. 前列腺电切术需留置（　）

A. 二腔气囊导尿管
B. 三腔气囊导尿管
C. 普通导尿管
D. 前列腺导尿管
E. 菌型导尿管

2. 前列腺手术后为减少腹胀，促进胃肠功能恢复应（　）
A. 肛管排气或灌肠
B. 平卧3天后改半卧位
C. 绝对卧床
D. 口服甘露醇
E. 以上全是

3. 冲洗肾造瘘管时，错误的是（　）
A. 应低压
B. 用力快速冲洗
C. 每次冲洗量不超过10min
D. 严格无菌操作
E. 以上全是

4. 前列腺摘除术后护理，错误的是（　）
A. 电切除术后6周内禁烟酒
B. 保持大便通畅，避免用力排便
C. 便秘时口服缓泻剂
D. 术后1周内可作肛管排气或灌肠
E. 2个月内避免持重物

5. 尿路梗阻最危险的结果是（　）
A. 梗阻以上尿路扩张
B. 肾盂内压上升
C. 出现肾功能损害表现
D. 细菌直接进入血液循环，合并感染
E. 以上全是

6. 上尿路梗阻最常见的原因是（　）
A. 前列腺增生
B. 肾盂输尿管交界处先天性狭窄
C. 肿瘤
D. 炎症
E. 以上全是

7. 列腺增生症的早期症状是（　）
A. 尿频
B. 进行性排尿困难
C. 尿潴留
D. 尿流中断
E. 膀胱刺激症状

8. 前列腺手术最常用的是（　）
A. 耻骨上经膀胱前列腺摘除术
B. 耻骨后前列腺切除术

C. 经尿道前列腺电切术
D. 经会阴前列腺切除术
E. 以上全是

9. 正常人每次排尿量约为（　）
A. 100ml　　　　B. 300ml
C. 150ml　　　　D. 200ml
E. 400ml

10. 严重尿潴留患者一次导尿以不超过（　）ml为宜（　）
A. 800　　　　　B. 1000
C. 500　　　　　D. 1200
E. 1500

11. 持续保留导尿管的患者，送检尿常规和尿培养的时间为（　）
A. 每日一次　　　B. 每周两次
C. 每周一次　　　D. 每两周一次
E. 1个月一次

12. 长期留置耻骨上膀胱造瘘管的患者，定期更换造瘘管的时间为几周一次（　）
A. 1~2　　　　　B. 3~4
C. 4~6　　　　　D. 5~6
E. 6~8

13. 关于肾盂造瘘管拔管后的卧位，正确的是（　）
A. 半卧位　　　　B. 平卧位
C. 患侧卧位　　　D. 健侧卧位
E. 腹卧位

序号	1	2	3	4	5	6	7	8	9	10
答案	B	B	B	D	D	B	A	C	B	B
序号	11	12	13							
答案	C	C	D							

（高云徽）

第三十一章　骨折患者的护理

一、填空题

1. 骨折的专有特征是畸形、异常活动、_____。
答案：骨擦音或骨擦感

2. 骨折的治疗原则是复位、固定、_____。
答案：康复治疗

3. 复位的方法有手法复位、_____。
   答案：切开复位
4. 复位的标准有解剖复位、_____。
   答案：功能复位
5. 骨折患者晚期并发症坠积性肺炎、压疮、_____、感染、骨化性肌炎、缺血性骨坏死、缺血性肌挛缩、急性骨萎缩、创伤性关节炎和下肢深静脉血栓。
   答案：关节僵硬
6. 手术复位的最大优点可使骨折达到____复位。
   答案：解剖
7. 胫骨下1/3骨折易损伤胫骨滋养动脉，该处无肌肉附着，而来自骨膜的血液受限，所以易引起骨折延迟愈合，甚至_____。
   答案：不愈合
8. 肱骨干中下1/3段骨折，容易发生_____损伤，可出现垂腕畸形。
   答案：桡神经
9. 胫腓骨干骨折出血时可引起_____。
   答案：骨筋膜室综合征
10. 股骨颈骨折按骨折线部位分类股骨头下骨折、____、股骨颈基底骨折。
    答案：股骨颈骨折

二、单项选择题

1. 粉碎性骨折是几块骨碎裂以上的骨折（　）
   A. 1块　　　　　　B. 2块
   C. 3块　　　　　　D. 4块
   E. 5块
2. 骨折线与骨干纵轴相垂直的骨折是（　）
   A. 横形骨折　　　　B. 斜型骨折
   C. 螺旋形骨折　　　D. 青枝骨折
   E. 髌骨骨折
3. 骨折的愈合总过程一般分为（　）
   A. 2期　　　　　　B. 3期
   C. 4期　　　　　　D. 5期
   E. 6期
4. 哪项是不完全性骨折（　）
   A. 横形骨折　　　　B. 斜形骨折
   C. 螺旋形骨折　　　D. 青枝骨折
   E. 耻骨骨折
5. 下列哪项不属于开放性骨折（　）
   A. 骨折断端刺破皮肤及黏膜外露
   B. 肋骨骨折肺破裂血气胸
   C. 耻骨骨折、尿道断裂
   D. 尾骨骨折直肠破裂
   E. 肩关节脱位
6. 新鲜骨折指伤后（　）
   A. 2周内　　　　　B. 3周内
   C. 4周内　　　　　D. 5周内
   E. 6周内
7. 骨折患者转运前重要的措施是（　）
   A. 手法复位
   B. 止痛
   C. 固定伤肢
   D. 保持患肢功能位
   E. 抬高或悬吊患肢
8. 骨折急救时与固定的目的无关的一项（　）
   A. 有利于复位
   B. 减轻疼痛
   C. 防止休克
   D. 避免再损伤
   E. 便于搬运
9. 一般骨折患者首选的检查项目是（　）
   A. X线摄片
   B. CT检查
   C. B超
   D. 血液一般检查（血常规）
   E. 磁共振成像
10. 下列哪项是骨折所特有的体征（　）
    A. 疼痛　　　　　B. 肿胀
    C. 瘀斑　　　　　D. 出血
    E. 假关节活动
11. 人体最长最粗的管状骨是（　）
    A. 胫骨　　　　　B. 腓骨
    C. 桡骨　　　　　D. 股骨
    E. 尺骨
12. 骨折患者长期卧床不起，易发生的并发症是：（　）
    A. 坠积性肺炎　　B. 肝炎
    C. 胆囊炎　　　　D. 心包炎
    E. 肾炎
13. 肱骨髁上骨折可伤及的动脉是（　）
    A. 腋动脉　　　　B. 股动脉
    C. 肱动脉　　　　D. 腘动脉
    E. 小动脉
14. "垂足"说明损伤的神经是（　）
    A. 胫神经　　　　B. 腓总神经
    C. 腓深神经　　　D. 腓浅神经
    E. 腋神经

15. 肱骨中段骨折最易引起损伤的神经是（   ）

　　A. 腋神经　　　　B. 正中神经

　　C. 尺神经　　　　D. 桡神经

　　E. 肌皮神经

16. 引起腓总神经损伤的骨折是（   ）

　　A. 股骨干骨折

　　B. 股骨髁间骨折

　　C. 髌骨骨折

　　D. 腓骨小头骨折

　　E. 小腿骨折

17. 易并发休克的骨折是（   ）

　　A. 肱骨髁上骨折

　　B. 尺桡骨双骨折

　　C. 股骨干骨折

　　D. 股骨颈骨折

　　E. 胫腓骨双骨折

18. 易引起缺血性骨坏死的是（   ）

　　A. 股骨中段骨折

　　B. 胫骨中段骨折

　　C. 股骨颈骨折

　　D. 肋骨骨折

　　E. Colle 骨折

19. 下列哪一类骨折适用于垂直悬吊皮肤牵引（   ）

　　A. 成人股骨干骨折

　　B. 儿童股骨干骨折

　　C. 胫骨开放性骨折

　　D. 儿童肱骨髁上骨折

　　E. 成人肱骨髁上骨折

20. 前臂缺血性肌挛缩造成的特有畸形是（   ）

　　A. "锅铲"畸形

　　B. "枪刺刀"畸形

　　C. 垂腕畸形

　　D. 爪形手畸形

　　E. 猿手畸形

21. 脊髓损伤可造成的表现是（   ）

　　A. 损伤平面以下偏瘫

　　B. 损伤平面以下肢体感觉、运动障碍

　　C. 截瘫

　　D. 肢体感觉障碍

　　E. 神经损伤

22. 颈椎骨折合并脱位的患者出现高热时，应如何降温（   ）

　　A. 物理降温同时调整室温

　　B. 多饮水排汗降温

　　C. 药物降温

　　D. 及时应用有效的抗生素

　　E. 以上都对

23. 搬运脊柱骨折患者最正确的方法是（   ）

　　A. 一人背起患者搬运

　　B. 将患者滚动到木版上搬运

　　C. 一人抬头，一人抬腿搬运

　　D. 一人抱起患者搬运

　　E. 以上均可

24. 了解脊髓损伤情况的理想检查是（   ）

　　A. X 线平片

　　B. B 型超声

　　C. MRI 检查

　　D. 脊髓造影

　　E. 腰穿及脑脊液检查

序号	1	2	3	4	5	6	7	8	9	10
答案	C	A	C	D	E	B	C	A	A	E
序号	11	12	13	14	15	16	17	18	19	20
答案	D	A	A	B	D	D	C	C	B	D
序号	21	22	23	24						
答案	B	A	B	C						

三、多项选择题

1. 骨折的病因是（   ）

　　A. 直接外力　　　B. 间接外力

　　C. 肌肉牵拉　　　D. 积累劳损

　　E. 病理骨折

2. 骨折的专有体征有（   ）

　　A. 畸形　　　　　B. 弹性固定

　　C. 假关节活动　　D. 骨擦音

　　E. 局部瘀血、肿胀

3. 骨折的早期并发症有（   ）

　　A. 休克

　　B. 骨筋膜室综合征

　　C. 脂肪栓塞综合征

　　D. 骨化性肌炎

　　E. 以上都不对

4. 骨折患者现场处理原则是（   ）

　　A. 首先抢救生命

　　B. 包扎伤口，避免继续污染

　　C. 有出血者应及时止血

　　D. 妥善固定

　　E. 脊柱骨折搬运时应避免脊柱扭曲、旋转

5. 骨折患者早期功能锻炼的目的是（   ）

A. 消除肿胀
B. 防止关节粘连
C. 防止肌肉萎缩
D. 减轻疼痛
E. 达到解剖复位

6. 骨牵引患者压疮好发部位（ ）
   A. 跟骨处　　　　B. 尾骶部
   C. 枕骨部　　　　D. 胸部
   E. 腹部

7. 石膏固定后，正确的护理是（ ）
   A. 石膏固定后应重视患者主诉
   B. 未干石膏患者不可轻易移动
   C. 水肿后应放低肢体
   D. 水肿后应抬高肢体
   E. 应注意观察渗血情况

8. 常用牵引的种类有（ ）
   A. 皮肤牵引　　　B. 骨牵引
   C. 兜带牵引　　　D. 神经牵引
   E. 肌肉牵引

9. 骨科患者常用的睡卧姿势有（ ）
   A. 仰卧位　　　　B 头低脚高位
   C. 半卧位　　　　D. 头高脚低位
   E. 膝胸卧位

10. 石膏绷带固定的并发症有（ ）
    A. 急性胃扩张
    B. 皮肤过敏、水泡
    C. 局部压疮
    D. 关节强直
    E. 肢体肿胀

11. 石膏绷带包扎后不正确的护理是（ ）
    A. 进行固定范围内的肌肉舒缩活动
    B. 局部受压疼痛时，可向石膏管内填塞棉花
    C. 固定范围内疼痛给予止痛药物
    D. 未干石膏托扶时不能用手掌
    E. 石膏染上污垢不需处理以免折断

12. 石膏固定后常见的并发症有（ ）
    A. 化脓性皮炎
    B. 关节僵硬
    C. 骨筋膜室综合征
    D. 开放性伤口感染
    E. 缺血性骨坏死

13. 四肢骨折石膏固定后的患者，断肢末端护理观察的内容有（ ）
    A. 皮肤颜色　　　B. 有否肿胀
    C. 皮肤温度　　　D. 感觉功能

E. 运动障碍

序号	1	2	3	4	5
答案	ABCDE	ACD	ABC	ABCDE	BC
序号	6	7	8	9	10
答案	ABC	ABDE	ABC	ABCD	BCDE
序号	11	12	13		
答案	BCDE	ABC	ABCDE		

四、案例分析题

1. 患者，男，23岁，交通事故后就诊，主诉小腿局部剧烈疼痛，不能活动。检查发现，小腿段部分软组织损伤，肿胀较重，可见骨折端外露，出现反常活动。入院第二天出现患肢小腿部剧烈疼痛、进行性加重，严重肿胀，足趾麻木，足背动脉搏动微弱等症状。请分析：该患者可能发生了什么问题（ ）
   A. 股骨头下骨折
   B. 股骨颈骨折
   C. Colle 骨折
   D. 胫腓骨开放性骨折
   E. 股骨头骨折

2. 老年患者3天前右髋部跌倒摔伤，站起后仍可忍痛行走，今晨起床后髋部疼痛加重不能行走，右足外旋。该患者最可能的诊断为（ ）
   A. 胫骨中段骨折
   B. 肋骨骨折
   C. 股骨颈骨折
   D. 股骨干骨折
   E. 股骨头骨折

序号	1	2					
答案	D	C					

（郭丽娜）

第三十二章　关节脱位患者的护理

一、单项选择题

1. 肘后三角关系失常应考虑为（ ）
   A. 肱骨髁上骨折
   B. 肘关节脱位
   C. 肩关节脱位

D. 桡骨小头半脱位
E. 尺桡骨双骨折
2. 临床最常见的关节脱位部位是( )
   A. 肘关节   B. 肩关节
   C. 髋关节   D. 腕关节
   E. 下颌关节
3. 最常见的肩关节脱位类型( )
   A. 前脱位   B. 后脱位
   C. 盂上脱位   D. 盂下脱位
   E. 半脱位
4. 关节脱位特有的体征是( )
   A. 肿胀、压痛、瘀斑
   B. 畸形、肿胀、骨擦音
   C. 畸形、肿胀、活动障碍
   D. 肿胀、畸形、反常活动
   E. 畸形、弹性固定、关节盂空虚
5. 骨折和脱位共有的特殊体征是( )
   A. 异常活动   B. 弹性固定
   C. 骨擦音   D. 畸形
   E. 关节盂空虚
6. 关节脱位是指( )
   A. 关节囊破裂
   B. 外伤后关节失去功能
   C. 关节面失去正常的对合关系
   D. 关节的结构破坏
   E. 关节分离
7. 下列哪一项关节脱位应争取手法复位( )
   A. 伴有关节内骨折
   B. 软组织嵌入
   C. 陈旧性脱位
   D. 手法复位失败的病例
   E. 新鲜脱位
8. 关于关节脱位应作手术复位的指征是( )
   A. 伴有关节内骨折
   B. 有软组织嵌入
   C. 陈旧性脱位
   D. 手法复位失败
   E. 以上都是
9. 肘关节脱位的标志性体征是( )
   A. 活动受限   B. 反常活动
   C. 关节肿胀   D. 肘后关系失常
   E. 鹰嘴固定压
10. 最容易脱节的关节是( )
    A. 肩关节   B. 肘关节
    C. 髋关节   D. 膝关节

E. 踝关节

序号	1	2	3	4	5	6	7	8	9	10
答案	B	B	A	E	D	C	E	E	D	A

(郭丽娜)

第三十三章 骨与关节感染患者的护理

一、判断题

1. 急性化脓性骨髓炎早期手术的目的是清除死骨和窦道。( )
2. 化脓性关节炎好发部位是髋关节和膝关节。
3. 急性血源性骨髓炎好发于下列哪个年龄段是3~15岁儿童。
4. 急性血源性骨髓炎患者患肢石膏托固定的最主要目的是减轻肿胀。( )
5. 采用局部持续冲洗与引流时,引流液连续培养3次为阴性可以考虑拔管。( )

序号	1	2	3	4	5
答案	×	√	√	×	√

二、单项选择题

1. 急性骨髓炎最常见的致病菌为( )
   A. 混合感染
   B. 链球菌
   C. 大肠杆菌
   D. 铜绿假单胞菌
   E. 金黄色葡萄球菌
2. 近年来化脓性骨髓炎的死亡率明显降低,其主要原因为( )
   A. 人们生活水平提高
   B. 广泛使用抗菌药物
   C. 细菌毒力下降
   D. 普及免疫接种
   E. 开展体育运动
3. 急性化脓性骨髓炎最可靠的诊断依据是( )
   A. 血中白细胞计数升高
   B. X线片局部骨膜反应和骨质破坏
   C. 皮肤红、肿、热、痛、功能障碍
   D. 骨膜下穿刺有脓液
   E. 血沉加快

4. 急性骨髓炎早期手术的目的是（ ）
   A. 切除病灶
   B. 消灭死腔
   C. 清除死骨和窦道
   D. 预防病理性骨折
   E. 防止急性骨髓炎转变为慢性骨髓炎
5. 急性骨髓炎早期最常用的手术方式是（ ）
   A. 骨开窗术
   B. 病骨切除术
   C. 肌瓣填塞术
   D. 切开减压和引流脓液
   E. 蝶形手术
6. 化脓性关节炎最常见的致病菌是（ ）
   A. 金黄色葡萄球菌
   B. 溶血性链球菌
   C. 大肠杆菌
   D. 绿脓杆菌
   E. 白色葡萄球菌
7. 急性血源性骨髓炎好发部位在（ ）
   A. 长骨的干骺端
   B. 骨膜及骨皮质
   C. 长骨的骨干
   D. 骨营养孔
   E. 骨骺
8. 全身骨结核发病居首位的部位是（ ）
   A. 脊柱   B. 髋关节
   C. 膝关节 D. 肩关节
   E. 肘关节
9. 化脓行关节炎功能恢复的程度，主要取决于（ ）
   A. 早期诊断，及时治疗
   B. 细菌感染的种类
   C. 细菌毒力大
   D. 抗生素敏感程度
   E. 手术的彻底性
10. 急性血源性骨髓炎患者患肢石膏托固定的最主要目的是（ ）
    A. 缓解疼痛
    B. 减轻肿胀
    C. 防止病理性骨折
    D. 减少脓汁形成
    E. 防止炎症扩散
11. 化脓性关节炎好发部位（ ）
    A. 膝关节和踝关节
    B. 肩关节和肘关节
    C. 髋关节和膝关节
    D. 踝关节和腕关节
    E. 任何大关节
12. 急性化脓性骨髓炎的治疗必须采取的治疗措施是（ ）
    A. 手术
    B. 局部制动
    C. 髓腔引流
    D. 切开排脓及抗生素灌注
    E. 静脉用药
13. 化脓行关节炎功能恢复的程度，主要取决于（ ）
    A. 早期诊断，及时治疗
    B. 细菌感染的种类
    C. 细菌毒力大小
    D. 抗生素敏感程度
    E. 手术的彻底性

序号	1	2	3	4	5	6	7	8	9	10
答案	E	B	D	E	B	A	A	A	A	C
序号	11	12	13							
答案	C	B	A							

（郭丽娜）

第三十四章　常见骨肿瘤患者的护理

一、填空题

1. 骨肿瘤的发病与年龄有关，如骨肉瘤多见于儿童和＿＿＿＿，骨巨细胞瘤多见于成人。
   答案：青少年
2. 骨肿瘤按其来源不同分原发性和继发性两种。按细胞所显示的分化类型及细胞间质类型分为良性、恶性和＿＿＿＿三类。
   答案：中间性

二、单项选择题

1. 最常见的恶性原发性骨肿瘤（ ）
   A. 软骨肉瘤   B. 骨肉瘤
   C. 纤维肉瘤   D. 尤文肉瘤
   E. 骨髓瘤
2. 骨肿瘤的治疗主要依据（ ）
   A. 放疗治疗

B. 化学药物治疗
C. 免疫治疗
D. 理疗、按摩等物理疗法
E. 主要采用手术治疗辅以化学和放射疗法

3. 最常见的良性骨肿瘤为（　　）
   A. 骨软骨瘤
   B. 骨巨细胞瘤
   C. 软骨瘤
   D. 骨瘤
   E. 骨化性纤维瘤

4. 对骨肿瘤的诊断最有价值的检查是（　　）
   A. X线摄片
   B. 核素骨扫描
   C. MRI
   D. 碱性磷酸酶测定
   E. 组织病理学检查

5. "Codman 三角"或"日光放射"现象多见于（　　）
   A. 脂肪肉瘤　　B. 骨肉瘤
   C. 皮质旁肉瘤　D. 骨髓瘤
   E. 骨巨细胞瘤

6. 以下关于恶性骨肿瘤的临床表现中错误的是（　　）
   A. 无明显疼痛
   B. 局部可有压痛
   C. 血沉增快
   D. 碱性磷酸酶增高
   E. 一般有骨膜反应

7. 股骨下端肿痛，局部皮温高，静脉怒张，X线片显示股骨下端有边界不清的骨质破坏区，有三角状骨膜反应。可能是（　　）
   A. 内生骨软骨瘤
   B. 股骨下端骨肉瘤
   C. 骨巨细胞瘤
   D. 骨软骨瘤
   E. 骨髓瘤

8. 最常见的良恶交界性骨肿瘤为（　　）
   A. 骨肉瘤　　　B. 骨瘤
   C. 骨巨细胞瘤　D. 骨软骨瘤
   E. 骨囊肿

9. 良性骨肿瘤的X线表现特点是（　　）
   A. 边缘清楚，无骨膜反应
   B. 骨质破坏
   C. 边缘不清楚，有明显的骨膜反应
   D. 可见 Codman 三角
   E. 呈多处虫蛀状

序号	1	2	3	4	5	6	7	8	9
答案	B	E	A	E	B	A	B	C	A

三、多项选择题

1. 良性骨肿瘤的X线表现特点是（　　）
   A. 密度均匀
   B. 边缘清楚
   C. 无骨膜反应
   D. 边缘不清楚
   E. 有明显的骨膜反应

2. 恶性骨肿瘤的X线表现特点是（　　）
   A. 病灶不规则
   B. 密度均匀
   C. 边缘不清楚
   D. 有明显的骨膜反应
   E. 密度不均

序号	1	2
答案	ABC	ACDE

（郭丽娜）

第三十五章　颈肩痛与腰腿痛患者的护理

一、填空题

1. 颈椎病以_____型颈椎病发病率最高。
   答案：神经根

2. 腰椎间盘突出症患者术后第1天即可进行直腿抬高练习；手术后1周开始_____。
   答案：腰背肌锻炼

3. 颈椎病发生和发展的最基本原因是_____。
   答案：颈椎间盘退行性变

二、单项选择题

1. 腰椎间盘突出症出现鞍区麻木，二便功能障碍，系突出间盘压迫（　　）
   A. 脊髓　　　　B. 脊髓圆锥
   C. 马尾神经　　D. 骶1神经根
   E. 骶2神经根

2. 腰椎间盘突出诊断的主要依据是（　　）
   A. 临床表现
   B. X线照片
   C. 脑脊液检查

D. 奎克试验
E. 椎管造影
3. 腰椎间盘突出症的主要症状是（ ）
   A. 腰痛
   B. 腰和臀部痛
   C. 腰和大腿前方痛
   D. 坐骨神经痛
   E. 腰痛伴坐骨神经痛
4. 腰椎间盘突出最重要的体征是（ ）
   A. 椎间隙压痛
   B. 椎旁压痛
   C. 直腿抬高试验（+）
   D. 直腿抬高试验（+），加强试验（+）
   E. 腰椎侧突畸形
5. 对腰椎间盘突出，下列哪项检查具有较大诊断价值（ ）
   A. 腰椎体层摄片检查
   B. 腰椎平片
   C. 腰椎管造影检查
   D. 腰穿检查
   E. CT 或 MRI
6. 腰椎管狭窄症的主要临床表现（ ）
   A. 腰肌痉挛
   B. 压痛明显
   C. 弯腰时疼痛加剧
   D. 间歇性跛行
   E. Lasepue 征阳性
7. 患者，男，32 岁，腰痛伴左下肢放射痛 5 个月，脊柱侧凸，左小腿肌肉萎缩，足背感觉缺如。Lasepue 征（+），腰椎后伸痛（一）。X 线平片示 L_5S_1 椎间隙稍狭窄，最可能的诊断是（ ）
   A. 腰椎管狭窄
   B. 腰椎间盘突出症
   C. 慢性腰肌劳损
   D. 马尾肿瘤
   E. 腰椎肿瘤
8. 患者，男，67 岁，间歇性跛行 6 年，弯腰及下蹲时疼痛减轻，腰椎压痛（一），后伸痛明显。X 线平片显示腰椎骨质增生明显。最可能的诊断是（ ）
   A. 腰椎管狭窄症
   B. 腰椎间盘突出症
   C. 慢性腰肌劳损
   D. 马尾肿瘤
   E. 棘间韧带损伤

9. 颈椎病发生和发展的最基本原因是（ ）
   A. 颈椎骨折
   B. 颈椎脱位
   C. 颈椎间盘退行性变
   D. 颈椎间盘突出
   E. 颈椎间盘脱出
10. 最易发生颈椎病的职业为（ ）
    A. 长久站立者
    B. 久坐者
    C. 长久伏案工作者
    D. 体力劳动者
    E. 脑力劳动者
11. 椎动脉型颈椎病的主要临床表现（ ）
    A. 旋转性眩晕
    B. 头偏向患侧
    C. 四肢无力
    D. 血压增高
    E. 出汗异常
12. 腰椎间盘突出症术后患者进行直腿抬高练习的主要目的是（ ）
    A. 防止肌萎缩
    B. 防止关节僵硬
    C. 提高肌力
    D. 防止神经根粘连
    E. 早日下床活动
13. 常见的腰椎间盘突出部位（ ）
    A. 腰 1-2
    B. 腰 2-3
    C. 腰 3-4
    D. 腰 4-5 和腰 5-骶 1
    E. 腰 5-骶 1
14. 下列哪型颈椎病发病率最高（ ）
    A. 神经根型
    B. 脊髓型
    C. 椎动脉型
    D. 复合型
    E. 交感神经型
15. 颈椎病的基本病因是（ ）
    A. 先天性椎管狭窄
    B. 颈椎间盘退行性病变
    C. 颈部急、慢性损伤
    D. 颈椎骨折或脱位
    E. 颈椎间盘突出
16. 下列哪一项关于腰椎间盘突出的体征不正确的是（ ）

A. 腰椎侧突
B. 骶棘肌痉挛
C. 直腿抬高实验(+)
D. 感觉异常
E. 臀肌萎缩

序号	1	2	3	4	5	6	7	8	9	10
答案	C	A	E	D	E	D	B	A	C	C
序号	11	12	13	14	15	16				
答案	A	D	D	A	B	E				

三、多项选择题

1. 腰椎间盘突出症是指( )
   A. 软骨板松动
   B. 纤维环破裂
   C. 后纵韧带断裂
   D. 前纵韧带断裂
   E. 髓核突出
2. 腰椎间盘突出症的手术指征有( )
   A. 有明显的神经压迫症状
   B. 严格非手术治疗6个月以上无效
   C. 多次反复发作者
   D. 有急性腰扭伤史
   E. 首次出现腰椎间盘突出症
3. 有关腰椎间盘突出症，哪项错误( )
   A. 腰椎间盘髓核破坏所致
   B. 多发于腰4-5、腰5-骶1部位
   C. 突出物向椎管内压迫脊髓
   D. 突出物向椎管内压迫脊神经根
   E. 突出物向椎管旁压迫坐骨神经
4. 有助于腰椎间盘突出症诊断的方法有( )
   A. CT   B. MRI
   C. X线平片   D. 脊髓造影
   E. 肌电图
5. 颈椎病习惯上分为以下几种类型( )

A. 神经根型   B. 脊髓型
C. 交感型   D. 椎动脉型
E. 颈动脉型
6. 颈椎病保守疗法有( )
   A. 颈椎牵引   B. 离子导入
   C. 超短波   D. 热疗
   E. 药物治疗
7. 椎间盘突出症多发于( )
   A. 腰5-骶1   B. 腰1-2
   C. 腰2-3   D. 腰3-4
   E. 腰4-腰5
8. 腰椎间盘突出症的病理分型( )
   A. 膨隆型   B. 突出型
   C. 脱垂游离型   D. schmorl结节
   E. 经骨突出性
9. 腰椎间盘突出症的体征有( )
   A. 腰椎侧突
   B. 腰部活动受限
   C. 压痛
   D. 直腿抬高试验阳性
   E. 肌力下降
10. 腰椎间盘突出症髓核摘除后可能发生的并发症( )
    A. 肌肉萎缩   B. 神经根粘连
    C. 压疮   D. 下肢关节僵硬
    E. 营养不良

序号	1	2	3	4	5
答案	BE	ABC	ABCE	ABCDE	ABCD
序号	6	7	8	9	10
答案	ABCDE	AE	ABCDE	ABCDE	ABC

(郭丽娜)

第五篇 妇产科护理学

第一章 女性生殖系统解剖与生理

一、填空题

1. 子宫韧带有 4 对，即圆韧带、_____主韧带和宫骶韧带，圆韧带和宫骶韧带维持子宫前倾位置。
   答案：阔韧带
2. 女性生殖器官的邻近器官有尿道、_____输尿管、_____阑尾。
   答案：膀胱；直肠
3. _____是随卵巢的周期性变化，子宫内膜周期性脱落及出血，规律月经的出现是女性生殖功能成熟的重要外在标志。
   答案：月经
4. 卵巢合成与分泌 3 种性激素：雌激素、_____和少量雄激素。
   答案：孕激素
5. _____是分娩过程中衡量胎先露下降程度的重要标志。
   答案：坐骨棘
6. 排卵多发生在下次月经来潮前_____左右，正常月经量为_____。
   答案：14 日；20～60ml
7. 骨盆出口平面的横径是_____。
   答案：坐骨结节间径
8. 排卵后使基础体温升高 0.3～0.5℃的激素是_____。
   答案：孕激素

二、判断题

1. 子宫内膜表面的 2/3 是功能层，受卵巢性激素的影响，发生周期变化而脱落形成月经。（ ）
2. 卵巢是女性性腺器官，具有生殖功能和内分泌功能。（ ）
3. 输卵管壶腹部为输卵管结扎术的结扎部位。（ ）
4. 新生儿的乳房稍肿大或少许泌乳，外阴较丰满，有少量阴道流血属于异常现象。（ ）
5. 子宫内膜周期性变化的分泌期相当于月经周期第 5～14 日。（ ）

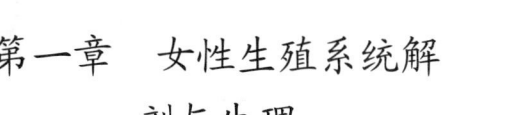

序号	1	2	3	4	5					
答案	√	√	×	×	×					

三、单项选择题

1. 外生殖器最容易形成血肿的部位是（ ）
   A. 阴阜　　　　　B. 小阴唇
   C. 大阴唇　　　　D. 阴蒂
   E. 阴道前庭
2. 关于骨盆的组成，下列正确的是（ ）
   A. 两块髂骨，一块骶骨，一块尾骨
   B. 两块耻骨，一块尾骨，一块骶骨
   C. 两块髋骨，一块骶骨，一块尾骨
   D. 两块耻骨，两块坐骨，一块尾骨
   E. 两块坐骨，一块骶骨，一块尾骨
3. 子宫下段在妊娠末期可伸展为（ ）
   A. 6～7 厘米　　　B. 7～8 厘米
   C. 7～10 厘米　　 D. 5 厘米以上
   E. 2～3 厘米
4. 维持子宫呈前倾位置的主要韧带是（ ）
   A. 圆韧带　　　　B. 阔韧带
   C. 主韧带　　　　D. 圆韧带与主韧带
   E. 阔韧带与主韧带
5. 异位妊娠的常见部位是（ ）
   A. 输卵管间质部　B. 输卵管峡部
   C. 输卵管壶腹部　D. 输卵管伞部
   E. 输卵管峡部与伞部
6. 下列哪一项是孕激素的生理作用（ ）
   A. 增强子宫收缩力，增强子宫平滑肌对催产素的敏感性
   B. 使宫颈口闭合、黏液减少，变稠，拉丝度减少
   C. 使阴道上皮增生和再化
   D. 使乳腺管增生，乳头、乳晕着色
   E. 加强输卵管节律性收缩的振幅
7. 子宫内膜厚达 10mm，间质非常疏松、水肿、螺旋小动脉迅速增长超出内膜的厚度，也更弯曲，同时血管腔也扩大是发生在（ ）
   A. 子宫内膜增生期早期

B. 子宫内膜增生期中期
C. 子宫内膜增生期晚期
D. 子宫内膜分泌期早期
E. 子宫内膜分泌期晚期

8. 正常月经周期的妇女，宫颈黏液开始出现羊齿状结晶是在（　　）
   A. 月经周期第 6～7 日
   B. 月经周期第 8～10 日
   C. 月经周期第 11～14 日
   D. 月经周期第 15～18 日
   E. 月经周期第 19～21 天

9. 青春期的特点哪项应除外（　　）
   A. 第一性征发育　　B. 第二性征发育
   C. 月经初潮　　　　D. 体格发育
   E. 第一生长高峰

10. 作用于阴道上皮使阴道维持正常的酸性环境的激素是（　　）
    A. 雌激素　　　　B. 孕激素
    C. 雄激素　　　　D. 促卵泡激素
    E. 黄体生成素

11. 受精后第几天，晚期囊胚透明带消失之后开始着床（　　）
    A. 第 3 天　　　　B. 第 4 天
    C. 第 5～6 天　　 D. 第 6～7 天
    E. 第 8～10 天

12. 胎盘形成是在妊娠的什么时候（　　）
    A. 第 12 周末　　 B. 第 14 周末
    C. 第 16 周末　　 D. 第 18 周末
    E. 第 20 周末

序号	1	2	3	4	5	6	7	8	9	10
答案	C	C	C	A	C	B	E	A	E	A

序号	11	12
答案	D	A

四、多项选择题

1. 卵巢周期性变化包括下列哪几项（　　）
   A. 卵泡发育成熟　　B. 成熟卵泡
   C. 排卵　　　　　　D. 卵泡闭锁
   E. 黄体形成及退化

2. 下列哪几项属于月经血的特点（　　）
   A. 不凝固　　　　　B. 暗红色
   C. 主要成分为血液　D. 含子宫内膜碎片
   E. 凝固

3. 下列属于雌激素的作用有（　　）
   A. 子宫平滑肌肥大增生、收缩
   B. 乳腺腺管增生
   C. 乳腺腺泡发育
   D. 卵泡发育
   E. 体温升高

序号	1	2	3
答案	ABCE	ABCD	ABD

（潘兴美）

第二章　妊娠期妇女的护理

一、填空题

1. 胎儿的附属物是指胎儿以外的组织，包括胎盘_____、羊水和脐带。
   答案：胎膜

2. 最先进入骨盆入口的胎儿部分称为_____。
   答案：胎先露

3. 羊水过少是指羊水量_____。
   答案：<300ml

4. _____是子宫体与子宫颈之间最狭窄的部位，非孕时长约 1cm。
   答案：子宫峡部

5. 妊娠期血容量自妊娠_____周起增加，妊娠_____周达高峰。
   答案：6～8；32～34

6. _____是妊娠最早、最重要的症状。
   答案：停经

7. 停经 6～8 周时，双合诊检查子宫峡部极软，感觉宫体与宫颈之间似不相连，称为_____。
   答案：黑加征

8. 快速、准确诊断妊娠的方法是_____。
   答案：B 超检查

9. 正常胎位有两种，分别为_____与_____。
   答案：枕左前；枕右前

10. 产科检查包括_____、_____、阴道检查、肛门检查。
    答案：腹部检查；骨盆测量

二、判断题

1. 成熟卵子受精是妊娠的开始，胎儿及其附属物自母体排出是妊娠的终止。（　　）

2. 妊娠期间，胎心音听诊位置都是在脐下正中。（　　）

3. 妊娠的子宫内膜即为蜕膜。（ ）
4. 胎盘是母儿唯一的结合体。由羊膜、叶状绒毛膜和包蜕膜构成。（ ）
5. 妊娠一定会停经，停经一定是妊娠。（ ）
6. 子宫底高度与长度均为耻骨联合上缘中点到宫底之间的距离。（ ）
7. 在妊娠 18～24 周，可筛查胎儿结构畸形。（ ）
8. 孕妇整个怀孕期至少要产检 9 次，高危孕妇应酌情增加产检的次数。（ ）
9. 孕妇腹部四步触诊法，前 3 步操作检查者面向孕妇头部，第 4 步面向孕妇足部。（ ）
10. 耻骨弓角度正常值为 90°，小于 80°为异常。（ ）

序号	1	2	3	4	5	6	7	8	9	10
答案	√	×	√	×	×	√	√	√	√	√

三、单项选择题

1. 胎盘于妊娠的什么时候开始形成（ ）
   A. 第 6～7 周末　　B. 第 12～14 周末
   C. 第 16 周末　　　D. 第 18 周末
   E. 第 20 周末
2. 正常足月妊娠时，羊水量约为（ ）
   A. 350ml　　　　　B. 500ml
   C. 800～1500ml　　D. 2500ml
   E. 2000ml
3. 下列关于正常脐带的描述，正确的是（ ）
   A. 脐带内有一条脐动脉
   B. 脐带内有两条脐静脉
   C. 脐带长为 30～70cm
   D. 脐带是胎儿循环的通道
   E. 脐带横切面中央有一管腔较大、管壁薄的脐动脉
4. 一般初孕妇开始自觉胎动的时间是在妊娠的什么时候（ ）
   A. 第 12～16 周　　B. 第 18～20 周
   C. 第 22～24 周　　D. 第 25～26 周
   E. 第 25～26 周
5. 一孕妇现妊娠 24 周末，进行产前检查时，手测宫底高度应位于（ ）
   A. 脐上 1 横指
   B. 脐下 1 横指
   C. 剑突与脐连线的中间位置
   D. 脐上 3 横指
   E. 剑突下 3 横指
6. 枕右前位时，胎儿枕骨在母体骨盆的（ ）
   A. 左前方　　　　B. 右前方
   C. 左侧　　　　　D. 右侧
   E. 左后方
7. 护士指导正常孕妇首次产前检查的时间最好应在（ ）
   A. 妊娠 8 周　　　B. 确定妊娠时
   C. 妊娠 16 周　　　D. 妊娠 20～24 周
   E. 妊娠 24 周以后
8. 指导孕妇自我胎动计数，出现以下哪项结果时应提高警惕或入院检查（ ）
   A. <3 次/小时　　　B. >6 次/小时
   C. <10 次/12 小时　D. >20/12 小时
   E. >30/12 小时
9. 护士进行妊娠期健康教育，以下正确的是（ ）
   A. 孕期应禁止性生活
   B. 孕妇睡眠时应取右侧卧位
   C. 孕妇应避免家务劳动
   D. 孕妇每日应有 1 小时左右的午休时间
   E. 孕妇应勤洗澡，为防止摔伤盆浴
10. 一孕妇末次月经第一天为 2012 年 5 月 4 日，护士帮助其推算的预产期是（ ）
    A. 2013 年 2 月 9 日　B. 2013 年 2 月 10 日
    C. 2013 年 2 月 11 日　D. 2013 年 3 月 2 日
    E. 2013 年 3 月 5 日
11. 正常胎心音，下面正确的是（ ）
    A. 100～120min/次　B. 120～140min/次
    C. 110～160min/次　D. 120～180min/次
    E. 100～160min/次
12. 下列各径线，不属于正常范围的是（ ）
    A. 髂嵴间径：25～28cm
    B. 髂棘间径：23～26cm
    C. 骶耻外径：18～20cm
    D. 坐骨结节间径：8.5～9.5cm
    E. 对角径：10～12cm
13. 孕妇现孕 30 周，长时间仰卧后，出现血压下降表现，向护士询问为什么会出现该现象，护士应告知（ ）
    A. 脉率增大　　　B. 脉压增大
    C. 脉压减少　　　D. 回心血量增加
    E. 回心血量减少
14. 某孕妇，孕 36 周，四步触诊时，在子宫底部触到圆而硬的胎头，在耻骨联合上方触到较软而宽不规则的胎臀，胎背位于母体腹部右

前方。胎心音在脐上右侧听到。据此护士可推断出其胎方位为（ ）
  A. 骶左前   B. 骶右前
  C. 骶左后   D. 枕右前
  E. 枕左前

15. 肩先露时，胎心音听得最清楚的地方是（ ）
  A. 脐部上方   B. 脐部下方
  C. 脐部左侧   D. 脐部右侧
  E. 左下腹部

16. 关于妊娠期母体变化说法不正确的是（ ）
  A. 子宫逐渐增大变软，足月时的 35cm×25cm×22cm
  B. 妊娠足月时，子宫血流量 500～700ml/min。
  C. 妊娠早期乳房开始增大，充血明显，孕妇自觉乳房发胀，偶有触痛或麻刺感。
  D. 妊娠后期由于膈肌升高，心脏向左、上、前方移位。
  E. 妊娠期间的体重，从妊娠开始至足月都是呈上升趋势。

17. 妊娠 32 周末，手测子宫底高度为（ ）
  A. 脐上 3 横指   B. 脐与剑突之间
  C. 剑突上 2 横指   D. 脐上 1 横指
  E. 剑突下 2 横指

18. 目前对于月经周期正常规律的妇女，最简单易行而且最常用的推算预产期的依据是（ ）
  A. 末次月经干净之日
  B. 末次月经开始之日
  C. 初觉胎动时间
  D. 早孕反应开始的时间
  E. 胎儿大小和宫底高度

19. 下述可以确诊早孕的是（ ）
  A. 恶心呕吐   B. 停经
  C. 乳房增大   D. 子宫增大
  E. B 超显示胎心

20. 胎产式是
  A. 胎儿纵轴与母体骨盆的关系
  B. 胎儿纵轴与母体纵轴的关系
  C. 胎儿先露部与母体纵轴的关系
  D. 胎儿先露部与母体骨盆轴的关系
  E. 胎儿在母体内的姿势

21. 有关孕期检查的四步触诊法，下列错误的是
  A. 可以了解子宫的大小、胎先露、胎方位等情况

  B. 第一步是双手置于宫底部了解宫底高度，并判断是胎头还是胎臀
  C. 第二步是双手分别置于腹部两侧，辨别胎背及胎肢的方向
  D. 第三步是双手置于趾骨联合上方，判断先露部为头还是臀
  E. 第四步是双手分别放在胎先露两侧向骨盆入口方向按压，进一步检查先露部，并确定入盆程度

22. 关于孕期保健，下列叙述错误的是（ ）
  A. 妊娠期衣服应以宽松为宜
  B. 妊娠中、晚期提倡坐位淋浴
  C. 散步是孕妇最好的运动方法
  D. 妊娠期间应禁止性生活
  E. 认真做好产前检查

23. 末次月经2003年5月4日,其预产期是（ ）
  A. 2004 年 2 月 9 日   B. 2004 年 2 月 10 日
  C. 2004 年 2 月 11 日 D. 2004 年 3 月 2 日
  E. 2004 年 3 月 5 日

24. 李某，初孕妇，孕 36 周，四步触诊结果：于子宫底部触到圆而硬的胎头，在趾骨联合上方触到较软而宽不规则的胎臀，胎背位于母体腹部右前方。胎心音于脐上右侧听到。则胎方位为（ ）
  A. 骶左前   B. 骶右前
  C. 骶左后   D. 枕右前
  E. 枕左前

序号	1	2	3	4	5	6	7	8	9	10
答案	A	C	C	B	A	B	B	C	D	C
序号	11	12	13	14	15	16	17	18	19	20
答案	C	E	E	B	B	E	B	B	E	B
序号	21	22	23	24						
答案	D	D	C	B						

四、多项选择题

1. 胎盘的功能（ ）
  A. 气体交换
  B. 营养物质供应、排出胎儿代谢产物
  C. 分泌激素
  D. 防御功能
  E. 合成功能

2. 下列说法正确的是（ ）
  A. 28周末,胎儿身长约为35cm,体重约1000g
  B. 36 周末，胎儿身长约 45cm，体重 2500g

C. 40 周末，胎儿身长约 50cm，体重约 3400g
D. 20 周末，胎儿身长约 25cm，体重约 320g
E. 24 周末，胎儿身长约 25cm，体重约 1000g

3. 某孕妇，月经周期是 28 天，末次月经是阴历 2003 年 6 月 15 日，现孕 20 周，推算其预产期的方法是（ ）
   A. 月份-3，日期+7，年份+1
   B. 先将末次月经时间换算成阳历时间，然后阳历月份-3，日期+7，年份+1
   C. 阴历的月份-3，日期+15，年份+1
   D. 阴历的月份+9，日期+15，年份+1
   E. 月份+3，日期-7，年份+1

4. 以下是孕妇的检查项目，属于异常的是（ ）
   A. 血压 140/100mmHg
   B. 血压比基础血压高 30/20mmHg
   C. 体温 38.8℃
   D. 呼吸 28 次/分
   E. 胫骨前凹陷性水肿

序号	1	2	3	4
答案	ABCDE	ABCD	BCD	ABCDE

（潘兴美）

第三章 分娩期妇女的护理

一、填空题

1. 子宫收缩的特点有节律性、对称性_____、缩复作用。
   答案：极性
2. 产道包括骨产道、_____。
   答案：软产道
3. 影响正常分娩的因素有产力、_____、胎儿、_____。
   答案：产道；产妇的精神心理因素
4. 软产道由_____、宫颈、_____及盆底软组织构成的弯曲管道。
   答案：子宫下段；阴道
5. 宫口开全是指宫口开大_____。
   答案：10cm
6. _____是胎儿娩出的首要条件，且贯穿分娩的全过程，与其他动作相伴随。
   答案：下降
7. 临床上以_____作为判断产程进展的重要标志。

答案：胎头下降程度
8. 分娩即将开始的比较可靠的征象_____。
   答案：见红
9. 宫口扩张及胎头下降程度不明，疑有脐带先露或脐带脱垂、轻度头盆不称可试产_____小时。
   答案：4
10. 当胎头双顶径越过骨盆出口，宫缩间歇时胎头不再回缩，称_____。
    答案：胎头着冠
11. 当胎头拨露使阴唇后联合紧张时，开始_____，避免会阴撕裂。
    答案：保护会阴
12. 胎盘娩出后，产妇应留在产房观察_____小时。
    答案：2
13. 从胎儿娩出到胎盘娩出一般不超过_____分钟。
    答案：30

二、判断题

1. 枕下前囟径的平均值为 11.2cm（ ）
2. 骨盆倾斜度一般为 50°（ ）
3. 初产妇多是宫颈管先缩短消失，后宫口扩张。（ ）
4. 胎头颅骨由两块顶骨、额骨、颞骨及一块枕骨组成。（ ）
5. 第一产程经产妇需 11~12 小时。（ ）
6. 宫口扩张分为潜伏期和活跃期。（ ）
7. 初产妇宫口扩张<4cm，经产妇<2cm 时，可用温肥皂水灌肠。（ ）
8. 初产妇宫口近开全或经产妇宫口已扩张至 4cm 时，应进产房准备接生。（ ）
9. 胎盘剥离娩出方式分为胎儿面娩出式和母体面娩出式。（ ）
10. 新生儿阿普加评分为 6 分属于重度窒息。（ ）

序号	1	2	3	4	5	6	7	8	9	10
答案	×	×	√	√	×	√	√	√	√	×

三、单项选择题

1. 分娩的主要产力是（ ）
   A. 膈肌收缩力   B. 腹肌收缩力
   C. 肛提肌收缩力   D. 子宫收缩力
   E. 压机收缩力
2. 哪项不是新生儿 Apgar 评分体征（ ）
   A. 心率   B. 呼吸

C. 肌张力 D. 喉反射
E. 血压

3. 胎头双顶径进入骨盆入口平面，胎头颅骨最低点接近或达到坐骨棘水平，称为（ ）
   A. 衔接 B. 下降
   C. 仰身 D. 复位
   E. 外旋转

4. 初产妇破膜多发生在什么时候（ ）
   A. 宫口开 2cm B. 宫口开 5cm
   C. 宫口开 4cm D. 宫口开 6cm
   E. 宫颈口近开全

5. 催产素加强子宫收缩，下列哪项是错误的（ ）
   A. 稀释后静脉滴注
   B. 严密观察子宫收缩
   C. 定时听胎心，测量血压
   D. 胎位正常，无头盆不称者
   E. 高张性子宫收缩乏力

6. 关于子宫痉挛性狭窄环，正确的是（ ）
   A. 子宫环形肌肉不协调性过强收缩于胎儿较小部位
   B. 破膜后，环可自行消失
   C. 此环可自腹部扪及
   D. 环可随子宫收缩上升
   E. 不阻碍胎儿先露下降

7. 子宫收缩乏力的主要原因，正确是（ ）
   A. 产妇疲劳过度或受到不良刺激多可造成高张型宫缩乏力
   B. 过多的使用镇痛镇静剂
   C. 妊娠期子宫肌纤维数目增长缓慢
   D. 胎先露压迫宫颈时间过长
   E. 子宫肌肉对参与分娩过程中的主要激素敏感度失调

8. 下述各种类型的子宫收缩乏力，正确的是（ ）
   A. 潜伏期延长是临产宫口开大 2～3cm，到 7～8cm 的时间延长，宫缩力弱
   B. 活跃期延长是宫口开大 6～7cm 后，宫颈开张缓慢，<1cm/h
   C. 活跃期停滞是宫口开大 3～5cm 后，1h 内宫口不继续扩张
   D. 第二产程停滞是初产妇宫口开全后，宫缩力弱，超过 1h，尚未分娩
   E. 继发宫缩乏力多见于头盆不称、持续性枕横位、中骨盆狭窄

9. 第一产程潜伏期是指（ ）
   A. 腹痛开始至宫口扩张 3cm
   B. 阴道见红开始至宫口扩张 2cm
   C. 规律宫缩开始至宫口扩张 3cm
   D. 宫颈扩张 1～3cm
   E. 宫颈消失开始至宫口扩张 2cm

10. 潜伏期延长是指超过（ ）
    A. 10h B. 12h
    C. 14h D. 16h
    E. 8h

11. 治疗原发宫缩乏力，以下哪项处理是正确的（ ）
    A. 禁忌应用镇静剂
    B. 肥皂水灌肠会引起感染
    C. 给予缩宫素肌注，加强产力
    D. 胎头达棘平、羊膜囊凸，人工破膜会加强产力
    E. 速行剖宫产

12. 第一产程活跃期延长是指时间超过（ ）
    A. 4h B. 6h
    C. 7h D. 8h
    E. 9h

13. 高张性宫缩乏力（子宫收缩不协调）临床表现特点，正确的是（ ）
    A. 宫缩极向倒置，无对称性，节律不协调
    B. 比低张性宫缩乏力多见
    C. 形成病理收缩环而产程停滞
    D. 宫腔压力低
    E. 子宫收缩间歇时宫壁松弛好

14. 假临产的临床表现，正确的是（ ）
    A. 有规律的子宫收缩，仅间歇时间略长
    B. 子宫收缩强度低，但有节律性
    C. 宫缩由稀变频
    D. 如使用镇静剂可使宫缩消失
    E. 多不影响产程进展

15. 关于子宫痉挛性狭窄环不对的是（ ）
    A. 宫壁某部不协调收缩，多发生于破膜后，局部受刺激
    B. 在上、下段交界，宫颈外口及围绕胎体的小部分易发生
    C. 镇静剂、乙醚等药物，可能使环放松
    D. 与病理收缩环相似，同为宫缩力异常所致
    E. 纠正后不改善应行剖宫产分娩

16. 下述哪种情况导致宫缩乏力时，可使用缩宫素处理（ ）

A. 头盆不称
B. 宫颈水肿
C. 不协调性宫缩乏力
D. 协调性宫缩乏力
E. 子宫痉挛性狭窄环

17. 有关急产以下哪项是正确的（ ）
A. 总产程在 6h 内结束者
B. 易发生新生儿窒息或颅内出血
C. 收缩力强发生产后出血者少
D. 子宫肌肉缩复能力好
E. 以上均不对

18. 下列关于正常枕先露分娩机转顺序，正确的是（ ）
A. 衔接-下降-俯屈-内旋转-仰伸-复位及外旋转
B. 衔接-俯屈-下降-内旋转-仰伸-复位及外旋转
C. 衔接-下降-内旋转-俯屈-仰伸-复位及外旋转
D. 下降-俯屈-衔接-内旋转-仰伸-复位及外旋转
E. 下降-衔接-俯屈-内旋转-仰伸-复位及外旋转

19. 输卵管妊娠最常发生于（ ）
A. 输卵管伞部
B. 输卵管峡部
C. 输卵管峡部与壶腹部之间
D. 输卵管壶腹部
E. 输卵管间质部

20. 正常产程进展的标志是（ ）
A. 规律宫缩强度
B. 规律宫缩频度
C. 胎头下降程度及宫口扩张
D. 胎心率变化
E. 产妇一般状况

21. 在我国，最常引起产妇死亡的原因是（ ）
A. 脐带异常 B. 子宫破裂
C. 羊水栓塞 D. 胎膜早破
E. 产后出血

序号	1	2	3	4	5	6	7	8	9	10
答案	D	E	A	E	E	A	B	E	C	D
序号	11	12	13	14	15	16	17	18	19	20
答案	D	D	A	D	D	D	B	A	D	C
序号	21									
答案	E									

四、多项选择题

1. 下列属于骨盆入口平面经线的是（ ）
A. 入口前后径 B. 入口横径
C. 入口左斜径 D. 入口右斜径
E. 后矢状径

2. 胎儿娩出后，护士应做的护理措施有（ ）
A. 清理呼吸道 B. 结扎脐带
C. 保暖 D. 擦干羊水
E. 新生儿 Apgar 评分

3. 胎盘剥离的征象包括（ ）
A. 阴道少量流血
B. 子宫体变硬呈球形
C. 宫底升高达脐上
D. 阴道口外露的一段脐带自行延长
E. 在耻骨联合上方轻压子宫下段时脐带回缩

序号	1	2	3
答案	ABCD	ABCDE	ABCD

（潘兴美）

第四章　产褥期母婴的护理

一、填空题

1. 产褥期一般约为_____周。
答案：6

2. 产褥期妇女变化最大的器官是_____。
答案：子宫

3. 产后胎盘附着处子宫内膜完全修复的时间为_____。
答案：产后 6 周

4. 产后_____小时内心脏负担明显加重，心功能差的产妇容易诱发心力衰竭。
答案：72

5. 产褥期妇女心理调适分为 3 期，分别是_____、依赖独立期、_____。
答案：依赖期；独立期

6. 恶露分为_____、浆液恶露、_____。
答案：血性恶露；白色恶露

7. 脐带经过无菌结扎后逐渐干燥，一般在出生后_____日脱落。
答案：1～7

二、判断题

1. 若新生儿脐部出现红肿或分泌物有臭味，提示脐部感染。（ ）

2. 人工喂养方法有牛乳喂养、配方乳喂养和羊乳喂养。（ ）

3. 羊乳中叶酸和维生素 B_{12} 含量很低,容易导致巨幼红细胞性贫血。( )
4. 新生儿生理性黄疸于出生后 5~7 天消失。( )
5. 红细胞沉降率在产后5~6周降到正常。( )
6. 产后腹部检查时,如果在耻骨联合上方摸不到子宫底,此产妇大约在产后第1天( )

序号	1	2	3	4	5	6
答案	√	√	√	×	×	×

三、单项选择题

1. 胎盘娩出后,子宫底每天下降( )
   A. 5~6 厘米　　B. 4~5 厘米
   C. 3~4 厘米　　D. 2~3 厘米
   E. 1~2 厘米
2. 产褥期生理变化中哪项不正确( )
   A. 肠蠕动减弱,易发生便秘
   B. 出汗较多
   C. 常发生排尿不畅或尿潴留
   D. 尿量减少
   E. 白细胞可暂时增高
3. 促进母乳喂养成功的措施,错误的是( )
   A. 对所有保健人员进行技术培训
   B. 向孕产妇宣传母乳喂养的好处
   C. 实行按时哺乳
   D. 实行母婴同室
   E. 帮助母亲早开奶
4. 产后多少天进行健康检查( )
   A. 7 天　　　B. 14 天
   C. 30 天　　D. 37 天
   E. 42 天
5. 产妇恶露颜色较白,黏稠,含大量白细胞是属于( )
   A. 红色恶露　　B. 血性恶露
   C. 浆液性　　　D. 白色恶露
   E. 混合恶露
6. 下列对于正常产褥期妇女的描述,正确的是( )
   A. 宫体恢复到未孕大小需要 4 周
   B. 宫颈外形于产后 3 日恢复到未孕状态
   C. 于产后 2 周宫颈完全恢复至正常状态
   D. 于产后 10 日,腹部检查扪不到宫底
   E. 于产后 4 周,除胎盘附着处外,宫腔表面均由新生的内膜修复
7. 产褥期禁止性生活的时间是产后( )
   A. 2 周　　　B. 4 周
   C. 6 周　　　D. 8 周
   E. 10 周
8. 产妇浆液性恶露一般出现于产后多少天( )
   A. 产后 4~14 天　　B. 产后 6 天
   C. 产后 10 天　　　D. 产后 8 天
   E. 产后 3 天
9. 产后宫缩痛一般在产后多少天出现( )
   A. 产后 1~2 天　　B. 产后 2~3 天
   C. 产后 3~4 天　　D. 产后 4~5 天
   E. 产后 5~6 天
10. 产后腹部检查时,如果在耻骨联合上方扪不到子宫底,此产妇大约在产后的( )
    A. 第 1 天　　　B. 第 2~3 天
    C. 第 4~6 天　　D. 第 8~9 天
    E. 第 10~14 天
11. 下列对于正常产褥期妇女的描述,正确的是( )
    A. 宫体恢复到未孕大小需要 4 周
    B. 宫颈外形于产后 3 日恢复到未孕状态
    C. 于产后 2 周宫颈完全恢复至正常状态
    D. 于产后 10 日,腹部检查扪不到宫底
    E. 于产后 4 周,除胎盘附着处外,宫腔表面均由新生的内膜修复
12. 产褥期是指( )
    A. 从胎儿娩出到生殖器官恢复正常
    B. 从胎盘娩出到生殖器官恢复正常的一段时间
    C. 从第二产程到生殖器官恢复正常的一段时间
    D. 从胎儿娩出到全身(除乳腺)恢复正常的一段时间
    E. 从胎盘娩出到全身(除乳腺)恢复正常的一段时间
13. 初产妇,从分娩后第二天起,持续 3 天体温在 37.5℃左右,子宫收缩好,无压痛,会阴伤口红肿、疼痛,恶露淡红色,无臭味,双乳软,无硬结。发热的原因最可能是( )
    A. 会阴伤口感染　　B. 乳腺炎
    C. 产褥感染　　　　D. 上呼吸道感染
    E. 乳头皲裂
14. 某产妇会阴侧切伤口,术后 5 天拆线,用高锰酸钾溶液坐浴,每天的坐浴安排是( )
    A. 每晚一次　　B. 每晨一次
    C. 每日 2~3 次　D. 每日大便后

E. 每次小便后
15. 正常新生儿出生后体重下降，能恢复到出生时体重的时间是在出生后（　　）
   A. 2～4 天　　　　B. 4～6 天
   C. 7～10 天　　　D. 11～14 天
   E. 15～21 天
16. 正常新生儿脐带脱落的时间，发生于出生后（　　）
   A. 1～3 天　　　　B. 1～7 天
   C. 5～9 天　　　　D. 6～10 天
   E. 7～14 天
17. 关于纯母乳喂养的概念，错误的是（　　）
   A. 除母乳外不添加任何食物
   B. 母乳不必定时
   C. 产妇哺乳时取侧卧位或坐位
   D. 哺乳后将新生儿横抱，轻拍背部
   E. 不要使用奶头安慰物
18. 关于新生儿出生后 24 小时内护理，错误的是（　　）
   A. 热水袋保温
   B. 面部出现苍白或青紫应立即清洗呼吸道
   C. 为防止呕吐应予侧卧位
   D. 脐带出血多时应重新结扎
   E. 哺乳后稍休息片刻再更换尿布
19. 有关新生儿脐带护理的措施，错误的是（　　）
   A. 体检后用 75%乙醇揩净脐带残端和脐带处
   B. 正常情况下脐带于出生后 7～10 天脱落
   C. 出生后 2 小时内注意观察有无出血
   D. 脐部分泌物有臭味，注意抗炎治疗
   E. 保持脐部清洁干燥，防止发生脐炎
20. 有关预防新生儿红臀的措施，错误的是（　　）
   A. 勤换尿布
   B. 大便后用温水洗净臀部
   C. 包裹不可过松、过紧
   D. 垫塑料布防止床单潮湿
   E. 尿布清洁、柔软
21. 某产妇，于 8 小时前顺产一正常女婴，对婴儿提供护理措施，错误的是（　　）
   A. 入室后了解 Apgar 评分情况
   B. 重度窒息者应重点护理
   C. 必须采取保暖措施
   D. 密切观察呼吸和面色
   E. 以持续仰卧位最好
22. 某新生儿出生后 3 天，对其生命体征的描述，正确的是（　　）
   A. 胸式呼吸为主　　B. 体温 38.7℃
   C. 脉搏 90 次/分　　D. 心率 100 次/分
   E. 呼吸 20～40 次/分
23. 某一新生女婴，出生后第 4 天，下列评估提示异常的是（　　）
   A. 脐带已脱落
   B. 已接种过卡介苗
   C. 体重比出生时下降 6%
   D. 阴道外口大片血迹
   E. 体温 37℃

序号	1	2	3	4	5	6	7	8	9	10
答案	E	D	C	E	D	D	C	A	A	E
序号	11	12	13	14	15	16	17	18	19	20
答案	D	E	A	C	C	B	D	D	B	D
序号	21	22	23							
答案	E	E	D							

四、多项选择题

1. 关于产褥期的处理，描述正确的是（　　）
   A. 每天清洗外阴
   B. 产后多饮水，尽早排尿
   C. 产后 6 周内禁止性生活
   D. 哺乳前常规消毒乳头
   E. 产后 6 周左右需进行复诊
2. 有关产褥期的护理，正确的是（　　）
   A. 产后尽早参加体力劳动
   B. 产后适宜多取蹲位
   C. 测生命体征，每日 2 次
   D. 饮食应富于营养
   E. 产妇应多吃蔬菜水果

序号	1	2
答案	ABCE	CD

（潘兴美）

第五章　高危妊娠的管理

一、填空题

1. 高危妊娠妇女的管理包括高危妊娠的_____及_____。
   答案：筛查；监护
2. 高危妊娠监护包括_____、胎儿宫内安危监测、_____及胎儿成熟度监测。

答案：胎儿生长发育监测；胎盘功能
3. 电子胎儿监护有两种功能，_____及预测胎儿宫内储备能力。
答案：监测胎心率
4. 减速分为三种情况，分别是_____、变异减速、_____。
答案：早期减速；晚期减速
5. 胎儿窘迫有_____和_____两种。
答案：急性；慢性

二、判断题

1. 急性胎儿窘迫主要发生于妊娠末期。（ ）
2. 新生儿窒息是指胎儿娩出后 1 分钟，仅有心跳而无呼吸，或未建立规律呼吸的缺氧状态。（ ）
3. 根据新生儿窒息程度，以 Apgar 评分为指标，分为轻度窒息和重度窒息。（ ）
4. 新生儿进行体外胸廓按压时，按压深度为 3～4cm。（ ）
5. 抢救新生儿过程中应注意保暖，应将新生儿置于 30～32℃抢救床上进行抢救，维持肛温在 36.5～37℃。（ ）

序号	1	2	3	4	5
答案	×	√	√	×	√

三、单项选择题

1. 胎儿宫内窘迫的病因不包括（ ）
   A. 胎膜早破　　B. 产程延长
   C. 脐带打结　　D. 母亲轻度贫血
   E. 妊娠期高血压疾病
2. 胎儿宫内窘迫的基本病理生理变化是（ ）
   A. 羊水污染　　B. 代谢性酸中毒
   C. 缺血、缺氧　D. 循环障碍
   E. 呼吸障碍
3. 胎儿窘迫的主要表现不包括（ ）
   A. 羊水减少　　B. 代谢性碱中毒
   C. 胎心音改变　D. 胎动异常
   E. 羊水污染
4. 急性胎儿窘迫早期胎心音的变化是（ ）
   A. 不变　　　　B. 消失
   C. 减弱　　　　D. 减慢
   E. 加快
5. 慢性胎儿窘迫时，孕妇应取（ ）
   A. 左侧卧位　　B. 平卧位
   C. 头高脚低位　D. 右侧卧位
   E. 去枕平卧位

6. 一女性新生儿经产钳助产娩出。出生后心率 95 次/分，呼吸浅慢，皮肤青紫，四肢稍屈，喉反射消失。Apgar 评分为（ ）
   A. 4 分　　　　B. 6 分
   C. 7 分　　　　D. 5 分
   E. 8 分
7. 下列关于急性胎儿窘迫的护理措施，错误的是（ ）
   A. 尽快终止分娩
   B. 间断吸氧
   C. 严密监测胎心变化
   D. 产妇取平卧位
   E. 做好新生儿抢救和复苏的准备

序号	1	2	3	4	5	6	7
答案	D	C	B	A	B	A	D

（潘兴美）

第六章　异常妊娠妇女的护理

一、填空题

1. 异位妊娠患者就诊的主要症状是_____。
答案：停经
2. 流产的主要症状是_____、_____。
答案：腹痛；阴道流血
3. 流产的类型为_____、_____、_____、_____、_____、_____。
答案：先兆流产；难免流产；不全流产；完全流产；稽留流产；习惯性流产
4. 异位妊娠常见的病理结局是_____、_____。
答案：输卵管妊娠流产；输卵管妊娠破裂
5. 异位妊娠临床三征是_____、_____、_____。
答案：停经；腹痛；阴道流血
6. 按胎盘边缘与子宫颈内口的关系，可将前置胎盘分为_____、_____及_____三种类型。
答案：完全性前置胎盘；部分性前置胎盘；边缘性前置胎盘
7. 前置胎盘的主要症状是_____。
答案：无诱因无痛性阴道流血

8. 胎盘早剥分三种类型_____、_____、_____。
   答案：显性；隐性；混合性
9. 胎盘早剥的主要症状是_____和_____。
   答案：腹痛；阴道流血
10. 重型胎盘早剥以_____出血为主，胎盘剥离面_____多发生于_____。
    答案：内；超过胎盘的 1/3；妊娠期
11. 轻型胎盘早剥以_____出血为主，胎盘剥离面_____，多发生于_____。
    答案：外；不超过胎盘的 1/3；分娩期

二、判断题

1. 妊娠晚期出血主要是指前置胎盘，胎盘早期剥离。（ ）
2. 流产时妊娠产物完全排除常见于妊娠的 8～12 周。（ ）
3. 异位妊娠就诊的常见症状是阴道流血。（ ）

序号	1	2	3
答案	√	×	×

三、单项选择题

1. 初产妇，27 岁，停经 70 余天，少量阴道流血 3 天，查：宫口未开，子宫孕 70 天大小，妊娠试验阳性，该产妇最可能诊断（ ）
   A. 难免流产　　　　B. 稽留流产
   C. 完全流产　　　　D. 不全流产
   E. 先兆流产
2. 引起早期流产最主要的原因是（ ）
   A. 接触有害毒物　　B. 宫颈口松弛
   C. 黄体功能低下　　D. 创伤
   E. 染色体异常
3. 妊娠 10 周，阵发性腹痛及大量阴道流血并有失血性休克首先考虑（ ）
   A. 先兆流产　　　　B. 难免流产
   C. 完全流产　　　　D. 不全流产
   E. 过期流产
4. 对于不全流产孕妇，一经确诊，护士需（ ）
   A. 让孕妇休息
   B. 及时做好清除宫内残留组织的准备
   C. 减少刺激
   D. 加强心理护理，增强保胎信心
   E. 与医生配合操作
5. 关于难免流产，叙述正确的是（ ）
   A. 阴道流血量较多，伴阵发性腹痛
   B. 阴道流血量少于月经量
   C. 由先兆流产发展而来，经休息和治疗后流产可以避免
   D. 子宫接近正常大小
   E. 宫颈口关闭
6. 某女怀孕 2 个月出现难免流产，首选的治疗原则是（ ）
   A. 注射缩宫素　　　B. 保胎
   C. 尽快清宫　　　　D. 抗生素抗感染
   E. 大量雌激素止血
7. 某孕妇，停经 60 天，阴道流血 2 天，有组织排出，诊为不全流产、休克。下列处理不正确的是（ ）
   A. 可待自然排出　　B. 立即输血、输液
   C. 卧床休息　　　　D. 做好清宫准备
   E. 化验血常规
8. 宫口已扩张，子宫大小与孕周相符，常见于哪种类型的流产（ ）
   A. 先兆流产　　　　B. 稽留流产
   C. 不全流产　　　　D. 完全流产
   E. 难免流产
9. 有组织物堵住宫口，出血多，子宫小于孕周，常见于哪种流产（ ）
   A. 先兆流产　　　　B. 难免流产
   C. 完全流产　　　　D. 不全流产
   E. 稽留流产
10. 某 28 岁初产妇，妊娠 36 周枕左前位，有少量阴道流血，无宫缩，胎心 140 次/分。本例最恰当的处理应是（ ）
    A. 期待疗法　　　　B. 药物引产
    C. 立即人工破膜　　D. 行剖宫产术
    E. 行人流手术
11. 某 29 岁已婚妇女，停经 9 周，下腹阵发性剧痛 6 小时伴阴道多量流血，超过月经量。检查宫口开大 2cm。本例最恰当的处置是（ ）
    A. 期待疗法
    B. 肌注或静滴催产素
    C. 肌注黄体酮
    D. 吸宫术
    E. 肌注雌激素
12. 某 25 岁已婚妇女，停经 60 日，阴道少量流血 2 日，色鲜红，伴轻度下腹阵发性疼痛。检查宫口闭，子宫大如孕 2 个月，既往孕 2 个月流产 1 次。本例应诊断为（ ）
    A. 先兆流产　　　　B. 难免流产
    C. 不全流产　　　　D. 稽留流产

E. 完全流产
13. 某 26 岁妇女，停经 48 日，下腹痛及阴道多量流血已 10 小时。妇科检查：子宫稍大，宫口有胚胎组织堵塞。下列哪项止血措施最有效（ ）
 A. 肌注止血药物
 B. 肌注或静脉催产素
 C. 静脉滴注抗生素
 D. 纱布堵塞阴道压迫止血
 E. 清宫
14. 输卵管妊娠破裂，下列哪项错误：（ ）
 A. 腹腔内可以触到包块
 B. 休克程度与出血量成正比
 C. 后穹隆饱满，宫颈举痛
 D. 病侧下腹压痛，反跳痛明显
 E. 后穹隆穿刺抽出不凝固血液
15. 引起输卵管妊娠的常见原因是（ ）
 A. 输卵管发育不良 B. 内分泌失调
 C. 输卵管炎   D. 输卵管功能异常
 E. 输卵管妊娠史
16. 输卵管妊娠最常见的部位是（ ）
 A. 输卵管间质部
 B. 输卵管间质部、峡部
 C. 输卵管伞端
 D. 输卵管峡部
 E. 输卵管壶腹部
17. 异位妊娠破裂出血性休克时应采取的紧急措施是（ ）
 A. 升压药物
 B. 输血
 C. 立即剖宫探查
 D. 抗休克的同时剖腹探查
 E. 纠正休克后再手术
18. 护士在对某输卵管妊娠患者进行护理评估时，下列描述正确的是（ ）
 A. 患者月经过期，说明患者有停经史
 B. 阴道后穹隆穿刺术阴性说明不存在输卵管妊娠
 C. 阴道流血量不多，说明腹腔内出血量也不多
 D. 血压下降、腹痛加剧、肛门坠胀感明显是患者病情发展的指征
 E. 阴道流血不多，不会出现失血性休克
19. 某 28 岁已婚妇女，停经 42 日，下腹剧痛 2 小时。检查腹部移动性浊音（+）。妇科检查宫颈举痛（+），阴道后穹隆饱满，子宫漂浮感，附件区压痛明显。下列哪项无助于协助本病的诊断（ ）
 A. 尿妊娠试验   B. B 型超声检查
 C. 腹腔镜检查   D. 诊断性刮宫
 E. 阴道后穹隆穿刺
20. 某 33 岁已婚妇女，停经 40 天阴道流血少量 3 天，下腹痛 4 小时。妇科检查后考虑为输卵管妊娠，下列哪项辅助检查不需要（ ）
 A. 基础体温测定 B. 查尿 HCG 值
 C. B 型超声检查 D. 诊刮或组织检查
 E. 阴道后穹隆穿刺
21. 王女士，27 岁，停经 48 天，阴道少量流血 1 天。今晨 3 时无原因出现下腹剧痛，伴恶心呕吐及一过性晕厥。查面色苍白，血压 9/6kPa，脉搏 120 次/分，妇科检查：宫颈举痛明显，后穹隆触痛（+），盆腔触诊因痛不满意。怀疑宫外孕时最有价值的辅助检查方法是（ ）
 A. 检测尿 HCG 值   B. 行 B 型超声检查
 C. 行阴道后穹隆穿刺 D. 行诊断性刮宫
 E. 肛门检查
22. 李女士，孕 40 周，阴道流血 2 小时，伴持续性腹痛，子宫硬板状，血压 150/100mmhg，胎心位不清，可能的诊断是（ ）
 A. 子宫收缩过强   B. 宫外孕破裂
 C. 胎盘早剥   D. 自然分娩
 E. 前置胎盘
23. 某 30 岁初产妇，妊娠 32 周，3 周内阴道流血 2 次，略多于月经量，不伴腹痛，血压 100/70mmhg，脉搏 96 次/分，宫高 30cm，腹围 85cm，近宫底部可触到软而不规则的胎儿部分，胎心 144 次/分。应考虑的诊断是（ ）
 A. 前置胎盘   B. 难免早产
 C. 腹腔妊娠   D. 胎盘早剥
 E. 葡萄胎
24. 诊断前置胎盘较安全可靠的方法是（ ）
 A. 阴道检查   B. 肛门检查
 C. 放射线检查   D. B 型超声检查
 E. X 线检查
25. 重度妊娠期高血压疾病突发腹痛伴阴道少量流血，血压下降首先考虑（ ）
 A. 胎盘早剥   B. 子宫破裂
 C. 前置胎盘   D. 先兆流产
 E. 羊水过多

26. 前置胎盘的表现哪项错误（　　）
    A. 子宫软，胎心清楚，胎儿一般正常
    B. 完全性前置胎盘一般阴道流血早
    C. 妊娠晚期无痛性阴道流血
    D. 伴胎头高浮及胎位异常
    E. 产后检查胎盘胎膜破口距胎盘边缘在7cm以上

27. 某女，孕37周，前置胎盘，臀位，先露浮，胎心168次/分，骨盆正常，阴道大量流血，血压75/55mmHg，恰当的护理是（　　）
    A. 期待疗法　　　　B. 人工破膜
    C. 缩宫素滴注引产　D. 臀位牵引术
    E. 开通静脉通道、准备剖宫产

28. 下列哪一项是前置胎盘的主要表现（　　）
    A. 先露部下降受阻
    B. 胎位不易查清
    C. 子宫下段可闻及胎盘杂音
    D. 宫底高度与孕周相符
    E. 妊娠晚期无痛性阴道流血

29. 早产的概念下列哪项正确（　　）
    A. 妊娠12周至28周分娩者
    B. 妊娠满28周至不满37周分娩者
    C. 妊娠37周至42周分娩者
    D. 妊娠20周至37周分娩者
    E. 妊娠24周至28周分娩者

30. 胎盘早期剥离，最常见于（　　）
    A. 心脏病　　　　B. 贫血
    C. 肝炎　　　　　D. 慢性肾炎
    E. 妊娠期高血压疾病

31. 输卵管妊娠和阑尾炎的主要区别点是（　　）
    A. 停经、阴道少量流血伴休克
    B. 下腹反跳痛明显
    C. 停经
    D. 白细胞增多
    E. 左下腹痛

32. 急性羊水过多时，下列哪项正确（　　）
    A. 下肢及外阴浮肿发生率不高
    B. 自觉症状轻微
    C. 产科检查胎心清楚
    D. 容易发生早产
    E. 产程易延长

33. 关于双胎妊娠，下列哪项错误（　　）
    A. 容易并发妊娠期高血压疾病
    B. 容易发前置胎盘
    C. 容易发生胎盘早剥
    D. 容易发生过期妊娠
    E. 容易发生早产

序号	1	2	3	4	5	6	7	8	9	10
答案	E	E	C	B	A	C	A	E	D	A
序号	11	12	13	14	15	16	17	18	19	20
答案	D	A	E	B	C	E	D	D	E	A
序号	21	22	23	24	25	26	27	28	29	30
答案	C	C	A	D	A	E	D	E	B	E
序号	31	32	33							
答案	A	D	D							

四、多项选择题

1. 前置胎盘的分类是（　　）
    A. 阻塞性　　　B. 完全性
    C. 部分性　　　D. 边缘性
    E. 整体性

2. 妊娠晚期出现阴道流血，常见于（　　）
    A. 前置胎盘　　B. 胎盘早剥
    C. 流产　　　　D. 妊娠期高血压疾病
    E. 异位妊娠

3. 异位妊娠可能的护理诊断有（　　）
    A. 潜在并发症　B. 恐惧
    C. 焦虑　　　　D. 新生儿受伤
    E. 以上都不是

序号	1	2	3
答案	BCD	AB	ABC

（蔡　娟）

第七章　妊娠期特有疾病妇女的护理

一、填空题

1. 妊娠期高血压疾病的主要症状是_____、_____、_____。
   答案：高血压；蛋白尿；水肿

2. 妊娠期高血压疾病的基本病理变化是_____。
   答案：全身小血管痉挛

3. 妊娠期高血压疾病利用硫酸镁治疗出现中毒时利用_____解毒。
   答案：葡萄糖酸钙

4. 子痫发作时的首要任务是_____。

答案：控制抽搐
5. 子痫发作时控制抽搐的首选药物是_____。
   答案：硫酸镁
6. 子痫抽搐控制 2 小时后应及时_____。
   答案：终止妊娠
7. 妊娠糖尿病孕妇应使用_____降血糖，不宜使用口服降糖药。
   答案：胰岛素
8. 糖尿病孕妇的新生儿无论体重大小应该按照_____给于护理。
   答案：早产儿
9. 为了预防和减少孕产妇及围生儿的并发症，改善妊娠结局，应严格控制孕期血糖在_____的范围内，并将糖尿病孕妇作为高危妊娠进行监测，并适时_____，以确保母子的健康与安全。
   答案：正常或接近正常；终止妊娠
10. 妊娠合并糖尿病终止妊娠前应了解胎儿肺成熟度，羊水检查测_____比值。
    答案：L/G

二、判断题

1. 硫酸镁治疗原则总的目的是降低母婴死亡率及减少母婴严重并发症。（　）
2. 妊娠期高血压出现高血压，于产后 12 周恢复正常。（　）
3. 妊娠期高血压疾病基本处理原则是及时终止妊娠。（　）
4. 妊娠期高血压疾病在使用硫酸镁治疗时首先发生中毒反应是呼吸减慢。（　）
5. 妊娠期高血压疾病较为严重的患者产后应继续使用硫酸镁治疗。（　）
6. 妊娠合并糖尿病终止妊娠的时间37周。（　）
7. 妊娠合并糖尿病伴巨大儿或胎位不正时，临床上多选择剖宫产。（　）
8. 妊娠期糖尿病患者应选择口服降糖药降血糖。（　）

序号	1	2	3	4	5	6	7	8
答案	√	√	×	×	√	√	√	×

三、单项选择题

1. 妊娠期高血压疾病最基本的病理变化是（　）
   A. 胎盘戒毛退行性变　B. DIC
   C. 水钠潴留　　　　　D. 全身小动脉痉挛
   E. 肾衰竭
2. 子痫患者最常见的死亡原因（　）
   A. 心力衰竭　　　　　B. 脑出血
   C. 肾衰竭　　　　　　D. DIC
   E. 胎盘早剥
3. 妊娠期高血压疾病中应用硫酸镁治疗时发生中毒应（　）
   A. 激素治疗
   B. 静脉滴注缩宫素
   C. 静脉注射 10%葡萄糖酸钙溶液 10ml 解毒
   D. 取半卧位
   E. 注射肾上腺素
4. 某女，孕 38 周，血压 180/120mmhg，全身水肿，抽搐 2 次，急送医院，下列护理措施中不正确的是（　）
   A. 加强胎儿监护　　　B. 留置尿管
   C. 吸氧　　　　　　　D. 防止外伤
   E. 放于光线强的病室便于抢救
5. 重度妊娠期高血压疾病的患者，首选的治疗方法是（　）
   A. 降压　　　　　　　B. 利尿
   C. 解痉　　　　　　　D. 镇静
   E. 扩容
6. 子痫孕妇在护理过程中下述哪项不正确（　）
   A. 应安排在近护士办公室的小房间内
   B. 空气新鲜
   C. 光线明亮
   D. 减少刺激
   E. 安装监护设置
7. 一孕妇因为妊娠期高血压疾病接受硫酸镁解痉治疗，护士必须要评估孕妇的（　）
   A. 尿检测指标　　　　B. 血小板计数
   C. 桡动脉脉搏　　　　D. 膝跳反射
   E. 水肿程度
8. 李某，28 岁，初产妇，妊娠 34 周因有先兆子痫收入院。护士要仔细观察孕妇下列哪项子痫的表现（　）
   A. 抽搐、昏迷　　　　B. 舒张压
   C. 蛋白尿　　　　　　D. 上腹痛、头痛
   E. 水肿
9. 某初产妇，孕 38 周，患妊娠期高血压疾病(轻度)已临产。宫缩痛时大声呼叫。检查宫口开大 2cm，先露头，s-2，未破膜。下列护理措施中，错误的是（　）
   A. 监测血压及自觉症状
   B. 遵医嘱给予镇静剂
   C. 宫缩痛时按摩下腹部

D. 多安慰、鼓励产妇
E. 用 0.2%的肥皂水灌肠

10. 妊娠期高血压疾病中应用硫酸镁治疗发生中毒时应（   ）
    A. 激素治疗
    B. 静脉滴注缩宫素
    C. 静脉注射 10%葡萄糖酸钙溶液 10ml 解毒
    D. 取仰卧位
    E. 注射肾上腺素

11. 妊娠期高血压患者发生抽搐时，首要的护理措施是（   ）
    A. 使患者取头低侧卧位，保持呼吸道通畅
    B. 观察病情，详细记录
    C. 用舌钳固定舌头，防止舌咬伤及舌后坠，保持呼吸道通畅
    D. 置患者于安静、暗光的单间
    E. 将患者置于光线充足的病房

12. 记录妊娠期高血压疾病孕妇水肿（＋＋）是指（   ）
    A. 踝部及小腿有凹陷性水肿，经休息后消退
    B. 踝部及小腿有凹陷性水肿，经休息后不消退
    C. 水肿延及大腿
    D. 水肿达外阴部及腹部
    E. 水肿延及踝部

13. 治疗重度妊娠期高血压疾病的孕妇，首选药物应是（   ）
    A. 降压药   B. 强镇静药
    C. 解痉药   D. 利尿药
    E. 升压药

14. 用硫酸镁治疗妊娠期高血压疾病时，其中毒反应最早出现的是（   ）
    A. 心率减慢   B. 呼吸次数减少
    C. 尿量减少   D. 膝反射消失
    E. 血压下降

15. 重度妊娠期高血压疾病孕妇于孕晚期出现腹痛伴阴道流血，最可能的疾病是（   ）
    A. 重型胎盘早剥   B. 边缘性前置胎盘
    C. 子宫颈癌   D. 子宫破裂
    E. 中央型前置胎盘

16. 与妊娠期高血压疾病的发生无关的是（   ）
    A. 双胎妊娠   B. 糖尿病
    C. 羊水过多   D. 前置胎盘
    E. 胎盘早搏

17. 某 31 岁初产妇，现妊娠 38 周。妊娠中期产前检查未见异常。妊娠 37 周时自觉头痛、眼花。查血压 160/110mmHg，尿蛋白（++），宫缩不规律，胎心 134 次/分。此时首先的处理是（   ）
    A. 门诊治疗并注意随访
    B. 静脉滴注硫酸镁
    C. 人工破膜并静滴注催产素
    D. 行剖宫产术
    E. 立即滴注降压药

18. 李某，初孕妇，25 岁，孕 31 周产前检查正常，孕 34 周出现头痛、眼花等自觉症状。检查血压 180/110mmHg，尿蛋白（＋＋）浮肿（＋＋），眼底 A：V=1：2，视网膜水肿。本例的诊断应考虑为（   ）
    A. 中度妊高征
    B. 先兆子痫
    C. 子痫
    D. 妊娠合并原发性高血压
    E. 妊娠期慢性高血压疾病

19. 妊娠期糖尿病患者控制血糖的方法不适合的是（   ）
    A. 饮食治疗   B. 运动治疗
    C. 服用磺脲类药物 D. 胰岛素治疗
    E. 血糖监测

20. 某 29 岁经产妇，前两次妊娠均合并妊高征，娩出的胎儿均为巨大儿，且娩出后不久均死亡。现又妊娠 30 周，血压 20/12kPa，尿蛋白（＋＋），下肢浮肿。本病例的孕妇应想到可能患的疾病是（   ）
    A. 肺结核   B. 轻型糖尿病
    C. 慢性肾炎   D. 甲状腺功能亢进
    E. 心脏病

21. 妊娠期糖尿病对胎儿、新生儿的影响不包括（   ）
    A. 巨大儿发生率增加
    B. 畸形发生率增加
    C. 容易发生新生儿低胰岛素血症
    D. 容易发生儿呼吸窘迫综合征
    E. 遗传新生儿

22. 关于妊娠合并糖尿病分娩后的处理，不正确的是（   ）
    A. 所生新生儿一律按早产儿处理
    B. 预防产褥期感染，保持皮肤清洁
    C. 一般不主张母乳喂养
    D. 产后长期避孕，但是最好不用药物避孕及宫内避孕器具

E. 防止产后出血
23. 糖尿病对妊娠的影响不正确的是( )
   A. 受孕几率增加
   B. 羊水过多的发生率增加
   C. 妊高征的发生率增加
   D. 泌尿生殖道的感染机会增加
   E. 易出现巨大儿
24. 下列与妊娠合并糖尿病无关的是( )
   A. 羊水过多   B. 巨大胎儿
   C. 妊娠呕吐   D. 霉菌性阴道炎
   E. 羊水过少
25. 妊娠合并糖尿病需使用药物治疗时应选用( )
   A. 优降糖   B. 消渴丸
   C. 胰岛素   D. 降糖灵
   E. 降糖药

序号	1	2	3	4	5	6	7	8	9	10
答案	D	B	C	E	C	C	D	A	E	C
序号	11	12	13	14	15	16	17	18	19	20
答案	C	B	C	D	B	A	D	B	B	B
序号	21	22	23	24	25					
答案	B	C	A	C	C					

四、多项选择题

1. 妊娠期高血压疾病包括( )
   A. 妊娠期高血压
   B. 子痫前期
   C. 慢性高血压并发子痫前期
   D. 子痫
   E. 慢性高血压合并妊娠
2. 妊娠期高血压疾病主要临床表现为( )
   A. 高血压   B. 蛋白尿
   C. 水肿   D. 视力模糊
   E. 头痛
3. 子痫患者的护理中不包括( )
   A. 协助医生控制抽搐   B. 保持呼吸道通畅
   C. 专人护理   D. 置于光线明亮处
   E. 及时终止妊娠
4. 妊娠期糖尿病患者的处理原则( )
   A. 严格避孕
   B. 避孕失败及时终止妊娠
   C. 加强孕期产检
   D. 掌握好分娩时间
   E. 伴巨大儿病情严重时选择剖宫产

序号	1	2	3	4
答案	ABCDE	ABC	ABCE	ABCDE

(蔡 娟)

第八章 妊娠合并症妇女的护理

一、填空题

1. 妊娠合并心脏病是产科严重的合并症。最常见的是_____和_____心脏病。
   答案：风湿性；先天性
2. 患有心脏病的孕妇最危险的时期是妊娠_____周及产后的最初3天。
   答案：32~34
3. 早期心力衰竭常表现为，轻微活动后即有_____、气急和心悸，休息时心率超过_____，呼吸超过_____。
   答案：胸闷；110次/分；20次/分
4. 心功能_____级的产妇可以哺乳，_____级以上不宜哺乳。
   答案：Ⅰ~Ⅱ；Ⅲ
5. 母婴间传播的重要途径有：病毒通过_____在子宫内传播；分娩时胎儿经过产道接触_____传播；产后接触_____传播；母乳喂养时通过乳汁传播。
   答案：胎盘；母亲血液和羊水；母亲唾液和汗液

二、判断题

1. 妊娠期合并贫血治疗时应尽可能去除缺铁的病因。( )
2. 在治疗妊娠期合并贫血时使用的治疗性有机铁多为硫酸亚铁。( )
3. 妊娠期孕妇贫血时应指导孕妇在饭后或餐中服用铁剂。( )

序号	1	2	3
答案	√	×	√

三、单项选择题

1. 妊娠合并心脏病除外哪项均为心力衰竭的易发生时期( )
   A. 产后第二日   B. 妊娠32~34周

C. 第二产程 D. 产后第一日
E. 妊娠38～40周
2. 对妊娠合并心脏病患者，下列哪项护理是错误的（　）
   A. 每天至少睡眠10小时
   B. 给予低温易消化无刺激饮食
   C. 防止受凉
   D. 输液速度40～60滴/分
   E. 避免劳累
3. 关于妊娠合并心脏病，心功能1级，孕妇的分娩期处理是（　）
   A. 缩短第二产程
   B. 必须剖宫产
   C. 忌用吗啡
   D. 无感染者不需用抗生素
   E. 为预防产后出血，应肌内注射麦角新碱
4. 下列对妊娠合并心脏病孕妇的处理，不合适的是（　）
   A. 妊娠4个月起，限制食盐的摄入
   B. 妊娠4个月起，服用铁制剂及维生素
   C. 休息时，易采取左侧卧位
   D. 加强体育锻炼，增加机体的抵抗
   E. 每天休息8小时以上
5. 妊娠合并心脏病患者的分娩处理，不正确的是（　）
   A. 使用抗生素预防感染
   B. 严密观察产妇的生命体征
   C. 产后出血时，立即静脉注射麦角新碱
   D. 不要让产妇屏气
   E. 缩短产程
6. 关于妊娠合并心脏病的叙述不正确的是（　）
   A. 是孕产妇死亡的主要原因之一
   B. 妊娠32～34周时血容量达到最高峰
   C. 第二产程心脏的负担最重
   D. 产后2～3天心脏负担减轻
   E. 产后2～3天心脏负担加重
7. 妊娠心脏病患者中，下列不属早期心衰的体征是（　）
   A. 休息时心率大于110次/分
   B. 休息时呼吸大于20次/分
   C. 肝脾大，有压痛
   D. 阵发性夜间呼吸困难
   E. 右下腹压痛
8. 妊娠合并急性病毒性肝炎，下列不正确的是（　）
   A. 原则上肝炎患者不宜妊娠
   B. 早孕期不宜终止妊娠，以免增加肝负担
   C. 妊娠继续时，注意防止妊娠期高血压疾病
   D. 分娩时注意缩短第二产程及防止产后出血
   E. 肝炎患者不宜母乳喂养
9. 肝炎对妊娠造成的影响不正确的说法是（　）
   A. 受孕率低
   B. 晚期妊高征发生率增加
   C. DIC发生率增加
   D. 产后出血发生率增加
   E. 不宜母乳喂养
10. 妊娠合并心脏病，于分娩期为减轻心脏负担应（　）
    A. 无论是否有产科指征，到预产期都应做剖宫产
    B. 第一产程加强护理，第二产程避免使用腹压，并采用人工助产术缩短产程
    C. 为缩短产程，应静脉滴注催产素加强宫缩
    D. 胎盘娩出后，不能使用度冷丁以免发生后出血而发生心力衰竭
    E. 不使用腹压而延长产程
11. 妊娠合并心脏病最多见的是（　）
    A. 风湿性心脏病　　B. 先天性心脏病
    C. 冠心病　　D. 肺源性心脏病
    E. 心源性心脏病
12. 关于妊娠合并心脏病患者分娩时处理哪项是正确的（　）
    A. 胎儿娩出后肌内注射麦角新碱,减少产后出血
    B. 自然分娩，不需手术助产
    C. 分娩时鼓励产妇屏气用力，以缩短产程
    D. 胎儿娩出后，腹部放置砂袋并包扎腹带
    E. 在分娩过程中使用缩宫素
13. 妊娠合并心脏病什么时候入院为宜（　）
    A. 妊娠早期即开始
    B. 妊娠32周或临产前
    C. 应在预产期前1～2周入院
    D. 正式临产后
    E. 宫口开全时
14. 妊娠合并心脏病什么时候开始使用抗生素预防感染合适（　）
    A. 无论什么时候使用均可
    B. 产后立即给予抗生素
    C. 分娩期开始使用至产后一周
    D. 分娩期开始持续至整个产褥期

E. 仅限妊娠期使用
15. 妊娠合并心脏病产后什么时候结扎为宜（ ）
   A. 产后 3 天左右   B. 产后 24 小时内
   C. 产后 1 周左右进行   D. 产后 1 月内
   E. 产后 2 个月内
16. 妊娠合并肝炎的产后的正确处理是（ ）
   A. 用四环素预防感染
   B. 鼓励母乳喂养
   C. 注射维生素 K 预防出血
   D. 产妇分娩后回普通病房休息
   E. 新生儿正常护理
17. 不会通过胎盘传给胎儿的肝炎病毒类型（ ）
   A. 甲型肝炎病毒   B. 乙型肝炎病毒
   C. 丙型肝炎病毒   D. 丁型肝炎病毒
   E. 戊型肝炎
18. 妊娠合并肝炎的正确处理为（ ）
   A. 妊娠早期一经确诊应作人流
   B. 妊娠中、晚期引产终止妊娠为最好
   C. 高脂、高蛋白、高糖饮食
   D. 产后常规用雌激素退奶
   E. 可以母乳喂养
19. 29 岁初产妇，妊娠 36 周合并急性乙型肝炎，经门诊收入院治疗。下列哪项治疗措施错误（ ）
   A. 静滴葡萄糖液内加维生素 C
   B. 每日肌注维生素 K_1 10mg
   C. 注意休息，避免过劳
   D. 给予静滴红霉素预防感染
   E. 行血清学检测
20. 30 岁初产妇正患重症病毒性肝炎。现妊娠 38 周，临产 3 小时，宫口开大 2cm。下列哪项处置错误（ ）
   A. 静滴葡萄糖液内加维生素 C
   B. 肌注维生素 K_1
   C. 输入新鲜血液
   D. 经阴道手术助产
   E. 将产妇安置在隔离产房

四、多项选择题

1. 关于妊娠合并心脏病的叙述正确的是（ ）
   A. 是孕产妇死亡的主要原因之一
   B. 妊娠 32～34 周时血容量达到高峰
   B. 第二产程心脏的负担最重
   C. 妊娠 32～34 周时血容量达到高峰
   D. 产后 2～3 天心脏负担减轻
   E. 产后 2～3 天心脏负担加重
2. 妊娠合并急性病毒性肝炎，下列正确的是（ ）
   A. 预防产后感染
   B. 早孕期不宜终止妊娠，以免增加肝负担
   C. 妊娠继续时，注意防止妊高症
   D. 分娩时注意缩短第二产程及防止产后出血
   E. 原则上肝炎患者不宜妊娠
3. 护理妊娠合并心脏病的产妇，第三产程预防产后出血的错误措施是（ ）
   A. 肌内注射缩宫素   B. 按摩子宫
   C. 肌内注射麦角新碱   D. 排空膀胱
   E. 快速输血
4. 下列关于妊娠合并肝炎的护理，正确的是（ ）
   A. 严格隔离，避免交叉感染
   B. 产后不必协助患者退乳
   C. 患者的新生儿应与其他新生儿隔离
   D. 产妇分娩时可在一般的产房分娩
   E. 心理护理，避免焦虑
5. 下列属于病毒性肝炎患者心理调适的有（ ）
   A. 为防止感染，不让患者与别人交谈
   B. 不需要耐心听取患者的心理感受
   C. 向患者讲解肝炎的相关知识
   D. 指导患者自我调节，如听音乐等
   E. 让患者家属给予患者心理上的支持
6. 关于妊娠期心力衰竭的处理正确的是（ ）
   A. 嘱绝对卧床休息
   B. 氧气吸入
   C. 取半卧位
   D. 按医嘱注射强心药
   E. 严密观察孕妇的各种情况

序号	1	2	3	4	5	6	7	8	9	10
答案	E	D	A	D	C	D	C	B	A	B
序号	11	12	13	14	15	16	17	18	19	20
答案	A	D	C	C	C	C	A	A	D	D

序号	1	2	3	4	5	6
答案	ABCE	ACDE	CE	ACE	CDE	ABCDE

（蔡 娟）

第九章 异常分娩妇女的护理

一、填空题

1. 均小骨盆指各经线均小于正常值_____cm以上。

   答案：2

2. 纠正臀位的方法，30周先作_____、_____、_____或作_____纠正胎位。

   答案：膝胸卧位；激光或艾灸至阴穴；外倒转术

3. 宫口开大_____cm至宫口开全为活跃期，初产妇正常约需_____小时，超过_____小时称为活跃期延长。

   答案：3；4；8

4. 总产程超过_____小时，称为滞产；不超过_____小时，称为急产。

   答案：24；3

5. 臀位妊娠，在妊娠_____周之后仍为臀先露时，应予以矫正。

   答案：D

6. 胎儿娩出前，使用催产素静脉滴注应从小剂量开始，即催产素_____加入5%葡萄糖液500ml内，滴速从_____滴/分开始，通常不超过_____滴/分。

   答案：2.5U；8；40

7. 持续性枕后位产妇应在第一产程中须指导其朝向_____方向侧卧。

   答案：胎背对侧

8. 胎儿出生时体重大于等于_____时称巨大儿。

   答案：4000

9. 活跃期子宫颈口不再扩张达_____小时以上者，诶活跃期停滞。

   答案：2

10. 不协调性宫缩乏力的处理原则是_____，可给予_____肌注。

    答案：恢复协调性；镇静剂

11. 臀位，当脐部娩出后，应尽快娩出胎头，不得>_____分钟，否则因脐带节受压过久可导致死亡。

    答案：8

12. 对母儿最不利的胎位是_____。

    答案：横位

二、判断题

1. 巨大儿指胎儿出生时体重大于4千克。（　）
2. 横位，确定胎方位，以骶骨为指示点。（　）
3. 臀位妊娠30周前不需处理，30周后可纠正臀位。（　）
4. 临产后规律宫缩开始，至子宫颈口开3cm为潜伏期。（　）
5. 协调性子宫收缩过强，指子宫收缩的节律性、对称性和极性均不正常。（　）

序号	1	2	3	4	5					
答案	√	×	√	√	×					

三、单项选择题

1. 宫缩乏力时，行人工破膜加速产程进展适用于（　）
   - A. 臀位，宫口开大3cm以上
   - B. 横位，宫口开大2cm
   - C. 头先露，已衔接，宫口开大4cm
   - D. 头盆不称
   - E. 臀先露，宫口开大5cm以上

2. 关于协调性子宫收缩乏力，正确的是（　）
   - A. 子宫收缩极性倒置
   - B. 容易发生胎儿窘迫
   - C. 产程常延长
   - D. 不易静脉滴注缩宫素
   - E. 不易发生胎盘滞留

3. 可疑头盆不称试产时间为（　）
   - A. 1～2小时
   - B. 4～6小时
   - C. 2～4小时
   - D. 8～10小时
   - E. 6～8小时

4. 应用催产素中的注意事项下列何项正确（　）
   - A. 专人守护，严密观察宫缩及胎心音
   - B. 用药后宫缩愈强效果愈好
   - C. 如出现胎儿窘迫，只要调整催产素的量即可
   - D. 可用于不协调宫缩
   - E. 滴速是20滴/分

5. 下列哪项符合痉挛性狭窄环的临床表现（　）
   - A. 狭窄环多出现于子宫上下段交界处
   - B. 狭窄环往往在胎儿最大部分
   - C. 宫缩时不影响先露下降
   - D. 是子宫先兆破裂的征象
   - E. 狭窄环与病理性缩复环是一样的

6. 骨盆入口平面狭窄主要是指（　）
   - A. 坐骨棘间径<10cm

B. 髂棘间径为<23cm
C. 骶耻外径<18cm
D. X线或超声测量入口前后径>10cm
E. 坐骨结节<10cm

7. 持续性枕后位的形成正确描述是（ ）
   A. 胎头以枕横径入盆,在下降过程中保持不变
   B. 肛门检查大囟门在骨盆的后方
   C. 枕横径与骨盆的横径一致
   D. 能够正常娩出胎儿
   E. 产程后期枕部不能旋转至枕前位者

8. 胎位异常的正确护理是（ ）
   A. 可行多次肛查
   B. 宫口未开全,嘱产妇向下用力
   C. 协助医生多行阴道检查
   D. 可以多次的进行手转胎头
   E. 嘱产妇朝胎肢方向侧卧,有利儿头前转

9. 李某,初产妇,孕38周,宫口开全2小时频频用力,未见胎头拨露。检查：宫底部为臀,腹部前方可触及胎儿小部分,未触及胎头。肛查胎头已达棘下2cm,矢状缝与骨盆前后径一致,大囟门在前方,诊断为（ ）
   A. 骨盆入口头盆不称   B. 原发宫缩无力
   C. 持续性枕后位   D. 持续性枕横位
   E. 持续性骶前位

10. 有关骨产道狭窄,正确的是（ ）
    A. 抬头低于耻骨联合平面的为跨耻征阴性,显示骨盆入口狭窄
    B. 骨盆入口狭窄是引起持续性枕横位的原因
    C. 骨盆出口横径+后矢状径小于15cm可以试产
    D. 身高低于150cm孕晚期悬垂腹、胎位异常,此种情况则应注意骨盆是否异常
    E. 中骨盆狭窄就是骨盆狭窄

11. 处理不协调性子宫收缩乏力的首选措施（ ）
    A. 温肥皂水灌肠
    B. 肌内注射哌替啶100mg
    C. 行人工破膜
    D. 静脉滴注缩宫素加强宫缩
    E. 静脉补充能量

12. 下列可以试产的情况是（ ）
    A. 头位,骨盆出口平面狭窄
    B. 臀位,骨盆出口平面狭窄
    C. 头位,骨盆入口平面狭窄
    D. 臀位,骨盆入口平面狭窄
    E. 头位,中骨盆平面狭窄

13. 出现病理缩腹环最常见的情况是（ ）
    A. 胎儿畸形   B. 子宫收缩乏力
    C. 头盆不称   D. 头位
    E. 臀位

14. 使用催产素的禁忌应除外（ ）
    A. 胎儿窘迫   B. 宫缩乏力
    C. 巨大儿   D. 胎儿脑积水
    E. 胎儿畸形

15. 关于协调性子宫收缩乏力,正确的是（ ）
    A. 子宫收缩极性倒置
    B. 易发生胎儿窘迫
    C. 不宜静脉滴注催产素
    D. 产程常延长
    E. 胎先露下降加快

16. 关于急产可能造成的后果不正确的是（ ）
    A. 会阴、阴道裂伤
    B. 软产道组织受压缺血、坏死
    C. 子宫颈裂伤
    D. 新生儿颅内出血
    E. 软产道损伤

17. 下列各种类型的子宫收缩乏力,正确的是（ ）
    A. 第二产程延长是指初产妇宫口开全后,宫缩力弱,超过1小时尚未分娩
    B. 协调性子宫收缩与不协调性子宫收缩乏力都需使用催产素
    C. 活跃期停滞是指宫口开大3～5cm后,宫缩力弱,宫口不继续扩张
    D. 潜伏期延长是宫口开大2～3cm到7～8cm的时间延长,宫缩弱
    E. 继发宫缩乏力常见于头盆不称、中骨盆狭窄、持续性枕横位

18. 下列不是子宫收缩乏力所致的情况是（ ）
    A. 胎膜早破   B. 产程延长
    C. 胎盘滞留   D. 胎盘早剥
    E. 胎头下降缓慢

19. 下列诊断漏斗骨盆的标志应除外（ ）
    A. 坐骨棘间径小于10cm
    B. 坐骨结节间径小于8cm
    C. 耻骨弓角度小于90度
    D. 骶耻外径小于18cm
    E. 入口平面前后径大于12cm

20. 有关协调性子宫收缩乏力,下列描述正确的是（ ）

A. 子宫收缩节律性、对称性和极性都正常，仅收缩力弱
B. 容易发生胎儿宫内窘迫
C. 不宜静脉滴注缩宫素
D. 潜伏期不易应用哌替啶
E. 多数产妇自觉持续性腹痛，且产程延长

21. 漏斗骨盆常易发生（　　）
    A. 胎头不易衔接　　B. 潜伏期延长
    C. 活跃期延长　　　D. 第二产程延长
    E. 面先露

22. 处理不协调性子宫收缩乏力的首选措施是（　　）
    A. 肌注大剂量盐酸哌替啶
    B. 行人工破膜
    C. 静脉滴注催产剂加强宫缩
    D. 静脉补充能量
    E. 行阴道检查

23. 胎位正常、无头盆不称的协调性子宫收缩乏力妊娠足月产妇，拟静滴催产素增强宫缩，在5%葡萄糖500ml中应加入催产素（　　）
    A. 2.5U　　　　　　B. 10U
    C. 15U　　　　　　D. 20U
    E. 30U

24. 确诊孕妇为单纯扁平骨盆时，小于正常值的骨盆径线是（　　）
    A. 髂棘间径　　　　B. 骶岬内径
    C. 骶耻间径　　　　D. 坐骨结节间径
    E. 坐骨棘间径

25. 测孕妇坐骨结节间径＜8cm时，还应测量（　　）
    A. 耻骨弓角度　　　B. 出口前矢状径
    C. 出口后矢状　　　D. 坐骨棘间径
    E. 骶耻外径

26. 持续性枕后位的特点是（　　）
    A. 发生原因之一是胎头仰伸
    B. 产妇过早感觉肛门坠胀而使用腹压
    C. 不易发生宫颈水肿
    D. 肛查觉盆腔前部空虚
    E. 会转为臀位

27. 妊娠26周发现该孕妇为臀先露，应采取的措施是（　　）
    A. 胸膝卧位
    B. 激光或艾灸至阴穴
    C. 外倒转术
    D. 等待自然转为头先露
    E. 内倒转术

28. 臀先露对胎儿预后最差的是（　　）
    A. 腿直臀先露　　　B. 混合臀先露
    C. 单足先露　　　　D. 单膝先露
    E. 单纯臀先露

29. 王某，28岁，初产妇，妊娠38周，主诉肋下有块状物。腹部检查：子宫呈纵椭圆形，胎先露部较软不规则，胎心在脐上偏左，应为哪种胎先露（　　）
    A. 肩先露　　　　　B. 臀先露
    C. 复合先露　　　　D. 枕先露
    E. 脚先露

30. 张某，23岁，初产妇，妊娠39周，阴道多量流血3小时。查血压110/70mmHg，脉搏110次/分，贫血貌，无规则宫缩，臀先露，胎心168次/分。本例此时的处理应是（　　）
    A. 期待疗法，输液输血
    B. 行外倒转术
    C. 催产素静脉滴注引产
    D. 人工破膜后静滴催产素
    E. 使用抗生素

31. 某25岁初孕妇，妊娠38周，胎头双顶径9.2cm，男型骨盆。临产后下列哪项不易发生（　　）
    A. 持续性横枕位
    B. 持续性枕后位
    C. 第一产程潜伏期延长
    D. 第一产程活跃期停滞
    E. 第二产程延长

序号	1	2	3	4	5	6	7	8	9	10
答案	C	C	C	A	A	C	E	E	C	D
序号	11	12	13	14	15	16	17	18	19	20
答案	B	C	E	B	D	B	E	D	D	A
序号	21	22	23	24	25	26	27	28	29	30
答案	D	A	D	C	C	B	D	C	B	D
序号	31									
答案	C									

四、多项选择题

1. 产后子宫收缩乏力所致大出血，可通过使用什么方法止血（　　）
   A. 使用宫缩剂
   B. 按摩子宫
   C. 宫腔内填塞纱条
   D. 结扎血管

E. 按压止血

序号	1			
答案	ACD			

(蔡 娟)

第十章 分娩期并发症妇女的护理

一、填空题

1. 根据子宫破裂的部位可将子宫破裂分为_____和_____两类。按疾病发展的过程，子宫破裂可分为_____和_____两个阶段。
   答案：子宫体部破裂；子宫下段破裂；子宫破裂

2. 产后出血的原因主要_____、_____、_____、_____四种。
   答案：宫缩乏力、胎盘因素、软产道裂伤；凝血功能障碍

3. 发生胎膜早破时，肛查触不到_____，上推先露部可见_____。
   答案：前羊水囊；羊水流出

4. 会阴裂伤可分三度：Ⅰ度是指_____，Ⅱ度是指_____，Ⅲ度是指_____。
   答案：会阴皮肤及阴道黏膜撕裂未达肌层；裂伤已达会阴体肌层，累及阴道后壁黏膜，甚至阴道后壁两侧沟向上撕裂肛门外括约肌已断裂；甚至阴道直肠隔及部分直肠前壁有裂伤

二、判断题

1. 破膜后需立即住院，卧床休息，勤听胎心音。（ ）
2. 产后出血指儿娩出后24小时出血量大于等于500ml。（ ）

序号	1	2			
答案	√	×			

三、单项选择题

1. 胎膜早破是指（ ）
   A. 胎膜在潜伏期破裂
   B. 胎膜在临产前破裂
   C. 胎膜在活跃期破裂
   D. 胎膜破裂在第一产程末
   E. 胎膜破裂发生在第二产程末

2. 易引起子宫破裂的胎位是（ ）
   A. 单臀位   B. 枕横位
   C. 横位   D. 枕后位
   E. 骶前位

3. 以下关于羊水栓塞的治疗，错误的是（ ）
   A. 使用肾上腺素抗过敏
   B. 治疗凝血功能障碍
   C. 使用抗生素预防感染
   D. 使用阿托品解痉
   E. 等待自然分娩

4. 产后出血最常见的原因是（ ）
   A. 胎盘滞留   B. 软产道损伤
   C. 凝血机制障碍 D. 骨产道异常
   E. 子宫收缩乏力

5. 下列哪项与子宫先兆破裂不符合（ ）
   A. 导尿时有血尿
   B. 出现病理缩复环
   C. 子宫下段明显压痛
   D. 胎儿先露部回升，宫颈口回缩
   E. 胎心率改变

6. 关于子宫破裂，下列正确的是（ ）
   A. 按疾病发展的过程，可分为先兆子宫破裂和子宫破裂两阶段
   B. 先兆子宫破裂多发生在宫缩乏力所致的产程延长
   C. 对于子宫破裂的产妇，应积极进行全子宫切除术
   D. 发生在妊娠期
   E. 发生在产褥期

7. 关于分娩时子宫破裂，以下正确的是（ ）
   A. 子宫底迅速上升
   B. 大量阴道出血
   C. 子宫破裂后听不到胎心，也不能触摸到肢体
   D. 子宫收缩力减弱
   E. 患者全腹部压痛、反跳痛

8. 分娩期产妇一旦发现子宫先兆破裂，首选的措施是（ ）
   A. 抗休克，静脉输液、输血
   B. 停止一切操作，抑制宫缩
   C. 行阴道助产，尽快结束分娩
   D. 大量抗生素预防感染
   E. 立即剖宫产

9. 某产妇胎盘娩出后，阵发性出血，色暗红，有凝血块，出血可能的原因是（ ）

A. 软产道损伤　　B. DIC
C. 子宫胎盘卒中　D. 子宫收缩乏力
E. 胎盘粘连

10. 产妇于胎盘娩出后，持续阴道出血，检查发现胎盘不完整，首选措施为（　）
    A. 按摩子宫
    B. 按摩子宫，同时肌内注射宫缩剂
    C. 监测生命体征，注意观察尿量
    D. 宫腔探查
    E. 打开子宫查看

11. 关于子宫破裂的描述，错误的是（　）
    A. 多发于经产妇
    B. 出现血尿
    C. 全腹部压痛，反跳痛
    D. 胎心不清
    E. 胎儿进入腹腔后，胎心听得更清楚了

12. 产后出血患者的护理措施不正确的是（　）
    A. 迅速建立静脉通道
    B. 因宫缩乏力引起的出血应立即按摩子宫
    C. 软产道裂伤者，及时准确修补缝合
    D. 胎盘残留者应做子宫次全切除术
    E. 胎盘滞留者时徒手剥离胎盘

13. 产后出血最常见的原因是（　）
    A. 软产道损伤
    B. 胎盘残留
    C. 子宫收缩乏力
    D. 弥漫性血管内凝血
    E. 胎盘嵌顿

14. 产后出血是指（　）
    A. 胎盘娩出后24小时内出血量超过500毫升
    B. 胎儿娩出后24小时内出血量超过500毫升
    C. 产后10天内出血量超过500毫升
    D. 产后两周内出血量超过500毫升
    E. 产褥期出血超过500毫升

15. 先兆子宫破裂的临床表现应除外（　）
    A. 子宫强直性收缩　B. 病理性缩复环
    C. 血尿　　　　　　D. 血压下降
    E. 下腹部拒按

16. 胎盘植入引起的产后出血，采取的处理原则是（　）
    A. 徒手胎盘剥离
    B. 子宫切除
    C. 用刮匙刮取残留组织
    D. 牵拉脐带，按压宫底协助胎盘排出
    E. 保守治疗

17. 先兆子宫破裂的主要表现为（　）
    A. 休克
    B. 突然感到剧烈腹痛
    C. 胎心清楚
    D. 宫颈口不继续扩张
    E. 病理性缩复环

18. 李某，初产妇，孕40周，产程进展24小时，宫口开大4cm，肌注催产素10U，宫缩持续不缓解，胎心100次/分，耻上有压痛，应考虑为（　）
    A. 先兆子宫破裂　　B. 胎盘早剥
    C. 子宫收缩过强　　D. 痉挛性子宫
    E. 前置胎盘

19. 关于子宫破裂，下列哪项正确（　）
    A. 在平脐处见到缩复环，应想到子宫破裂
    B. 出现先兆子宫破裂征象，宫口已开全，应行产钳术
    C. 子宫收缩剧烈
    D. 子宫破裂后继续可见子宫收缩过强
    E. 剖宫产手术瘢痕破裂时，无先兆征象

20. 胎儿娩出后3分钟，产妇出现多量阴道活动性流血，最可能是（　）
    A. 宫缩乏力　　　　B. 阴道静脉破裂
    C. 宫颈裂伤　　　　D. 胎盘部分剥离
    E. 外阴裂伤

21. 正常分娩时为预防产后出血，静脉催产素或麦角新碱应在（　）
    A. 胎头拨露阴唇后联合紧张时
    B. 胎头着冠时
    C. 胎头娩出时
    D. 胎臀娩出时
    E. 胎肩娩出时

22. 关于子宫破裂的描述，错误的是（　）
    A. 多发生于经产妇
    B. 下腹部一阵撕裂样的剧痛
    C. 全腹部出现压痛、反跳痛
    D. 胎心音听的更清楚
    E. 子宫破裂后，应积极做好手术准备

23. 分娩期产妇一旦发生子宫先兆破裂，首选的护理措施是（　）
    A. 抗休克，静脉输液、输血
    B. 停止一切操作，抑制宫缩
    C. 行阴道助产，尽快结束分娩
    D. 大量使用抗生素控制感染
    E. 以上全正确

24. 王某，28岁，初产妇，临产前静脉滴注催产素，破膜后不久突然出现烦躁不安、呛咳、呼吸困难、发绀，数分钟后死亡。本病例最可能的诊断是（ ）
    A. 重度妊高征-子痫
    B. 低纤维蛋白原血症
    C. 羊水栓塞
    D. 重型胎盘早剥
    E. 产后出血

25. 李某，26岁，初产妇，妊娠38周经阴道胎儿娩出后，立即出现多量阴道流血，色鲜红，持续不断。最可能的病因诊断为（ ）
    A. 宫缩乏力
    B. 植入胎盘部分剥离
    C. 凝血功能障碍
    D. 宫颈裂伤
    E. 软产道裂伤

26. 张某，26岁，初产妇，妊娠40周临产后7小时出现烦躁不安，自述下腹疼痛难忍。检查腹部见病理缩复环，下腹拒按，胎心听不清，导尿为血尿。此病例应诊断为（ ）
    A. 先兆子宫破裂
    B. 子宫破裂
    C. 重型胎盘早剥
    D. 妊娠合并急性阑尾炎
    E. 前置胎盘

27. 羊水栓塞最常见的原因（ ）
    A. 胎膜早破   B. 前置胎盘
    C. 子宫强直性收缩   D. 子宫有开放血管
    E. 以上都正确

28. 王某，26岁，初孕妇，妊娠40周因胎膜早破入院。不久出现规律宫缩，因一度宫缩乏力曾静滴催产素，随后宫缩增强，经2小时发现胎心不规律，随后产妇自述下腹剧痛，并有少量阴道流血。腹部检查：腹壁紧张，超声多普勒未闻及胎心，宫口开大4cm，先露胎头高浮，阴道内手指向上推动时流出多量血性液体。本病例最可能的诊断应是（ ）
    A. 宫颈裂伤   B. 胎盘早剥
    C. 前置胎盘   D. 子宫破裂
    E. 胎盘植入

29. 胎儿娩出10分钟时，产妇出现阴道多量流血，用手在产妇耻骨联合上方轻压子宫下段时，外露脐带回缩，此时接产者正确处理方法应是（ ）

A. 继续等待胎盘剥离
B. 按压宫底用手牵拉脐带
C. 按摩子宫刺激子宫收缩
D. 使用缩宫素
E. 徒手剥离胎盘后取出

30. 张某，26岁，初产妇，胎儿娩出后无阴道流血，胎盘娩出后阴道流血不断，时多时少，1小时内出血量超过600ml，血压9/6kPa，脉搏126次/分。此时应采取的紧急措施是（ ）
    A. 为宫颈裂伤，立即缝合
    B. 为阴道血肿，立即处理
    C. 检查凝血功能，并输纤维蛋白原
    D. 静注麦角新碱加强宫缩
    E. 徒手剥离胎盘

31. 产后出血的治疗原则（ ）
    A. 止血、扩容、抗休克、抗感染
    B. 输血、抗凝、抗感染、抗休克
    C. 纠酸、扩容、抗休克
    D. 切除子宫
    E. 观察病情，不予处理

序号	1	2	3	4	5	6	7	8	9	10
答案	B	C	E	E	D	A	E	B	D	D
序号	11	12	13	14	15	16	17	18	19	20
答案	E	D	C	B	D	B	E	A	E	C
序号	21	22	23	24	25	26	27	28	29	30
答案	E	D	B	C	E	A	E	A	E	D
序号	31									
答案	A									

（蔡　娟）

第十一章　产褥期并发症妇女的护理

一、填空题

1. 产褥感染是指分娩10天内体温超过_____度2次。
   答案：38

2. 产后体温升高，16小时内能够自行下降的叫做_____。
   答案：泌乳热

3. 产褥感染的主要来源是_____。
   答案：内源性感染
4. 产褥感染最常见的类型为_____。
   答案：子宫内膜炎和子宫肌炎
5. 产后抑郁症高发于产后_____周内。
   答案：4 周
6. 产后抑郁症主要护理措施为_____。
   答案：心理护理
7. 晚期产后出血一般发生于产后_____天。
   答案：10 天

二、单项选择题

1. 关于产褥感染的护理哪项不妥（　　）
   A. 防止交叉感染，进行床边隔离
   B. 产妇平卧臀部抬高
   C. 体温超过 38℃停止哺乳
   D. 保证营养摄入
   E. 保持外阴清洁
2. 产褥感染体温过高的护理措施错误的是（　　）
   A. 嘱患者卧床休息
   B. 体温超过 39℃不予物理降温
   C. 鼓励患者多饮水
   D. 病房要定时通风
   E. 给予易消化的半流质饮食
3. 关于产褥感染的防治，下列哪项不妥（　　）
   A. 加强孕期保健
   B. 产时尽量少做肛查
   C. 产前产时常规用抗生素
   D. 产褥期保持卫生清洁
   E. 掌握阴道检查适应证
4. 产褥感染最常见的病变是（　　）
   A. 急性输卵管炎
   B. 急性子宫内膜炎
   C. 急性盆腔结缔组织炎
   D. 盆腔腹膜炎
   E. 血栓性下肢静脉炎
5. 产褥感染主要症状不包括（　　）
   A. 急性外阴炎，会阴阴道口红、肿、痛
   B. 急性子宫内膜炎，恶露多、臭，下腹压痛
   C. 急性盆腔结缔组织炎，下腹痛盆腔包块
   D. 急性宫颈炎，宫颈充血脓肿性分泌物
   E. 血栓性静脉炎，下肢皮肤发白、痛肿
6. 孕产妇，28 岁。第一胎，妊娠足月，今晨产钳助娩一男婴，体重 3.5kg，出生后 Apgar 评分 7 分，该新生儿护理措施中不妥的是（　　）
   A. 严密观察面色. 呼吸. 哭声
   B. 补充营养. 必要时静脉补液
   C. 保持清洁，每天淋浴
   D. 常规使用维生素 K_1，肌注
   E. 3 天后情况正常可以喂奶
7. 患者女，会阴左切开术分娩，产后第四天，伤口红肿. 疼痛. 流脓。错误的处理是（　　）
   A. 嘱右侧卧　　B. 拆线引流
   C. 会阴擦洗　　D. 坐浴
   E. 红外线照射
8. 患者女 26 岁，产后 6 天，体温 40℃，恶露多而浑浊，有臭味，子宫复旧不佳，有压痛。下述哪项护理不妥（　　）
   A. 半卧位　　B. 床边隔离
   C. 物理降温　　D. 抗生素治疗
   E. 坐浴，1～2 次/天
9. 在护理中应告知产妇取哪种卧位（　　）
   A. 俯卧位　　B. 平卧位
   C. 半卧位　　D. 头低足高位
   E. 侧卧位
10. 一下护理措施中叙述不正确的是（　　）
    A. 遵医嘱使用抗生素
    B. 勤更换会阴垫
    C. 每天进行会阴擦洗
    D. 注意休息，增加营养
    E. 遵医嘱清宫
11. 胎盘胎膜引起的产后出血护理措施首选的是（　　）
    A. 刮宫术　　B. 绝对卧床
    C. 行开腹探查　　D. 子宫动脉结扎术
    E. 输血补充血容量
12. 患者女，30 岁，剖宫产后 30 天，以晚期产后出血入院，采取保守治疗，治疗措施不正确的是（　　）
    A. 密切观察生命体征
    B. 密切观察阴道出血情况
    C. 保持外阴清洁
    D. 协助做相关检查
    E. 取半坐卧位
13. 患者女，妊娠 37 周，妊娠合并血小板减少症，血小板计数 $85×10^9$/L，胎盘娩出后为预防产后出血对症性处理方案首选为（　　）
    A. 在产房严密观察 24 小时
    B. 按摩子宫底部
    B. 输入血小板

D. 肌注缩宫素
E. 给予抗生素防感染
14. 导致产褥病率最主要的原因是（ ）
 A. 上呼吸道感染　　B. 乳腺感染
 C. 泌尿系统感染　　D. 手术切口感染
 E. 产褥感染
15. 下列产褥期疾病属于产褥感染的是（ ）
 A. 急性膀胱炎　　B. 腹泻
 C. 急性子宫内膜炎　　D. 上呼吸道感染
 E. 急性乳腺炎
16. 引起产褥感染的病原体主要是（ ）
 A. 厌氧性链球菌　　B. 以厌氧菌为主
 C. 葡萄球菌　　D. 大肠埃希菌属
 E. 白色念珠菌
17. 引起产褥感染的诱因不包括（ ）
 A. 产程延长　　B. 产道损伤
 C. 早产　　D. 妊娠合并糖尿病
 E. 产钳助产
18. 晚期产后出血不正确的是指（ ）
 A. 产妇分娩24小时后在产褥期内发生子宫大量出血
 B. 多于产后1~2周内发生，也可迟至产后6周发病
 C. 产妇分娩24小时内发生子宫大量出血
 D. 剖宫产切口裂开可以出现晚期产后出血
 E. 子宫黏膜下肌瘤可以引起晚期产后出血
19. 有关产褥期感染的处理原则错误的是（ ）
 A. 早起．足量有效使用抗生素
 B. 纠正全身一般情况
 C. 半卧位以利引流
 D. 禁用缩宫素避免感染扩散
 E. 胎盘残留者因控制感染后清宫
20. 关于产褥感染下列正确的是（ ）
 A. 盆腔内血栓静脉炎多于产后3天发病
 B. 下肢血栓性静脉炎常见于产后2~3周
 C. 急性盆腔炎不会发展成弥漫性腹膜炎
 D. 子宫内膜炎可使子宫增大．变硬．不活动
 E. 血栓性静脉炎为最常见的产褥感染类型
21. 产妇32岁，顺产一活婴，产后2周阴道突然大量流血，检查发现子宫复旧不全，宫口松弛，触及残留组织，最可能的诊断是（ ）
 A. 产后出血
 B. 晚期产后出血
 C. 产褥感染
 D. 急性盆腔结缔组织炎

E. 血栓性静脉炎
22. 产妇28岁，剖宫产一活婴，产后一周出现寒颤，高热，左下肢持续性疼痛，恶露增多，头晕乏力，T39.5℃，P120次/分，BP110/70mmHg，此患者为（ ）
 A. 子宫肌炎　　B. 盆腔结缔组织炎
 C. 急性输卵管炎　　D. 急性腹膜炎
 E. 血栓性静脉炎
23. 产后24小时产妇寒战，高热，T41℃，BP45/15mmHg，子宫压痛，下腹反跳痛，用升压药无效，最妥当的处理是（ ）
 A. 静脉滴注抗生素
 B. 使用肾上腺皮质激素
 C. 纠正算中毒和抗感染
 D. 抗休克抗感染同时输注白蛋白
 E. 抗休克抗感染同时进行子宫切除术
24. 患者，女，26岁，G_2P_0剖宫产术后5日，体温持续为38~39℃，临床拟诊为产褥感染，最有价值的诊断依据是（ ）
 A. 咳嗽，双肺可闻及干湿性啰音
 B. 乳腺肿胀可触及硬结宫底脐下一横指有压痛
 C. 恶露血性浑浊
 D. 伤口发红
 E. 尿频尿急右侧肾区叩击痛
25. 预防产褥感染错误的是（ ）
 A. 妊娠晚期避免盆浴及性生活
 B. 接产中严格遵守无菌操作规程
 C. 产褥期应保持外阴清洁
 D. 凡临产者均因给予抗生素
 E. 治疗妊娠期的各种并发症，如贫血．慢性感染病灶等
26. 足月产后3天，出现下腹痛，体温不高，恶露多，有臭味，子宫内脐上一指，子宫体软，对此护理错误的是（ ）
 A. 采取平卧位
 B. 抬高床头
 C. 做好会阴护理
 D. 做好病情观察和护理
 E. 做好心理护理
27. 患者女，24岁，G_1P_0，孕39周，胎膜早破一天临产入院，产程延长，产前助产，产后出血300ml，产后第三天，高热，体温39.3℃，宫底平脐，左宫旁压痛明显，恶露血性浑浊有味，白细胞$23×10^9$/L，中性粒细胞0.90，下列处理不妥的是（ ）

A. 入院后臀下放置无菌垫，保持外阴清洁
B. 助产后仔细检查软产道
C. 为了解产程多次行阴道检查
D. 预防产后出血
E. 产后使用广谱抗生素

28. 产后4天，体温38℃，双乳稍涨，无明显压痛，子宫脐下二指轻压痛，恶露多而浑浊，有臭味，无异常发现，首先考虑的疾病为（ ）
    A. 子宫内膜炎
    B. 产后宫缩痛
    C. 乳房炎
    D. 急性盆腔结缔组织
    E. 慢性盆腔炎

29. 在护理中告诉产妇取哪种卧位最为恰当（ ）
    A. 俯卧位   B. 平卧位
    C. 半卧位   D. 头低足高位
    E. 侧卧位

30. 在护理中，应采取哪种隔离（ ）
    A. 保护   B. 床边
    C. 呼吸道   D. 严密
    E. 消化道

(31、32题共用题干)
患者女，37岁，G_1P_0胎膜已破3天，临产2天，胎动消失半天，由乡卫生院转来，体检：T39.9℃，P124次/分，BP90/60mmHG，胎位LOA，先露$^{-2}$胎心率110次/分，胎儿监护室晚期减速，宫体压痛，尿色轻，宫口开大2cm，血常规：白细胞2.2×10^9/L，中性粒细胞0.95，淋巴细胞0.05。

31. 下列诊断错误的是（ ）
    A. 高龄出产   B. 胎膜早破
    C. 产时感染   D. 先兆子宫破裂
    E. 胎儿宫内窘迫

32. 下列处理错误的是（ ）
    A. 吸氧
    B. 静脉滴注抗生素
    C. 剖宫产
    D. 静脉滴注缩宫素促进阴道分娩
    E. 高渗葡萄糖+维生素C静脉滴注

(33、34题共用题干)
患者女，25岁，G_1P_0足月妊娠，胎膜早破，自然分娩后第三天，体温38.8℃，下腹疼，恶露血腥浑浊有臭味，宫底平脐，宫旁压痛，白细胞15.8×10^9/L，中性粒细胞为0.80。

33. 该产妇最可能的诊断是（ ）
    A. 急性宫颈炎
    B. 急性子宫内膜炎及子宫肌炎
    C. 急性输卵管炎
    D. 盆腔结缔组织炎
    E. 败血症

34. 该产妇应采取的体位是（ ）
    A. 去枕平卧位   B. 半卧位
    C. 左侧卧位   D. 右侧卧位
    E. 低枕平卧位

(35~37题共用备选答案)
    A. 子宫内膜炎及子宫肌炎
    B. 下肢血栓性静脉炎
    C. 急性盆腔结缔组织炎
    D. 急性盆腔腹膜炎
    E. 子宫滋养细胞肿瘤

35. 产后2~3周寒战，下肢肿胀、疼痛，皮肤紧张发白（ ）
36. 产后3~4天，体温38℃，子宫体轻度压痛，恶露量多且臭（ ）
37. 产后3天突然畏寒，体温高达40℃，恶心、呕吐，下腹部剧痛，且有压痛、反跳痛、腹肌紧张感（ ）

序号	1	2	3	4	5	6	7	8	9	10
答案	B	B	C	B	E	C	D	E	C	E
序号	11	12	13	14	15	16	17	18	19	20
答案	A	E	C	E	C	B	C	D	C	B
序号	21	22	23	24	25	26	27	28	29	30
答案	B	E	C	D	A	C	A	C	B	
序号	31	32	33	34	35	36	37			
答案	D	D	B	B	B	A	D			

三、多项选择题

1. 产褥感染患者护理的预期目标是（ ）
    A. 伤口炎症吸收愈合
    B. 疼痛减轻至消失
    C. 体温下降至正常
    D. 舒适感增加
    E. 增加营养摄入，适应代谢

2. 关于产褥感染的护理，正确的是（ ）
    A. 床边隔离
    B. 半卧位
    C. 平卧位
    D. 高热者给予物理降温
    E. 保持外阴清洁

3. 关于晚期产后出血正确的是（ ）

A. 胎盘胎膜残留，多发生产后 1～2 周
B. 宫腔刮出物送病理检查可见坏死蜕膜和绒毛组织考虑蜕膜残留
C. 剖宫产切口裂多发生产后 2～3 周
D. 产褥期子宫内膜炎可以导致晚期产后出血
E. 产褥期不规则出血应考虑肿瘤因素

序号	1	2	3
答案	ABCDE	ABDE	ACDE

(金玲芬)

第十二章 妇科疾病患者护理计划制订

一、填空题

1. 婚育史 1-2-0-1 中的 2 代表_____。
   答案：早产 2 人
2. 怀孕 3 次产 1 次表示为_____。
   答案：G3P1
3. 妇科最常见的症状有_____、_____、_____。
   答案：外阴瘙痒、白带异常、下腹痛
4. 末次月经简写为_____，预产期简写为_____。
   答案：LMP；EDC

二、单项选择题

1. 阴道及宫颈细胞学检查的禁忌证是（ ）
   A. 异常闭经   B. 宫颈炎症
   C. 宫颈癌筛选   D. 宫腔占位病变
   E. 月经期
2. 患者，女，60 岁，13 次初潮，每 28～30 天来一次月经，每次持续 6～7 天，50 岁绝经。其月经史可描述为（ ）
   A. $13\dfrac{6-7}{28-30}60$ B. $13\dfrac{6-7}{28-30}50$
   C. $13\dfrac{28-30}{6-7}60$ D. $13\dfrac{28-30}{6-7}50$
   E. $60\dfrac{6-7}{28-30}13$
3. 妇科患者的主诉不包括（ ）
   A. 腹痛 X 日   B. 症状
   C. 停经 X 日   D. 阴道流血 X 日
   E. 曾服用何种药物治疗

4. 患者，女，60 岁，无流产，早产 1 次，足月产 3 次，现存子女 2 人，生育史可描述为（ ）
   A. 1-0-3-2   B. 1-0-2-3
   C. 3-1-0-2   D. 3-0-1-2
   E. 3-2-0-1
5. 阴道与腹壁联合检查称为（ ）
   A. 外阴检查   B. 窥器检查
   C. 双合诊   D. 三合诊
   E. 肛腹诊
6. 未婚妇女了解盆腔情况可选用（ ）
   A. 阴道窥器检查   B. 阴道指诊
   C. 双合诊   D. 三合诊
   E. 肛腹诊
7. 妇科检查中下列哪项不正确（ ）
   A. 检查前先排空膀胱
   B. 阴道出血者暂不检查
   C. 未婚女子应做三合诊检查
   D. 使用窥阴器应涂润滑油
   E. 男医务人员为患者做妇科检查时，需有其他医护人员在场

序号	1	2	3	4	5	6	7
答案	E	B	E	C	C	E	C

(金玲芬)

第十三章 女性生殖系统炎症患者的护理

一、填空题

1. 阴道正常 pH 值为_____，抑制细菌生长。
   答案：3.8～4.4
2. 女性生殖系统炎症主要的感染途径是_____。
   答案：沿生殖道黏膜上行感染

二、单项选择题

1. 关于外阴阴道假丝酵母菌病，正确的是（ ）
   A. 多见于长期应用孕激素者
   B. 妊娠与非妊娠妇女发病率相同
   C. 长期应用广谱抗生素者与正常人发病率相同
   D. 主要症状是外阴奇痒，白带呈豆渣样
   E. 可用酸性溶液灌洗阴道
2. 为外阴阴道假丝酵母菌病患者做阴道灌洗，宜选择的药液是（ ）

A. 生理盐水
B. 1∶5000 高锰酸钾溶液
C. 0.5%乙酸溶液
D. 1%乳酸溶液
E. 2%~4%碳酸氢钠溶液

3. 念珠菌性阴道炎典型的白带是( )
   A. 凝乳块状   B. 泡沫状
   C. 黄色脓性   D. 水样
   E. 血性

4. 患者，女，36岁。外阴奇痒1个月，白带呈豆腐渣样，最可能的诊断是( )
   A. 老年性阴道炎
   B. 外阴阴道假丝酵母菌病
   C. 滴虫性阴道炎
   D. 慢性宫颈炎
   E. 前庭大腺炎

5. 患者，女，35岁，1个月来出现外阴瘙痒，检查见外阴充血．肿胀，阴道分泌物无异常，评估诱因时应重点询问( )
   A. 饮食习惯   B. 卫生习惯
   C. 睡眠习惯   D. 活动习惯
   E. 职业习惯

6. 患儿，女，5岁。因外阴肿痛，伴阴道分泌物1周来就诊，拟诊为幼女外阴炎。关于婴幼儿外阴炎的说法，下列哪项是错误的( )
   A. 婴幼儿抵抗力差，易发生外阴炎
   B. 外阴炎常与阴道炎并发
   C. 婴幼儿外阴炎以淋菌感染最常见
   D. 主要表现为外阴红肿，分泌物多
   E. 久治不愈者应排除阴道异物

7. 老年性阴道炎进行阴道灌洗常用的药液是( )
   A. 1%乳酸溶液
   B. 2%~4%碳酸氢钠溶液
   C. 0.1%苯扎溴铵溶液
   D. 0.1%呋喃西林溶液
   E. 生理盐水

8. 为预防滴虫性阴道炎传播应该( )
   A. 服用甲硝唑
   B. 用过的面盆要清洁
   C. 妇科检查1人1巾
   D. 用坐便器冲便
   E. 阴道灌洗

9. 为预防滴虫性阴道炎，下列哪项不妥( )
   A. 消灭传染源
   B. 及时发现和治疗带虫者
   C. 切断传播途径
   D. 注意消毒隔离
   E. 做好保护性隔离

10. 滴虫性阴道炎治疗期间的注意事项，下列哪项是错误的( )
    A. 治疗期间避免性交
    B. 被褥．内裤勤洗晒
    C. 已婚夫妇同时治疗
    D. 白带检查阴性为治愈
    E. 哺乳期禁止口服甲硝唑(灭滴灵)

11. 用阴道分泌物悬滴法检查念珠菌时，应用下述哪种液体作悬液( )
    A. 4%碳酸氢钠   B. 10%氢氧化钠
    C. 0.9%盐水   D. 0.2%新洁尔灭
    E. 1%乳酸液

12. 真菌性阴道炎的白带特点是( )
    A. 豆渣样   B. 血性白带
    C. 脓性白带   D. 泡沫状
    E. 黄色水样

13. 某患者诉说在单位妇科普查时确诊"子宫颈Ⅱ度糜烂"，护士应告知她疗效较好，疗程最短的治疗方法是( )
    A. 宫颈上药   B. 阴道冲洗
    C. 物理疗法   D. 手术治疗
    E. 局部用硝酸银

14. 关于老年性阴道炎错误的说法是( )
    A. 阴道上皮变薄，糖原含量减少
    B. 常为一般化脓性细菌的混合感染
    C. 可用碱性溶液冲洗阴道
    D. 可加用乙烯雌酚局部治疗
    E. 如有血性白带，需作防癌治疗

15. 患者，女，36岁，进几天感到外阴瘙痒，白带增多，呈稀薄状且有腥臭味，应建议她到医院做的检查是( )
    A. 阴道分泌物悬滴检查
    B. 子宫颈刮片
    C. 子宫颈管涂片
    D. 阴道侧壁涂片
    E. 阴道窥器检查

16. 纺织厂滴虫性阴道炎发病率很高，为预防其传播，下列哪项措施是不必要的( )
    A. 积极治疗患者及带虫者
    B. 改盆浴为淋浴
    C. 改坐便器为蹲厕

D. 相互不借用浴巾
E. 预防性服用甲硝唑
17. 患者，女，56岁，绝经7年，出现小量阴道流血1个月，伴多量脓性阴道排液，妇科检查：阴道壁充血．水肿．有出血点。宫颈光滑，子宫大小正常，双附件区未触及明显异常，分段诊刮(-)。该患者最可疑的诊断是（　　）
A. 子宫颈癌　　　　B. 子宫内膜癌
C. 老年性阴道炎　　D. 卵巢癌
E. 子宫肌瘤
18. 患者，女，25岁，诊断为滴虫性阴道炎，询问用自助冲洗器灌洗阴道的方法。护士应告知她最适宜的冲洗液为（　　）
A. 5.5%醋酸溶液　　B. 1%高锰酸钾溶液
C. 生理盐水　　　　D. 1%乳酸溶液
E. 2%碳酸氢钠溶液
19. 患者，女，65岁，近半个月来阴道流黄水样分泌物，有时带血，经检查排除恶性肿瘤，下列哪种可能性大（　　）
A. 滴虫性阴道炎　　B. 老年性阴道炎
C. 宫颈糜烂　　　　D. 宫颈息肉
E. 子宫内膜炎
20. 患者，女，患滴虫性阴道炎，准备用自助冲洗器灌洗阴道，护士应告知她冲洗的乙酸溶液浓度为（　　）
A. 0.5%　　　　　　B. 1%
C. 2%　　　　　　　D. 3%
E. 4%
21. 给此患者做阴道灌洗选择的溶液应为（　　）
A. 0.5%醋酸溶液
B. 4%碳酸氢钠溶液
C. 1∶2000苯扎溴铵溶液
D. 1∶5000高锰酸钾溶液
E. 1∶1000呋喃西林溶液
22. 告知此患者该病治愈的标准是治疗后（　　）
A. 无自觉症状，白带量不多
B. 在1次月经后复查白带阴性
C. 1个疗程后复查白带阴性
D. 在2次月经后复查白带连续2次阴性
E. 在每次月经后复查白带联系3次阴性
23. 在本病的预防中，不正确的是（　　）
A. 消灭传染源，及时发现和治疗患者
B. 医疗单位注意消毒隔离，防止交叉感染
C. 预防性服用甲硝唑
D. 被褥．内裤等要勤换，用开水烫或煮沸

E. 改善公共卫生设施，切断传染途径
24. 慢性子宫颈炎最常见的病理改变是（　　）
A. 宫颈糜烂　　　　B. 宫颈息肉
C. 宫颈肥大　　　　D. 宫颈腺体囊肿
E. 宫颈管炎
25. 有关慢性宫颈炎的治疗，错误的是（　　）
A. 子宫颈锥形切除是常用方法
B. 治疗原则是使糜烂面柱状上皮脱落，由新生鳞状上皮替代
C. 物理疗法是目前疗效好．疗程短的方法
D. 糜烂面小，可用硝酸银局部腐蚀
E. 宫颈息肉可用手术治疗
26. 宫颈糜烂最有价值的辅助检查是（　　）
A. 阴道镜　　　　　B. 腹腔镜
C. 宫腔镜　　　　　D. 分段诊刮
E. 子宫B超
27. 宫颈Ⅰ度糜烂,糜烂面积占宫颈面积的（　　）
A. 1/2以下　　　　 B. 1/2~1/3
C. 1/3以下　　　　 D. 1/3~2/3
E. 2/3以上
28. 不属于慢性子宫颈炎病理表现的是（　　）
A. 子宫颈腺体囊肿　B. 子宫颈息肉
C. 子宫颈肥大　　　D. 子宫颈糜烂
E. 子宫颈陈旧裂伤
29. 患者，女，41岁。妇科普查发现子宫颈重度糜烂，自觉无不适，选择物理治疗的时间是（　　）
A. 确诊时
B. 月经来潮后3~7日
C. 月经干净后3~7日
D. 月经干净后8~10日
E. 排卵期
30. 患者，女，50岁。白带增多3个月，偶有性生活后出血。妇科检查示宫颈重度糜烂，说法错误的是（　　）
A. 首先做宫颈刮片细胞学检查
B. 物理治疗效果好
C. 月经干净后15天可做电烫．激光治疗
D. 理疗、中西药及手术综合治疗
E. 术后两个月避免盆浴．性生活
31. 患者，女，经检查发现宫颈糜烂面占宫颈面积的2/3，最有效的治疗方法是（　　）
A. 物理治疗　　　　B. 宫颈切除
C. 口服抗生素　　　D. 局部用消炎药
E. 阴道灌洗

序号	1	2	3	4	5	6	7	8	9	10
答案	D	E	A	B	B	C	A	C	E	D
序号	11	12	13	14	15	16	17	18	19	20
答案	B	A	C	C	A	E	C	D	B	A
序号	21	22	23	24	25	26	27	28	29	30
答案	A	E	C	A	A	A	C	E	C	C
序号	31									
答案	A									

(金玲芬)

第十四章 妇科手术患者的围术期护理

一、单项选择题

1. 妇科腹部手术患者备皮范围是（　）
   A. 上取剑突下缘，下至大腿上 1/3，左右到腋中线
   B. 上取剑突下缘，下至大腿上 1/3，左右到腋中线，剔除阴毛
   C. 上取肋弓下缘，下至大腿上 1/3，左右到腋中线，剔除阴毛
   D. 切口上下左右 15 厘米
   E. 切口上下左右 10 厘米

2. 妇科腹部手术前准备下列哪项不正确（　）
   A. 术前 1 日阴道冲洗 2 次
   B. 阴道流血患者不做阴道冲洗
   C. 术前 8 小时禁食，4 小时禁水
   D. 留置尿管
   E. 术前 1 天晚灌肠

3. 关于妇科腹部手术当日的护理，下列哪项错误（　）
   A. 全麻患者取平卧位，头偏向一侧
   B. 硬膜外麻醉患者去枕平卧 6～8 小时
   C. 腰麻患者去枕平卧 12～24 小时
   D. 术后 24 小时内引流液为鲜红色大于 100 毫升考虑内出血
   E. 剖宫产术后腹部压沙袋 6 小时

4. 妇科腹部手术后准备下列哪项不正确（　）
   A. 拔管前 1～2 日夹管，一般 3～4 小时开放 1 次
   B. 麻醉过效后患者一般采取半坐卧位
   C. 鼓励患者早期活动
   D. 肛门排气后可进流质饮食
   E. 进行胃肠减压患者禁食

5. 关于术后切口拆线，哪项错误（　）
   A. 妇产科腹部手术一般拆线时间为术后 7 天
   B. 会阴侧切拆线时间一般为术后 3～5 天
   C. 过度肥胖者应该提前拆线时间
   D. 年老体弱者应该延长拆线时间
   E. 关节处应该延长拆线时间

6. 关于外阴阴道手术患者术前护理下列哪项不正确（　）
   A. 备皮范围上至耻骨联合上 10 厘米，下包括外阴部、肛门周围、臀部及大腿内侧上 1/3
   B. 术前 3 天阴道冲洗，每天 2 次
   C. 阴道冲洗液常用高锰酸钾溶液
   D. 手术单日早上宫颈消毒
   E. 外阴阴道手术常规留置尿管

7. 关于外阴阴道手术患者术后体位，下列哪项不正确（　）
   A. 处女膜闭锁患者应采取半坐卧位
   B. 外阴癌根治术患者应该采取平卧位，大腿外展
   C. 阴道和盆腔修补术应该采取半坐卧位
   D. 阴道成形术应该采取半坐卧位
   E. 阴式子宫切除应该采取平卧位

8. 关于外阴阴道手术患者术后观察哪项除外（　）
   A. 切口有无出血，渗血、红肿
   B. 观察是否有贫血、营养不良等情况
   C. 皮肤颜色、温度、有无坏死
   D. 加压包扎观察双下肢皮温动脉搏动
   E. 阴道分泌物量、性质、颜色等

序号	1	2	3	4	5	6	7	8
答案	B	E	D	D	C	E	E	B

(金玲芬)

第十五章 女性生殖系统肿瘤患者的护理

一、填空题

1. 子宫肌瘤由_____和_____组成。
   答案：子宫平滑肌组织；纤维结缔组织

2. 子宫肌瘤中按肌瘤生长的部分，分为_____和_____。

答案：宫体肌瘤；宫颈肌瘤

3. 在子宫内膜癌中以_____最常见。

答案：黏液腺癌

4. 子宫内膜癌临床表现为_____、_____、_____。

答案：阴道流血；阴道排液；疼痛

5. 卵巢肿瘤依组织分_____、_____、_____、_____。

答案：生发上皮；卵巢皮质；卵巢间质；转移性肿瘤

二、单项选择题

1. 子宫肌瘤最常见的临床表现是（　　）
   A. 下腹包块
   B. 压迫症状
   C. 经期延长，经量增多
   D. 白带异常
   E. 腹部、腰骶部疼痛

2. 下列哪项辅助检查可确诊子宫肌瘤（　　）
   A. B超检查
   B. 宫颈刮片法
   C. 阴道镜检查
   D. 彩色多普勒超声检查
   E. 超声检查

3. 肌瘤大、生长迅速、症状明显，伴发贫血患者适用于哪种治疗（　　）
   A. 药物治疗　　　　B. 放射治疗
   C. 腔外照射治疗　　D. 手术治疗
   E. 随访观察

4. 在子宫内膜中最常见的卵巢良性肿瘤是（　　）
   A. 未成熟畸胎瘤　　B. 内胚窦瘤
   C. 无性细胞瘤　　　D. 成熟畸胎瘤
   E. 有性细胞瘤

5. 卵巢肿瘤中最常见的并发症并且也是最常见的妇科急腹症的是（　　）
   A. 破裂　　　　　　B. 感染
   C. 恶变　　　　　　D. 蒂扭转
   E. 腹痛

序号	1	2	3	4	5
答案	C	A	D	D	D

三、多项选择题

1. 子宫肌瘤按肌瘤与子宫肌壁的关系分为（　　）
   A. 子宫颈肌瘤　　　B. 肌壁间肌瘤
   C. 浆膜下肌瘤　　　D. 黏膜下肌瘤
   E. 子宫体肌瘤

2. 子宫肌瘤中药物治疗适用于（　　）
   A. 肌瘤小　　　　　B. 肌瘤大
   C. 症状轻　　　　　D. 近绝经年龄
   E. 全身状况差不能耐受者

3. 子宫内膜癌的转移途径（　　）
   A. 直接蔓延　　　　B. 淋巴转移
   C. 血性转移　　　　D. 间接转移
   E. 直接转移

序号	1	2	3
答案	BCD	ACD	ABC

（张苏媛）

第十六章　女性生殖系统创伤性疾病患者的护理

一、填空题

1. 外阴、阴道创伤的处理原则为_____；_____；止血；抗休克；抗感染；止痛。

答案：前交叉韧带；后交叉韧带

2. 外阴、阴道创伤的临床表现_____、_____、_____、_____。

答案：疼痛；出血及失血性休克；妇科检查；其他

3. 在子宫脱垂中的病因包括_____、_____、_____、_____。

答案：分娩损伤；产褥期过早重体力劳动及负重；长期负压增加；盆底组织发育不良或松弛

4. 尿瘘最常见的病因是_____。

答案：产伤

5. 粪瘘以_____最常见。

答案：直肠阴道瘘

6. 子宫托适用于_____。

答案：各度子宫脱垂及阴道前后壁脱出者

二、单项选择题

1. 在子宫脱垂中宫颈脱垂分为（　　）
   A. 2度　　　　　　B. 3度
   C. 4度　　　　　　D. 5度
   E. 1度

2. 在子宫脱垂中宫颈外口距处女膜缘距离小于4cm的为（　　）

A. 1度轻型　　　　B. 2度轻型
C. 3度轻型　　　　D. 2度重型
E. 3度轻型

3. 用于鉴别膀胱阴道瘘、膀胱宫颈瘘的是（　　）
   A. 膀胱镜检查　　B. 排泄性尿路造影
   C. 亚甲蓝实验　　D. 肾显像
   E. 靛胭脂实验

4. 为预防分娩损伤应（　　）
   A. 提倡晚婚晚育
   B. 正确处理产程
   C. 避免产后过早体力劳动
   D. 积极治疗慢性咳嗽和习惯性便秘
   E. 以上均是

序号	1	2	3	4
答案	B	A	C	E

（张苏媛）

第十七章　妊娠滋养细胞疾病患者的护理

一、填空题

1. 葡萄胎最常见的症状_____。
   答案：停经后阴道流血

2. _____是所有妇科恶性肿瘤中对化疗药物最敏感的疾病。
   答案：滋养细胞肿瘤

3. _____是诊断子宫原发病灶最常用的方法。
   答案：B超

4. 葡萄胎中组织学检查在镜下可见三个特点：_____、_____、_____。
   答案：绒毛肿大，间质水肿；间质血管稀少或消失；滋养细胞不同程度的增生

二、单项选择题

1. 完全性葡萄胎的典型临床表现为（　　）
   A. 无子痫前期
   B. 无卵巢黄素化囊肿
   C. 子宫多数与停经月份相符
   D. 子宫异常增大，变软
   E. 有子痫前期

2. 诊断葡萄胎可靠和敏感的检查方法是（　　）
   A. HCG测定　　B. 组织学检查
   C. 超声检查　　D. DNA倍体分析
   E. 母源表达印迹基因检测

3. 转移性妊娠滋养细胞肿瘤中最常见的转移部位（　　）
   A. 阴道　　　　B. 盆腔
   C. 脑　　　　　D. 肺
   E. 肝

4. 无转移性妊娠滋养细胞肿瘤持续存在的临床表现（　　）
   A. 不规则阴道流血
   B. 子宫复旧不全或不均匀增大
   C. 腹痛
   D. 卵巢黄素囊肿
   E. 假孕症状

5. 妊娠滋养细胞肿瘤的主要诊断依据（　　）
   A. 胸部X线射片　　B. CT和磁共振检查
   C. 组织学检查　　　D. B超
   E. 血HCG测定

序号	1	2	3	4	5
答案	E	C	D	D	E

三、判断题

1. 在葡萄胎中子宫异常增大、变软属于症状。（　　）

2. 在葡萄胎中卵巢黄素囊肿是需要及时处理的。（　　）

3. HCG测定是诊断葡萄胎的重要辅助检查。（　　）

4. 妊娠滋养细胞肿瘤按病理分为侵蚀性葡萄胎和绒癌。（　　）

5. 由于滋养细胞的生长特点之一是破坏血管，所以各转移部位症状的共同特点是大面积出血。（　　）

序号	1	2	3	4	5
答案	×	×	√	√	×

（张苏媛）

第十八章　女性生殖内分泌疾病患者的护理

一、填空题

1. 在无排卵性功能失调性子宫出血的病理改变

分_____、_____、_____。
答案：子宫内膜增生症；增生期子宫内膜；萎缩性子宫内膜
2. 排卵性月经失调发病机制_____、_____、_____。
答案：月经过多；黄体功能不足；子宫内膜不规则脱落；围排卵期出血
3. 在排卵性月经失调中月经过多的治疗原则_____。
答案：出血
4. 痛经分为_____、_____。
答案：原发性；继发性
5. 经期前综合征的症状有_____和_____。
答案：周期性；自止性

二、判断题

1. 性激素是止血的重要药物。（ ）
2. 减少出血量是青春期功血和育龄期功血的治疗原则。（ ）
3. 无排卵性功能失调性子宫出血的手术治疗中包括子宫切除术。（ ）
4. 诊断性刮宫是诊断方法却不是治疗方法。（ ）
5. 下丘脑性闭经是最常见的一类闭经。（ ）
6. 在闭经中分为原发性闭经和继发性闭经、持续性闭经。（ ）
7. 垂体兴奋试验是用来确定闭经程度。（ ）
8. 围排卵期出血是排卵性月经失调最严重的临床表现。（ ）

序号	1	2	3	4	5	6	7	8
答案	√	×	√	×	√	×	×	×

三、单项选择题

1. 雌激素补充治疗适用于（ ）
   A. 有子宫者
   B. 有生育要求闭经者
   C. 有生育要求闭经者
   D. 无子宫者
   E. 体内有一定内源性雌激素水平患者
2. 下列哪项属于原发性闭经（ ）
   A. 运动性闭经　　B. 垂体性闭经
   C. 子宫性闭经　　D. 卵巢性闭经
   E. 生殖道闭锁
3. 无排卵性功能失调性子宫出血中的实验室检查确定有无贫血的是那一项（ ）
   A. 凝血功能检查
   B. 全血细胞计数
   C. 尿妊娠试验或血HCG检测
   D. 血清性激素测定
   E. 宫颈黏液结晶检查
4. 在无排卵性功血中属于调整月经周期的是（ ）
   A. 单纯雌激素　　B. 单纯孕激素
   C. 刮宫术　　　　D. 单纯孕激素
   E. 促排卵

序号	1	2	3	4
答案	D	E	B	E

（张苏媛）

第十九章　子宫内膜异位症与子宫腺肌病患者的护理

一、判断题

1. 哺乳期是子宫内膜异位症的高发年龄。（ ）
2. 子宫内膜异位症近年来发病率呈上升趋势。（ ）
3. 子宫内膜异位的典型症状是原发性痛经，进行性加重。（ ）
4. 子宫腺肌病的子宫较原子宫有增大，但一般不超过妊娠6周的子宫大小。（ ）
5. 子宫腺肌病常合并有子宫肌瘤和子宫内膜增生。（ ）

序号	1	2	3	4	5
答案	×	√	×	×	√

二、单项选择题

1. 关于子宫腺肌症的症状，下列哪项是最典型的（ ）
   A. 月经过多　　B. 不孕
   C. 进行性痛经　D. 经期延长
   E. 白带增多
2. 下列药物治疗子宫内膜异位症最有效的是（ ）
   A. 雄激素　　　B. 雌激素
   C. 孕激素　　　D. 避孕药
   E. 丹那唑
3. 子宫内膜异位症最常见的部位（ ）
   A. 卵巢　　　　B. 宫底韧带

C. 直肠子宫凹　　D. 宫颈
E. 子宫后壁
4. 子宫内膜异位症的发病率近年（　）
   A. 明显下降　　B. 明显增高
   C. 下降　　　　D. 增高
   E. 无变化
5. 子宫内膜异位症多发于何年龄妇女（　）
   A. 绝经前期　　B. 绝经后期
   C. 绝经期　　　D. 青春期
   E. 育龄期
6. 子宫内膜异位症发病机制中为人公认的学说是（　）
   A. 以下都是
   B. 子宫内膜种植学说
   C. 免疫学说
   D. 体腔上皮生化说
   E. 淋巴及静脉播散学说
7. 卵巢巧克力囊肿是（　）
   A. 卵巢非赘生性囊肿
   B. 卵巢黄素化囊肿
   C. 卵巢宫外孕
   D. 卵巢子宫内膜异位囊肿
   E. 因其囊内液体状似巧克力而得名
8. 子宫内膜异位症早期异位病灶呈何种颜色（　）
   A. 无色　　　　B. 火焰状红色
   C. 紫褐色　　　D. 紫蓝色
   E. 灰蓝色
9. 镜下确诊内膜异位病灶必须见到（　）
   A. 含铁血黄素的巨噬细胞
   B. 内膜间质细胞
   C. 红细胞
   D. 粘连
   E. 纤维增生
10. 子宫内膜异位症的典型症状是（　）
    A. 月经失调
    B. 继发性痛经
    C. 不孕
    D. 继发性痛经进行性加重
    E. 以上都是
11. 子宫内膜异位症根治性手术适用于（　）
    A. 45 岁以下的重症患者
    B. 45 岁以上患者
    C. 无生育要求的重症患者
    D. 近绝经期重症患者

E. 巨大卵巢巧克力囊肿患者
12. 假绝经疗法是指何药导致的闭经（　）
    A. 假羟孕酮　　B. 溴隐停
    C. 丹那唑　　　D. 孕三烯酮
    E. GnRHa
13. 药物性卵巢切除导致暂时性闭经是下列何药所致（　）
    A. 假羟孕酮　　B. 溴隐停
    C. 丹那唑　　　D. 孕三烯酮
    E. GnRHa

序号	1	2	3	4	5	6	7	8	9	10
答案	C	E	A	B	E	B	D	A	B	D

序号	11	12	13
答案	C	E	E

三、多项选择题

1. 子宫内膜异位症的病因有（　）
   A. 异位种植学说　　B. 体腔上皮化学说
   C. 诱导学说　　　　D. 遗传因素
   E. 免疫与炎症因素
2. 子宫内膜异位症的临床表现有（　）
   A. 痛经和持续下腹痛　　B. 不孕
   C. 性交不适　　　　　　D. 月经异常
   E. 心脏病发作
3. 子宫内膜异位症的护理诊断包括（　）
   A. 无心理压力　　B. 慢性疼痛
   C. 恐惧　　　　　D. 无望感
   E. 食欲不振
4. 子宫腺肌病的临床表现有（　）
   A. 痛经　　　　　B. 月经异常
   C. 子宫增大　　　D. 有压痛
   E. 子宫表面有结节样突起
5. 子宫腺肌病的护理措施包括（　）
   A. 一般护理　　　B. 治疗护理
   C. 心理护理　　　D. 健康指导
   E. 立即注射止痛药

序号	1	2	3	4	5
答案	ABCDE	ABCD	BCD	AB	ABCD

四、案例分析题

1. 患者，女性，26 岁，12 岁初潮，周期规律，经期正常，20 岁开始经期腹痛，并呈进行性加重，经量略有增多，23 岁结婚至今不孕。妇查：发现子宫后倾固定，直肠子宫凹有触痛结节，最可能的诊断是（　）

A. 不孕症　　　　B. 子宫内膜异位症
C. 子宫腺肌病　　D. 盆腔炎
E. 功血

2. 患者，女性，45岁有人工流产史，人流后半年出现痛经，并进行性加重，经量较前增多，妇查：子宫后位增大活动受限，B超检查：见子宫肌层回声增强。最可能的诊断是（　）
A. 子宫内膜炎　　B. 侵蚀性葡萄胎
C. 盆腔结核　　　D. 继发性痛经
E. 子宫腺肌病

3. 患者，36岁，女性，结婚10年未孕，月经量较多，经期较长，深部性交痛8年，妇查：子宫略有增大。B超显示：子宫后位，前壁2.0cm，后壁3.2cm，血CA12540U/ml，最可能的诊断是（　）
A. 子宫腺肌病　　B. 不孕症
C. 子宫肌瘤　　　D. 功血
E. 子宫内膜异位症

4. 患者，女性，28岁，继发性痛经进行性加重3年，结婚2年未孕，妇查：子宫后位，活动受限，其右前可触及一囊性包块，不活动。最可能的诊断是（　）
A. 卵巢癌
B. 浆膜下子宫肌瘤
C. 卵巢巧克力囊肿
D. 子宫腺肌病
E. 子宫腺肌瘤

5. 患者，女性，40岁，有子女，继发性痛经，应用布洛芬治疗无效，最适合的治疗方法是（　）
A. 药物性卵巢切除　　B. 根治性手术
C. 保留卵巢功能手术　D. 假孕疗法
E. 假绝经疗法

6. 患者，女性，50岁，继发性痛经8年，药物治疗后症状无缓解，最佳治疗方式是（　）
A. 保留一侧卵巢的子宫全切除术
B. 广泛子宫切除术
C. 次广泛子宫切除术
D. 子宫次全切除术
E. 根治性手术

7. 患者，女性，40岁，经产妇，经量增多5年，经期7天，痛经进行性加剧。妇查：子宫如妊娠8周大小，最可能的诊断是（　）
A. 子宫畸形　　　B. 子宫腺肌病
C. 子宫内膜异位症　D. 子宫内膜癌
E. 子宫肌瘤

序号	1	2	3	4	5	6	7
答案	B	E	E	C	C	E	B

(何　敏)

第二十章　不孕症妇女的护理

一、判断题

1. 女性无避孕性生活至少6个月而未孕者，称为不孕症。（　）
2. 我国不孕症发病率近年有下降趋势。（　）
3. 过度肥胖男性精子输送一般会比较瘦的男性障碍大。（　）
4. 不孕症对年轻、卵巢功能良好的夫妇，可行期待治疗，一般时间不超过2年。（　）
5. 性交后精子穿透试验是在性交前3日禁止性交。（　）

序号	1	2	3	4	5
答案	×	×	√	×	√

二、单项选择题

1. 试管婴儿是指（　）
A. 经体外受精与胚胎移植出生个的孩子
B. 在试管内生长婴儿
C. 经人工受精后出生的婴儿
D. 所有由辅助生殖技术而获得的婴儿
E. 经促排卵治疗后怀孕生育的婴儿

2. 下列哪项不是造成不孕的原因（　）
A. 子宫肌瘤　　　B. 子宫颈内口松弛
C. 子宫发育不良　D. 子宫内膜异位
E. 子宫内膜结核

3. 下列哪项不是测定卵巢功能的手段（　）
A. 阴道细胞学检查
B. 基础体温测定
C. 子宫内膜活检
D. 宫颈黏膜液精液结核试验
E. 宫颈黏液涂片检查

4. 不适合选择体外受精与胚胎移植的情况是（　）
A. 女性双侧输卵管阻塞
B. 男性弱精症
C. 女性双侧输卵管切除

D. 免疫性不孕
E. 子宫内膜结核
5. 关于卵巢过度刺激综合征(OHSS)，说法不正确的是（　　）
   A. 患者血液科呈浓缩状态
   B. OHSS 是辅助生殖技术的医源性并发症
   C. 妊娠可缓解病情
   D. OHSS 是由于诱发促排卵引起
   E. 重度患者有大量腹水
6. 带铜宫内节育器的避孕原理主要是（　　）
   A. 阻止精液进入阴道
   B. 灭火卵子
   C. 抑制排卵
   D. 异物刺激引起无菌性炎症反应阻止受精卵着床
   E. 减少精子生成
7. 因不孕症进行诊刮，宜选择的时间是（　　）
   A. 月经来潮后 3～7 天
   B. 月经来潮前或行经 6 小时内
   C. 月经来潮前 3～7 天
   D. 月经干净后 3～7 天
   E. 预测的排卵期

序号	1	2	3	4	5	6	7
答案	A	B	D	E	C	D	B

三、多项选择题

1. 不孕症的分类包括（　　）
   A. 原发性不孕　　B. 继发性不孕
   C. 绝对不孕　　　D. 相对不孕
   E. 输卵管不孕
2. 女性不孕的因素有（　　）
   A. 卵巢因素　　　B. 子宫因素
   C. 宫颈因素　　　D. 阴道因素
   E. 输卵管因素
3. 男性不孕的因素有（　　）
   A. 精液异常
   B. 输精管道阻塞及精子运送受阻
   C. 免疫因素
   D. 内分泌因素
   E. 勃起异常
4. 不孕症的常见并发症有（　　）
   A. 卵巢过度刺激综合征
   B. 多胎妊娠
   C. 流产和异位妊娠
   D. 卵巢或乳腺肿瘤
   E. 疾病肿瘤
5. 针对不孕症治疗，常用的方法有（　　）
   A. 积极治疗生殖器器质性病变
   B. 诱发排卵
   C. 免疫治疗
   D. 辅助生殖技术
   E. 心理疏导

序号	1	2	3	4	5
答案	ABCD	ABCDE	ABCDE	ABCDE	ABCD

四、案例分析题

患者，女性，30 岁。结婚 5 年，婚后第一年因工作繁忙于妊娠 40 天药物流产。近 2 年多来未避孕，欲生育，但一直未孕。月经 5-6 天/28-30 天，妇科检查：宫颈轻度糜烂，子宫中位，大小正常，左侧附件增厚，右侧(–)。

1. 该患者最主要的诊断是（　　）
   A. 陈旧性宫外孕　　B. 原发性不孕症
   C. 继发性不孕症　　D. 宫外孕
   E. 宫颈糜烂
2. 已知该患者基础体温呈双相型，下一步处理宜首选（　　）
   A. 输卵管通畅检查
   B. 诊断性检查
   C. 宫腔镜检查
   D. 宫颈黏液涂片检查
   E. 腹腔镜检查
3. 该患者做此检查选择的时间适宜在（　　）
   A. 排卵后 24 小时
   B. 月经来潮前 6 小时
   C. 排卵前 24 小时
   D. 月经干净后 10 天
   E. 月经干净后 3～7 天

序号	1	2	3
答案	C	A	E

（何　敏）

第二十一章　计划生育妇女的护理

一、填空题

1. 环取出时间以月经后＿＿＿＿为宜。

答案：3～7 天

2. 女性避孕药经数十年应用证实，具有_____、_____、_____、_____的优点。

   答案：安全；经济；方便；有效

3. 节制生育的主要措施为_____和绝育，如果节育措施失效责采用补救措施，行_____或_____终止妊娠。

   答案：避孕；人工流产；引产

4. 利用工具防止_____进入阴道，阻止进入阴道内的_____进入宫腔，或通过改变_____的内环境达到避孕目的，称为工具避孕。

   答案：精子；精子；宫腔

5. 男用避孕套除有避孕作用外，还具有防止_____传染的作用。

   答案：性传播疾病

6. 目前国内外使用的宫内节育器有数十种，大致分为_____和_____的宫内节育器两种。

   答案：惰性；活性

7. 放环术后并发感染的原因，多因_____操作不严或节育器_____致上行性感染。

   答案：无菌；尾丝

8. 发生带器妊娠情况，多因所选宫内节育器的_____不当，致节育器下移所致。一旦发生带器妊娠，应行_____术，同时取出节育器。

   答案：大小型号；人流

9. 短效口服避孕药，适用于_____的夫妻，常规服法是从月经来潮的第_____天开始服用，每晚一片，连服_____日，不能间断，若漏服应在_____小时内补服一片。

   答案：长期同居；5；22；12

10. 探亲避孕药，适用于夫妇_____者，其特点是_____时间不受_____限制。

    答案：两地分居；服药；经期

11. 一般妇女服用避孕药后，月经变得_____，经期_____，经量_____，痛经缓解或消失。

    答案：规则；短；减少

12. 某些避孕药的有效成分在糖衣上，糖衣融化或脱落会影响_____，因此要指导护理对象将避孕药保存在_____、_____处。

    答案：药效；阴凉；干燥

二、单项选择题

1. 目前药物流产的最佳方案是（   ）
   A. 米非司酮顿服法
   B. 大剂量孕激素疗法
   C. 米非司酮与米索前列醇配伍
   D. 雌孕激素联合治疗
   E. 雌孕激素序贯疗法

2. 关于带器妊娠，下列哪项是错误的（   ）
   A. 带药节育器的带器妊娠发生率高于不带药节育器
   B. 与宫内节育器型号偏大
   C. 与宫内节育器未放至宫底有关
   D. 与宫内节育器型号偏小有关
   E. 与节育器部分嵌顿于基层有关

3. 关于女用短效口服避孕药的副反应，正确的说法是（   ）
   A. 体重增加是孕激素引起水钠潴留所致
   B. 类早孕反应系孕激素刺激胃黏膜所致
   C. 服药后妇女颜面部皮肤出现大色素沉着，是因药物变质所致
   D. 服药期间的阴道流血，多因漏服药引起
   E. 不适用于经量多的妇女

4. 实施输卵管结扎术的最佳时间是（   ）
   A. 正常分娩后 3～7 天
   B. 月经干净后 3～7 天
   C. 月经来潮前 3～7 天
   D. 月经来潮后 3～7 天
   E. 人工流产后 3～7 天

5. 关于人工流产的并发症，下列哪项做法是错误的（   ）
   A. 子宫穿孔多发生于哺乳期妇女
   B. 术中出现人工流产综合征时，可用阿托品治疗
   C. 术后阴道流血延续 10 天以上，经用抗生素及缩宫素治疗无效，应考虑吸宫不全
   D. 流产后感染多为子宫内膜炎
   E. 术中出血应停止操作

6. 放置宫内节育器的禁忌证是（   ）
   A. 糖尿病使用胰岛素治疗者
   B. 经产妇
   C. 经量过多者
   D. 心脏病患者
   E. 习惯性流产者

7. 药物流产的禁忌证不包括（   ）
   A. 糖尿病   B. 青光眼
   C. 肾上腺疾病   D. 孕妇超过 35 岁

E. 肝脏疾病
8. 依沙丫啶引产的禁忌证不包括（ ）
   A. 滴虫阴道炎
   B. 孕妇接触胎儿致畸因素
   C. 血液病
   D. 前置胎盘
   E. 慢性肝炎
9. 不宜放置宫内节育器的时机是（ ）
   A. 剖宫产术后 3 个月
   B. 人工流产术后出血少，宫腔长度少于 10cm
   C. 月经干净后 3~7 天
   D. 自然分娩 3 个月后
   E. 哺乳期排除早孕者
10. 妇女不宜服用避孕药的情况是（ ）
    A. 阴道炎   B. 附件炎
    C. 月经过多   D. 宫颈糜烂
    E. 血栓性静脉炎
11. 下列避孕方法中效果最好的是（ ）
    A. 安全期避孕   B. 阴道隔膜避孕
    C. 口服短效避孕药 D. 避孕套避孕
    E. 避孕针
12. 关于人工流产术，正确的做法是（ ）
    A. 妊娠 10 周以内行钳刮术
    B. 妊娠 14 周以内行吸宫术
    C. 子宫过软者，术前应肌注麦角新碱
    D. 术后应检查吸出物中有无妊娠物，并注意数量是否与妊娠月份相符
    E. 吸宫过程出血多时，应及时增大负压迅速吸刮
13. 服用口服避孕药的妇女，应该停药的情况是（ ）
    A. 阴道出现点滴样流血
    B. 体重增加
    C. 出现闭经
    D. 经量减少
    E. 恶心呕吐
14. 宫内节育器的避孕原理是（ ）
    A. 抑制排卵过程
    B. 杀死精子
    C. 抑制受精卵着床
    D. 改变卵子的运行方向
    E. 抑制性激素的分泌
15. 放置宫内节育器的禁忌证是（ ）
    A. 经产妇
    B. 经量过多者
    C. 糖尿病使用胰岛素治疗者
    D. 习惯性流产者
    E. 心脏病患者
16. 下列不属于节育措施的是（ ）
    A. 宫内放置节育器
    B. 口服探亲避孕药
    C. 人工流产
    D. 皮下埋植药物
    E. 输卵管结扎
17. 人工流产综合征的发生原因主要是（ ）
    A. 精神过度紧张   B. 迷米神经反射
    C. 疼痛刺激   D. 吸宫时负压过大
    E. 其他疾病
18. 人工流产术后 12 日仍有较多量阴道流血，应首先考虑是（ ）
    A. 子宫穿孔   B. 子宫复旧不良
    C. 吸宫不全   D. 子宫内膜炎
    E. 感染
19. 急性病毒性肝炎妇女，最好选择下列哪种避孕方法（ ）
    A 安全期避孕   B. 使用避孕套
    C. 放置宫内节育器 D. 口服短效避孕药
    E. 输卵管结扎

序号	1	2	3	4	5	6	7	8	9	10
答案	C	A	D	B	E	D	B	A	E	
序号	11	12	13	14	15	16	17	18	19	
答案	B	D	C	C	B	C	B	C	B	

三、多项选择题

1. 药物避孕的原理有（ ）
   A. 抑制排卵
   B. 干扰受精
   C. 干扰受精卵着床
   D. 干扰输卵管的功能
   E. 预防疾病
2. 药物避孕的禁忌证有（ ）
   A. 高血压   B. 甲亢
   C. 风湿病   D. 哺乳期妇女
   E. 乙肝
3. 药物避孕的副反应有（ ）
   A. 不规则阴道流血 B. 类早孕反应
   C. 月经过多   D. 体重减轻
   E. 色素沉着

4. 宫内节育器的并发症有( )
   A. 节育器下移或脱落
   B. 带器妊娠
   C. 节育器嵌顿或断裂
   D. 节育器异位
   E. 感染
5. 输卵管节育术的术后并发症有( )
   A. 出血、血肿　　B. 月经失调
   C. 感染　　　　　D. 损伤
   E. 节育失败

序号	1	2	3	4	5
答案	ABCD	ABDE	ABE	ABCDE	ACDE

(何　敏)

第二十二章　妇产科护理操作技术

一、填空题

1. 会阴擦洗的顺序依次是_____、_____、_____、_____、_____。
   答案：阴道前庭；对侧大小阴唇；近侧大小阴唇；伤口；会阴及肛门
2. 新生儿沐浴的室温是_____、水温_____。
   答案：26~28℃；38~42℃
3. 未婚妇女上药时，不能使用_____，可用_____。
   答案：窥阴器；长棉签
4. _____、_____、_____、_____，禁止坐浴。
   答案：月经期妇女；阴道流血者；孕妇；产后7日内
5. 出生后对新生儿进行抚触，每日_____次，每次_____分钟。
   答案：3；15

二、单项选择题

1. 阴道灌洗液的禁忌证有( )
   A. 绝经期妇女　　B. 产褥期妇女
   C. 月经期妇女　　D. 妊娠期妇女
   E. 更年期妇女
2. 进行低压阴道灌洗时，灌洗筒距床沿高度不应超过( )
   A. 70cm　　　　　B. 60cm
   C. 50cm　　　　　D. 40cm
   E. 30cm
3. 会阴湿热敷时不妥的做法是( )
   A. 湿热敷溶液的温度一般选择在60℃
   B. 可选择50%的硫酸镁作为湿敷溶液
   C. 热敷面积一般为病损范围的2倍
   D. 热敷过程中应注意观察局部有无发红，以防烫伤
   E. 每次热敷时间为15~30分钟，每日2~3次
4. 会阴擦洗时不正确的做法是( )
   A. 第二遍擦洗顺序是自上而下，由内向外，最后擦净伤口
   B. 擦洗溶液可选择1∶5000高锰酸钾溶液或0.02%碘伏溶液
   C. 每擦洗一个患者后护理人员应清洁双手，防止交叉感染
   D. 第一遍擦洗顺序是自上而下，由外向内，初步清除会阴部的分泌物和血迹
   E. 屏风遮挡患者以保护隐私
5. 可引起上肢及肩部不适的检查项目是( )
   A. 腹腔镜检查　　B. 输卵管通液术
   C. 阴道镜　　　　D. 宫颈活组织检查
   E. 诊断性刮宫
6. 外阴消毒时，产妇应取( )
   A. 左侧卧位　　　B. 右侧卧位
   C. 仰卧位　　　　D. 膝胸卧位
   E. 膀胱截石位
7. 会阴冲洗液的温度是( )
   A. 38~40℃　　　B. 37℃
   C. 40~42℃　　　D. 38~42℃
   E. 温开水
8. 会阴冲洗的顺序是( )
   A. 自上而下，由外到里
   B. 自上而下，由里到外
   C. 自下而上，由外到里
   D. 自下而上，由里到外
   E. 不限制
9. 会阴湿热敷的时间为( )
   A. 5分钟　　　　B. 5~10分钟
   C. 10~15分钟　　D. 15~30分钟
   E. 30分钟以上
10. 新生儿在医院的沐浴方式主要是( )
    A. 淋浴　　　　　B. 盆浴
    C. 日光浴　　　　D. 擦洗

E. 其他
11. 会阴冲洗筒与检查床的距离不应超过( )
   A. 30cm B. 40cm
   C. 50cm D. 60cm
   E. 70cm

序号	1	2	3	4	5	6	7	8	9	10
答案	C	E	A	B	A	E	A	B	D	A
序号	11									
答案	E									

三、多项选择题

1. 产科外阴消毒的适应证有( )
   A. 分娩产妇
   B. 行人工流产术的妇女
   C. 行其他产科检查或阴道手术前患者
   D. 月经期妇女
   E. 昏迷产妇

2. 会阴擦洗的目的是( )
   A. 产后会阴部有伤口者
   B. 妇科或产科手术后留置导尿者
   C. 会阴部手术术后患者
   D. 长期卧床患者
   E. 月经期间者

3. 会阴湿热敷的护理要点有( )
   A. 应在伤口清洁后进行
   B. 温度一般在41~48℃左右
   C. 热敷过程中应检查热源袋的完好性
   D. 护士应随时评价热敷效果
   E. 特别注意休克、昏迷患者,以防烫伤

4. 新生儿沐浴的护理要点有( )
   A. 室温、水温要适宜
   B. 放置交叉感染
   C. 沐浴前15~30分钟避免喂奶
   D. 动作轻柔,注意保暖
   E. 扑粉注意避开眼部、呼吸道

5. 阴道后穹隆塞药的患者包括( )
   A. 滴虫性阴道炎
   B. 白色念珠菌性阴道炎
   C. 老年性阴道炎
   D. 慢性阴道炎
   E. 急性阴道炎

序号	1	2	3	4	5
答案	ABC	ABCD	ABCDE	ABCDE	ABCD

(何 敏)

第六篇 儿科护理学

第一章 绪 论

一、填空题

1. 儿科护士的角色包括_____、_____、_____、_____、_____、_____、_____七个方面。

   答案：护理活动的执行者；护理活动的计划者；健康教育者；健康协调者；健康咨询者；护理研究者

2. 根据小儿生长发育特点，将小儿年龄分为七个时期，包括_____、_____、_____、_____、_____、_____、青春期。

   答案：胎儿期；新生儿期；婴儿期；幼儿期；学龄前期；学龄期

二、判断题

1. 儿科护理学的任务主要是研究儿童生长发育的特点、疾病的预防和疾病的保健。（ ）
2. 新生儿期是指自胎儿从母体娩出脐带结扎到生后满28足天。（ ）
3. 心理学家所称的"第二反抗期"指的是学龄期。（ ）

序号	1	2	3
答案	√	√	√

三、单项选择题

1. 新生儿期指的是（ ）
   A. 自受孕到胎儿出生脐带结扎时
   B. 自胎儿出生脐带结扎到1周
   C. 自出生后第1天到生后第40足天
   D. 自出生后第1天到生后第30足天
   E. 自胎儿出生脐带结扎开始到满28足天

2. 小儿易发生意外伤害的时期是（ ）
   A. 新生儿期   B. 婴儿期
   C. 学龄期   D. 幼儿期
   E. 胎儿期

3. 儿科护理工作的中心是（ ）
   A. 儿童及其家庭   B. 患儿
   C. 疾病   D. 患儿家庭
   E. 社会

4. 不属于儿科护士角色的一项是（ ）
   A. 护理活动的执行者
   B. 护理活动的计划者
   C. 健康教育者
   D. 患儿家属
   E. 健康咨询者

5. 围生期所指的是（ ）
   A. 出生后7天内
   B. 自胎儿娩出、脐带结扎到生后满28足天
   C. 妊娠28周至出生后7足天
   D. 自胎儿出生到满1周岁
   E. 自胎儿出生后到满3周岁

6. 儿科护理学的服务对象的年龄界限为（ ）
   A. 从妊娠28周至青年期
   B. 从出生至18周岁
   C. 从出生至14周岁
   D. 从胎儿期至青春期
   E. 从新生儿至青春期

7. 正常小儿生长发育中，存在两大生长高峰，第一个生长高峰指的是（ ）
   A. 婴儿期   B. 学龄前期
   C. 幼儿期   D. 新生儿期
   E. 学龄期

8. 正常小儿生长发育中，第二个生长高峰指的是（ ）
   A. 婴儿期   B. 幼儿期
   C. 学龄前期   D. 青春期
   E. 新生儿期

序号	1	2	3	4	5	6	7	8
答案	E	D	A	D	C	D	A	D

四、多项选择题

1. 儿科护士的基本素质包括（ ）
   A. 思想道德素质   B. 心理素质
   C. 专业素质   D. 科学文化素质

E. 身体素质

序号	1			
答案	ABCDE			

(字绍芬)

第二章 生长发育

一、填空题

1. 新生儿时前囟约为_____cm，6个月开始逐渐骨化而变小，_____岁时闭合。
   答案：1.5～2.0；1～1.5

2. 人的一生中有两副牙齿，即乳牙_____颗和恒牙_____颗。
   答案：20；32

3. 儿童身长增长较快，1岁时约为_____。
   答案：75cm

二、判断题

1. 女新生儿在生后3～5天有少量阴道流血，连续5～7天后消失，一旦出血时间延长或量增多则应考虑是新生儿出血症。（ ）
2. 前囟隆起最常见原因是小儿脱水。（ ）
3. 小儿前囟饱满提示颅内压增高。（ ）
4. 前囟早闭常见于小头畸形。（ ）
5. 小儿乳牙于生后5个月左右开始萌出，一共有20颗。（ ）
6. 体重是衡量小儿生长发育、营养状况的重要指标。（ ）
7. 正常小儿体格增长速度应该是先快后慢再快。（ ）
8. 体重和身长在婴儿期生长最快，尤其是前4个月。（ ）
9. 身高的测量，3岁以下儿童仰卧位测量称身长，3岁以上儿童立位测量称身高。（ ）

序号	1	2	3	4	5	6	7	8	9
答案	×	×	√	√	×	√	×	√	√

三、单项选择题

1. 小儿乳牙全部出齐的时间是（ ）
   A. 6～12个月　　B. 2～4岁
   C. 1～1.5岁　　D. 2～2.5岁
   E. 6～8个月

2. 新生儿生理性体重下降一般不超过总体重的（ ）
   A. 5%　　B. 25%
   C. 20%　　D. 15%
   E. 10%

3. 体重的测量应该在（ ）
   A. 餐后1小时后进行
   B. 晨起空腹排尿后，脱去衣裤鞋袜后进行
   C. 午餐后进行
   D. 早餐前进行
   E. 晨起空腹排大便后，脱去衣裤鞋袜后进行

4. 小儿体格发育测量的指标中，最为重要的是（ ）
   A. 囟门　　B. 体重
   C. 头围　　D. 腹围
   E. 身长(高)

5. 关于小儿生长发育的主要特点，下列说法不对的是（ ）
   A. 小儿关节窝浅，极易发生关节脱臼
   B. 不同年龄的小儿有不同的生理生化正常值
   C. 小儿病理生理变化常与年龄有关系
   D. 小儿修复及再生能力较成人弱，病后容易留下后遗症
   E. 小儿比成人易发生水、电解质酸碱平衡紊乱

6. 正常小儿生长发育中发育最早的系统是（ ）
   A. 神经系统　　B. 淋巴系统
   C. 消化系统　　D. 生殖系统
   E. 运动系统

7. 正常小儿生长发育中发育最晚的系统是（ ）
   A. 神经系统　　B. 淋巴系统
   C. 消化系统　　D. 生殖系统
   E. 运动系统

序号	1	2	3	4	5	6	7
答案	D	E	E	B	D	A	D

四、多项选择题

1. 前囟迟闭或过大常见于（ ）
   A. 营养不良　　B. 脑积水
   C. 呆小症　　D. 佝偻病
   E. 各种脑膜炎

2. 为小儿测量体重的目的是（ ）
   A. 为临床给药及补液提供计算依据
   B. 反映小儿营养状况
   C. 输液时计算输液量
   D. 反映小儿骨骼的发育状况
   E. 反映神经心理功能发育状况

3. 关于小儿身长的指标以下说法正确的是（ ）

A. 出生时约为 50cm
B. 婴儿期和青春期生长最快
C. 1 周岁时大约为 75cm
D. 2 周岁时大约为 85cm
E. 2 岁以后平均每年平均可增长 5~7cm

序号	1	2	3
答案	ABCD	ABC	ABCDE

五、案例分析题

某患儿，营养发育不良，身长 75cm，头围与腹围相等，能听懂自己的名字，能说出简单的词，能独站立数秒，不能独立行走。

1. 该小儿的年龄大约是（ ）
   A. 4 个月　　　　B. 6 个月
   C. 10 个月　　　 D. 12 个月
   E. 20 个月
2. 可计算出该小儿的体重为（ ）
   A. 6.5kg　　　　B. 9.0kg
   C. 10.5kg　　　 D. 12.5kg
   E. 15.0kg
3. 该小儿的头围大约是（ ）
   A. 34cm　　　　B. 36cm
   C. 40cm　　　　D. 44cm
   E. 46cm

序号	1	2	3
答案	D	B	E

(字绍芬)

第三章　儿童保健

一、单项选择题

1. 按儿童计划免疫程序、出生时需要接种的疫苗是（ ）
   A. 乙肝疫苗；卡介苗　B. 乙肝疫苗
   C. 卡介苗　　　　D. 脊髓灰质炎疫苗
   E. 百白破疫苗
2. 以下属于被动免疫的措施是（ ）
   A. 注射卡介苗
   B. 口服脊髓灰质炎疫苗
   C. 注射丙种球蛋白
   D. 注射流脑疫苗
   E. 注射麻疹疫苗
3. 以下关于接种脊髓灰质炎疫苗的说法，正确的是（ ）
   A. 新生儿期进行接种
   B. 初种次数为 1 次
   C. 需要复种加强
   D. 用热水送服
   E. 接种方法为肌内注射
4. 新生儿期保健的重点应该在（ ）
   A. 生后 1 周内　　B. 生后 3 个月
   C. 生后 2 个月内　D. 生后 1 天内
   E. 生后 1 个月内
5. 新生儿出生时产房温度应该保持在（ ）
   A. 25~28℃　　　B. 26~28℃
   C. 28~30℃　　　D. 30~32℃
   E. 24~26℃
6. 目前我国新生儿遗传代谢，内分泌疾病的筛查项目主要是（ ）
   A. 苯丙酮尿症；先天性甲状腺功能减低症
   B. 苯丙酮尿症
   C. 先天性甲状腺功能减低症
   D. 甲状腺功能亢进
   E. 原发性醛固酮增多症
7. 计划免疫的核心是（ ）
   A. 预防接种　　　B. 预防疾病
   C. 消灭传染源　　D. 切断传播途径
   E. 抵御疾病侵袭
8. 脊髓灰质炎疫苗初次接种年龄是（ ）
   A. 3 个月　　　　B. 4 个月
   C. 6 个月　　　　D. 8 个月
   E. 2 个月
9. 百白破初次接种年龄是（ ）
   A. 3 个月　　　　B. 4 个月
   C. 5 个月　　　　D. 6 个月
   E. 7 个月
10. 麻疹疫苗初次接种年龄是（ ）
    A. 5 个月以上　　B. 4 个月以上
    C. 8 个月以上　　D. 6 个月以上
    E. 7 个月以上
11. 流行性乙型脑炎疫苗初次接种年龄是（ ）
    A. 5 个月　　　　B. 4 个月
    C. 6 个月　　　　D. 8 个月
    E. 7 个月
12. 接种活疫苗时，抽吸后剩余药液超过多长时间后不能再使用（ ）
    A. 1 小时　　　　B. 2 小时
    C. 3 小时　　　　D. 4 小时

E. 5小时

序号	1	2	3	4	5	6	7	8	9	10
答案	A	C	D	A	A	A	A	E	A	C
序号	11	12								
答案	D	B								

(字绍芬)

第四章　住院儿童的护理

一、填空题

1. 门诊在护理管理上的特点有维持就诊秩序、_____、_____、_____、开展健康宣教。
   答案：观察病情变化；杜绝医疗差错；预防交叉感染

2. 急诊抢救的五要素是_____、_____、_____、_____、_____。
   答案：人；医疗技术；急救药品；仪器设备；时间

3. 不同年龄期的小儿有其各自适宜的温、湿度，新生儿适宜室温为_____、相对湿度为_____。
   答案：22～24℃；55%～65%

4. 收集健康史最常用的方法有_____、_____。
   答案：交谈；观察

5. 婴幼儿的呼吸形态一般以_____为主，因此测量呼吸时按小腹起伏计数。
   答案：腹式呼吸

6. 测量血压时，血压计袖带的宽度应根据小儿不同年龄进行选择，袖带宽度应为上臂的_____。
   答案：2/3

7. 住院患儿分离性焦虑分为三期，分别是_____、_____、_____。
   答案：反抗期；失望期；否认期

8. 儿童用药时，药物的剂量计算方法中最基本、最常用的计算方法是_____。
   答案：按体重计算

9. 小儿用药时，最常用的给药方法是_____。
   答案：口服给药法

(字绍芬)

第五章　儿科护理技术

一、填空题

1. 小儿沐浴时，水温根据季节各不相同。一般夏季应控制在_____；冬季应控制在_____。
   答案：37～38℃；38～39℃

2. 沐浴宜在进餐后_____小时。
   答案：1

3. 输液超过_____小时应更换穿刺部位。
   答案：48

4. 一般静脉留置针可保留_____天，最好不超过7天。
   答案：3～5

5. 股静脉穿刺后需按压穿刺部位_____分钟左右。
   答案：5

6. 婴幼儿灌肠液的适宜温度是_____。
   答案：39～41℃

7. 婴幼儿灌肠时，储液袋的液面应距离肛门_____。
   答案：30～40cm

二、判断题

1. 更换尿布时，动作宜轻柔，速度宜快，以防小儿受凉。（　）
2. 小儿沐浴时，浴盆内水量应该控制在浴盆的1/2满。（　）
3. 小儿沐浴时，室温应该控制在26～28℃。（　）
4. 婴儿头皮有皮脂结痂时，可用液体石蜡油进行浸润处理。（　）
5. 若患儿需要长时间输液，应注意保护患儿静脉，可应用静脉留置针。（　）
6. 超过48小时输液者，应更换输液装置。（　）
7. 若股静脉穿刺误入动脉，则需按压局部5～10分钟，直至不出血为止。（　）
8. 婴幼儿灌肠可以采用清水灌肠。（　）
9. 急腹症、消化道出血的患儿可以灌肠。（　）
10. 急性心力衰竭患儿禁用生理盐水灌肠。（　）
11. 水钠潴留患儿可以用生理盐水灌肠。（　）
12. 温箱使用前，一般预热需要30～60分钟左右。（　）
13. 光疗箱使用过程中，患儿应3小时喂一次奶，两奶间喂水。（　）

14. 光疗时,若患儿体温高于 37.8℃或者低于 35℃时,应暂停光疗。( )

序号	1	2	3	4	5	6	7	8	9	10
答案	√	×	√	√	√	×	√	×	×	√
序号	11	12	13	14						
答案	×	√	√	√						

三、单项选择题

1. 小儿头皮静脉输液时常选择的头皮静脉是( )
   A. 外眦上部静脉
   B. 顶部静脉、枕后静脉
   C. 额前正中静脉
   D. 颞浅静脉、耳后静脉
   E. 以上都正确

2. 婴幼儿降温时灌肠液的温度是( )
   A. 37~38℃   B. 38~39℃
   C. 39~41℃   D. 28~32℃
   E. 38~41℃

3. 婴幼儿灌肠时,灌肠液一般保留多长时间后可排出( )
   A. 15 分钟   B. 20 分钟
   C. 1 小时   D. 45 分钟
   E. 30 分钟

4. 温箱使用过程中,若患儿体温不升,箱温应设置多少度( )
   A. 38℃   B. 比患儿体温高 1℃
   C. 41℃   D. 比患儿体温低 1℃
   E. 38~41℃

5. 温箱使用前,一般箱温应该预热到多少度为宜,具体情况依据患儿体重和日龄而定( )
   A. 37~38℃   B. 38~39℃
   C. 28~32℃   D. 28~31℃
   E. 38~41℃

6. 使用温箱时,若使用温箱的肤控模式调节箱温,一般设置探头肤温温度是( )
   A. 37~38℃   B. 36~36.5℃
   C. 28~32℃   D. 28~31℃
   E. 38~41℃

7. 蓝光照射前的准备不妥的是( )
   A. 用黑眼罩遮盖双眼
   B. 用长条形尿布保护会阴
   C. 沐浴或擦身
   D. 测体重
   E. 在皮肤上涂油保护

8. 蓝光疗法的目的是( )
   A. 降低血清直接胆绿素
   B. 降低血清胆红素
   C. 降低血清间接胆绿素
   D. 减少血红细胞遭受破坏
   E. 降低血清内的尿素氮

9. 若蓝光箱属于单面光疗箱,患儿多久需翻身 1 次( )
   A. 2 小时   B. 3 小时
   C. 1 小时   D. 1.5 小时
   E. 4 小时

10. 蓝光箱使用多长时间需更换灯管( )
    A. 300 小时   B. 900 小时
    C. 600 小时   D. 1000 小时
    E. 10000 小时

序号	1	2	3	4	5	6	7	8	9	10
答案	E	D	E	B	C	B	E	B	A	D

四、多项选择题

1. 下列关于婴幼儿灌肠液按年龄来定的说法正确的是( )
   A. 6 个月以下:50ml
   B. 6 个月~1 岁:100ml
   C. 1~2 岁:200ml
   D. 2~3 岁:300ml
   E. 3 岁以上:1000ml

2. 关于婴幼儿灌肠液说法正确的是( )
   A. 6 个月以下:50ml
   B. 降温时温度是 28~32℃
   C. 常用的是 0.1%~0.2%的肥皂水
   D. 可用生理盐水
   E. 储液袋的液面距离肛门 30~40cm

3. 以下关于婴幼儿灌肠时灌洗头插入直肠的深度,说法正确的是( )
   A. 婴儿 2.5~4cm   B. 儿童 5~7.5cm
   C. 婴儿 5~7.5cm   D. 儿童 2.5~4cm
   E. 婴儿和儿童均为 5~7.5cm

4. 温箱使用过程中,以下说法正确的是( )
   A. 患儿体温未升至正常时每 1 小时测温一次
   B. 患儿体温升至正常后每 4 小时测温一次
   C. 维持患儿体温在 36~37℃
   D. 箱温可自由调整
   E. 一切护理活动宜在箱内进行

5. 小儿头皮静脉穿刺常选用的部位包括( )

A. 额上静脉　　B. 颞浅静脉
C. 枕后静脉　　D. 耳后静脉
E. 眶上静脉

6. 关于温箱使用后，患儿的出箱条件以下正确的是（　）
   A. 患儿情况稳定，体重达 2000g
   B. 患儿体重虽未达 2000g，但一般情况良好，并且在 32℃的温箱内，患儿穿单衣能保持正常体温
   C. 患儿在温箱内生存足一个月
   D. 患儿在温箱内没有任何异常变化
   E. 以上都正确

7. 关于温箱的维护，以下说法正确的是（　）
   A. 每天清洁温箱
   B. 每天更换蒸馏水
   C. 每周更换温箱一次，并彻底清洁、消毒
   D. 定期对温箱进行细菌培养
   E. 以上都正确

8. 关于温箱使用的目的，说法正确的是（　）
   A. 为早产儿提供适宜的温湿度
   B. 保持早产儿的体温恒定
   C. 提高早产儿、低体重儿的成活率
   D. 促进早产儿、低体重儿的生长发育
   E. 为硬肿症，体温不升的患儿复温

9. 关于头皮静脉输液目的，下列说法正确的是（　）
   A. 补充营养和液体
   B. 维持患儿身体所需热量
   C. 纠正水、电解质、酸碱平衡
   D. 使药物快速到达体内
   E. 治疗疾病，减轻患儿病痛

序号	1	2	3	4	5
答案	ABCD	ABCDE	AB	ABCE	ABCDE
序号	6	7	8	9	
答案	AB	ABCDE	ABCDE	ABCDE	

（字绍芬）

第六章　营养与营养障碍疾病患儿的护理

一、填空题

1. 婴儿喂养方式有三种_____、混合喂养、_____。
   答案：母乳喂养；人工喂养

2. 不同的食物在胃内排空的速度不一样，母乳排空时间为_____。
   答案：2～3 小时

3. 维生素 D 的来源分为_____、_____。
   答案：内源性；外源性

4. 婴儿每日需水量约为多少_____ml/kg。
   答案：150

二、判断题

1. 病房中如发现传染病患儿应及时隔离或转院。（　）
2. 每次哺乳时应尽量让婴儿吸空一侧乳房，以保证吃够足量的营养素。（　）
3. 初乳为产后 7 天的乳汁。（　）

序号	1	2	3
答案	√	√	×

三、单项选择题

1. 手足抽搐症发病的主要原因是（　）
   A. 维生素 D 缺乏，骨样组织钙化不良
   B. 血浆蛋白浓度降低
   C. 甲状旁腺反应迟钝
   D. 采用突击疗法治疗佝偻病后诱发
   E. 感染发热饥饿时由于组织分解，血清磷升高

2. 婴儿手足抽搐症惊厥发作时紧急处理是（　）
   A. 苯巴比妥钠+10%葡萄糖酸钙静脉注射
   B. 10%葡萄糖酸钙+吸氧
   C. 静脉注射 10%葡萄糖酸钙
   D. 10%葡萄糖酸钙静注+脱水剂
   E. 10%葡萄糖酸钙静注+维生素 D_3 肌内注射

3. 下列不是佝偻病骨样组织堆积造成的体征是（　）
   A. 方颅　　B. 肋串珠
   C. 脚镯　　D. 手镯
   E. 肋膈沟

4. 口服维生素 D 治疗佝偻病，需要的时间为（　）
   A. 用至血生化指标完全正常
   B. 用 1 个月
   C. 用至 3 岁
   D. 用至痊愈
   E. 用 3～6 个月

5. 佝偻病恢复期，下列检查中不符合的是（　）
   A. 临床症状逐渐减轻或接近消失

B. 碱性磷酸酶恢复正常稍快
C. 血磷恢复正常稍慢
D. 血钙逐渐恢复正常
E. X 线钙化预备带重新出现

6. 维生素 D 突出疗法，不适用于（ ）
   A. 伴有腹泻   B. 重症佝偻病
   C. 急性传染病   D. 重度营养不良
   E. 伴肺炎时

7. 患儿，男，1 岁，人工喂养，多汗，烦躁，刚会独坐。前囟 3cm×3cm. 头颅，肋串珠可疑。此时做血液生化检查其改变是（ ）
   A. 血钙降低、血磷降低、血碱性磷酸酶增高
   B. 血钙降低、血磷降低、血碱性磷酸酶降低
   C. 血钙降低、血磷增高、血碱性磷酸酶增高
   D. 血钙正常、血磷降低、血碱性磷酸酶增高
   E. 血钙正常、血磷降低、血碱性磷酸酶降低

8. 第 7 题患儿若给予右腕部 X 线摄片，可显示以下改变，除外（ ）
   A. 干骺端模糊，主刷状
   B. 骨干弯曲或骨折
   C. 骨骺软骨明显增宽
   D. 临时钙化带重新出现
   E. 骨质普遍稀疏

9. 综合第 7 题患儿病史、症状和体征，结合血生化及 X 线改变，该患儿的诊断为（ ）
   A. 佝偻病初期   B. 佝偻病激期
   C. 佝偻病恢复期   D. 软骨营养不良
   E. 佝偻病后遗症期

10. 口服维生素 D 治疗需用药多久（ ）
    A. 持续 1 个月   B. 持续 2 个月
    C. 持续 3 个月   D. 用至 1 周岁
    E. 用至 2 周岁

11. 患儿，女，7 个月 人工喂养。低热咳嗽 2 天，面部及四肢抽搐 4~5 次，每次 20~30 秒自止，间歇期吃奶如常。体温 38.5℃，前囟 2cm×3cm，咽充血，肋串珠(+)，面神经征(+)。血 wbc 8×10^9/l，血清钙 1.75mmol/l（7mg/dl），血磷 1.3mmol/l（4mg/dl）。最可能诊断是（ ）
    A. 婴儿痉挛症   B. 重症肺炎
    C. 低血糖症   D. 手足搐搦症
    E. 中枢感染

12. 患儿，女，7 个月，人工喂养。低热咳嗽 2 天，面部及四肢抽搐 4~5 次，每次 20~30 秒自止，间歇期吃奶如常。体温 38.5℃，前囟 2cm×3cm，咽充血，肋串珠(+)，面神经征(+)。血 wbc 8×10^9/l，血清钙 1.75mmol/l（7mg/dl），血磷 1.3mmol/l（4mg/dl）。该患儿引起惊厥的主要原因是（ ）
    A. 甲状旁腺反应迟钝
    B. 血钙迅速向骨转移
    C. 甲状旁腺功能亢进
    D. 血糖偏低
    E. 尿钙排出过多

13. 惊厥发作时，下列急救处理正确的是（ ）
    A. 面罩吸氧   B. 静脉注射钙剂
    C. 静脉注射甘露醇 D. 先止痉再用钙
    E. 立即肌内注射维生素 D

14. 维生素 D 缺乏性佝偻病 "O" 形腿的表现见于（ ）
    A. 3~6 个月小儿   B. 8~9 个月小儿
    C. 10~12 个月小儿 D. 任意年龄段小儿
    E. 1 岁以上小儿

序号	1	2	3	4	5	6	7	8	9	10
答案	C	A	E	A	B	D	A	D	B	A
序号	11	12	13	14						
答案	D	A	A	E						

四、多项选择题

1. 维生素 D 缺乏性佝偻病的病因是（ ）
   A. 日光照射不足
   B. 维生素 D 摄入不足
   C. 体内储存不足
   D. 生长发育迅速
   E. 疾病与药物的影响

2. 母乳喂养的优点是（ ）
   A. 母乳营养丰富，易于消化吸收
   B. 母乳矿物质含量较牛乳多，不增加婴儿肾的溶质负荷
   C. 有利于婴儿神经系统发育
   D. 具有促进免疫的作用
   E. 哺乳的母亲发生乳腺癌、卵巢癌的机会少

序号	1	2
答案	ABCDE	ABCDE

五、案例分析题

患儿，8 个月，单纯母乳喂养，从未加辅食。近来，面色蜡黄，表情呆滞，舌面光滑，有轻微震颤，肝于肋下 4cm，血常规检查：Hb: 90g/L，RBC: 2×10^{12}/L，血清维生素 B_{12} 降低。

1. 该患儿最适宜的治疗是给予（ ）

A. 强的松　　　　B. 补钙剂
C. 输血　　　　　D. 维生素 B_{12}+叶酸
E. 铁剂+维生素 C

2. 预防该疾病应强调（　　）
   A. 培养良好饮食习惯　B. 多晒太阳
   C. 预防感染　　　　　D. 加强体格锻炼
   E. 按时添加辅食

序号	1	2							
答案	D	E							

（张　丽）

第七章　新生儿与新生儿疾病患儿的护理

一、填空题

1. 国际上常以_____死亡率和_____死亡率作为衡量一个国家卫生保健水平的标准。
   答案：围生期；新生儿

2. 足月儿是指胎龄大于等于_____，小于_____的新生儿。
   答案：37周；42周

3. 早产儿是指胎龄大于等于_____，小于_____的新生儿。
   答案：28周；37周

4. 足月儿呼吸中枢发育不成熟，呼吸主要靠膈肌升降，以_____为主。
   答案：腹式呼吸

5. 新生儿生理性体重下降可于_____天恢复到出生时水平。
   答案：7～10

6. 正常足月儿提倡尽早哺乳，生后_____即让其吸吮乳头。
   答案：半小时

7. 新生儿刚出生时需要接种的疫苗是_____、_____。
   答案：乙肝；卡介苗

8. 新生儿复苏过程中实行胸外心脏按压的频率为_____，按压深度为_____。
   答案：90次/分；1～2厘米

9. 新生儿缺血缺氧性脑病身体状况的主要表现为_____、_____。
   答案：意识改变；肌张力变化

10. 新生儿颅内出血的病因主要是_____和_____。
    答案：缺氧；产伤

11. 新生儿颅内出血时，为降低颅内压，可抬高头肩部_____。
    答案：15°～30°

12. 新生儿肺透明膜病是由于缺乏_____所致。
    答案：肺表面活性物质

13. 新生儿病理性黄疸出现的时间是_____，生理性黄疸出现的时间是_____。
    答案：生后24小时内；生后2～3天

14. 新生儿核黄疸的典型临床表现有_____、_____、_____、_____四期。
    答案：警告期；痉挛期；恢复期；后遗症期

15. 新生儿脐炎病原菌最常见的是_____。
    答案：金黄色葡萄球菌

16. 新生儿寒冷损伤综合征复温时，当肛温大于30℃时，暖箱设置温度为_____；每小时应提高箱温_____。
    答案：30℃；0.5～1℃

17. 新生儿寒冷损伤综合征复温时，当肛温小于30℃时，暖箱设置温度应比体温高_____；每小时应提高箱温_____。
    答案：1～2℃；0.5～1℃

18. 出血是新生儿硬肿症死亡的重要原因，尤其是_____。
    答案：肺出血

19. 新生儿低钙血症指的是血清总钙低于_____；或者游离钙低于_____。
    答案：1.75mmol/L；0.9mmol/L

20. 新生儿低钙血症治疗措施，静脉注射钙剂速度为_____；且应保持心率_____。
    答案：≤1ml/min；>80次/分

二、判断题

1. 低出生体重儿是指出生时体重低于2000g的新生儿。（　　）

2. 巨大儿是指出生时体重大于4000g的新生儿。（　　）

3. 高危儿指的是出生时已经发生或可能发生危重情况而需要监护的新生儿。（　　）

4. 足月儿易发生溢乳和呕吐的原因是胃成水平位，贲门括约肌松弛。（　　）

5. 新生儿由于缺乏免疫球蛋白 IgG，所以易患呼吸道和消化道疾病。（　　）

6. 新生儿发热时可选择松开襁褓散热。（   ）
7. 新生儿的肾脏对酸、碱调节能力差，故易发生代谢性酸中毒。（   ）
8. 每次哺乳时应尽量让婴儿吸空一侧乳房，以保证吃够足量的营养素。（   ）
9. 女婴在生后 3~5 天可见阴道少量流血，连续 5~7 天消失，如出血时间延长或血量增多则应考虑新生儿出血症。（   ）
10. 寒冷季节应加强对新生儿尤其是早产儿的保暖工作，产房温度不得低于 22℃。（   ）
11. 病房中如发现传染病患儿应及时隔离或转院。（   ）
12. 新生儿应在出生后 3 天内进行先天性，遗传性疾病的筛查。（   ）
13. 新生儿复苏过程中需要每30秒评估患儿情况一次，以确定进一步抢救的方法。（   ）
14. 围生期窒息是新生儿缺血缺氧性脑病最主要的病因。（   ）
15. 新生儿呼吸窘迫综合征，又名新生儿肺透明膜病。（   ）
16. 新生儿呼吸窘迫综合征多见于低体重儿。（   ）
17. 新生儿呼吸窘迫综合征的特点是生后 8 小时内出现进行性加重的呼吸窘迫。（   ）
18. 为改善呼吸窘迫综合征患儿的呼吸功能，每 2 小时需翻身 1 次。（   ）
19. 母乳喂养的新生儿在生后 3 个月内仍有黄疸称母乳性黄疸。（   ）
20. 新生儿有脐炎时，轻者可以局部用 3% 的过氧化氢与 75% 乙醇从脐根部由内向外环形消毒。（   ）
21. 新生儿败血症生后 7 天内出现症状者称早发型败血症，7 天后出现症状者称晚发型败血症。（   ）
22. 新生儿寒冷损伤综合征的复温原则是逐渐复温，循序渐进。（   ）
23. 新生儿低血糖可分为暂时性和持续性两类。（   ）
24. 新生儿低钙血症不会引起惊厥。（   ）

序号	1	2	3	4	5	6	7	8	9	10
答案	×	√	√	√	×	√	√	×	√	×
序号	11	12	13	14	15	16	17	18	19	20
答案	√	√	√	√	×	×	√	√	×	√
序号	21	22	23	24						
答案	√	√	√	×						

三、单项选择题

1. 为防止早产儿生后出血症，应及时注射（   ）
   A. 维生素 B_{12} B. 维生素 B_6
   C. 维生素 K_1 D. 维生素 B_1
   E. 维生素 K_2

2. 胎儿可以从母体通过胎盘得到的免疫球蛋白是（   ）
   A. IgA   B. IgM
   C. IgE   D. IgG
   E. SIgA

3. 一新生儿，胎龄 290 天，出生时体重 3.6kg，位于同胎龄体重标准的第 80 百分位，属于下列（   ）
   A. 过期产儿，巨大儿
   B. 足月儿，适于胎龄儿
   C. 过期产儿，大于胎龄儿
   D. 足月儿，巨大儿
   E. 足月儿，大于胎龄儿

4. 极低出生体重儿是指（   ）
   A. 出生 1h 内体重不足 1.5kg
   B. 出生 1h 内体重不足 2kg
   C. 出生 1h 内体重不足 2.5kg
   D. 出生 1h 内体重不足 1kg
   E. 出生 1h 内体重不足 1.25kg

5. 某女婴，生后 3 天，洗澡时发现两侧乳腺均有蚕豆大小肿块，轻挤后有白色液体流出，下列处理正确（   ）
   A. 挑割肿块   B. 用手挤压
   C. 应用抗生素   D. 手术切除
   E. 无需处理

6. 某新生儿娩出 1 分钟时，心率为 95 次/分，呼吸不规则且慢，四肢活动好，弹足底能皱眉，躯体发红，四肢青紫，Apgar 评分为（   ）
   A. 7 分   B. 6 分
   C. 5 分   D. 9 分
   E. 8 分

7. 某女婴，出生后 3~5 天，可见阴道流出少量血液，这是因为（   ）
   A. 阴道黏膜炎症
   B. 阴道腺体未成熟
   C. 受母体雌激素的影响而出现的假月经
   D. 细菌感染
   E. 产道感染

8. 正常脐部消毒的溶液是（   ）

A. 0.5%碘伏　　　B. 75%乙醇
C. 95%乙醇　　　D. 0.1%苯扎溴铵
E. 3%过氧化氢

9. 生理性体重下降一般不超过（　）
   A. 5%　　　　　B. 10%
   C. 15%　　　　 D. 20%
   E. 25%

10. 新生儿娩出1分钟内，Apgar评分为3分，该患儿窒息程度为（　）
    A. 正常新生儿　　B. 轻度窒息
    C. 急性窒息　　　D. 重度窒息
    E. 青紫窒息

11. 患儿，女，15天，早产儿，母乳喂养，每天8～10次，体重3.2千克。该患儿室内温度应保持在（　）
    A. 18～22℃　　　B. 20～22℃
    C. 24～26℃　　　D. 22～24℃
    E. 26～28℃

12. 早产儿喂养后应取（　）
    A. 左侧卧位　　　B. 平卧位
    C. 右侧卧位　　　D. 俯卧位
    E. 半坐位

13. 新生儿抢救过程中要注意保暖，肛温应维持在（　）
    A. 34～36℃　　　B. 30～32℃
    C. 36～36.5℃　　D. 37～38℃
    E. 36.5～37℃

14. 新生儿窒息复苏的步骤中最根本的是（　）
    A. 清理呼吸道　　B. 建立呼吸
    C. 维持正常循环　D. 药物治疗
    E. 评估

15. 新生儿窒息复苏的步骤中最关键的是（　）
    A. 清理呼吸道　　B. 建立呼吸
    C. 维持正常循环　D. 药物治疗
    E. 评估

16. 新生儿窒息抢救过程中，清除口鼻分泌物每次时间不得超过（　）
    A. 10秒　　　　　B. 1分钟
    C. 30秒　　　　　D. 15秒
    E. 2分钟

17. 新生儿缺血缺氧性脑病控制惊厥首选（　）
    A. 苯巴比妥钠　　B. 苯妥英钠
    C. 地西泮　　　　D. 安定
    E. 水合氯醛

18. 新生儿缺血缺氧性脑病颅内压增高首选（　）
    A. 速尿静脉滴注
    B. 呋塞米静脉注射
    C. 甘露醇静脉注射
    D. 甘露醇快速静脉滴注
    E. 水合氯醛

19. 新生儿出生后无呼吸，心率＜80次/分，全身苍白，四肢瘫软，首先应采取的抢救措施是（　）
    A. 人工呼吸　　　B. 注射呼吸兴奋剂
    C. 气管插管加压给氧　D. 鼻导管给氧
    E. 清理呼吸道

20. 新生儿缺血缺氧性脑病的主要表现为（　）
    A. 瞳孔改变
    B. 眼部症状
    C. 呼吸系统表现
    D. 意识改变及肌张力变化
    E. 颅内压增高

21. 缺血缺氧性颅内出血症常见于（　）
    A. 巨大儿　　　　B. 足月儿
    C. 早产儿　　　　D. 低体重儿
    E. 未成熟儿

22. 为降低新生儿颅内压出血引起的颅内高压，可选用（　）
    A. 大剂量甘露醇　B. 地塞米松
    C. 呋塞米　　　　D. 50%葡萄糖
    E. 25%葡萄糖

23. 新生儿颅内出血时，为降低颅内压，在并发脑疝时宜选用（　）
    A. 腰椎穿刺　　　B. 20%甘露醇
    C. 速尿　　　　　D. 地塞米松
    E. 以上都不是

24. 新生儿颅内出血的临床特征是（　）
    A. 呼吸困难，不能吸吮
    B. 全身有紫斑
    C. 拒食，体重不增
    D. 脑性尖叫，前囟隆起，惊厥
    E. 心率慢，体温不升

25. 新生儿胆红素脑病的发病机理主要为（　）
    A. 游离胆红素通过血脑屏障引起脑损害
    B. 体内出血，红细胞破坏过多
    C. 缺氧，酸中毒加重了脑损害
    D. 血脑屏障的暂时开放
    E. 结合胆红素通过血脑屏障引起脑损害

26. 新生儿黄疸在出生后24小时内出现者应首先考虑为（　）

A. 新生儿败血症
B. 新生儿生理性黄疸
C. 先天性胆道闭锁
D. 新生儿溶血症
E. 新生儿肝炎

27. 新生儿黄疸在出生后2~3天内出现者应首先考虑为（　　）
    A. 新生儿败血症
    B. 新生儿生理性黄疸
    C. 先天性胆道闭锁
    D. 新生儿溶血症
    E. 新生儿肝炎

28. 新生儿败血症，在我国最常见的病原菌是（　　）
    A. 溶血性链球菌　　B. 厌氧菌
    C. 葡萄球菌　　　　D. 大肠肝菌
    E. 肺炎球菌

29. 新生儿败血症早期最主要的临床特点是（　　）
    A. 血白细胞总数增多　B. 高热
    C. 硬肿　　　　　　　D. 皮肤有伤口
    E. 缺乏特异症状

30. 新生儿败血症确诊的依据是（　　）
    A. 高热
    B. 皮肤感染病灶
    C. 血白细胞和中性粒细胞高
    D. 血培养细菌阳性
    E. 无特征性

31. 新生儿败血症主要的感染途径是（　　）
    A. 产道　　　　B. 胎内
    C. 脐部　　　　D. 口腔黏膜
    E. 肠道

32. 为降低游离胆红素，防止胆红素脑病，常用的方法是（　　）
    A. 输白蛋白　　　B. 蓝光治疗
    C. 控制病毒感染　D. 激素口服
    E. 换血疗法

33. 患儿，女，生后7天，近日来，皮肤发黄明显，来院就诊。查体：T 36.8℃、P 132 次/分、R 24/分，食欲及大小便正常。其黄疸可能是（　　）
    A. 病理性黄疸　　B. 生理性黄疸
    C. 新生儿脐炎　　D. 先天性胆道闭锁
    E. 新生儿败血症

34. 新生儿败血症最常见的并发症是（　　）
    A. 化脓性脑膜炎　　B. 肺炎
    C. 骨髓炎　　　　　D. 关节炎
    E. 脑炎

35. 患儿，男，早产儿，胎龄36周，出生后7天，两日来发现患儿不哭，拒食、反应底下。体温34℃，双面颊、肩部、臀部、下腹部、大腿及小腿外侧皮肤发硬，按之如橡皮样，考虑为新生儿寒冷损伤综合征。首选治疗是（　　）
    A. 支持治疗　　B. 合理用药
    C. 控制感染　　D. 复温
    E. 对症处理

36. 新生儿低血糖是指全血血糖低于（　　）
    A. 2.2mmol/L　　B. 2mmol/L
    C. 2.5mmol/L　　D. 3.3mmol/L
    E. 3.5mmol/L

37. 新生儿低钙血症治疗措施，静脉注射钙剂药液外渗时，可用什么进行湿敷（　　）
    A. 25%~50%硫酸镁　B. 20%~30%硫酸镁
    C. 10%碳酸钙　　　D. 10%葡萄糖酸钙
    E. 20%葡萄糖酸钙

序号	1	2	3	4	5	6	7	8	9	10
答案	C	D	B	A	E	B	C	B	B	D
序号	11	12	13	14	15	16	17	18	19	20
答案	C	C	E	A	B	A	A	B	E	D
序号	21	22	23	24	25	26	27	28	29	30
答案	C	C	B	D	A	D	B	C	E	D
序号	31	32	33	34	35	36	37			
答案	C	A	B	A	D	A	A			

四、多项选择题

1. 引起新生儿窒息的因素包括（　　）
   A. 母亲患糖尿病　　B. 孕母吸烟
   C. 手术产　　　　　D. 早产
   E. 遗传

2. 新生儿Apgar评分法内容包括（　　）
   A. 皮肤颜色　　B. 心率
   C. 呼吸　　　　D. 肌张力
   E. 弹足底或插胃管反应

3. 新生儿窒息复苏的步骤包括（　　）
   A. 清理呼吸道　　B. 建立呼吸
   C. 维持正常循环　D. 药物治疗
   E. 评估

4. 关于新生儿窒息的护理措施，正确的是（　　）
   A. 迅速清除口鼻分泌物

B. 遵医嘱立即给予药物治疗
C. 胸外心脏按压的频率为 130 次/分
D. 建立呼吸，增加通气
E. 维持患儿肛温在 36.5～37℃

5. 新生儿颅内出血的护理措施，错误的是（　）
   A. 头肩太高　　　B. 保持室内安静
   C. 观察生命体征　D. 为患儿洗澡
   E. 必要时给予鼻饲

6. 新生儿呼吸窘迫综合征主要表现有（　）
   A. 呼吸急促　　　B. 吸气性三凹征
   C. 鼻翼扇动　　　D. 呼气性呻吟
   E. 发绀

7. 新生儿胆红素代谢特点包括（　）
   A. 胆红素生成较多
   B. 联结胆红素能力不足
   C. 肝功能不成熟
   D. 胆红素肝肠循环增加
   E. 运送胆红素能力不足

8. 新生儿溶血病的临床表现包括（　）
   A. 黄疸　　　　　B. 贫血
   C. 心力衰竭　　　D. 肝脾肿大
   E. 水肿

9. 新生儿病理性黄疸的治疗措施包括（　）
   A. 积极治疗原发病　B. 降低血清胆红素
   C. 保护肝脏　　　　D. 对症治疗
   E. 采用光照疗法

10. 足月新生儿病理性黄疸，下列说法正确的是（　）
    A. 生后 2～3 天出现 5～7 天最重
    B. 黄疸高峰时间不定
    C. 足月儿血清胆红素浓度>221μmol/l
    D. 早产儿血清胆红素浓度>257μmol/l
    E. 黄疸进展程度快

11. 新生儿寒冷损伤综合征的病因包括（　）
    A. 寒冷　　　　　B. 感染
    C. 早产　　　　　D. 窒息
    E. 喂养不足

序号	1	2	3	4	5	6
答案	ABCD	ABCDE	ABCDE	ABDE	ABCE	ABCDE
序号	7	8	9	10	11	
答案	ABCDE	ABCDE	ABCDE	BCDE	ABCD	

五、案例分析题

患儿，女，因难产经产钳助产娩出。生后 1 分钟内查：心率 90 次/分，呼吸浅而慢，四肢皮肤青紫，稍屈曲，喉反射完全消失。

1. 该患儿的 Apgar 评分为（　）
   A. 1 分　　　　　B. 2 分
   C. 3 分　　　　　D. 4 分
   E. 5 分

2. 该患儿的窒息程度为（　）
   A. 轻度窒息　　　B. 重度窒息
   C. 中度窒息　　　D. 苍白窒息
   E. 正常

3. 该患儿最主要的护理诊断是（　）
   A. 体温过低，与缺氧有关
   B. 焦虑，与患儿病情危重有关
   C. 潜在并发症：颅内出血
   D. 自主呼吸障碍，与羊水、气道分泌物吸入导致低氧血症和高碳酸血症有关
   E. 以上都不对

序号	1	2	3
答案	D	A	D

患儿，女。生后 4 天，脐带已脱落。因全身发冷，按之如橡皮样，拒乳入院。查：体温，35℃，心音低钝，皮肤青紫。

1. 该患儿可能诊断为（　）
   A. 新生儿寒冷损伤综合征
   B. 新生儿窒息
   C. 新生儿捂热综合征
   D. 新生儿黄疸
   E. 新生儿肺透明膜病

2. 该患儿首先需要做的治疗是（　）
   A. 清理呼吸道　　B. 开放气道
   C. 复温　　　　　D. 降温
   E. 喂奶

序号	1	2
答案	A	C

（字绍芬）

第八章　消化系统疾病患儿的护理

一、填空题

1. 引起鹅口疮的病原菌是_____。
   答案：白色念珠菌

2. 儿童生理性流涎多发生在_____。
   答案：5~6个月
3. 静脉补钾的浓度一般不得超过_____。
   答案：3%
4. 秋季腹泻的病原体为_____。
   答案：轮状病毒
5. 婴儿易发生脱水的原因是_____。
   答案：水代谢旺盛

二、判断题

1. 小儿腹泻时正确的处理首选止泻药治疗。（ ）
2. 溃疡性口腔炎最好选用制霉菌素涂抹。（ ）
3. 新生儿胃内容量为50~100ml。（ ）
4. 临床低渗性脱水较高渗性脱水易发生休克。（ ）
5. 口服补液（ORS液）不可用于重度脱水的患儿。（ ）

序号	1	2	3	4	5
答案	×	×	×	×	√

三、单项选择题

1. 小儿腹泻较常见的酸碱平衡失调为（ ）
   A. 呼吸性酸中毒 B. 代谢性碱中毒
   C. 代谢性酸中毒 D. 代酸+呼酸
   E. 呼吸性碱中毒
2. 婴儿腹泻时不应该早期使用（ ）
   A. 控制肠道感染
   B. 调节肠道菌群制剂
   C. 助消化药
   D. 纠正水、电解质紊乱
   E. 止泻药
3. 小儿腹泻重型与轻型的主要区别点是（ ）
   A. 大便有脂肪球
   B. 每日大便超过10次
   C. 发热、口渴
   D. 有明显的水及电解质紊乱
   E. 呕吐、腹痛明显
4. 生理性腹泻多见于哪个年龄的小儿（ ）
   A. 新生儿 B. 9~12个月
   C. 1~2岁 D. 6~9个月
   E. 6个月以内
5. 小儿中度脱水丢失水分约为体重的（ ）
   A. <5% B. 5%~10%
   C. 10%~12% D. 12%~15%
   E. 15%~18%
6. 脱水时补液的速度取决于（ ）
   A. 液体的种类 B. 尿少者速度应慢
   C. 大便性质 D. 液体张力
   E. 脱水程度和大便量
7. 婴儿腹泻临床上出现脱水症状时，其主要改变是（ ）
   A. 间质液减少
   B. 体液总量，尤以细胞外液减少
   C. 血浆量减少
   D. 细胞内液量减少
   E. 细胞外液减少而不伴血浆的减少
8. 疱疹性咽峡炎的病原体为（ ）
   A. 腺病毒 B. 金黄色葡萄球菌
   C. 肺炎双球菌 D. 柯萨奇A组病毒
   E. 以上都不是
9. 诊断重度脱水的主要依据是（ ）
   A. 皮肤弹性差
   B. 精神极度萎靡
   C. 尿少，哭无泪
   D. 眼眶和前囟明显凹陷
   E. 四肢厥冷、皮肤花纹、脉细弱等循环衰竭的表现

序号	1	2	3	4	5	6	7	8	9
答案	C	E	D	E	B	E	D	D	E

四、多项选择题

1. 临床低血钾症的表现包括（ ）
   A. 腱反射亢进
   B. 全身无力
   C. 心律失常、心肌受损
   D. 肠鸣音减弱或消失
   E. 心电图出现T波低平、倒置或双向
2. 代谢性酸中毒时，应出现（ ）
   A. 呼吸增快 B. 精神萎靡或不安
   C. 手足抽搐 D. 口唇樱红快
   E. 严重者昏迷、昏睡
3. 有关液体疗法，下列说法正确的是（ ）
   A. 根据脱水程度决定补液量
   B. 根据脱水性质决定补液种类
   C. 累积损失量应在24h内补完
   D. 脱水休克者，补液速度应加快
   E. 酸中毒纠正后，补钾、补钙
4. 小儿腹泻治疗原则包括（ ）
   A. 调整饮食 B. 预防和纠正脱水
   C. 控制感染 D. 防止并发症
   E. 病初应用止泻药

5. 哪些是婴幼儿腹泻的易感因素（　　）
   A. 消化系统发育不成熟
   B. 消化道负担重
   C. 肠道内感染
   D. 血中免疫球蛋白及胃肠道分泌型 IgA 低
   E. 胃内酸度低
6. 患儿腹泻并中度脱水时，可有以下哪几种表现（　　）
   A. 精神萎靡或烦躁
   B. 皮肤苍白、干燥、弹性差
   C. 眼窝和前囟凹陷
   D. 哭时泪少
   E. 尿量明显减少

序号	1	2	3	4	5	6
答案	BCDE	ABDE	ABDE	ABCD	ABDE	ABCDE

五、案例分析题

患儿，男，8个月，发热、腹泻 2 天，精神萎靡，尿少 4 小时。T 38℃，大便呈蛋花样，眼窝凹陷，口唇干燥

1. 该患儿出现此症状最可能的原因是（　　）
   A. 食物中毒　　　B. 急性胃炎
   C. 轮状病毒肠炎　D. 细菌性痢疾
   E. 以上都不对
2. 针对目前的身体状况，护理诊断不包括（　　）
   A. 腹泻　　　　　B. 体液不足
   C. 体温过高　　　D. 活动无耐力
   E. 清理呼吸道无效

序号	1	2
答案	C	E

（张　丽）

第九章　呼吸系统疾病患儿的护理

一、填空题

1. 婴幼儿时期易患的肺炎是_____。
   答案：支气管肺炎
2. 急性上呼吸道感染最常见的并发症是_____。
   答案：肺炎
3. 新生儿的呼吸形式为_____。

答案：腹式呼吸

二、判断题

1. 小儿重症肺炎的表现的是哮喘持续状态。（　　）
2. 婴幼儿肺炎首先出现的病理生理改变是低氧血症。（　　）
3. 肺炎的心力衰竭常以右心衰竭为主。（　　）
4. 重症肺炎最常出现呼吸性酸中毒的改变。（　　）

序号	1	2	3	4
答案	×	√	√	×

三、单项选择题

1. 新生儿发热时，首选的降温措施为（　　）
   A. 地塞米松注射
   C. 口服对乙酰氨基酚（扑热息痛）
   B. 头部冷敷
   D. 冷盐水灌肠
   E. 松开襁褓散热
2. 各种小儿肺炎的共同症状是（　　）
   A. 发热、咳嗽
   B. 发热、咳嗽、喘及肺部湿啰音为主
   C. 发热、咳嗽、肺部哮鸣音为主
   D. 发热、咳嗽、肺部呼吸音粗糙
   E. 发热、咳嗽、肺部干性啰音为主
3. 急性支气管炎肺部听诊的特点是（　　）
   A. 呼吸音正常
   B. 以哮鸣音为主
   C. 呼吸音粗糙及干啰音
   D. 以管状呼吸音为主
   E. 肺部以细湿啰音为主
4. 肺炎发生呼吸衰竭的主要诊断依据是（　　）
   A. 血气分析　　　B. 呼吸困难
   C. 发绀　　　　　D. 烦躁不安
   E. 血常规检查
5. 腺病毒性肺炎易发生下列哪种病理变化（　　）
   A. 肺大泡　　　　B. 心包炎
   C. 脓胸　　　　　D. 胸腔积液
   E. 肺实质变
6. 小儿肺炎引起全身各系统病理变化的关键是（　　）
   A. 组织破坏
   B. 缺氧，二氧化碳潴留
   D. 机体免疫功能低下
   C. 毒素作用

E. 病原体的侵入
7. 肺炎并发脓胸的常见病原体是（ ）
   A. 金黄色葡萄球菌   B. 肺炎双球菌
   C. 绿脓杆菌   D. 大肠杆菌
   E. 溶血性链球菌
8. 某10个月男婴患肺炎，近4个小时以来，突然烦躁，喘憋加重，发绀，心率170/min，心音低钝，肺内中小湿性啰音密集，叩诊正常，肝肋下3.5cm，心电图T波低平，可能是合并（ ）
   A. 脓气胸   B. 肺不张
   C. 中毒性脑病   D. 心力衰竭
   E. 气胸

序号	1	2	3	4	5	6	7	8
答案	E	B	C	A	E	B	A	D

四、多项选择题

1. 轻型肺炎的临床表现包括（ ）
   A. 心率加快＞180次/min
   B. 咳嗽、气促
   C. 唇周发绀
   D. 两肺中、细湿啰音
   E. 体温升高
2. 下呼吸道包括（ ）
   A. 气管，支气管   B. 喉部，会厌
   C. 毛细支气管   D. 呼吸性支气管
   E. 肺泡管及肺泡
3. 关于小儿肺炎的护理，以下正确的是（ ）
   A. 体位采用头高位或半卧位
   B. 经常翻身更换体位以减轻肺部淤血
   C. 及时注意吸痰以保持呼吸道通畅
   D. 输液时严格控制液量和速度，以防心衰
   E. 尽量少喂奶、少喂食，以防呛咳及引起窒息

序号	1	2	3
答案	BCDE	ACDE	ABCD

五、案例分析题

患儿11个月，以发热、咳嗽、气促来我院就诊，体检发现：T 39.5℃，P 145次/分，R 54次/分，口周发绀，两肺有细湿啰音，该患儿诊断为肺炎。

1. 该患儿入院时，对其家长的健康指导特别重要的是（ ）
   A. 介绍肺炎的病因
   B. 示范帮助患儿翻身的操作

C. 指导合理喂养
D. 说明保持患儿安静的重要性
E. 以上都不对

2. 应对该患儿立即采取的护理措施是（ ）
   A. 进行物理降温
   B. 进行雾化吸入
   C. 调节病室的温、湿度
   D. 取舒适的平卧位
   E. 以上都不对

序号	1	2						
答案	D	A						

（张 丽）

第十章 循环系统疾病患儿的护理

一、填空题

1. 右向左分流型先心病常见的是_____。
   答案：法洛四联症
2. 卵圆孔瓣膜解剖关闭的年龄是出生后_____。
   答案：5～7月
3. 法洛四联症患儿阵发性缺氧发作的原因是_____。
   答案：一时性肺动脉梗阻

二、判断题

1. 多数小儿动脉导管解剖闭合的年龄是2岁。（ ）
2. 先心病中最常见的类型是室间隔缺损。（ ）
3. 法洛四联症畸形中决定病理生理、病情严重程度的是肺动脉狭窄。（ ）
4. X线检查心影呈"靴型"的先天性心脏病是指法洛四联征。（ ）

序号	1	2	3	4
答案	×	√	√	√

三、单项选择题

1. 影响心脏形成的关键时期是胚胎的（ ）
   A. 9～12周   B. 13～16周
   C. 17～20周   D. 8周前
   E. 21～24周
2. 下列先天性心脏病属右向左分流型的是（ ）

A. 法洛四联症　　B. 室间隔缺损
C. 动脉导管未闭　D. 房间隔缺损
E. 轻度肺动脉狭窄

3. 小儿病毒性心肌炎的主要临床表现,不包括（　　）
   A. 反复发热惊厥
   B. 心电图 T 波改变
   C. 乏力、咽痛、腹痛
   D. 不同程度心功能不全
   E. 心动过速、期前收缩

4. 法洛四联症患儿喜蹲踞,是因为（　　）
   A. 使腔静脉回心血量增加
   B. 使心脑供血增加
   C. 使劳累、气急缓解
   D. 缓解漏斗部痉挛
   E. 增加体循环阻力、减少右向左分流及回心血量

5. 先心病最主要的病因是（　　）
   A. 孕母患糖尿病等代射紊乱性疾病
   B. 孕母缺乏叶酸
   C. 妊娠期服药
   D. 宫内感染
   E. 孕母与大剂量放射线接触

序号	1	2	3	4	5
答案	D	A	A	E	D

四、多项选择题

1. 下列哪些是室间隔缺损的常见并发症（　　）
   A. 反复肺炎　　B. 心力衰竭
   C. 心内膜炎　　D. 肺循环充血
   E. 缺氧发作

2. 以下哪些是先天性心脏病常有的症状（　　）
   A. 反复惊厥　　B. 喂养困难
   C. 易患肺炎　　D. 生长落后
   E. 持续性青紫

3. 下列哪些是法洛四联症的常见并发症（　　）
   A. 左心衰竭　　B. 脑血栓
   C. 心内膜炎　　D. 缺氧发作
   E. 脑脓肿

4. 法洛四联症的畸形包括（　　）
   A. 室间隔缺损　B. 主动脉骑跨
   C. 右心室肥厚　D. 肺动脉狭窄
   E. 动脉导管未闭

5. 关于先心病的说法,正确的是（　　）
   A. 适当参加能胜任的体力活动
   B. 免于接受预防接种
   C. 并发心功能不全时,术前应该较长时间使用洋地黄维持量
   D. 发绀型患儿因血液浓稠应预防脱水
   E. 作扁桃体摘除术与拔牙等手术,术前术后均应给予足量抗生素

序号	1	2	3	4	5
答案	ABCD	BCDE	BCDE	ABCD	ACDE

五、案例分析题

某 5 岁男孩,经常呼吸道感染,活动后心悸,体检:发育落后,胸骨左缘第 2 肋间有连续性杂音,X 线显示,肺野充血,肺门血管影增粗,搏动明显,肺动脉段突出,左房、左室增大。

1. 该患儿可能诊断为（　　）
   A. 肺动脉狭窄　B. 房间隔缺损
   C. 室间隔缺损　D. 动脉导管未闭
   E. 法洛四联症

2. 关于上述个案,正确的叙述是（　　）
   A. 右向左分流型　B. 左向右分流型
   C. 一直无青紫　　D. 无分流型
   E. 正常情况下出现青紫

3. 该患儿的手术适宜年龄为（　　）
   A. 0～1 岁　　　B. 8～9 岁
   C. 18～25 岁　　D. 12～16 岁
   E. 4～6 岁

序号	1	2	3
答案	D	B	E

（张　丽）

第十一章　泌尿系统疾病患儿的护理

一、填空题

1. 肾病患儿最早出现的症状常为_____。
   答案:水肿

2. 肾病综合征最主要的临床表现是_____。
   答案:水肿

二、判断题

1. 急性肾炎患儿在病程早期突然出现惊厥最可能是低钙惊厥。（　　）

2. 肾病综合征的并发症包括急性肾衰竭。（　　）

3. 急性肾炎患儿少尿期,每日摄入食盐量 3～4g。（　　）

序号	1	2	3
答案	×	√	×

三、单项选择题

1. 尿路感染最常见的途径是（　　）
   A. 上行性感染　　B. 邻近组织蔓延
   C. 血源性感染　　D. 消化道感染
   E. 淋巴感染
2. 急性肾炎经治疗后,最后消失的是（　　）
   A. 水肿　　　　　B. 高血压
   C. 尿蛋白　　　　E. 肉眼血尿
   D. 镜下血尿
3. 引起急性肾炎的病原体多数是（　　）
   A. 革兰阴性菌　　B. 肺炎链球菌
   C. 溶血链球菌　　D. 肺炎杆菌
   E. 葡萄球菌
4. 急性肾炎最早的症状是（　　）
   A. 血尿　　　　　B. 发热
   C. 呕吐　　　　　D. 高血压
   E. 水肿、少尿
5. 学龄儿童尿量少于多少为少尿（　　）
   A. 30 毫升　　　 B. 50 毫升
   C. 200 毫升　　　D. 300 毫
   E. 400 毫升
6. 肾病患儿泼尼松短程疗法的总疗程为（　　）
   A. 4～8 周　　　 B. 8～12 周
   C. 6 个月　　　　D. 6～9 个月
   E. 9～12 个月
7. 肾病治疗首选（　　）
   A. 肝素　　　　　B. 激素
   C. 中药　　　　　D. 降压药
   E. 环磷酰胺

序号	1	2	3	4	5	6	7
答案	A	D	C	E	E	B	B

四、多项选择题

1. 单纯性肾病的临床特点包括（　　）
   A. 大量蛋白尿　　B. 低蛋白血症
   C. 高血压和血尿　D. 高脂血症
   E. 水肿
2. 急性肾炎具备以下特点（　　）
   A. 低蛋白血症　　B. 水肿、高血压
   C. 血尿、蛋白尿　D. 补体 C3 降低
   E. 高胆固醇血症

序号	1	2
答案	ABDE	BC

五、案例分析题

某 4 岁患儿,女。因全身浮肿,以肾病综合征收入院,体检：面部、腹壁及双下肢浮肿明显。化验检查：尿蛋白++++,胆固醇升高,血浆白蛋白降低。

1. 若病情好转,出院时健康指导应强调（　　）
   A. 介绍本病病因
   B. 说明本病治疗反应
   C. 说明不能剧烈活动的重要性
   D. 讲解预防复发的注意事项
   E. 遵医嘱服药,不能随便停药
2. 该患儿目前最主要的护理诊断（　　）
   A. 卧床休息　　　B. 无盐饮食
   C. 高蛋白饮食　　D. 高脂肪饮食
   E. 肌内注射给药

序号	1	2
答案	E	A

（张　丽）

第十二章　血液系统疾病患儿的护理

一、填空题

1. 小儿患营养性贫血最常发生的年龄是＿＿＿＿。
   答案：出生后 6 个月～2 岁
2. 由于缺乏维生素 B_{12} 而患有营养性巨幼红细胞贫血的小儿会出现＿＿＿＿的症状。
   答案：表情呆泄及震颤
3. 医院要确诊白血病最可靠的检查是＿＿＿＿。
   答案：骨髓检查

二、判断题

1. 急性肾炎患儿在病程早期突然出现惊厥最可能是低钙惊厥。（　　）
2. 营养性缺铁性贫血是小细胞低色素性贫血。（　　）
3. 预防营养性缺铁性贫血和巨幼细胞贫血的物质是肝脏。（　　）
4. 按形态学分类,营养性缺铁性贫血属于小细胞

低色素性贫血。（ ）
5. 胚胎 5 个月开始造血的器官是卵黄囊。（ ）

序号	1	2	3	4	5
答案	×	√	×	√	×

三、单项选择题

1. 缺乏维生素 B_{12}，叶酸引起的贫血是（ ）
   A. 溶血性贫血
   B. 营养性小细胞性贫血
   C. 感染性贫血
   D. 再生障碍性贫血
   E. 营养性巨幼红细胞性贫血

2. 小儿急性白血病治疗原则是（ ）
   A. 骨髓移植   B. 及时、反复输血
   C. 联合化疗   D. 免疫治疗
   E. 放射治疗

3. 治疗营养性缺铁性贫血最好用（ ）
   A. 硫酸亚铁口服   B. 维生素 C 口服
   C. 注射铁剂   D. 注射维生素 B_{12}
   E. 小量输血

4. 特发性血小板减少性紫癜治疗首选方法是（ ）
   A. 大量丙种蛋白静脉注射
   B. 肾上腺皮质激素
   C. 脾切除
   D. 输血或血小板
   E. 免疫抑制疗法

5. 小儿白血病中最常见的类型是（ ）
   A. 早幼粒细胞白血病
   B. 急性单核细胞白血病
   C. 原粒细胞白血病部分分化型
   D. 原粒细胞白血病未分化型
   E. 急性淋巴细胞白血病

6. 小儿白细胞分类中，粒细胞与淋巴细胞的交叉发生于（ ）
   A. 4～6 周，4～6 岁   B. 1 岁，6 岁
   C. 4～6 天，4～6 岁   D. 4～6 天，4～6 周
   E. 7 天，1 岁

7. 小儿出生后主要造血是（ ）
   A. 淋巴结造血   B. 脾脏造血
   C. 骨髓造血   D. 肝脏造血
   E. 以上都不是

8. 1 岁患儿，逐渐苍白 2 个月，单纯母乳喂养，肝肋下 2.5cm，脾肋下 0.5cm，Hb80g/L，RBC3×10^{12}/L，RBC 中心浅染区扩大，网织 RBC、PLT、WBC 都正常，首先应考虑的诊断是（ ）
   A. 营养性混合性贫血
   B. 雅克什贫血
   C. 营养性巨幼红细胞性贫血
   D. 营养性缺铁性贫血
   E. 再生障碍性贫血

9. 患儿 8 个月，生后 6 个月内生长发育好，近 2 个月呆滞，面黄。检查：四肢及唇舌抖，舌炎，腱反射亢进，踝阵挛阳性。血常规 Hb65g/L，RBC1.5×10^{12}/L，WBC4.5×10^9/L，中性粒细胞 15%，淋巴细胞 80%，单核细胞 5%，中性粒细胞有核右移。患儿最可能的诊断是（ ）
   A. 巨幼红细胞性贫血
   B. 呆小病
   C. 营养性缺铁性贫血
   D. 婴儿痉挛症
   E. 脑性瘫痪

序号	1	2	3	4	5	6	7	8	9
答案	E	C	A	B	E	C	C	D	A

四、多项选择题

1. 关于营养性缺铁性贫血，正确的说法是（ ）
   A. 主要发病年龄为 4～6 个月
   B. 为小细胞低色素性贫血
   C. 主要影响细胞浆的发育
   D. 常有髓外造血的表现
   E. 外周血白细胞数和血小板数正常

2. 下列哪些是巨幼红细胞性贫血的临床表现（ ）
   A. 头围增大   B. 虚胖或浮肿
   C. 震颤   D. 皮肤蜡黄
   E. 表情呆滞

3. 生理性贫血发生的原因是（ ）
   A. 婴儿循环血量速度增加
   B. 红细胞生成素减少
   E. 出生后营养不足
   C. 骨髓造血功能暂时性低下
   E. 红细胞破坏增加

序号	1	2	3
答案	BCDE	BCDE	ABCD

五、案例分析题

某 1 岁患儿，母乳喂养，未加辅食，约 2 个月前发现患儿活动少，不哭，不笑，面色蜡黄，

表情呆滞，手及下肢颤抖。检查发现肝、脾增大，血红细胞 $1×10^{12}$/L，血红蛋白 50g/L。

1. 该患儿可能为（　　）
   A. 重度贫血　　　B. 中度贫血
   C. 极重度贫血　　D. 轻度贫血
   E. 溶血性贫血
2. 对该患儿下列处理错误的一项是（　　）
   A. 主要用维生素 B_{12} 治疗
   B. 预防交叉感染
   C. 主要用铁剂治疗
   D. 可同时服用维生素 C
   E. 必要时可少量输血

序号	1	2
答案	A	C

（王斯捷）

第十三章　神经系统疾病患儿的护理

一、填空题

1. 小儿发生高热惊厥的首选药物是_____。
   答案：地西泮
2. 化脓性脑膜炎是由_____感染反致的急性脑膜炎症。
   答案：化脓性细菌

二、判断题

1. 高热患者每 2h 测量体温一次，待体温恢复正常 3 天后可逐渐递减至每日 2 次。（　　）
2. 患儿 12 个月，因高热惊厥入院。治疗 1 周痊愈出院，出院前对其家长健康教育的重点是惊厥预防及急救措施、定期随访。（　　）

序号	1	2
答案	√	√

三、单项选择题

1. 小儿化脓性脑膜炎早期最常见的并发症是（　　）
   A. 硬膜下积液
   B. 抗利尿激素综合征
   C. 脑积水
   D. 顽固性癫痫发作
   E. 脑室膜炎
2. 在处理小儿惊厥发作时，首先应做下列哪项处理措施（　　）
   A. 将舌轻轻向外牵拉
   B. 置牙垫于上下磨牙之间
   C. 立即送入抢救室
   D. 手心和腋下放入纱布
   E. 立即解松衣领，平卧头侧位
3. 导致新生儿化脓性脑膜炎的常见病原菌是（　　）
   A. 大肠埃希菌　　B. 肺炎链球菌
   C. 脑膜炎奈瑟菌　D. 白色念珠菌
   E. 流感嗜血杆菌
4. 对化脓性脑膜炎患儿的处理措施中，正确的是（　　）
   A. 颅压高时应适量放出脑脊液
   B. 硬脑膜下积液者可穿刺放液，每次不少于 30ml
   C. 重症患儿输液速度宜快，防止休克
   D. 保持安静，头侧位以防窒息
   E. 硬脑膜下穿刺时应侧卧位，固定头部
5. 患儿 6 个月，因头痛，烦躁不安入院，诊断为化脓性脑膜炎（脑膜炎奈瑟菌），常用抗生素是（　　）
   A. 庆大霉素　　B. 卡那霉素
   C. 红霉素　　　D. 林可霉素
   E. 青霉素
6. 确诊化脓性脑膜炎的主要依据是（　　）
   A. 脑脊液病原学检查　B. 脑超声波检查
   C. 头部 CT　　　　　D. 临床表现
   E. 病史
7. 以下哪些描述是错误的（　　）
   A. 早产儿的原始反射减弱不一定提示脑损伤
   B. 新生儿期，脊髓末梢约在第 3、4 腰椎下缘
   C. 原始反射包括吸吮、觅食、握持、拥抱反射
   D. 原始反射可持续至生后 1 年
   E. 新生儿出现巴宾斯基征不是病理现象
8. 化脓性脑膜炎合并较多量硬膜下积液时，治疗应首选（　　）
   A. 用脱水剂　　　B. 加大抗生素剂量
   C. 鞘内注射抗生素　D. 硬膜下穿刺排液
   E. 手术摘除囊膜

序号	1	2	3	4	5	6	7	8
答案	A	E	A	D	E	A	D	D

四、多项选择题

1. 高热惊厥的护理措施包括（　　）
   A. 迅速控制惊厥　　B. 迅速搬离现场

C. 保持呼吸道通畅 D. 防止外伤
E. 降温

序号	1
答案	ACDE

五、案例分析题

某7个月男婴，发热、咳嗽5天，近2天呕吐，今突然抽搐，曾用过青霉素肌内注射3天，生后已接种卡介苗。查体：体温：38.9℃。嗜睡，前囟饱满，颈无抵抗感，双肺稍许细湿啰音，巴彬斯基征(+)、凯尔尼格征(−)、布鲁津斯基征(−)，血常规 WBC$17×10^9$/L，N 0.66，L 0.34，脑脊液外观微浑浊，WBC$800×10^6$/L，N 0.7，L 0.3，蛋白质 2000mg/L，糖 2.3mmol/L，氯化物 105mmol/L。

1. 最可能的医疗诊断是（ ）
    A. 中毒性脑病 B. 结核性脑膜炎
    C. 流行性脑脊髓膜炎 D. 化脓性脑膜炎
    E. 病毒性脑膜炎
2. 对该患儿的护理措施，不妥的是（ ）
    A 病房保持安静 B. 经常为其翻身
    C. 保持营养供给 D. 维持体温正常
    E. 各种护理操作尽可能集中

序号	1	2
答案	D	B

(王斯捷)

第十四章　内分泌系统疾病患儿的护理

一、判断题

1. 患先天性甲状腺功能减低症新生儿表现为生理性黄疸时间延长。（ ）

序号	1
答案	√

二、单项选择题

1. 下列哪点不符合先天性甲状腺功能减低症的特殊面容（ ）
    A. 毛发稀少而干枯
    B. 眼裂小，两眼外侧上斜
    C. 眼距宽，鼻梁低平
    D. 皮肤粗糙、苍黄
    E. 舌大而宽厚，常伸出口外
2. 患儿，20天，过期产儿。出生体重4.2kg，哭声低哑，反应迟钝，食量少，黄疸未退，便秘，体重低，腹胀，该患儿最可能的诊断是（ ）
    A. 苯丙酮尿症 B. 先天性巨结肠
    C. 先天愚型 D. 甲状腺功能减低症
    E. 黏多糖病
3. 先天性甲状腺功能减低症的治疗，下列哪项是错误的（ ）
    A. 维持量个体差异比较大
    B. 初始剂量以最小剂量开始
    C. 症状改善后停药
    D. 治疗开始时间越早越好
    E. 间隔1~2周加量一次至症状改善

序号	1	2	3
答案	B	D	C

三、案例分析题

某女孩，12岁。多食、多饮、多尿、人渐消瘦1个月余。经查空腹血糖明显升高，尿糖阳性，确诊为糖尿病。

1. 为降低患儿血糖水平，应首选（ ）
    A. 甲苯磺丁脲 B. 阿卡波糖
    C. 正规胰岛素 D. 二甲双胍
    E. 中效胰岛素
2. 患儿出现发热、咳嗽，精神萎靡，同时伴腹痛、恶心、呕吐。患儿自服退热片。第2天晨起患儿出现昏迷。昏迷的最可能原因是（ ）
    A. 糖尿病酮症酸中毒
    B. 低血糖昏迷
    C. 糖尿病乳酸中毒
    D. 感染性休克
    E. 高渗性非酮症糖尿病昏迷
3. 根据患儿目前情况，宜选哪项治疗方案（ ）
    A. 5%碳酸氢钠静脉滴注
    B. 小剂量胰岛素，5%葡萄糖静脉滴注
    C. 大剂量胰岛素静脉注射及皮下注射
    D. 小剂量胰岛素，低渗生理盐水静脉滴注
    E. 小剂量胰岛素，等渗生理盐水静脉滴注

序号	1	2	3
答案	C	A	E

(王斯捷)

第十五章 免疫缺陷病和结缔组织病患儿的护理

一、填空题

1. 抗革兰阴性杆菌的主要抗体是_____。
   答案：IgM
2. 小儿最常见的原发性免疫缺陷病是_____。
   答案：体液免疫缺陷病
3. 小儿患有过敏性紫癜的首发症状是_____。
   答案：皮肤紫癜

二、判断题

1. 由母体通过不能通过胎盘传递给胎儿的物质是IgM。（ ）
2. 小儿患原发性免疫缺陷病的病因主要是环境污染。（ ）
3. 过敏性紫癜是小血管炎为主要病变的血管综合征。（ ）

序号	1	2	3
答案	√	×	√

三、单项选择题

1. 唯一能通过胎盘进入胎儿体内的免疫球蛋白是（ ）
   A. IgA   B. IgM
   C. IgG   D. IgE
   E. IgD
2. 原发性免疫缺陷病最常见的临床表现是（ ）
   A. 出血   B. 生长发育迟缓
   C. 智力低下   D. 反复感染
   E. 特殊面容
3. 小儿风湿热主要与下列哪种细菌感染有关（ ）
   A. 副大肠埃希菌   B. 大肠埃希菌
   C. 链球菌   D. 葡萄球菌
   E. 肺炎球菌
4. 需长期使用长效青霉素预防复发的疾病是（ ）
   A. 脑炎   B. 风湿热
   C. 肺炎   D. 急性肾炎
   E. 肠炎

序号	1	2	3	4
答案	C	D	C	B

四、多项选择题

1. T细胞在机体防御机理中的作用包括（ ）
   A. 排斥同种异型移植物
   B. T杀伤功能
   C. T抑制功能
   D. T辅助功能
   E. 合成各种免疫球蛋白
2. 以下哪些是小儿风湿热的表现（ ）
   A. 心脏炎   B. 多发性关节炎
   C. 批下结节   D. 舞蹈病
   E. ASO降低
3. 关于过敏性紫癜的说法正确的是（ ）
   A. 腹痛多为持续性
   B. 皮肤紫癜压之不褪色
   C. 以大关节肿痛为主
   D. 关节症状消失后不留有畸形
   E. 大多紫癜性肾炎预后良好

序号	1	2	3
答案	ABCD	ABCD	BCDE

五、案例分析题

患儿，男，8周岁，10天前有发热、咽痒、咽痛史，食欲、精神较差。2天前在在食虾后出现全身紫红色皮疹，高出皮肤，压之不褪色，双下肢及臀部明显，并呈对称性分布。有阵发性全腹痛。伴恶心、呕吐，尿量略少，尿色加深。尿液检查：尿蛋白：++，尿红细胞：++。

1. 该患儿最可能的医疗诊断是（ ）
   A. 原发性血小板减少性紫癜
   B. 流行性出血热
   C. 急性腹膜炎
   D. 过敏性紫癜
   E. 风湿热
2. 患儿出现尿量略少，尿色加深。尿液检查尿蛋白：++，尿红细胞：++，应考虑（ ）
   A. 泌尿系感染   B. 肾结核
   C. 肾病综合征   D. 肾结石
   E. 紫癜性肾炎
3. 对患儿腹痛，不恰当的护理是（ ）
   A. 应给予无动物蛋白、无渣流质饮食
   B. 进行腹部热敷，减轻症状
   C. 观察腹部体征并及时报告处理
   D. 注意大便次数及性状
   E. 卧床休息，床边守候

序号	1	2	3						
答案	D	E	B						

(王斯捷)

第十六章 遗传性疾病患儿的护理

一、填空题

1. 唐氏综合征最常伴的畸形是_____。
   答案：先天性心脏病
2. 苯丙酮尿症是_____遗传病
   答案：常染色体隐性

二、判断题

1. 唐氏综合征属于常染色体畸变。（　）

序号	1
答案	√

三、单项选择题

1. 小儿染色体病中最常见的为（　）
   A. 21-三体综合征
   B. 13-三体综合征
   C. 5P-综合征
   D. 18-三体综合征
   E. 脆性 X 染色体综合征
2. 21-三体综合征最常见的核型表现是（　）
   A. 易位型　　　B. 标准型
   C. 嵌合体型　　D. 普通型
   E. 罗泊逊易位

序号	1	2							
答案	A	B							

四、多项选择题

1. 21-三体综合征的临床表现有（　）
   A. 智力低下　　B. 体格发育迟缓
   C. 张口伸舌　　D. 眼距宽
   E. 无特殊面容

序号	1					
答案	ABCD					

(王斯捷)

第十七章 感染性疾病患儿的护理

一、填空题

1. 麻疹的隔离期通常是_____。
   答案：发疹后 5 天，并发肺炎延至 10 天
2. 麻疹最常见的的并发症是_____。
   答案：肺炎
3. 小儿初次感染结核杆菌至产生变态反应的时间是_____。
   答案：4～8 周
4. 结核病以_____最常见
   答案：肺结核

二、判断题

1. 开放性结核病患者正规化疗的疗程是 2～4 周。（　）

序号	1
答案	√

三、单项选择题

1. 麻疹合并肺炎者应该隔离至（　）
   A. 出疹后 5 天　　B. 出疹后 2 1 天
   C. 出疹后 14 天　　D. 出疹后 10 天
   E. 肺炎痊愈为止
2. 结核性脑膜炎早期表现是（　）
   A. 发热，呕吐，面神经瘫痪
   B. 知觉过敏
   C. 发热，头痛，喷射状呕吐
   D. 手足徐动，前囟膨隆
   E. 性格改变，发热，呕吐，消瘦，便秘，婴儿可表现腹泻
3. 典型麻疹的出疹顺序是（　）
   A. 先额部、面部、后躯体、四肢
   B. 先躯体、后四肢、最后头面部
   C. 先耳后、四肢、后躯体、手掌、足底
   D. 先从耳后、颈部延至额面部、然后躯体、四肢
   E. 先前胸、后背部、渐延至四肢、手掌、足底
4. 不属于流行性腮腺炎并发症的一项是（　）
   A. 肺炎　　　　B. 脑膜脑炎
   C. 急性睾丸炎　D. 急性胰腺炎

E. 急性卵巢炎
5. 麻疹的传播途径是（　　）
   A. 虫媒传播　　　　　B. 消化道传播
   C. 血液传播　　　　　D. 皮肤接触传播
   E. 飞沫呼吸道传染

序号	1	2	3	4	5
答案	D	E	D	A	E

四、多项选择题

1. 抗结核治疗的目的有（　　）
   A. 杀灭病灶中的结核菌
   B. 防止血行播散
   C. 治疗原则：早期治疗、适宜剂量
   D. 联合用药、规律用药
   E. 坚持全程、分段治疗
2. 结核性脑膜炎的并发症有（　　）
   A. 脑积水　　　　　B. 脑性瘫痪
   C. 脑出血　　　　　D. 脑神经障碍
   E. 脑软化
3. 影响结核性脑膜炎预后的主要因素有（　　）
   A. 合并有肺门结核者
   B. 治疗晚、治疗不当
   C. 原发耐药菌株感染
   D. 小婴儿病死率高
   E. 晚期、脑膜脑炎型预后最差
4. 流行性腮腺炎的临床表现包括（　　）
   A. 急性起病
   B. 颌下腺可同时肿
   C. 腮腺管口有脓液溢出
   D. 病后 24h 内出现腮腺肿大
   E. 以耳垂为中心弥漫性肿胀

序号	1	2	3	4
答案	ABCDE	ACDE	BCDE	ABDE

五、案例分析题

患儿，1 岁，发热、咳嗽、流涕 5 天皮疹 1 天入院。体检见：体温：39.5℃，咽部充血，在下磨牙对应的颊黏膜可见黏膜疹，球结膜充血，耳后发际面、部见红色斑丘疹，疹与疹之间皮肤正常。

1. 该患儿最可能的医疗诊断是（　　）
   A. 麻疹　　　　　B. 风疹
   C. 猩红热　　　　D. 幼儿急疹
   E. 手足口病
2. 该患儿护理诊断不包括（　　）
   A. 体温过高
   B. 皮肤完整性受损
   C. 清理呼吸道无效
   D. 有传播感染的危险
   E. 潜在并发症：肺炎、喉炎、脑炎
3. 不正确的护理措施是（　　）
   A. 给予清淡、易消化的流质半流质饮食
   B. 保持皮肤清洁
   C. 对患儿采取呼吸道隔离
   D. 避免强光刺激
   E. 大剂量退热剂或用乙醇擦浴降温

序号	1	2	3
答案	A	C	E

（王斯捷）

第七篇　急危重症护理学

第一章　绪　论

一、填空题

1. EMSS 是_____。
   答案：急诊医疗服务体系
2. 急危重症护理学的学习要求是加强基本功训练、_____、理论联系实践。
   答案：重视能力的培养

二、判断题

1. 急危重症护理学是一门独立应用性学科。（　）
2. 现场急救由第一目击者进行必要的现场急救。（　）
3. 急诊科是院内急救的首诊科室。（　）

序号	1	2	3
答案	×	√	√

三、单项选择题

1. 世界上急诊医学发展最早的的国家是（　）
   A. 德国　　　　B. 日本
   C. 美国　　　　D. 芬兰
   E. 加拿大
2. "中华医学会急诊医学学会"正式成立于（　）
   A. 1972 年　　　B. 1982 年
   C. 1979 年　　　D. 1980 年
   E. 1986 年

序号	1	2
答案	C	E

四、多项选择题

1. 以下哪些是急危重症护理学的研究范畴？（　）
   A. 院前急救　　　B. 急诊科救护
   C. 危重症救护　　D. 灾难救护
   E. 急诊医疗服务体系
2. EMSS 主要参加人员（　）
   A. 最初目击者　　B. 急救医护人员
   C. 急诊科医护人员　D. ICU 医护人员
   E. 以上都不是
3. 急危重症专科护士的素质要求是（　）
   A. 高度的责任心和同情心
   B. 扎实的理论知识和精湛的技术
   C. 良好的身体素质和心理素质
   D. 较强的沟通和协调能力
   E. 一定的管理能力

序号	1	2	3
答案	ABCDE	ABCD	ABCDE

（崔水峰　钱俊刚）

第二章　院前急救

一、填空题

1. _____是严重地震伤早期致死的主要原因之一。
   答案：创伤性休克
2. 每辆急救车与医师及护士编配比例为_____。
   答案：1∶5
3. _____是导致休克、引起死亡的主要原因之一。
   答案：创伤出血

二、判断题

1. 一个拥有 10 万人口以上的区域应该设置一个院前急救中心(站)，有独立的 120 急救专用电话和其他基础设施。（　）
2. 急救半径代表院前急救服务范围的最长直线辐射距离，城区急救半径在 10～15km。（　）
3. 院前急救的总原则是先排险后施救。（　）

序号	1	2	3
答案	×	×	×

三、单项选择题

1. 院前急救是指（　）
   A. 急危重患者的现场救护
   B. 专业救护人员到来之前的抢救
   C. 急、危、重症伤病员到达医院之前进行的

紧急救护
D. 途中救护
E. 现场自救、互救
2. 关于伤员的转运，下列哪项错误（　　）
   A. 对昏迷患者，应将头偏向一侧
   B. 生命体征尚不稳定的患者应暂缓汽车长途转送
   C. 途中严密观察病情
   D. 遇有导管脱出应立即插入
   E. 途中不能中断抢救
3. 一般要求，市区的平均反应时间为（　　）
   A. 8min   B. 15min
   C. 20min   D. 25min
   E. 30min
4. 反映急救速度的主要客观指标是（　　）
   A. 急救中心的面积   B. 服务区域
   C. 反应时间   D. 基本设施
   E. 基本设备
5. 大批伤员中，对于大出血的患者应用何种颜色进行标记（　　）
   A. 黄色   B. 绿色
   C. 棕色   D. 红色
   E. 黑色
6. 现场伤病分类，最后运送的是（　　）
   A. 所有伤病员
   B. 有红色、黄色标志的危重患者
   C. 能行走、病情较轻的患者
   D. 死亡患者
   E. 需就地抢救的患者
7. 现场对危重患者进行病情评估时，触摸桡动脉，是用于判定（　　）
   A. 循环系统   B. 呼吸系统
   C. 神经系统   D. 气道通畅
   E. 暴露检查
8. 疑有颈椎或脊椎骨折患者在搬运时，下列哪项错误（　　）
   A. 尽可能用颈托固定颈部
   B. 搬运时应固定头部，避免摇摆
   C. 可用海绵垫搬运
   D. 保持脊椎的轴线稳定
   E. 将患者固定在硬板担架上搬运
9. 关于患者的转运，下列错误的是（　　）
   A. 病情不稳定者，应暂缓汽车长途转送
   B. 担架在行进途中，伤员应头部在后，下肢在前

C. 脊椎受伤者，应保持脊椎轴线稳定
D. 腹胀者去除胃肠减压术后再空运
E. 途中要加强生命支持性措施
10. 急救运输工具的配备，哪项不正确（　　）
    A. 原则上每5万～10万人口配1辆急救车
    B. 车辆应集中停在急救中心，以便于管理
    C. 车辆性能要满足急救需要
    D. 每辆车配备医护人员与驾驶员各5人
    E. 定期检查维修，保持完好状态
11. 1986年，卫生部、邮电部正式批准我国统一的呼救电话号码为（　　）
    A. 112   B. 115
    C. 120   D. 999
    E. 911
12. "将患者带到医院"是以下哪个国家的院前急救模式（　　）
    A. 美国   B. 中国
    C. 德国   D. 法国
    E. 以上都不是

序号	1	2	3	4	5	6	7	8	9	10
答案	C	D	B	C	D	C	A	C	D	B
序号	11	12
答案	C	A

四、多项选择题

1. 院前急救的意义包括（　　）
   A. 降低伤残率
   B. 降低死亡率
   C. 体现国家综合能力
   D. 反映国家组织管理能力
   E. 以上都是
2. 普通型救护车内的装备至少应有（　　）
   A. 供氧装置   B. 急救箱
   C. 止血包   D. 血氧饱和度测定仪
   E. 心电监护仪
3. 急救中心或分站地点的选择应符合的条件是（　　）
   A. 在区域的中心地带或人口稠密区
   B. 车辆进出方便
   C. 设在医院内或医院外，在院外时要靠近医院
   D. 市区服务半径不超过5km
   E. 以上都是
4. 院前急救的工作特点（　　）
   A. 突发性   B. 紧迫性

C. 艰难性　　　　　D. 复杂性
E. 风险性、有效性
5. 院前急救的病情评估包括（　　）
   A. 气道是否通畅　　B. 呼吸是否正常
   C. 循环情况　　　　D. 神经系统障碍
   E. 暴露检查
6. 我国目前急救模式有（　　）
   A. 指挥型　　　　　B. 依托型
   C. 指挥协作型　　　D. 独立型
   E. 与医院结合型
7. 日常呼救患者分为（　　）
   A. 短时间内有生命危险的急危重患者
   B. 病情紧急但短时间内尚无生命危险的急诊患者
   C. 慢性病患者
   D. 骚扰型患者
   E. 以上都不对

序号	1	2	3	4	5
答案	ABCDE	ABC	ABCDE	ABCDE	ABCDE
序号	6	7			
答案	ABCDE	ABC			

（崔水峰　钱俊刚）

第三章　急诊科的管理

一、填空题

1. SOAP 公式中，A 代表的是_____。
   答案：评估
2. 急诊科应设医疗区和_____。
   答案：支持区
3. EICU 是指_____。
   答案：急诊重症监护室

二、判断题

1. 急诊科是急危重症患者首诊的场所。（　　）
2. 急诊急救水平的高低，不能直接反映医院的总体医疗实力状态。（　　）

序号	1	2					
答案	√	×					

三、单项选择题

1. 关于急诊科的布局，下列哪项不正确（　　）
   A. 尽量远离住院部
   B. 有专门的出入口通道
   C. 分诊室设立在入口明显位置
   D. 清创室与抢救室、外科诊室相邻
   E. 抢救室靠近急诊科的进口处
2. 下列不属于急救物品的是（　　）
   A. 除颤器　　　　　B. 呼吸机
   C. 纤维胃镜　　　　D. 多功能监护仪
   E. 简易呼吸器
3. 原则上急诊科观察室对患者的留观时间不超过（　　）
   A. 1 天　　　　　　B. 3 天
   C. 5 天　　　　　　D. 7 天
   E. 10 天
4. 关于抢救药品及设备的管理，哪项错误（　　）
   A. 专人管理　　　　B. 定品种数量
   C. 定期检查　　　　D. 定位放置
   E. 外借时一定要登记
5. 急诊患者就诊多长时间内应得到处置（　　）
   A. 2min　　　　　　B. 5min
   C. 10min　　　　　 D. 15min
   E. 30min
6. 确定患者进入急诊绿色通道后，科主任、医务科或总值班到达现场的时间是（　　）
   A. 3min　　　　　　B. 5min
   C. 10min　　　　　 D. 15min
   E. 20min
7. 急诊科护理工作质量要求不包括（　　）
   A. 器材药物完备　　B. 分诊迅速准确
   C. 抢救组织严密　　D. 抢救效率高
   E. 极易交叉感染
8. 以下哪项不属于分诊护士的职责范围（　　）
   A. 分清患者的轻重缓急
   B. 对所有急诊患者进行登记
   C. 维持就诊环境
   D. 护送患者入病房
   E. 参与急救
9. 不属于观察室收治范围的是（　　）
   A. 急诊患者　　　　B. 诊断不清患者
   C. 候床入院患者　　D. 小手术后患者
   E. 输液观察患者
10. 急诊护士一般需要有临床护理工作经验的年限是（　　）
    A. 1 年　　　　　　B. 2 年
    C. 3 年　　　　　　D. 4 年
    E. 5 年

11. 观察分诊不常用的方法（　　）
   A. 视诊和触诊
   B. 听诊和嗅诊
   C. 问诊了解患者主诉和伴随症状
   D. 护理体检查病变部位
   E. 诱导患者快速说出不适
12. 一位急诊创伤患者同时出现下列病情，应先抢救哪一项（　　）
   A. 窒息　　　　　B. 昏迷
   C. 骨折　　　　　D. 心律失常
   E. 伤口出血
13. 一急诊胸前区疼痛患者你用分诊技巧是（　　）
   A. SOAP 分诊公式　B. PQRST 分诊公式
   C. CRAMS 评分法　D. QRS 分诊公式
   E. RSTRS 评分法
14. 急诊护理主要的工作流程不包括（　　）
   A. 接诊　　　　　B. 分诊
   C. 评分　　　　　D. 急诊处理
   E. 转诊
15. 对于成批中毒神志不清的急诊患者护士正确应用诊疗识别手段是（　　）
   A. 应用"腕带"作为诊疗识别手段
   B. 应用患者真实姓名
   C. 应用患者的年龄和性别
   D. 应用患者的单位
   E. 在患者手上写上编号
16. 一急诊骨折患者在复位，护士正确做法是（　　）
   A. 帮助医生用力复位
   B. 让患者大声喊叫发泄痛苦
   C. 与患者交谈分散注意力
   D. 陪同患者一起哭泣
   E. 告知注意事项
17. 下列哪项不是急诊患者心理反应（　　）
   A. 焦虑和忧郁　　B. 怀疑和依赖
   C. 恐惧和愤怒　　D. 安静和沉默
   E. 否认和冷漠
18. 下列哪项不是急诊科护理的工作特点（　　）
   A. 急　　　　　　B. 任务繁重
   C. 人流量大　　　D. 病情复杂
   E. 涉法事件少见
19. 关于观察分诊不正确的是（　　）
   A. 一般分诊时间为 2～5min
   B. 护士应用知识和经验

   C. 收集客观资料
   D. 按着患者要求分诊
   E. 评估、判断、分析患者资料

序号	1	2	3	4	5	6	7	8	9	10
答案	A	C	B	E	B	C	E	E	C	C
序号	11	12	13	14	15	16	17	18	19	
答案	E	A	B	C	A	C	D	E	D	

四、多项选择题

1. 抢救室必备的急救药品有（　　）
   A. 升压药　　　　B. 呼吸兴奋剂
   C. 解毒药　　　　D. 镇静药
   E. 抗生素
2. 急诊重症监护室常用仪器包括（　　）
   A. 床旁监护仪　　B. 中心监护仪
   C. 呼吸机　　　　D. 血液气体分析仪
   E. 洗胃机
3. 急诊科人员素质要求包括（　　）
   A. 职业道德　　　B. 业务能力
   C. 心理素质　　　D. 身体素质
   E. 团队合作精神
4. 常用分诊技巧 SOAP 公式代表（　　）
   A. 主观感受　　　B. 估计
   C. 客观现象　　　D. 评估
   E. 计划
5. 疼痛患者观察分诊技巧 PQRST 公式代表（　　）
   A. 诱因　　　　　B. 性质
   C. 放射　　　　　D. 程度
   E. 时间
6. 急诊患者心理护理措施包括（　　）
   A. 聆听患者倾诉　B. 维护患者自尊
   C. 满足患者需要　D. 转移患者注意力
   E. 为患者争取支持

序号	1	2	3	4	5	6
答案	ABCD	ABCD	ABCDE	ACDE	ABCDE	ABCDE

五、案例分析题

1. 李某，冠心病史 3 年，今晨在公交车上突然出现四肢抽搐，两眼上翻，呼吸心跳减弱，司机与乘客立即送其到急诊科，分诊护士处理正确的是（　　）
   A. 分诊护士立即协助医生进行心肺复苏
   B. 分诊护士立即开通绿色通道医护人员进行抢救

C. 分诊护士立即进行心肺复苏
D. 分诊护士立即协同其他护士进行心肺复苏
E. 分诊护士立即呼叫医生进行抢救

2. 刘某,在海中游泳时不慎溺水,被送到急诊室,查体:神志不清,口流海水,呼吸微弱,心率45/min,血压90/60mmHg,医生不在场,护士处理正确的是( )
   A. 立即呼叫医生等待医嘱
   B. 立即头偏一侧,吸出口腔异物,吸氧
   C. 立即心外按压
   D. 立即心电监护
   E. 先测生命体征

3. 某男,交通事故后送往急诊室,意识丧失,左闭合性下肢骨折,呼吸20/min,心率62/min,血压96/62mmHg,身上无任何证件,护士处理不正确的是( )
   A. 协助医生处理骨折
   B. 处置同时通知保卫部
   C. 等待家属办理手续后再处理
   D. 先处理后再等家属补办手续
   E. 处置同时通知医务部

4. 李某,因突发交通事故,送往急诊室,神清,生命体征平稳,右上肢骨折,第7、8肋骨折,评估患者心理反应正确的是( )
   A. 否认和焦虑   B. 抑郁
   C. 依赖   D. 怀疑
   E. 愤怒

5. 某女,因突发心肌梗死,送入急诊室,护士立即给予吸氧,心电监护,医生做心电图,医嘱溶栓治疗,医护人员进行急救,患者的心理特点是( )
   A. 优先欲   B. 否认疾病
   C. 无望   D. 无助
   E. 陌生感和恐惧感

6. 王某,女,18岁,感冒高热39℃,急诊输液体温没有下降,没有家属,护士在肌注降温药时,心理护理措施正确的是( )
   A. 协助患者饮水
   B. 指导患者高热饮食
   C. 与患者交谈分散注意力
   D. 用手触摸患者头部,安慰患者再注射
   E. 注射后告知患者等待退热

王某,67岁,反复心绞痛2年,今晨突然胸骨后持续疼痛,休息、含服硝酸甘油均不缓解,持续3h,伴有烦躁.出汗,家属搀扶步入急诊室。查体:面色苍白,血压96/64mmHg,心率90/min,心电图V1~V5导联ST段弓背上台0.3~0.5mv。

7. 患者正确的诊断是( )
   A. 心绞痛发作
   B. 急性左心衰竭
   C. 急性前壁心肌梗死
   D. 急性下壁心肌梗死
   E. 急性前间壁心肌梗死

8. 护士处理正确的是( )
   A. 立即送入循环科病房
   B. 立即嘱患者卧床,给予吸氧.心电监护
   C. 协助患者立即补液
   D. 立即心外按压
   E. 分诊护士立即给患者吸氧.监护

9. 护士健康教育正确的是( )
   A. 指导家属正确就诊和急救措施
   B. 指导患者活动
   C. 指导家属饮水
   D. 指导患者口腔护理
   E. 指导家属胸外按压

王某,24岁,高热一天,最高体温39.2℃,来院急诊室就诊。查体:神清,胸前、耳后出现散在水痘,无鼻塞,咳嗽症状。

10. 分诊护士处理正确的是( )
    A. 按高热患者分诊   B. 按急重患者分诊
    C. 安排隔离室就诊   D. 按轻患者分诊
    E. 安排儿科就诊

11. 护士协助医生处理正确的是( )
    A. 护士替医生填写传染病疫情卡
    B. 分诊护士替医生填写传染病疫情卡
    C. 分诊护士替医生下医嘱,医生报卡
    D. 护士协助医生填写传染病疫情卡
    E. 分诊护士填写传染病疫情卡

12. 护士对患者健康教育不正确的是( )
    A. 指导隔离相关知识
    B. 指导皮肤护理知识
    C. 指导用药的注意事项
    D. 告知患者体温降至正常即可上班
    E. 指导患者饮食

王某,男,42岁,因酗酒后突发急性胰腺炎,送院急诊室。查体:神清,反应迟钝,屈膝卧位,呼吸26/min,血压80/45mmHg,脉搏52/min。

13. 在抢救过程中护士不正确的是( )
    A. 及时作好记录
    B. 护士向医生重复背述口头医嘱

C. 医护双方核对后用药
D. 快速急救，不必双方核对医嘱
E. 超常规用药应双方核对后用药

14. 抢救没开书面医嘱或没记录处理正确的是（　）
    A. 抢救后不用补记
    B. 及时补上准确记录
    C. 抢救记录应简单
    D. 不能后补医嘱，只记护理记录即可
    E. 护理记录因急救不用规范书写

曲某，男，45岁，因车祸伤急入急诊室。查体：意识丧失，生命体征平稳，急诊CT提示颅底骨折，急诊手术。

15. 护士给患者导尿时处理正确的是（　）
    A. 因患者神志不清不用遮挡
    B. 因患者神志不清操作不用轻柔快速即可
    C. 应向家属告知目的，遮挡患者，操作轻柔
    D. 应向患者告知目的，遮挡患者，操作轻柔
    E. 应向家属告知目的，不用遮挡患者

16. 交警了解病情护士处理正确的是（　）
    A. 向交警讲解抢救经过
    B. 护士通知保卫部
    C. 护士通知分诊护士
    D. 护士向交警出示抢救记录
    E. 护士让家属讲解

17. 护士处置同时应通知那些部门（　）
    A. 医务部和保卫部   B. 寻找患者家属
    C. 通知交通大队   D. 通知护理部
    E. 通知护士长

序号	1	2	3	4	5	6	7	8	9	10
答案	B	B	C	A	E	D	C	B	A	C
序号	11	12	13	14	15	16	17			
答案	D	D	D	B	C	B	A			

（崔水峰　钱俊刚）

第四章　重症医学科

一、填空题

1. 中枢神经系统包括＿＿＿＿和脊髓。
   答案：脑
2. 意识清醒状态的维持依赖于大脑皮层及＿＿＿＿网状结构功能状态的完整性。
   答案：脑干
3. 左室前负荷测量指标为＿＿＿＿右室前负荷测量指标为CVP。
   答案：PCWP
4. 左室后负荷为外周循环阻力（SVR），右室后荷为＿＿＿＿。
   答案：肺循环阻力（PVR）
5. 临床常用双腔管留置部位：＿＿＿＿股静脉，锁骨下静脉。
   答案：颈内静脉
6. 单位时间内肾脏生成的超滤液量称为＿＿＿＿。
   答案：肾小球滤过率

二、判断题

1. 重症医学科病房不但患者病情危重、抢救多、无陪护，而且医护人员多，建立完善的规章制度是重症医学科工作的基本保障。（　）
2. 遥控心电监护仪的遥控半径通常为10米。（　）
3. RAP的正常值为15～20mmHg。（　）
4. 重症医学科应设置在医院内最适中的位置，最好远离急诊科、脑外科、手术室等科室。（　）
5. 漂浮导管进行血流动力学的监测时，留置时间不能超过24小时。（　）
6. 重症脑缺氧的患者呼吸运动一般为间断呼吸。（　）
7. 成人尿比重的正常值为1.015～1.025。（　）

序号	1	2	3	4	5	6	7
答案	√	×	×	×	×	×	√

三、单项选择题

1. 指补呼气后，肺内不能呼出的残余气量称为（　）
   A. 残气量   B. 功能残气量
   C. 补呼气量   D. 潮气量
2. 能反映人体静息状态下的通气功能的是（　）
   A. 残气量   B. 功能残气量
   C. 补呼气量   D. 潮气量
3. 判断病情最敏感最可靠的指标是（　）
   A. 意识   B. 体温
   C. 脉搏   D. 呼吸
4. 双侧瞳孔缩小可见于（　）
   A. 阿托品中毒   B. 有机磷农药中毒
   C. 深昏迷   D. 脑疝早期

5. CVP 的正常值是（ ）
   A. 0cmH₂O   B. 5～12cmH₂O
   C. 10～15cmH₂O   D. 20～30cmH₂O
6. 反映左心室充盈最准确的指标是（ ）
   A. CVP   B. PCWP
   C. PASP   D. CO
7. 正常的颅内压是（ ）
   A. 10～15mmHg   B. 15～20mmHg
   C. 20～30mmHg   D. 30～40mmHg
8. 维持循环功能取决于心脏泵功能、血容量和血管张力三方面的有效协调作用。CVP↓、BP↓说明（ ）
   A. 有效血容量不足、休克
   B. 右心负荷过重
   C. 心缩无力或有效血容量不足
   D. 以上都不是
9. 有创血压测压导管的护理，错误的是（ ）
   A. 每小时测压1次并记录
   B. 定期肝素冲洗，防血栓，保持管道通畅
   C. 插管部位每2小时更换1次敷料，防止感染
   D. 当患者改变体位时，重测零点
10. ICU收治病种不包括（ ）
    A. 恶性肿瘤晚期患者
    B. 急性中毒、毒蛇咬伤者
    C. 多器官功能衰竭
    D. 大面积烧伤者
    E. 各种休克
11. ICU护士与床位的比例要求为（ ）
    A. 4∶1   B. 1～1.5∶1
    C. 2～3∶1   D. 3∶1
    E. 5∶1
12. ICU病房的温度应保持在
    A. 16～20℃   B. 18～22℃
    C. 20～25℃   D. 25～28℃
    E. 26～30℃
13. 三甲综合性医院重症医学科床位数为医院病床总数的（ ）
    A. 2%～3%   B. 2%～4%
    C. 2%～6%   D. 2%～7%
    E. 2%～8%
14. 能反映心电功能，是危重患者最常规监测项目的是（ ）
    A. 血压监测   B. 消化道感染
    C. 体温检测   D. 血液监测
    E. 血流动力学监测
15. 重症医学科每床使用面积不能少于（ ）
    A. 8m²   B. 10m²
    C. 12m²   D. 15m²
    E. 18m²
16. 下列哪项不是重症医学科的监护内容（ ）
    A. 循环系统监护   B. 生化检测指标
    C. 呼吸系统监护   D. 神经系统监护
    E. 肾功能监测
17. 抢救记录应在抢救结束后多长时间内据实补记，并加以说明（ ）
    A. 4h   B. 30min
    C. 2h   D. 3h
    E. 6h
18. 下列哪项不是监护记录书写要求（ ）
    A. 保持页面清洁，书写错误时刮去错误字迹重新书写
    B. 表述准确，使用书面语言
    C. 填写项目齐全
    D. 动态反映患者病情变化.处理措施及效果
    E. 内容简明扼要.重点突出

序号	1	2	3	4	5	6	7	8	9	10
答案	A	D	A	B	B	B	A	A	C	A
序号	11	12	13	14	15	16	17	18		
答案	D	C	E	C	D	B	E	A		

四、多项选择题

1. 下列属于重症患者的心理护理措施有（ ）
   A. 帮助患者适应环境
   B. 帮助患者适应患者角色
   C. 帮助患者与亲人沟通
   D. 药物治疗
   E. 稳定患者情绪
2. ICU内感染的主要原因为（ ）
   A. 危重患者密集
   B. 各种侵入性操作
   C. 医疗器械消毒不彻底
   D. 抗生素的不合理使用
   E. 原发病引起免疫功能低下
3. ICU护士为防止交叉感染,下列何种情况下须洗手（ ）
   A. 操作前后
   B. 护理两个患者之间
   C. 处理大小便器后
   D. 进入ICU时

E. 以上都不是
4. 全胃肠道外营养（TPN）的成分包括（   ）
   A. 4%～5%氨基酸 B. 10%葡萄糖
   C. 10%～20%脂肪乳 D. 适量胰岛素
   E. 维生素B、C
5. TPN的配制时应注意（   ）
   A. 严格无菌操作
   B. 可加入其他药物
   C. 标明内含成分、配制时间、姓名、床号
   D. 24h内输完
   E. 各种营养成分搭配合理
6. TPN所引起的代谢并发症有（   ）
   A. 高渗性非酮症昏迷 B. 高钠
   C. 氮质血症 D. 腹泻
   E. 气胸

序号	1	2	3	4	5	6
答案	ABCE	ABCDE	ABCD	ABCDE	ACDE	ABC

五、案例分析题

1. 患者老马瞳孔散大而不定（直径5～6mm），刺激时瞳孔出现轻微有节律的收缩与放大，你判断受损的部位是（   ）
   A. 脑干 B. 中脑
   C. 间脑 D. 大脑皮层
2. 患者王某，入院时急性ICP增高，在未做减压术的患者在选择监测ICP时不宜采用（   ）
   A. 硬膜外测压 B. 脑室内测压
   C. 腰穿测压 D. 硬膜下测压

序号	1	2
答案	B	C

（崔水峰　钱俊刚）

第五章　现场急救技术

一、填空题

1. 基础生命支持中的主要步骤：A是开放气道，B是提供正压通气，C是_____。
   答案：胸外心脏按压
2. 心肺复苏的最终目是_____。
   答案：挽救生命
3. 专业人员2人法实施儿童与婴儿CPR的比例是_____。
   答案：30∶2
4. 体外循环支持按压深度一般要求达到_____。
   答案：5cm
5. 专业救援者对清醒成人可实施的解除气道异物梗阻的手法是_____。
   答案：膈下腹部冲击法
6. 救护"生命链"，指的是早期通路，_____早期除颤，早期高级生命支持。
   答案：早期心肺复苏
7. 硬膜外血肿典型的意识变化是有_____期。
   答案：中间清醒
8. 对怀疑有颈椎损伤患者开放气道的手法是_____。
   答案：托颌法

二、判断题

1. 基础生命支持的主要目的是保证提供最低限度的心脑及全身重要脏器的供血、供氧，延长机体耐受临床死亡的时间。（   ）
2. 急性冠状动脉供血不足或急性心肌梗死早期是造成成人心脏骤停的主要原因。（   ）
3. 由于心搏骤停后组织缺氧，造成机体代谢性酸中毒，因此心肺复苏开始后应尽早使用碳酸氢钠。（   ）
4. 心脏骤停复苏的首选给药途径是气管内给药。（   ）
5. 经过全球医护人员的共同努力，心肺复苏的成功率已有显著的提高。（   ）
6. 大脑在循环完全停止10分钟以后便会发生不可逆的缺氧性损伤。（   ）
7. 室颤的患者一定不会有脉搏。（   ）

序号	1	2	3	4	5	6	7
答案	√	√	×	×	√	×	√

三、单项选择题

1. 心脏骤停的类型不包括（   ）
   A. 意识丧失
   B. 心室颤动
   C. 心搏停止
   D. 缓慢而无效的心室自身节律
2. 心肺复苏国际指南推荐胸外心脏按压时，按压和吹气比例为（   ）
   A. 单人15∶2，双人5∶1
   B. 单人15∶2，双人15∶2
   C. 单人5∶1，双人15∶2
   D. 单人和双人均为30∶2
3. 心肺复苏时药物治疗首选的给药途径是（   ）

A. 静脉 B. 气管、支气管树
C. 心腔内注射 D. 肌肉
4. 心搏骤停最常见的心电图类型为（ ）
A. 心室停止 B. 电机械分离
C. 室颤 D. 完全传导阻滞
5. 心肺复苏后室性心律失常首选的抗心律失常药物为（ ）
A. 利多卡因 B. 胺碘酮
C. 普鲁卡因胺 D. 硫酸镁
6. 基础生命支持时，判断意识的时间为（ ）
A. 1秒 B. 3秒
C. 5秒 D. 10秒
7. 心肺复苏时，患者的体位为（ ）
A. 仰卧于硬板床 B. 仰卧于海绵垫
C. 仰卧于软床 D. 根据情况而定
8. 复苏中采取维持血压，低温，镇痉，脱水等措施是针对（ ）
A. 维持有效呼吸
B. 保护肾功能
C. 脑复苏
D. 处理酸中毒及水电解质紊乱
E. 以上都不是
9. 如心电图显示室颤，应首先行（ ）
A. 同步电击除颤 B. 心肺复苏
C. 非同步电击除颤 D. 维持静脉通路
E. 心电监护
10. 在使用自动体外除颤器操作之前，首先必须确定被抢救者具有"三无症"。"三无症"不包括（ ）
A. 无体温 B. 无脉搏
C. 无意识 D. 无呼吸
11. 患者复苏成功后，都应该送入加强监护病房连续严密监测至少（ ）
A. 1~12小时 B. 12~24小时
C. 24~48小时 D. 48~72小时
E. 72小时以上
12. 复苏有效的指标不包括（ ）
A. 扪及大动脉搏动，收缩压维持在60mmHg以上
B. 脑功能有恢复迹象
C. 发绀减轻，甚至消失
D. 心电图出现窦性心律
E. 瞳孔散大，对光反应恢复
13. 电复律操作中叙述错误的是（ ）
A. 患者平卧于木板床上
B. 两电极板距离大于10cm
C. 用盐水纱布擦湿两极间皮肤
D. 室颤患者一日内可电复律3次以上
E. 复律时立即进行心电监测
14. 下列哪种情况可采用人工气道（ ）
A. 喉头水肿
B. 颈椎骨折和脱位
C. 慢性阻塞性肺疾病（COPD）伴呼吸衰竭
D. 下呼吸道分泌物引起的气道堵塞
E. 有主动脉瘤压迫或侵犯气管
15. 气管插管时应向套囊内注空气约（ ）
A. 1~3ml B. 3~5ml
C. 5~7ml D. 7~9ml
E. 以上都不是
16. 机械通气时，氧的吸入浓度一般从（ ）开始
A. 20%~40% B. 40%~60%
C. 60%~80% D. 80%~100%
E. 100%~120%
17. 下列哪项不是机械通气的禁忌证（ ）
A. 呼吸道梗阻 B. DIC
C. 肺大疱 D. 循环衰竭
E. 心胸大手术后

序号	1	2	3	4	5	6	7	8	9	10
答案	A	D	A	C	A	D	A	C	C	A
序号	11	12	13	14	15	16	17			
答案	D	E	C	C	B	C	E			

四、多项选择题

1. 判断心搏骤停的主要依据（ ）
A. 面色苍白 B. 意识突然丧失
C. 抽搐 D. 大动脉搏动消失
E. 瞳孔散大
2. 下列哪些属于气管插管的并发症（ ）
A. 牙齿脱落、声带损伤
B. 气管黏膜糜烂、溃疡
C. 皮下、纵隔血肿
D. 误吸
E. 拔管后0~72小时有咽喉疼痛、喉头水肿、声带麻痹、失音症、喉部肉芽肿等
3. 对机械通气的患者应监护哪些方面（ ）
A. 意识状态 B. 生命体征
C. 尿量 D. 血气分析
E. 呼吸机的运转

4. 以下哪些参数需在运用呼吸机前设置（ ）
   A. 呼吸频率　　　B. 肺泡通气量
   C. 吸入氧浓度　　D. 呼吸时间比
   E. 气道压力

序号	1	2	3	4
答案	BD	ABCDE	ABD	ACDE

五、案例分析题

某男性患者，69岁，主因车祸致伤胸腹部致肝脾破裂.多发肋骨骨折.肾挫伤，既往冠心病史20余年，急诊行肝脾破裂修补术，术后入ICU监测治疗。

1. 此患者需行右侧锁骨下静脉穿刺置管，下列说法不正确的是（ ）
   A. 左侧胸膜顶较右侧高，且左侧易损伤胸导管，临床常首选右侧锁骨下静脉穿刺法
   B. 穿刺体位：仰卧位，去枕头低15°，两肩胛间及穿刺侧垫一薄枕
   C. 穿刺定位：取锁骨中点与内1/3处（或锁骨中点内侧1～2cm处），下方1～2cm作为穿刺进针点，沿锁骨下缘进行
   D. 于穿刺点进针，针头指向内侧稍上方，针与胸壁成约30°夹角，不超过45°，对准胸骨柄上切迹，紧贴锁骨后边吸便进针，进针约3～5cm可抽到回血
   E. 不能长时间留置导管，导管不易固定及护理，颈部活动受限；穿刺成功率高，锁骨下静脉变异小，是不能经颈内静脉穿刺的另一最佳途径

2. 此患者的心电监护示波异常，诊断为房颤，主要诊断依据（ ）
   A. P波消失　　　　B. ST段抬高
   C. ST段压低28　　D. 异常Q波出现
   E. QRS波宽＞0.1s

3. 此患者伴有右上肢骨折，建立左侧桡动脉测压管路后观察血压波形低平.矮小，排除干扰因素后仍旧，血压为102/55mmHg，他可能出现了（ ）
   A. 急性左心衰
   B. 主动脉瓣关闭不全或狭窄
   C. 急性心肌梗死
   D. 低心排血量或心衰
   E. 心律失常

4. 经患者右侧颈内静脉建立中心液路，测得CVP为15cmH$_2$O，血压为123/69mmHg，尿量为27ml/h，应该警惕他出现（ ）
   A. 全心衰
   B. 肾功能不全
   C. 右心衰伴三尖瓣关闭不全
   D. MODS
   E. 容量负荷过重或右心衰

5. 给他进行心电监护时，错误的护理是（ ）
   A. 放置电极片前清洁摩擦胸壁皮肤，保持导电良好
   B. 放置电极片时，避开电除颤的部位
   C. 选择显示P波良好的导联
   D. 电极片使用48h后及时更换电极
   E. 导联为综合导联，电极可以随意放置

某急性重症胰腺炎患者，男性，34岁，呼吸38/min，血压97/55mmHg，心率122/min，SpO$_2$92%，经右侧颈内静脉置入Swan-Ganz漂浮导管，建立中心液路并行血流动力学监测。

6. 此患者置入漂浮导管过程中，气囊护理不正确的是（ ）
   A. 气囊充气最好用CO$_2$气体
   B. 每次充气不超过1.5ml
   C. 可以长期测量PCWP，以观察波形及变化趋势
   D. PCWP不能连续测量，最长时间不超过20s
   E. 使用前，检查气囊有偏移不能使用

7. 在应用漂浮导管进行血流动力学测压时，错误的护理措施是（ ）
   A. 每次测压前不需重新调整换能器的位置，可直接测量
   B. 测压后，将测压管道与肺动脉测压管道连接
   C. 每次测压后，都应及时应用肝素盐水冲洗管道
   D. 测量CO时，先输入患者的身高.体重等参数
   E. 测量CO时，向右房注入指示剂：冰盐水

8. 此患者既往无心脏病史，超声心动示心脏各瓣膜结构及功能正常，测得PAP为15mmHg，PAWP为21mmHg，CVP为14mmHg，提示患者的病情不会出现（ ）
   A. 血容量过多　　B. 左心功能不全
   C. 肺动脉高压　　D. 休克
   E. 心功能不全

序号	1	2	3	4	5	6	7	8
答案	A	D	C	E	E	C	A	A

（崔水峰　钱俊刚）

第六章 创 伤

一、填空题

1. 连枷胸患者应对浮动胸壁进行固定，内固定方法是_____外固定方法是加压包扎，固定反常胸壁。
   答案：气道内 PEEP
2. 格拉斯哥昏迷量表中分别对患者的_____、语言反应和运动反应三个方面进行评分。
   答案：睁眼反应
3. 腹部损伤患者未明确诊断前不得使用_____。
   答案：止痛剂
4. 腹部损伤后应暂_____必要时行胃肠减压，并注意引流是否通畅。
   答案：禁食水

二、判断题

1. 格拉斯哥昏迷量表平分为 0，说明患者完全没有反应。（ ）
2. 对于一个有意识障碍的患者是不能进行肌力分级的。（ ）
3. CT 是胸外伤诊断中最常用的方法。（ ）
4. 心包填塞的患者应立即心包穿刺。（ ）
5. 空腔脏器创伤主要表现为局限性或弥散性腹膜炎。（ ）
6. 颅内压增高时应用渗透疗法就是应用具有渗透作用的药物，减少脑脊液容量和增加脑灌注压来达到降颅压的作用。（ ）
7. 为患者进行诊断性腹腔穿刺术，抽出的血液不凝固，提示实质性的器官破裂出血。（ ）
8. 四肢损伤一般都不会有连续暴力史。（ ）
9. 腹部检查应先病变侧再到健康侧。（ ）

序号	1	2	3	4	5	6	7	8	9
答案	×	×	×	√	√	√	√	×	×

三、单项选择题

1. 依据人体解剖肉眼观察体征记分，根据创伤指数计算的分值，以下属于中度伤的是（ ）
   A. ≤9 分　　　　　B. 10~16 分
   C. 17~20 分　　　D. >20 分
2. 在创伤的救治原则中，保存生命是（ ）
   A. 第四原则　　　B. 第三原则
   C. 第二原则　　　D. 第一原则
3. 愈合后留有瘢痕增生，能够影响生理功能及外观的的愈合为（ ）
   A. 一期愈合　　　B. 二期愈合
   C. 三期愈合　　　D. 四期愈合
4. 国际承认，广泛采用，主要用于多发性创伤患者严重程度评价的是（ ）
   A. ASCOT　　　　B. TI
   C. TRISS　　　　 D. ISS
5. 颅脑损伤应根据以睁眼．言语和运动三种反应为基础的 GCS 评分来判断意识障碍程度，属于重型颅脑外伤的是（ ）
   A. 9~12 分　　　 B. 13~15 分
   C. 3~8 分　　　　D. 8 分以上
6. 引起颅脑外伤的主要因素是（ ）
   A. 高处坠落　　　B. 挤压伤
   C. 交通事故　　　D. 医源性损伤
7. 患者，男性，53 岁，因车祸致头部外伤，查体：深昏迷，双眼熊猫眼，瞳孔左＞右，鼻腔有较多血性脑脊液流出，左侧光反应消失，R10 次/分不规则，HR 56 次/分，Bp160/90mmHg，该患者应首先进行以下处理（ ）
   A. 鼻腔填塞止血
   B. 头颅 X 线片
   C. 脑血管造形
   D. 开放气道，创造条件行 CT 检查
8. 以下哪一项不符合颅脑损伤后预防和处理颅内高压的处理原则（ ）
   A. 头高位 30 度
   B. 控制性过度通气
   C. 充分液体复苏
   D. 甘露醇+速尿+类固醇激素
9. 张力性气胸一经诊断需立即减压，常用针头减压位置为（ ）
   A. 腋中线第二肋间
   B. 腋中线第五肋间
   C. 锁骨中线第二肋间
   D. 锁骨中线第五肋间
10. 关于连枷胸的描述，以下正确的是（ ）
    A. 多根多处肋骨骨折所致
    B. 胸壁反常呼吸运动明显
    C. 常伴有肺挫伤需行机械通气治疗
    D. 以上描述都对
11. 腹部实质性器创伤时以下哪项不是其主要表现（ ）
    A. 贫血　　　　　B. 休克
    C. 弥漫性腹膜炎　D. 血尿

12. 平时造成多发伤的主要原因是（ ）
    A. 坠落伤　　　　　B. 交通事故
    C. 挤压伤　　　　　D. 建筑事故
13. 胸外伤患者出现反常呼吸常见于（ ）
    A. ARDS　　　　　B. 连枷胸
    C. 血胸　　　　　　D. 张力性气胸
14. 多发伤患者的病理生理特点（ ）
    A. 机体应激反应强烈
    B. 免疫功能紊乱（SIRS）
    C. 高代谢状态
    D. 以上都是
15. 多发伤患者的临床特点（ ）
    A. 休克发生率高　　B. 容易继发感染
    C. 容易发生 MODS　D. 以上都是
16. 高位截瘫患者临床上常见的并发症是（ ）
    A. 褥疮　　　　　　B. 呼吸道感染
    C. 泌尿道感染　　　D. 以上都是
17. 多发伤是指（ ）
    A. 单因素引起的多脏器损伤
    B. 多因素引起的多脏器损伤
    C. 多因素引起的单一脏器严重损伤
    D. 单因素引起的单一脏器多处损伤
18. 复合伤的特点有（ ）
    A. 常以一伤为主　　B. 伤情可被掩盖
    C. 多有复合效应　　D. 以上都是
19. 颅脑外伤者刺痛时睁眼，只能发音和屈肢，其 GCS 昏迷分级记分为（ ）
    A. 10 分　　　　　　B. 9 分
    C. 8 分　　　　　　D. 7 分
    E. 6 分
20. 以收缩期血压、脉率、呼吸状态、神志 4 项生理指标作为评分参数的创伤评分是（ ）
    A. PHI　　　　　　B. TS
    C. CRAMS　　　　D. AIS-ISS
    E. APACHE Ⅱ
21. 判断患者有无脑损伤的重要依据是（ ）
    A. 呼吸、心跳骤停
    B. 对光反射消失
    C. 严重低氧血症
    D. 伤后立即出现原发性昏迷
    E. 伤后并发症和感染发生率高
22. 开放性颅脑损伤原则上应该尽早行清创缝合术，最迟不能超过（ ）
    A. 72 小时　　　　　B. 48 小时
    C. 36 小时　　　　　D. 24 小时
    E. 6 小时
23. 创伤死亡的主要原因是（ ）
    A. 颅脑创伤　　　　B. 四肢损伤
    C. 胸部创伤　　　　D. 腹部创伤
    E. 骨盆创伤
24. 下面哪个表现提示患者发生脑疝（ ）
    A. 双侧瞳孔不等大，一侧或双侧时大时小
    B. 双侧瞳孔极度缩小，对光反应消失，并伴中枢性高热
    C. 一侧瞳孔先缩小，继而散大。对光反应差，而对侧瞳孔早期正常，晚期随之散大
    D. 瞳孔散大固定，光反应消失
    E. 患者生命体征紊乱的时间长，且无恢复迹象
25. 下面胸部创伤的现场救护中，哪项是错误的（ ）
    A. 彻底清除口咽腔血液、异物、分泌物
    B. 有出血性休克应立即建立静脉通道，尽快补血输液
    C. 有骨折者，应过伸仰卧位搬运，防止继发性损伤
    D. 让患者适量饮水，帮助补液
    E. 反常呼吸者，加压包扎，控制反常呼吸
26. 颅脑外伤的首选检查手段是（ ）
    A. CT　　　　　　　B. B 超
    C. X 线　　　　　　D. 血气分析
    E. 核磁共振
27. 胸部创伤的主要症状是（ ）
    A. 胸痛　　　　　　B. 呼吸困难
    C. 咯血　　　　　　D. 休克
    E. 胸廓畸形

序号	1	2	3	4	5	6	7	8	9	10
答案	A	D	B	D	C	A	D	C	C	D
序号	11	12	13	14	15	16	17	18	19	20
答案	C	B	B	D	D	D	A	D	D	A
序号	21	22	23	24	25	26	27			
答案	D	A	C	C	D	A	A			

四、多项选择题

1. 广义的创伤是指机体受到外界哪些致伤因素作用后引起的组织结构的破坏。（ ）
    A. 物理性　　　　　B. 化学性
    C. 生物性　　　　　D. 机械破伤因子

E. 以上都是
2. 创伤救治的原则是( )
   A. 保存生命第一
   B. 恢复功能第二
   C. 顾全解剖完整性第三
   D. 恢复功能第一
   E. 以上都不对
3. 多发伤的特点是( )
   A. 应激反应严重,伤情变化快,死亡率高
   B. 伤情重、休克发生率高
   C. 严重低氧血症
   D. 容易误诊和漏诊
   E. 伤后并发症和感染发生率高
4. 下列哪些属于实质性腹腔脏器损伤的表现( )
   A. 腹痛   B. 恶心呕吐
   C. 腹腔积气   D. 血腹
   E. 休克

序号	1	2	3	4
答案	ABC	ABC	ABCDE	ADE

五、案例分析题

1. 患者李某,因脑外伤入院,入院时患者 GCS 评分 8 分,说明( )
   A. 轻度颅脑损伤   B. 严重颅脑损伤
   C. 失去意识   D. 几分钟内将死亡
   患者张某,因腹部外伤入院。
2. 腹部创伤诊断的最常用且有价值的有创辅助检查方法是( )
   A. 诊断性腹腔穿刺术 B. 剖腹探查术
   C. 诊断性腹腔灌洗术 D. 腹腔镜技术
3. 腹部创伤诊断中最常用的无创性动态检查方法是( )
   A. 实时超声诊断技术 B. CT 动态观测技术
   C. MRI 显像技术   D. ECT 动态监测

序号	1	2	3
答案	B	A	A

(崔水峰 钱俊刚)

第七章 休 克

见第二篇 外科护理学

第八章 急 性 中 毒

一、填空题

1. 敌百虫禁用_____洗胃,否则会变成毒性更强的。
   答案:碱性药液
2. 中毒途径有呼吸道、_____、皮肤黏膜。
   答案:消化道
3. 口服中毒患者洗胃取_____位,洗胃时插胃管深 55～60cm。
   答案:左侧卧
4. 一般口服中毒洗胃在_____内最有效。
   答案:6 小时
5. 洗胃液温度 36～37℃,温度过高会_____温度过低致 肠痉挛,促进毒物进入小肠。
   答案:促进毒素吸收
6. 巴比妥类中毒用_____导泻。治疗一氧化碳中毒最有效措施早期高压氧。
   答案:硫酸钠
7. 有机磷农药中毒用_____和氯磷定。
   答案:解磷定

二、判断题

1. 毒物在体内代谢的主要场所是肝,毒物的主要排泄途径为肾。( )
2. 有机磷中毒时毒蕈碱(M)样症状表现为平滑肌和腺体活动增加。( )
3. 有机磷中毒时烟碱(N)样症状为运动神经过度兴奋。( )
4. 阿托品主要作用阻断毒蕈碱受体,迅速减轻或消除 M 样症状。( )
5. 一氧化碳轻度中毒时 血液中 HbCO 的含量约 10%～30%。( )
6. 一氧化碳中度中毒时 血液中 HbCO 含量约 30%～40%。( )

序号	1	2	3	4	5	6
答案	√	×	×	√	√	√

三、单项选择题

1. 以下哪项不是催吐的禁忌证( )
   A. 昏迷   B. 腐蚀性毒物
   C. 口服煤油中毒   D. 肺水肿
2. 中毒物质不明时,可用的洗胃液是( )

A. 硫酸钠　　　　　B. 生理盐水
C. 肥皂水　　　　　D. 硫酸镁
3. 毒物发挥速度最快的中毒途径是（　　）
A. 消化道　　　　　B. 皮肤黏膜
C. 呼吸道　　　　　D. 静脉
4. 下列哪项症状阿托品治疗无效（　　）
A. 瞳孔缩小　　　　B. 流涎
C. 肌颤　　　　　　D. 肺水肿
5. 患者中毒后出现眼部变色异常，可考虑中毒物质为（　　）
A. 敌百虫　　　　　B. 磷化氢
C. 乐果　　　　　　D. 洋地黄
6. 乐果中毒时选用的洗胃液（　　）
A. 1∶5000 高锰酸钾　B. 1∶15000 高锰酸钾
C. 2%～4%碳酸氢钠　D. 清水
7. 巴比妥类中毒的洗胃溶液可选择（　　）
A. 1∶10000～15000 高锰酸钾液
B. 清水
C. 2%～4%碳酸氢钠
D. 生理盐水
8. 口服毒物一般在几小时内洗胃最有效（　　）
A. 2h　　　　　　　B. 6h
C. 8h　　　　　　　D. 12h
9. 洗胃液的温度一般为（　　）
A. 10～15℃　　　　B. 25～38℃
C. 45℃　　　　　　D. 60℃
10. 安眠药中毒患者洗胃后，可酌情注入哪种液体 30～50ml 导泻（　　）
A. 30%硫酸镁　　　B. 50%硫酸镁
C. 20%～30%硫酸镁　D. 硫酸钠
11. 有机氟类杀鼠剂中毒，特异解毒剂是（　　）
A. 维生素 K_1　　　B. 维生素 B_6
C. 烟酰胺　　　　　D. 解氟灵
12. 纳洛酮对下列哪种中毒治疗不适宜选用（　　）
A. 镇静安眠药
B. 急性乙醇中毒
C. 有机磷杀虫药中毒
D. 急性毒品中毒解氟灵
13. 急诊患者被怀疑有中毒的可能，且双侧瞳孔缩小，考虑为（　　）
A. 氰化物中毒　　　B. 甲醇中毒
C. 有机磷中毒　　　D. 乙醇中毒
14. 急性中毒血液透析时机应在（　　）
A. 中毒 3 小时内　　B. 中毒 6 小时内
C. 中毒 12 小时内　 D. 中毒 24 小时内

序号	1	2	3	4	5	6	7	8	9	10
答案	C	B	C	A	D	B	A	B	B	B
序号	11	12	13	14						
答案	D	D	C	C						

（崔水峰　钱俊刚）

第九章　中暑、淹溺、电击伤与毒蛇咬伤

一、填空题

1. 电击伤救治原则的首要任务是_____脱离危险区。

答案：切断电源

2. 重度中暑中最常见的是_____。

答案：热衰竭

二、判断题

1. 湿性淹溺占溺水者的90%。（　　）
2. 蛇咬伤后首先鉴别是否是毒蛇咬伤。（　　）
3. 毒蛇咬伤不需要限制肢体活动。（　　）

序号	1	2	3
答案	√	√	×

三、单项选择题

1. 以下哪个不是中暑的诱因（　　）
A. 机体产热过多
B. 机体散热障碍
C. 机体适应能力下降
D. 对热的适应能力增强
2. 高热、痉挛、惊厥和昏迷见于（　　）
A. 先兆中暑　　　　B. 轻度中暑
C. 重度中暑　　　　D. 超重度中暑
3. 电击伤的现场救护中，以下哪个是不对的（　　）
A. 关闭电闸　　　　B. 先拉开触电者
C. 挑开电线　　　　D. 切断电源

序号	1	2	3
答案	D	C	B

（崔水峰　钱俊刚）

第十章 脏器功能衰竭

一、填空题

1. 急性肺水肿的救治原则为：减轻心脏负担，增强心肌收缩力，保持_____。
   答案：呼吸道通畅
2. MODS 是_____。
   答案：多器官功能障碍综合征

二、判断题

1. MODS 的病理变化是不可逆的，脏器功能不会完全恢复。（　）
2. 重伤伤员生命体征稳定，有一定的时间做术前准备和检查，力争在伤后 12h 内急救处理。（　）
3. 机体过多释放炎症介质是 SIRS 的实质。（　）
4. SIRS 发展的最终结果是 MODS。（　）
5. 脓毒症是炎症引起的全身感染。（　）
6. 当证实 SIRS 由感染引起，或感染时出现 SIRS 表现，就是脓毒症。（　）
7. 慢性疾病终末期的脏器衰竭属于 MODS。（　）

序号	1	2	3	4	5	6	7
答案	×	×	√	√	√	√	×

三、单项选择题

1. 在患者无自主呼吸的情况下，不可选择的呼吸机模式（　）
   A. 间隙指令通气　B. 辅助-控制通气
   C. 控制通气　　　D. 压力支持
2. 以下不属于支气管扩张剂的是（　）
   A. 氨茶碱　　　　B. 色甘酸
   C. 硫酸阿托品　　D. 皮质类固醇激素
3. 抢救左心衰急性肺水肿时，下列措施中错误的是（　）
   A. 静脉注射速尿　B. 静脉注射西地兰
   C. 低流量间断给氧　D. 取下肢下垂坐位
4. 终止心室颤动最有效的方法是（　）
   A. 利多卡因　　　B. 胺碘酮
   C. 胸外拳击复律　D. 直流电除颤
5. 下述哪项属于 MODS（　）
   A. 多发伤创伤 24 小时内出现多个脏器功能不全
   B. 腹腔感染后出现呼吸功能和肝、肾功能不全
   C. 晚期肿瘤引起多个脏器功能不全
   D. 老龄退化性多个脏器功能低下
6. MODS 的发病机制有（　）
   A. 炎症反应　　　B. 细胞代谢障碍
   C. 活性氧　　　　D. 以上均是
7. 动脉二氧化碳分压的正常值是（　）
   A. 4.7～6.0kPa　　B. 3.3～4.5kPa
   C. 2.5～3.5kPa　　D. 6.5～7.8kPa
   E. 1.5～2.5kPa
8. 下列哪一项不是肾功能衰竭发展期的表现（　）
   A. 电解质和酸碱平衡失调
   B. 血容量过多
   C. 尿毒症的症状
   D. 尿量增多
   E. 以上都是
9. 肾衰竭患者每天液体的大致摄入量，可按前一天 24h 排尿量加（　）
   A. 500ml　　　　B. 400ml
   C. 300ml　　　　D. 200ml
   E. 100ml
10. 下列哪一项为左侧心力衰竭最早最常见的症状（　）
    A. 咳嗽　　　　B. 咯血
    C. 心悸　　　　D. 呼吸困难
    E. 以上都正确
11. 护理肾衰竭少尿期患者，下列叙述哪项正确（　）
    A. 大量补液　　B. 摄入含钾食物
    C. 禁用库存血　D. 及时补充钾盐
    E. 加强蛋白质摄入
12. 急性肾衰竭少尿期的主要死亡原因是（　）
    A. 低血钠　　　B. 酸中毒
    C. 心力衰竭　　D. 感染
    E. 高钾血症
13. 为预防急性肾衰竭，哪种外伤患者，应从静脉输入碱性溶液以碱化尿液（　）
    A. 大腿挤压伤　B. 肾挫伤
    C. 肋骨骨折　　D. 前壁裂伤
    E. 头皮撕脱伤
14. 少尿期的补液原则及入水量为（　）
    A. 高于每日排出量的 1 倍
    B. 补液不加限制
    C. 量出为入，每天补液量=显性失水+不显性

失水-内生水
D. 排出量的 1/2～1/3
E. 等于每日排出量
15. 某急性肾衰竭患者，测定血钾 7mmol/L，出现心律不齐，应采取的措施是（ ）
A. 10%葡萄糖酸钙静脉注射（紧急处理办法）
B. 高渗葡萄糖胰岛素静脉滴注
C. 乳酸钠静脉滴注
D. 苯丙酸诺龙肌内注射
E. 5%碳酸氢钠静脉滴注

序号	1	2	3	4	5	6	7	8	9	10
答案	D	C	C	D	B	D	A	D	A	D
序号	11	12	13	14	15					
答案	C	E	A	C	A					

四、多项选择题

1. 多器官功能衰竭的病因包括（ ）
A. 感染　　　　　　B. 休克
C. 组织损伤　　　　D. 诊疗失误
E. 发热
2. 呼吸衰竭患者保持呼吸道通畅的方法有（ ）
A. 正确的体位　　　B. 清畅呼吸道
C. 解除支气管痉挛　D. 建立人工呼吸
E. 吸氧
3. 肾功能衰竭患者的临床表现分为哪几个阶段（ ）
A. 发展期　　　　　B. 维持期
C. 恢复期　　　　　D. 少尿期
E. 多尿期
4. 心功能衰竭患者呼吸困难，一般可见以下哪些类型（ ）
A. 劳力型呼吸困难
B. 端坐呼吸
C. 阵发性夜间呼吸困难
D. 潮式呼吸
E. 点头样呼吸

序号	1	2	3	4
答案	ABCD	ABCD	ABC	ABC

五、案例分析题

患者王某，在车祸后由 120 紧急送入医院，入院后出现多器官功能障碍综合征。

1. 王某不会出现以下哪种临床表现（ ）
A. 循环不稳定　　　B. 神志清楚

C. 细胞组织缺氧　　D. 高分解代谢
2. 目前患者最明显的护理问题是（ ）
A. 体液不足　　　　B. 焦虑、恐惧
C. 体温异常　　　　D. 营养失调

序号	1	2							
答案	B	A							

（崔水峰　钱俊刚）

第十一章　常用急救技术及护理

一、填空题

1. 呼吸的基本过程包括_____、气体在血液中的运输和内呼吸（组织呼吸）。
答案：外呼吸
2. 影响肺部气体弥散的因素主要有呼吸膜的厚度、呼吸膜的_____、通气与血流比值。
答案：面积
3. 呼吸机利用负压差或正压差来增加肺内容积的方式不同，分为负压吸机和_____呼吸机。
答案：正压
4. 常用周围动脉置管的部位首选_____置管前须做艾伦（Allen test）试验。
答案：桡动脉
5. 冠状动脉内存在_____是引起急性冠脉综合征的根本原因，而心肌缺血是导致急性冠脉综合征的直接原因。
答案：血栓

二、判断题

1. 经口气管插管法，患者取仰卧位，肩背部垫一小枕抬高 8～10cm。（ ）
2. 气管切开患者应安置于清洁病房内，室温在 28～30℃。（ ）
3. 胸腔穿刺部位为肩胛下角第 5 肋间。（ ）

序号	1	2	3
答案	√	×	×

三、单项选择题

1. 急诊室建立人工气道最佳的方法为（ ）
A. 置放口咽通气管　　B. 气管切开
C. 环甲膜穿刺　　　　D. 气管插管
2. 气管切开后最常见的并发症是（ ）

A. 皮下气肿 B. 气胸
C. 气管食管瘘 D. 纵隔气肿
3. 机械呼吸时，常用通气方式(模式)有( )
A. 控制呼吸+辅助呼吸 B. 控制呼吸
C. PEEP D. CPAP

序号	1	2	3						
答案	D	A	A						

四、多项选择题

1. 甲状腺危象的临床表现是( )
   A. 极度兴奋，精神失常
   B. 发热
   C. 呕吐，腹泻
   D. 维生素缺乏
   E. 严重消瘦
2. 高血压危象患者的紧急救护中，哪些正确（ ）
   A. 绝对卧床休息，采取平卧位
   B. 吸氧 4~5L/min
   C. 提供保护性护理
   D. 立即建立 V 通道，迅速降低血压
   E. 严密监护病情
3. 护理高血压危象患者时，应指导患者避免诱发危象的一般因素( )
   A. 情绪波动 B. 过度疲劳
   C. 寒冷 D. 突停降压药
   E. 精神创伤
4. 评估三种血糖危象时的主要依据包括( )
   A. 体征
   B. 病史
   C. 症状
   D. 发作时的血糖检查
   E. 静脉应用葡萄糖后的反应

序号	1	2	3	4
答案	ABC	CDE	ABCDE	ABCD

（崔水峰　钱俊刚）